기독(목회)상담총서 1

기독(목회)상담의 이해

| 한국기독교상담심리학회 편 |

학지사

발간사

우리 사회는 오래전부터 심리학이라는 분야가 정치, 사회 그리고 종교에 화두가 될 만큼 생활 깊숙이 작용하고 있습니다. 반면, 신학이나 기독교 신앙이라는 주제는 조금은 보수적이고 권위주의에 속해 있다는 대중의 반응을 듣고 있습니다. 이러한 맥락에서 성장하는 세대와 교감하기 어려운 지나친 보수성이 공의를 중요시하는 현 세대에서 교회의 질적 · 양적 성장에 걸림돌이 되고 있습니다.

기독교상담을 좋아하고 전공하고 앞으로 이 길의 끝에까지 가려는 사람들에게는, 기독교라는 신앙의 주체가 되는 하나님을 기독교 밖으로 소개하는 작업들이 절실한 시기라고 생각합니다. 이 작업을 위해 현실적으로 가장 사용하기 적합한 학문 분야가 기독교상담이라고 봅니다. 그러나 기독교상담은 단순히 심리학적 지식과 기술을 기독교 신앙을 가진 사람이 사용하는 것이라는 오해의 담을 넘어야 하며, 동시에 권위적이고 일방적인 신앙의 틀 속에 맹종과 허탄한 이상주의를 복음의 내용으로 위장해서 가르치는 신앙을 극복해야 비로소 가치성과 필요성이 나타날 것입니다.

기독교 신학은 적어도 지난 2000년간 인간과 신앙의 대상이 되는 하나님에 대한 고민의 흔적이 남아 있는 인류의 지적 재산이며 신앙 자산입니다. 다만 2000년의 세월이 흐르면서 그 내용을 담은 형식적인 문화와 관점의 틀이 변화된 상황에서는, 기독교상담자들이 지난 시간 동안 신학 속에 녹여진 고민을 꺼내어 현 세대의 대중이 느끼고 경험할 수 있는 재료로 재해석을 해 놓아야 할 의무가 있다고 생각합니다. 수직적 차원(vertical dimension)의 것이 어떻게 수평적 차원과 교류할 수 있는 상관관계를 가질 수 있느냐 하는 작업입니다.

심리학적 지식이 가져다준 산물은 우리가 신학적 보고를 재해석하는 데 많은 도움을 줄 것입니다. 그래서 신학을 좀 더 대중과 호흡할 수 있는 영역으로 초대하는 지렛대 역할을 분명하게 할 수 있습니다. 그러나 만일 심리학이 신학과 호흡할 수 있는 영역을 우리가 보지 못한다면, 이 심리학 역시 한쪽만을 추구하는 폐쇄적인 학문으로 남을 것입니다. 왜냐하면 우리가 인간으로 살아가는 이상 인간이 궁금해하는 자기 안의 내재성과 자기를 뛰어넘은 초월성에 대한 관심은 인류 초기부터 지금까지의 관심사였기 때문입니다. 이 두 가지의 병행만이 진실을 추구하는 것에 좀 더 가까이 다가갈 수 있을 것입니다. 여기에 자신들을 드리고 헌신하는 사람이 많아지길 소원해 봅니다.

지금까지 발간된 기독(목회)상담총서가 여섯 권이지만, 향후 관련 학자와 전문인들에 의해 더 많은 영역을 개발함으로써 기독교상담의 근거가 되는 학문적 작업을 계속해 나갈 것이며, 책의 내용도 필요에 따라 업데이트를 해야 할 것입니다. 아무쪼록 완간된 총서를 통해 기독교상담을 알고자 하는 모든 분이 학문적 기반을 획득하는 계기가 되길 고대해 봅니다. 소속된 학자와 전문상담가들은 기독교상담이 무엇이며, 이것이 어떻게 교회와 사회에 기여할 수 있을지를 오랜 시간 고민하였고, 앞으로도 이 주제를 가지고 변화하는 사회 속에서 고투를 해야 할 것이라 생각합니다.

끝으로, 여섯 권의 총서가 발간되기까지 여러 분이 노고를 많이 해 주셨습니다. 총서 발간을 시작한 9대 회장 권수영 박사님, 실무를 맡은 학술위원장 장정은 박사님, 사무총장 오화철 박사님, 사무국장 김정수 님, 그리고 각 총서의 책임을 맡으신 여러 교수님께 감사를 드립니다. 시작은 미약하지만, 가는 길에 함께하시는 하나님을 신뢰합니다.

2019년 5월

10대 회장 임경수

머리말

기독교상담이나 목회상담은 자칫 오해하기 쉬운 용어다. 심지어 상담전문가 사이에서도 기독교인(평신도)이 하면 기독교상담이고 목회자(성직자)가 하면 목회상담이 된다고 지레짐작하기 쉽다. 그러나 누가 하느냐에 따라 명칭이 바뀌는 것은 결코 아니다. 더욱이 상담사가 안수를 받았는지의 여부에 따라 상담의 명칭과 방식이 바뀐다는 것은 도무지 말이 안 되는 일이다. 누가 뭐래도 기독교상담과 목회상담은 동일한 지식체계(body of knowledge)를 가진 임상적 방법이어야 하기 때문이다. 그러므로 이 책에서 집필자들은 모두 '기독(목회)상담'이라고 용어를 사용하려 한다.

이 책을 구성하기 위해 많은 연구자와 교수들이 모여 토론을 거듭했다. 많은 기독교상담학 혹은 목회상담학 교수들이 함께 동의하고 합의할 수 있는 정도의 지식체계가 있다면, 그 안에는 어떠한 것이 들어가야 할지에 대한 심도 있는 논의가 진행되었다.

분명 교수나 연구자들 사이에서도 이견이 있을 수 있다. 주로 북미에서 훈련받고 박사학위를 받은 일부 교수들은 '기독교상담(Christian Counseling)'의 정의가 복음주의 계열 신학대학원에서 강조되는 성경주의 상담을 의미하거나 기독교적인 시각을 가지고 임상심리학적인 양적 연구를 선호하는 연구자들이 전개하는 상담을 의미한다고 주장할지도 모른다. 다른 한편에는 철저한 신학적 해석학을 바탕으로 질적인 연구방법론을 고집하는 목회신학자들의 상담방법론을 '목회상담(Pastoral Counseling)'이라고 좁혀 정의하는 일도 가능하다.

실제로 북미에서는 '기독교상담'과 '목회상담'의 연구방법이나 임상적 훈련의 구성 정도가 상이한 경우가 많다. 우리나라에도 북미에서 훈련받은 기독교상담 혹은 목회상담 연구자들이 적지 않다. 하지만 우리는 한국의 토착적인 목회적 돌봄과 상담 운동의 전개를 유의미하게 평가하면서 서구의 발전과는 구별되는 고유한 역사와 특징, 그리고 미래 전망을 차분하게 검토하고 정리하는 것을 이 기독(목회)상담 개론서의 목표로 삼았다. 국내 기독(목회)상담의 연구사 및 발달사에 있어서도 초기 서구 상담운동과 임상목회교육(CPE) 운동의 역사가 한국교회의 목회와 사회문화적 토양에 소개되면서 독창적으로 의미와 지평의 융합이 가능했다고 보기 때문이다.

필자는 기독(목회)상담의 근본적인 구조를 소개할 때 영어 알파벳 'H'를 자주 사용한다. 'H'를 가만히 살펴보면, 양편의 세로선을 균형감 있게 연결하고 지탱하는 중간에 가로줄이 존재한다. 양편의 세로선을 기독(목회)상담을 가능케 하는 두 가지 기둥, 즉 중요한 학문적 지식체계로 이해한다면, 한편은 신학이고 다른 한편은 심리학이 될 것이다. 이때 두 체계를 긴장감 있게 연관시키고 성장과 변화, 영적인 성숙으로 이끄는 실천체계가 바로 중간의 가로줄 역할을 하는 기독(목회)상담이다.

이 책에서도 기독(목회)상담을 가능케 하는 두 지식체계인 신학과 심리학을 균등하게 다루고자 했다. 우리가 기독(목회)상담의 임상적 실천을 컴퓨터 프로그램 운용이라고 상상한다면, 심리학은 소프트웨어 프로그램에 해당하고, 이 소프트웨어를 운용하는 하드웨어는 바로 신학이라 빗대어 말할 수 있지 않을까? 소프트웨어가 부실한 하드웨어는 효용가치가 떨어진다. 하드웨어가 부실한 소프트웨어는 금방 한계점에 다다른다.

요즘 우리가 사는 세상은 소위 힐링 천국이다. 곳곳에 힐링 산업의 규모는 점점 커져만 가는데, 치유가 일어나기는커녕 인간의 영혼이 점점 메말라 간다고 지적한다. 사회적 재난으로 가족과 삶을 송두리째 빼앗긴 이들은 흔들리는 땅에서 눈을 떼어 잠잠히 하늘을 바라다보고자 할 때가 있다. 재난의 생존자들은 모든 것을 잃고 외상에 시달리다가도 타인의 고통과 사회정의의 문제에 새로이 눈을 뜨기도 한다. 그래서 바야흐로 '외상후 스트레스장애(post-traumatic stress disorder)'를 넘어 '외상후 성장(post-traumatic growth)'을 논하는 시대가 된 것이다. 가짜 힐링이 판치는 세상 가운데에서 한국교회는 상처를 입은 자들을 향한 온전한 치유와 성장을 일구는 고유의 목회적 사명을 회복해야 한다.

우리 사회의 누구나 온전한 자기수용에 대한 욕구와 영적인 자원을 갈구하는 마음이 커져 갈수록 기독(목회)상담의 역할이 점점 커져 갈 것이라 전망된다. 2014년 세월호 참사와 가습기살균제 피해 등과 같은 사회적 재난을 당해 국가가 발주한 상담사업에 기독(목회)상담 전문가들이 대거 참여했다. 이러한 사업들에서 목양관점(shepherding perspective)을 가지고 병원이나 가정을 직접 방문하여 '찾아가는 상담'을 실천하는 기독(목회)상담 전문가들이 보여 준 특별한 헌신이 작금의 한국 사회에 얼마나 절실히 요구되는지를 여실히 보여 주기도 했다.

이 책은 총 4부로 구성되었다. 제1부에서는 기독(목회)상담의 정의와 범위, 서구의 기독(목회)상담의 역사와 우리나라에서의 발전사를 다루고, 제2부에서는 기독(목회)상담의 독특한 구조를 다루기 위해 신학과 심리학의 구조적 관계, 영성, 슈퍼비전 등을 살펴본다. 제3부에서는 기독(목회)상담의 치유과정을 살펴보기 위해 진단, 상담적 개입과 사례개념화, 치유모형을 다루고, 제4부에는 한국교회와 한국 사회를 향한 기독(목회)상담의 미래 전망을 살펴본다.

필자를 비롯하여 기독(목회)상담의 방법론과 정체성에 대해 남다른 연구관심을 가지고 각 장을 집필해 주신 정연득, 오화철, 유상희, 신명숙, 하재성, 채유경, 이재현, 이명진, 정희성, 유재성, 김희선 교수님의 공헌이 이 책의 완성도를 크게 높였다. 이 자리를 빌려 깊이 감사드린다.

아무쪼록 이 책이 기독(목회)상담에 입문하는 이들 모두에게 이 분야의 전체적인 큰 그림을 그리는 데 작은 도움을 드릴 수 있기를 간절히 바란다. 이 책을 읽는 모든 독자가 자신을 이 시대가 절실히 필요로 하는 기독(목회)상담 분야로 부르는 하늘의 소리를 듣는 순간을 맞이할 수 있다면 얼마나 좋을까 상상하면서 머리말을 대신한다.

집필자 대표

권수영

차례

제3부 기독(목회)상담, 어떻게 치유하는가

제4부 기독(목회)상담, 어디로 갈 것인가

제1부

기독(목회)상담이란

기독(목회)상담의 정의와 범위*

정연득
(서울여자대학교 기독교상담학 교수)

1. 들어가는 말

"무엇이 기독(목회)상담을 기독(목회)상담답게 만들어 주는가?"

이 질문은 기독(목회)상담사인 여러분에게 어떤 도전을 주는가? 어떤 사람에게는 일반상담자와 구별되는 기독(목회)상담자로서 자신의 정체성에 대한 도전으로 다가올 것이다. 나아가 이 질문은 자신이 하고 있는 상담의 독특한 토대와 실천의 범위에 대한 질문으로 다가올 것이다. 아울러 일반상담과 구별되는 기독(목회)상담만의 독특한 방법론에 대한 질문이 되기도 할 것이다. 이런 이유로 필자는 이 질문을 기독(목회)상담의 정의와 범위에 대한 논의를

* 이 장은 다음의 논문을 수정 · 편집했다.
정연득(2014). 정체성, 관점, 대화: 목회상담의 방법론적 기초. 목회와 상담, 23, 233-271.

이끌어 가는 연구문제로 제시하고자 한다.

"무엇이 기독(목회)상담을 기독(목회)상담답게 만드는가?"라는 연구문제를 풀어 가기 위해 필자는 다음의 세 가지 파생적 질문을 제기한다. 첫째, "기독(목회)상담을 기독(목회)상담답게 만드는 상담자의 정체성은 무엇인가?"이다. 기독(목회)상담은 어떤 역사적 배경을 통해서 우리에게 전달되었고, 그 과정에서 기독(목회)상담자들이 자신들의 정체성을 어떻게 이해해 왔는가 하는 것은 기독(목회)상담이라고 하는 독특한 분야를 이해하기 위한 매우 중요한 바탕을 제공해 줄 것이다. 둘째, "기독(목회)상담을 기독(목회)상담답게 만드는 기독(목회)상담자가 다루는 문제 혹은 관심의 범위의 독특성은 무엇인가?"이다. 이 질문은 기독(목회)상담의 역사를 통해서 기독(목회)상담자들이 다루어 왔던 주제와 관심의 범위는 어디까지이며, 이것은 기독(목회)상담방법론에 어떤 영향을 주는지 탐구하도록 우리를 이끈다. 셋째, "기독(목회)상담을 기독(목회)상담답게 만드는 학제간 대화의 방법은 무엇인가?"이다. 도움을 요청하는 사람들의 심리적 · 관계적 문제를 다루는 기독(목회)상담은 그 특성상 기독교 전통과 현대 사회에서 개발된 다양한 돌봄의 기술 혹은 사회과학 이론들과 적극적인 대화를 해 오고 있다. 학제간 대화는 융복합 연구라고 하는 현대 학문의 흐름과 함께 다른 학문 분야에서도 활발하게 일어나고 있는 현상이지만, 기독(목회)상담은 그 운동의 초기부터 자신만의 독특한 대화방법론을 발전시켜 왔다. 여기에서는 현대 기독(목회)상담의 역사를 통해서 사용되어 온 대표적인 학제간 대화의 모델을 소개함으로써 독자 여러분에게 자신의 방법론을 성찰해 볼 수 있는 기회를 제공하고자 한다.

2. 기독(목회)상담의 정체성

기독(목회)상담의 정체성에 대한 논의는 기독(목회)상담이라고 하는 비교적 새로운 분야가 신학의 한 분야로 자리매김을 하고 그 영향력을 확대해 온 과정의 맥락에서 이해해야 할 것이다. “기독(목회)상담자인 우리는 누구인가?”라는 질문에 대한 추구는 기독(목회)상담을 다른 학문 분야와 구별지어 주는 독특한 방법론에 대한 관심으로 우리를 이끌 것이다. 넓은 의미의 기독(목회)상담은 기독교 역사를 통해서 지속적으로 제공되어 왔다고 할 수 있을 것이다. 하지만 훈련받은 상담사가 도움을 요청하는 내담자(들)에게 합의된 상담의 구조 안에서 성장과 치유의 기회를 제공하는 현대적 의미의 기독(목회)상담의 역사는 생각보다 길지 않다. 미국에서 목회상담가들의 조직체인 미국목회상담협회(American Association of Pastoral Counselors)가 창설된 것은 1963년이었다. 『목회돌봄과 상담 사전』에 기고한 「목회상담운동」이라는 글에서 목회상담협회의 초대 회장인 Howard Clinebell(2005)이 언급한 것처럼, 목회상담운동의 본격적인 시작은 1920년대 중반부터 시작된 임상목회교육(Clinical Pastoral Education)운동으로부터 시작되었다고 할 수 있다.

Anton Boisen을 비롯한 임상목회교육의 개척자들이 학생들을 훈련시킬 때 주로 사용한 방법은 사례연구방법(case study method)이었다. 이 방법은 훈련생들을 병실로 보내서 환자들을 돌보게 한 다음, 환자의 가족, 종교적 배경, 성장 과정 등을 조사해서 사례보고서를 작성하도록 한다. 각자 연구한 사례보고서를 가지고 다시 모인 훈련생들은 자신들이 행한 돌봄과 환자에 대한 이해를 슈퍼바이저와 동료들과 함께 성찰하며 그 환자가 겪고 있는 질병의 영적 의미를 발견해 가는 과정을 거쳤다. 이론이 중심이 되는 방법이 아니라 돌봄의 실천(praxis)과 생생하게 살아있는 사람들의 이야기가 이끌어 가는 교육방법이었다. 이런 이유로 Boisen(1936)은 훈련생들에게 “책뿐만 아니라 인간문서를 읽는 방법을 배우는 것”(p. 10)이 중요하다고 말했고, 이것은 임상목회교육을 이끌어 가는 슬로건이 되었다. Boisen은 자신의 학생들이 임상목회교육을 받으며 목회돌봄을 실천하고 철저한 사례연구와 성찰을 통해 살아있는 신학적 지식을 쌓아 가기를 기대했다(Asquith, 2005). ‘살아있는 인간문서'의 연구로 대변되는 이 방법론은 강의실에서 이론을 배워서 현장에 나가서 적용하는 방법론이 아니라, 현장에서 살아있는 인간문서들과의 만남을 통해 얻은 살아있는 지혜, 즉 실천을 안내하는 지혜로서의 지식을 축적해 가는 방법이었다.

Boisen과 그의 동료들에 의해서 시작된 임상목회교육의 신학 및 임상방법론을 체계화시켜서 신학교육의 주요한 한 부분으로 자리 잡도록 공헌한 사람은 시워드 힐트너(Seward Hiltner)였다(손운산, 2011; 정연득, 2014). 힐트너(1958)는 자신의 책 『Preface to Pastoral Theology』에서 목회신학은 다른 신학분야와 동등한 중요성을 가진 신학 분과로서 기독교 목양(Christian shepherding)의 실천과 연구를 통해서 형성된다고 하였다. 다른 신학분과가 논리-중심(logic-centered)으로 이뤄지는 데 비해, 목회신학은 작용(실행)-중심(operation-centered)으로 이뤄지는 분야이다(Hiltner, 1958). 'logic'와 대비해서 사용하고 있는 'operation'이라는 말은 오해를 불러일으킬 소지가 많다. 작용 혹은 실행으로 번역될 수 있는 이 말을 마치 이론은 없는 단순한 실천만 하는 것으로 오해할 가능성이 있다. '작용-중심'을 통해 힐트너가 주장하는 것은 연구실이 아닌 현장에서 실천을 통해서 신학 지식의 체계를 형성해 가는 학문방법론이다. 이것은 현대 철학에서 중요하게 재조명되고 있는 phronesis, 즉 실천적 지혜(practical wisdom)의 형성을 위한 방법론인 것이다(Fowler, 1987). 목양의 실천은 실천으로 끝나는 것이 아니라 더 지혜로운 실천을 위한 실천적 지식의 형성으로 이어지는 것이다. 기독(목회)상담학은 바로 이러한 실천과 성찰의 과정을 통해서 형성되는 지식의 체계이다.

1920년대 중반 임상목회교육의 시작으로 기초를 닦은 목회상담운동은 미국목회상담협회가 창립된 1960년에 이르러서 그 전성기를 맞게 되었다. 이 운동은 당시 미국 신학계에 신선한 영향을 주었으며, 신학방법론에 있어서 새로운 패러다임이 형성되기에 이르렀다. 이 당시까지 주로 영향을 주었던 기독(목회)상담방법론은 목양 혹은 상담의 실천을 통해서 실천적 지혜를 쌓아 가는 혁신적인 방법론이었다. 목회돌봄과 상담 전문가들이 형성해 온 혁신적인 방법론은 다른 전통적인 신학분야에 종사하던 사람들과는 구별되는 그들의 새로운 정체성이 되었다. 그 정체성은 임상가이면서 동시에 신학자 혹은 목회자로서의 정체성이었다. 보다 지혜로운 목회돌봄과 상담을 제공하기 위해서 기독(목회)상담자들은 적극적으로 심리학과 상담학을 사용했다. 살아있는 인간문서의 연구를 위해서는 그 문서를 제대로 해독할 수 있는 도구가 필요했는데, 그때까지 기독(목회)상담자들을 사로잡았던 핵심적인 도구는 심리학이었다. 물론 힐트너가 주장한 것처럼 그 과정을 통해서 형성되는 것은 신학적 지식이지 심리학이 아니었기 때문에, 신학의 전통은 여전히 중요한 것이었다. 하지만 교회 밖의 일선 상담현장에서 일반 정신건강 전문가와 큰 구분 없이 활동하고 있던 기독(목회)상담자들에게 신학적 전통의 중요성은 자꾸만 희미해져 갔다. 그 결과 혁신적인 학문방법론과 함께 신학분야에서 확고하게 자리매김을 하고 1963년에는 미국목회상담협회를 창립할 정도로 전성시대를 열었던 목회상담운동은 아이러니하게도 정체성의 위기를 맞게 되었다.

목회상담운동이 겪게 된 정체성의 위기는 어쩌면 어느 정도 예견된 것이었다. 왜냐하면 목회상담운동이 연구실이 아닌 현장에서 혁신적인 신학방법론을 제안하면서, 동시에 효과적인 목회돌봄과 상담을 실천하기 위해서는 심리학과 상담학을 비롯한 다양한 사회과학과의 적극적인 대화가 필수적이었기 때문이다. 타 학문분야와의 대화는 기독(목회)상담의 학문적 독특성을 제공해 주는 중요한 방법론이었다. 이처럼, 실천(praxis)에서 출발하는 학문을 추구한다는 점과, 심리학을 비롯한 사회과학과의 활발한 학제간 대화를 추구한다는 것은 기독(목회)상담의 정체성을 형성해 준 중요한 두 가지 축이었다. 하지만 기독(목회)상담이 주로 선택했던 대화 파트너인 심리학과 상담학은 신학의 역사에는 낯선 신생 학문분야였다. 물론 기독교 역사를 통해서 가장 중요한 대화의 상대였던 철학을 비롯해서 고고학과 문학비평이론 등 신학자들이 적극적으로 차용한 다양한 세속 학문들이 있었지만, 유독 심리학은 신학자들로부터 더 많은 거부감을 불러일으켰으며 기독(목회)상담자들의 정체성을 의심하는 중요한 이유가 되기도 하였다. 게다가 이미 언급한 것처럼, 목회상담운동에 참여하고 있던 당사자들 역시 심리학에 지나치게 매몰되는 양상을 보이기도 하였다.

이러한 현상에는 미국 사회의 배경도 중요한 영향을 미쳤다. 제2차 세계대전과 한국전쟁을 겪으며 참전 군인들과 그 가족들이 겪는 심각한 심리적 어려움을 해결하기 위한 국가 차원의 노력이 이루어지면서 많은 공적 자금이 정신건강 분야에 투입되었다. 뿐만 아니라 칼 로저스(Carl Rogers), 아론 벡(Aaron Beck), 알버트 엘리스(Albert Ellis), 프리츠 펄스(Fritz Perls) 등 대중적인 지지를 얻은 심리치료사들이 등장하면서 심리학에 대한 관심이 더욱 고조되었다. 1950년대 후반에 이미 본격화되기 시작한 심리학의 시대는 사람들을 종교지도자가 아닌 심리치료사를 찾도록 만들었다. 전통적인 종교지도자의 권위와 새롭게 부각된 심리치료사의 권위를 함께 가지고 있던 기독(목회)상담사들은 차츰 종교지도자의 옷을 벗고 심리치료사의 길을 걸어가게 되었다. 효과적인 돌봄과 상담을 제공하기 위해 선택한 대화의 파트너가 새로운 정체성이 되어 버린 것이다.

이와 같이 안팎으로 제기된 정체성의 위기는 1970년대에 접어들면서 신학적 정체성의 회복을 위한 본격적인 움직임이 목회상담운동 내부에서 일어나도록 자극을 주었다. 그 대표적인 결과물이 1985년에 창립된 목회신학회(Society for Pastoral Theology)와 이 학회의 학술잡지인 『Journal of Pastoral Theology』이다. 이 학회는 그동안 목회상담운동이 놓치고 있었던 기독교 전통의 가치를 환기하고 목회상담운동에 신학적인 바탕을 제공하는 역할을 해왔다. 당시 목회상담운동은 심리학과 상담학이라고 하는 새로운 학문의 제단에 기독교 전통의 통찰을 희생 제물로 바쳐 버렸다는 의심을 받고 있었다. 그 결과 인본주의 심리학을 "재신화화(remythologizing)"(Reader, 1990, p. 10)

하는 우를 범했다는 것이다. 하지만 여기서 우리가 기억할 것은 이러한 비판에 대한 응답으로 목회신학회에서 추구한 정체성 회복의 움직임이 기독교 전통으로의 회귀를 뜻하지는 않았다는 사실이다. 오히려 그것은 목회상담운동의 선구자들이 목회돌봄과 상담의 실천을 통해 실천적 지혜로서의 신학적 지식을 형성해 가는 전통을 회복하기 위한 시도였으며, 나아가서 현대 사회의 변화에 제대로 응답하기 위해 기독교 전통과 사회과학 분야와의 보다 적극적인 대화를 회복하려는 시도였다는 점이다. 상담의 실천에서 영적 자원에 관심을 가지고 적극적으로 사용하는 것이 정체성을 회복하는 길은 아니었다. 오히려 그 실천에서 얻은 임상적 통찰을 가지고 와서 기독교 전통과의 대화를 통해 신학 지식을 쌓아 가는 것이 정체성의 회복의 길이었다. 이렇게 쌓인 신학 지식은 기존의 기독교 전통에 대한 도전이 될 수도 있으며, 그 전통을 더욱 풍성하게 만들어 줄 수도 있는 것이었다.

미국 목회상담운동에서 경험한 정체성의 위기는 한국 기독(목회)상담운동에도 시사하는 바가 클 것이다. 한국 기독(목회)상담운동이 과연 그 전성시대를 맞고 있는가에 대해서는 어느 정도는 공유하고 있지만, 반론의 여지도 있을 것이다. 한국연구재단 등재학술지를 보유한 기독(목회)상담관련 학회가 세 개나 되고 회원 규모도 많게는 수천 명에 이르고 있다. 지금이 이 운동의 전성기인지에 대해서는 평가가 다를 수 있지만, 미국 목회상담운동의 전성기에 일어났던 현상들이 우리에게도 비슷하게 일어나고 있는 것을 발견하는 것은 그리 어렵지 않다. 이미 기독(목회)상담이라는 분야는 신학교나 기독교대학에서 무시할 수 없는 위치를 차지하고 있다. 게다가 한국 사회에도 심리상담에 대한 관심이 증가하면서 상담의 저변이 확대되고 있으며, 기독(목회)상담사들이 그 팽창에 중요한 역할을 감당하고 있다. 동시에 기독교 전통의 색채를 거의 드러내지 않은 채 일반 상담사나 정신분석 전문가로 활동하는 기독(목회)상담사들도 늘어나고 있다. 이러한 시기에 우리는 정체성에 대한 질문을 던져야 할 것이다. 하지만 그 질문은 "당신은 왜 영적인 자원을 다루지 않느냐?"라는 단편적인 질문이 되어서는 안 될 것이다. 오히려 "당신이 하고 있는 상담 혹은 정신분석의 신학적 의미는 무엇인가?"라는 질문이 되어야 할 것이다.

기독(목회)상담의 전성시대와 함께 기독(목회)상담의 정체성 위기가 대두된 것은 흥미로운 현상이었다. 실천으로부터 시작하는 학문방법론과 학제간 대화라는 방법론을 통해 정체성을 형성해 온 학문의 특성상 너무 확고한 토대를 형성하게 되면서 오히려 그 정체성이 흔들리게 된 것은 아닌지 질문을 던지게 된다. 목회상담운동 초창기부터 기독(목회)상담자의 정체성은 환자와 의사 사이에, 그리고 신학자와 심리치료사 사이에 존재해 왔다. 필자가 다른 곳에서 언급한 것처럼, 기독(목회)상담자들은 경계(border)에 서는 사람들이었다(정연득, 2011). 하지만 기독(목회)상담자가 어느 한쪽에 보다 굳건히 서고자 노력하는 순간 정체성의 위기가 찾아왔다. 경계에 선다는 것은 때론 매우 위험한 일이 될 수 있다. 목회상담운동의 역사를 통해서 기독(목회)상담을 기독(목회)상담답게 만들어 주었던 정체성은 ① 끊임없는 실천과 성찰을 통해 실천적 지혜를 추구하는 임상가와 신학자 사이에 서 있는 정체성이었으며, ② 보다 효과적인 돌봄과 상담을 위해 심리학을 비롯한 각종 사회과학과 대화하는 가운데 발견하는 정체성, 즉 신학 및 기독교 전통과 심리학 및 사회과학의 경계에 서 있는 정체성이었다. 목회상담운동이 더욱 발전해 가면서 이 두 가지 핵심 방법론은 지속적으로 유지되었다. 하지만 '살아있는 인간문서의 연구'로 대표되는 기독(목회)상담의 대상은 끊임없이 확장되었다. 다음 절에서는 기독(목회)상담의 관점이 확대되어 가는 과정을 자세히 다룬다.

3. 기독(목회)상담의 관점의 확장

'살아있는 인간문서의 연구'는 오랜 시간 목회상담운동을 이끈 슬로건이었다. 사람들의 생생한 삶의 이야기를 보다 효과적으로 이해하고 연구하기 위해서 상담과 심리치료이론과 적극적인 대화를 시도했다는 점은 이미 밝혔다. 하지만 기독(목회)상담자들 중에는 "상담과 심리치료가 과연 현대인을 제대로 돌볼 수 있는가?"라는 질문을 던지는 사람들이 나타나기 시작했다. 이들은 상담실에서 아무리 최선을 다해서 개인을 돌보더라도 그 내담자를 둘러싸고 있는 억압적인 사회구조나 환경을 고려하지 않으면 치료받은 개인이 사회에 돌아가는 순간 치료의 효과가 사라지기도 하며 도움을 주기보다는 오히려 상처를 주는 경우도 생길 수 있다고 지적한다. 그러므로 기독(목회)상담이 진정한 효과적인 돌봄이 되기 위해서는 개인과 함께 그를 둘러싸고 있는 사회구조의 문제에 관심을 기울이지 않으면 안 된다고 지적한다. 따라서 아픔을 호소하는 개인을 잘 돌보기 위해 "심리내적인 인식, 심리학적 통찰, 그리고 종교적 해석"에 충실해 왔던 기독(목회)상담자들에게 "문화적 감수성, 사회적 행동, 사회 제도로서의 교회에 대한 이해, 그리고 신실한 때로는 예언자적인 신념이 요구"(Miller-McLemore, 2012, p. 99)되고 있다. 이처럼 돌봄의 범위가 확대되기 시작하면서 살아있는 인간문서를 바라보는 관점에도 변화가 일어나기 시작했다.

기독(목회)상담자들이 내담자와 그들이 호소하는 문제를 이해하는 관점의 변화를 주도한 흐름은 크게 두 가지를 들 수 있다. 첫째, 개인을 둘러싸고 있는 사회구조의 영향에 관심을 가지게 되었다. 둘째, 문화적 다양성에 대한 인식이다. 먼저, 사회구조적 영향에 대한 관심의 확대를 살펴보자. 사회구조적 문제에 대한 관심이 본격적으로 연구결과물로 쏟아져 나오기 시작한 것은 그리 오래되지 않았다. 사회구조적 문제에 선구자적인 관심을 기울이기 시작한 기독(목회)상담학자들은 아프리카계 미국인 학자들이다. 예를 들면, 목회 돌봄의 공동체적이고 공적인 본질을 주장한 Edward Wimberly(1979)와 아프리카계 미국인을 위한 돌봄에서 관계적 측면의 중요성과 사회윤리와 심리치료의 관련성을 보여 준 Archie Smith(1982)를 들 수 있다. 1990년대에 접어들면서 힘의 불균형과 남용의 문제를 연구한 James Poling(1991)과 심리체계적인 접근을 기독(목회)상담에 본격적으로 적용함으로 사회구조적 문제에 관심을 가진 Larry Graham(1992)과 공동체적-맥락적(communal contextual) 접근을 시도한 John Patton(1993) 등을 비롯한 다양한 학자들의 연구가 쏟아져 나오기 시작했다. 특히 Patton(1993)은 목회돌봄과 상담의 주요한 흐름이 20세기 초반까지 지배적이었던 메시지 중심의 고전적(classical) 패러다임에서 목회상담운동의 영향으로 치료적 접근 중심의 임상목회적(clinical pastoral) 패러다임으로 전환되었다가, 다시금 사회문화적 배경을 중요하게 여기는 공동체적-맥락적 패러다임으로 옮겨 가고 있음을 주장하고 있다.

이들의 선구적인 노력과 함께 이 확대된 관점을 더욱 철저하게 발전시켜서 목회상담운동의 패러다임 자체에 중요한 변화를 가져오도록 한 주인공들은 여성주의 기독(목회)상담학자들이었다. 대표적인 여성주의 기독(목회)상담학 중의 한 명인 Bonnie Miller-McLemore(1993, 1996)는 '살아있는 인간관계망(the living human web)'이라는 개념을 통해 '살아있는 인간문서'의 한계를 극복하는 새로운 은유를 제시했다. Miller-McLemore가 제시한 살아있는 인간관계망은 살아있는 인간문서의 연구가 심리치료적 관점에 지나치게 집중하고 있는 점을 비판하며 개인을 제대로 돕기 위해서는 그 개인이 속해 있는 사회관계망에 대한 고려 없이는 불가능하다는 것을 지적한다. 살아있는 인간문서의 연구가 개인의 내면세계가 주요 탐구 영역이었다면, 살아있는 인간관계망의 연구를 위해서는 사회구조에 대한 비판적인 분석이 중요한 과제로 부각되었다. 관점의 확대는 기독(목회)상담학자들이 다루는 문제에도 변화를 가져왔다. 가정폭력, 성차별, 인종차별, 사회경제적 계급, 동성애 문제 등 사회적인 이슈들이 주요한 연구의 주제가 되었다. 이 과제를 효과적으로 수행하기 위해서 기독(목회)상담학자들은 그동안 주로 선택해 왔던 대화의 파트너인 상담과 심리치료이론을 넘어서 사회학, 여성주의이론과 그 밖의 다양한 비판이론을 새로운 대화의 파트너로 받아들이게 되었다. 관점의 확대가 방법론의 다양화를 가져온 것이다.

관점의 확대는 목회돌봄 제공자가 수행하던 기능에도 변화를 가져왔다. 그동안 학계에서는 힐트너가 제안한 치유(healing), 지지(sustaining), 안내(guiding), 그리고 W. A. Clebsch와 C. R. Jaekle이 추가한 화해(reconciling)를 포함한 네 가지의 기능이 목회돌봄의 주요한 기능으로 받아들여져 왔다. 하지만 Miller-McLemore가 주장하는 대로 이 네 가지 기능은 개인을 돌보는 심리치료적 관점에 지나치게 집중하는 한계를 가지고 있다. 살아있는 인간관계망의 관점에서는 이 기능을 확대하여 저항(resisting), 힘 북돋아 주기(empowering), 양육(nurturing), 해방(liberating)의 네 가지 기능이 전통적인 치유, 지지, 안내, 화해를 보충해야 한다고 주장한다(Miller-McLemore, 1999). 관점의 확대를 통해 목회돌봄과 상담이 한 개인에 대한 치료적 접근과 함께, 그 개인이 속해 있는 사회문화적 측면에 함께 관심을 가져야 하며, 사회구조를 변혁하는 데까지 나아가야 함을 주장하고 있는 것이다. 이것은 기독(목회)상담방법론에 있어서도 중요한 의미가 있다. 기독(목회)상담자는 상담실에 찾아오는 개인과 가족을 돌보는 사람으로 머무는 것이 아니라, 사회의 변혁을 위한 노력에도 적극적으로 참여해야 하는 것이다. 바야흐로 기독(목회)상담의 공공성이 중요한 이슈로 등장한 것이다.

기독(목회)상담계의 대표적인 사전인『Dictionary of Pastoral Care and Counseling』이 출판된 1990년 이후 목회상담운동에 일어난 변화의 흐름을 소개하고 있는『목회상담의 최근 동향(Pastoral Care and Counseling: Redefining the Paradigms)』에서 저자들이 한 목소리로 주장하고 있는 것도 바로 기독(목회)상담의 관점의 확대이며, 이 관점의 확대는 패러다임의 변화를 가져왔다는 사실이다. Patton의 패러다임 구분을 빌린다면,『Dictionary of Pastoral Care and Counseling』이 처음 출판되었을 때까지도 여전히 목회상담운동은 임상목회적(clinical pastoral) 패러다임을 따르고 있었다. 하지만 1980년대부터 이미 시작된 패러다임의 변화는 1990년대를 거치며 가속화되었고 새로운 세기에 접어들어서는 공동체적–맥락적 패러다임이 목회상담운동의 주류를 이루고 있다는 사실이다. Miller-McLemore(2012)의 주장처럼, 목회신학은 이제 공공신학 혹은 공적 신학(public theology)의 역할을 감당해야 하는 시기가 되었다. 기독(목회)상담자들이 할 수 있는 공적 참여는 일반적인 사회운동가 또는 여성주의자들이 평등하고 정의로운 사회를 만들기 위해 행하는 실천과 겹치는 부분도 있을 것이다. 하지만 기독(목회)상담자들은 자신들이 가진 독특한 전문성을 통해 사회와 교회를 위한 중요한 기여를 할 수 있을 것이다. Rodney Hunter(2001)는 『Christian Century』에 기고한 글에서 사람들을 경쟁으로 몰아넣는 경제 권력으로 인해 개인이 누리는 인간관계와 공동체의 삶이 황폐화되고 가치를 잃어가고 있는 현대 미국 사회에서 기독(목회)상담의 공적 기여는 그 중요성을 더해 간다고 주장했다. 최근 재독 철학자 한병철(2012)은 『피로사회』라는 책을 통해서 자기착취를 유도하는 현대 성과사회의 그림자로 인해 만성피로로 고통당하는 현대인의 아픔을 웅변적으로 주장하였다. 이 안타까운 현실에 대한 한병철의 대안은 사색적 삶의 회복이었다. 하지만 기독(목회)상담자들은 보다 적극적으로 사람들의 이야기에 가까이 다가갈 수 있는 훈련을 받은 사람들이며, 그 과정에서 얻은 통찰을 통해 사람들을 자기착취로 몰아가는 건강하지 못한 사회 환경을 개선하는데 참여할 수 있을 것이다. 우리나라의 기독(목회)상담 분야의 학회들도 공적 참여를 위한 팀을 구성하여서 보다 적극적으로 국가와 지방자치단체의 정책입안에 영향을 주고, 건강한 교회를 만드는 일을 위해서 범교단적인 정책입안에 참여해야 할 것이다.

다음으로, 목회상담운동에서 나타나고 있는 관점의 확장의 두 번째 방향은 문화적 다양성에 대한 인식이 확대되고 있다는 점이다. 가나 출신의 기독(목회)상담학자 Emmanuel Lartey의 주장을 받아들여서 『목회상담의 최근 동향』에서는 이 변화를 '상호문화적(intercultural) 패러다임'으로 명명했다. 공동체적–맥락적 패러다임이 개인의 삶에 지대한 영향을 미치고 있는 사회구조에 눈을 돌리게 했다면, 상호문화적 패러다임은 문화적 차이와 다양성에 관심을 가지게 했다. 상호문화적 패러다임은 개별 상황이 가진 독특성을 존중하고, 경험에 대한 다양한 관점의 형성에 영향을 주는 사회적 · 정치적 역동을 중요하게 여기며, 사람들이 자기 자신의 목소리에 진정으로 참여하는 것이 다른 무엇보다 선행되어야 한다는 점을 중요하게 여긴다(Ramsay, 2012). Nancy Ramsay(2012)는 Sam Lee와 Kathleen Greider의 주장을 인용하며 상호문화적 패러다임은 기독(목회)상담 슈퍼비전에도 중요한 도전이 되고 있음을 지적했다. 가령, 유럽계 미국인 슈퍼바이저가 다른 문화적 배경을 가진 수련생과 함께 작업할 때는 일방적인 지도감독이 아니라 공동연구자로서 상호 협력해야 한다. 왜냐하면 문화적 차이에 대한 인식이 없으면 슈퍼바이저의 조언이 수련생에게는 오히려 문화적 폭력이 될 수 있기 때문이다. 슈퍼바이저가 가진 경험과 상담지식은 자신의 문화적 배경에서 형성된 산물이기 때문에 그것이 다른 문화에 그대로 적용된다고 믿는 것은 문화 제국주의에 빠질 위험이 있다. 그러므로 슈퍼바이저는 자신이 가진 권한이 슈퍼바이저와 수련생 사이의 상호성을 헤칠 위험이 있다는 사실을 자기비판적으로 자각하고 있어야 한다.

상호문화적 접근은 문화적 배경이 다른 사람들과의 만남에서만 필요한 것이 아니다. 상호문화적 패러다임은 같은 문화권 안에서도 타자에 대한 진지한 존중의 자세를 가질 것을 요청한다. 과거에는 내담자를 이해하는 주체가 상담자였다면, 상호문화적 패러다임에서는 내담자와 상담자의 상호성(reciprocity)이 기반이 된 상호적인 협력을 통해서 비로소 내담자를 이해할 수 있게 된다. 최근 상담이론에서 등장하고 있는 '내담자를 잘 모른다고 하는 자세(not-knowing posture)' 역시 상담에서의 상호성의 중요성을 잘 부각시켜 주는 예가 될 것이다. 상담에서 가장 중요한 공감 역시 타인의 다름에 대한 철저한 수용을 필요로 한다(Ramsay, 2012). 차이 혹은 다름에 대한 철저한 자각과 수용이 공감의 전제 조건이 되는 것이다. '내가 이 내담자를 공감할 수 있다.'는 전제가 아니라, '내가 가진 문화적 배경으로 인해 이 내담자를 제대로 공감할 수 없을 수도 있다.'는 겸허한 마음이 오히려 공감의 전제조건이 되는 것이다. 이처럼 상호문화적 패러다임은 상담관계에도 중요한 영향을 끼친다. 상호문화적 패러다임은 급속도로 다문화사회가 진행되고 있는 한국 사회에도 의미 있는 도전을 던지고 있다.

지금까지 목회상담운동의 관점과 다루는 문제의 영역이 확대되어 온 과정을 간략하게 살펴보았다. 관점의 확대는 기독(목회)상담자들이 선택하는 대화의 파트너에도 적지 않은 변화를 가져왔다. 과거 살아있는 인간문서의 시대에 기독(목회)상담자들이 주로 선택한 대화의 파트너들은 그 당시 유행하던 심리치료이론들과 프로이트(Freud)의 정신분석과 융(Jung)의 분석심리학 등이었다. 하지만 살아있는 인간관계망을 다루기 시작하면서 이야기치료, 생태체계이론, 단기치료, 대상관계이론, 자기심리학 등 보다 다양한 심리치료이론들로 대화의 상대자가 확대되어 갔다. 무엇보다 중요한 변화는 이제는 심리치료이론뿐만 아니라 여성주의이론, 사회학, 비판이론, 해석학, 문화인류학, 포스트모던이론, 뇌과학, 인지과학 등 다양한 사회과학과 자연과학 및 인문학 이론이 대화의 파트너로 등장하게 되었다는 사실이다. 대화를 위해 사용되는 신학도 개혁주의 신학과 신정통주의 신학 등이 주를 이루다가 점차로 과정신학, 해방신학, 여성신학, 이야기신학 등으로 확대되어 나갔다. 목회상담운동 초창기부터 사용되어 왔던 신학과 심리학의 대화라고 하는 중요한 기독(목회)상담방법론은 그 골격은 유지하고 있었지만, 매우 다양한 대화의 파트너를 초대하면서 더욱 복잡한 양상으로 발전되어 나갔다. 이러한 과정 속에서도 기독(목회)상담방법론의 첫 번째 특징이었던 실천(praxis)으로부터 시작해서 성찰의 과정을 거쳐서 실천적 지혜로서의 지식을 형성한 다음 다시 실천의 현장으로 돌아갔던 전통은 그대로 이어지고 있었다. 사회의 변화에 부응하는 보다 나은 실천을 제공하고자 하는 기독(목회)상담자들의 노력이 이 분야 전체의 관점의 확대로 이어졌다고 말할 수 있을 것이다. 어떤 파트너와 주로 대화를 하는가에 상관없이 대부분의 기독(목회)상담자는 실천에 대한 우선적 관심을 가지고 있는 사람들이었으며, 실천의 과정이 곧 이론의 형성의 과정이 된다는 점을 잊지 않았다.

신학 및 기독교 전통과 사회과학이론과 대화를 하는 것이 기독(목회)상담 방법론의 중요한 한 축이라고 한다면, 실제 상담현장이나 이론을 형성해 가는 과정에서 대화를 진행하는 구체적인 방법은 무엇인가? 다음 절에서는 기독(목회)상담의 역사 속에서 다양한 학자들이 사용한 학제간 대화의 방법을 소개하고자 한다.

4. 기독(목회)상담에서 사용된 학제간 대화의 방법들

기독(목회)상담은 학문의 특성상 심리학과 상담학을 비롯한 다른 학문분야와의 적극적인 대화가 필수적이다. 초기에는 주로 상담과 심리치료이론이 대화의 파트너였지만, 목회상담운동의 관점이 확대되면서 대화의 파트너의 폭도 넓어졌다는 것을 지적했다. 하지만 신학과 다른 학문과 관계를 맺을 때 학자들마다 다양한 방법을 사용해 왔다. 엄밀하게 말한다면 학자들의 숫자만큼 대화의 방법도 다양하겠지만, 몇 가지 주요한 흐름으로 분류해 본다면 학제간 대화의 방법론적 특성을 이해하는 데 도움이 될 것이다. 우선 가장 많은 기독(목회)상담자들이 사용한 방법인 상관관계 방법부터 살펴보자.

1) 상관관계 방법

상관관계 방법(correlational method)이라고 하는 학제간 대화의 방법을 신학방법론으로 체계화시킨 사람은 폴 틸리히(Paul Tillich)였다. 교회사가

Brooks Holifield(2005)의 주장처럼, 틸리히는 목회상담운동에 가장 큰 영향을 끼친 신학자였으며, 상관관계 방법은 그가 남긴 영향 중에서도 가장 중요한 것이라고 할 수 있을 것이다. 틸리히는 독일에서 연구하던 때부터 정신분석을 비롯한 심리학의 언어에 친숙하였으며, 미국으로 건너가서 유니온신학교에서 가르치는 동안 뉴욕의 심리학자들과 모임을 지속적으로 가지는 등 심리학에 대한 남다른 관심을 표명한 신학자였다. 틸리히의 상관관계 방법의 핵심을 살펴보자. 그에 따르면, 현대인이 처한 실존적 상황에 대한 철학과 심리학적 분석은 중요한 통찰을 제공해 준다. 나아가 현대인의 상황에 대한 철학과 심리학적 분석은 궁극적 의미를 추구하는 신학자에게 매우 중요한 질문(question)을 제기한다. 이들이 제기하는 질문은 신학자들로 하여금 이 질문에 대한 기독교적 응답(answer)을 찾도록 도전을 주며, 나아가 신학자들이 답변을 찾아가는 과정에 영향을 준다(Holifield, 2005).

기독(목회)상담의 과정에 상관관계 방법을 적용해 보자. 우선, 기독(목회)상담자는 심리학의 언어에 능숙해야 한다. 왜냐하면 현대인이 경험하는 삶의 고통의 문제에 대한 분석을 심리학이 제공해 주며, 그 분석의 과정에서 삶의 의미와 관련된 중요한 질문들이 제기되기 때문이다. 이러한 분석과 질문을 가지고 기독(목회)상담자는 신학과 기독교 전통으로 돌아가서 기독교적 답변을 찾는 작업을 해야 한다. 질문과 응답이라고 하는 구조 속에서 신학과 심리학은 상관관계를 맺게 된다. 그러므로 기독(목회)상담은 신학과 심리학 사이의 긴밀한 대화를 통해 현대인이 겪는 어려움에 대한 답변을 찾아나가야 한다. 틸리히의 방법은 기독(목회)상담자들에게 그들이 하고 있는 작업에 대한 방법론적 바탕을 형성하는 데 도움을 주었다. 목회상담운동이 활발하게 일어나고 있던 20세기 중반 즈음에 거의 대부분의 기독(목회)상담자들이 상관관계 방법을 사용하고 있었다.

앞에서 살펴본 힐트너의 목회신학도 틸리히의 상관관계 방법을 보다 구체적으로 발전시킨 것이라 볼 수 있다. 힐트너가 이해하는 목회신학은 목양의 관점이 이끌어 가는 신학이다. Hunter(1990)는 힐트너의 신학을 관점의 신학(perspectival theology)이라고 불렀으며, James Loder(2005)는 힐트너의 방법론을 관점적 접근(perspectual approach)으로 이해했다. 틸리히에게 신학과 심리학은 하나의 존재론적 현상에 접근하는 분리된 관점이다. 기독(목회)상담자들은 주어진 현상을 우선 신학적 관점 혹은 기독교 전통의 관점에 의해서 조명한다. 이어서 현대 사회에서 발전된 심리학의 도움을 받아서 그 현상을 다시 해석한다. 심리학적인 해석은 신학적인 이해가 현대 사회의 상황에 대한 좀 더 깊은 민감성과 관련성을 가지도록 영향을 줄 것이다. 심리학적 해석과의 대화를 통해서 신학적 관점은 더욱 풍성해지고 사람들의 삶과 밀접한 관련을 가진 신학이 될 수 있을 것이다.

하지만 틸리히의 상관관계 방법의 몇 가지 한계점이 지적되기 시작했다. 먼저 생각해 볼 수 있는 문제는, 심리학과 사회과학이 질문을 제기하고 신학이 기독교적 답변을 제공한다면, 자칫 신학 중심주의에 빠질 위험이 있다는 점이다. 물론 틸리히는 심리학과 사회과학이 제공하는 질문이 신학적 답변의 모습을 형성한다고 말하고 있으며, 현대인의 불안의 문제를 다룬 『존재의 용기』와 같은 저작에서 그것을 충분히 보여 주고 있다(Tillich, 2004). 하지만 틸리히는 존재의 궁극적 의미와 같은 종교적 영역에 대한 추구는 결국 신학의 과제라는 점을 포기하지 않았으며, 자신이 가깝게 만나던 심리학자들에게 그들의 이론에 담겨 있는 존재론적이며 궁극적인 신학적 함의를 인정할 것을 요구했다는 점에서 비판의 여지를 남겨 두고 있었다(Holifield, 2005). 임상실제에 있어서도 상관관계 방법은 자칫 기독(목회)상담자를 경직시킬 위험이 있다. 상관관계 방법에 따르면, 내담자의 삶의 문제에 깊이 참여하고 내담자가 호소하는 문제를 개인 내적 심리역동과 사회구조의 분석을 통해 충분히 파악하고 공유했다고 하더라도, 그 발견과 치료가 신학적 성찰(theological reflection)로 이어지지 않고 그 성찰이 상담의 과정에 영향을 주지 않는다면 이 상담은 진정한 의미에서 기독(목회)상담이라고 말하기 어렵게 되는 것이다.

다음으로 제기할 수 있는 한계는 대화의 파트너인 상담과 심리치료이론에도 내담자가 제기하는 호소 문제에 대해 삶의 의미와 의무와 가치와 같은 궁극적인 차원의 답변이 이미 존재하고 있지 않는가 하는 것이다. 이 문제에 대해서 시카고의 목회신학자 Don Browning(1987)은 자신의 주요 저작인 『Religious Thought and the Modern Psychologies』에서 충분히 다루고 있다. Browning은 이 책을 통해서 심층심리학을 비롯해서 다양한 심리치료이론의 바탕에 내재되어 있는 종교적-윤리적 차원을 분석해 내고 있다. 이런 이유로 Browning은 심리치료이론들을 '문화'로 명명한다. 문화에는 그 안에 속해 있는 사람들에게 세상의 본질, 삶의 목적, 어떻게 살아야 하는가에 대한 기본적인 안내를 제공하는 상징과 규범의 체계가 내포되어 있다. Browning이 분석하는 것처럼 사회과학은 질문과 현 상태에 대한 분석만 제공하는 것이 아니라 궁극적 차원의 답변도 함께 제공한다. 그러므로 틸리히의 상관관계 방법론은 수정될 필요가 있었다.

2) 수정된 상관관계 방법

상관관계 방법에 대한 수정은 Browning의 시카고 대학 동료였던 David Tracy와 같은 학자들에 의해서 이미 이뤄지고 있었다. Tracy(1981)의 상호비판적인 상관관계(mutually critical correlations)와 Browning의 수정된 상관관계 방법(revised method of correlation) 모두 사회과학이 가지고 있던 종교적-윤리적 측면을 학제간 대화에서 인정해야 하는 점을 강조하고 있다. 이들에 따르면, 현대인의 상황에 대한 분석과 비판적 문제제기가 신학과 사회과학 모두에서 일어나야 하며, 나아가서 궁극적 차원의 답변이 신학과 사회과학 모두에서 제공된다는 사실을 인정해야 한다. 그러므로 신학과 심리학 사이에서 이뤄지는 학제간 대화는 각 학문분야에서 제공되는 문제제기와 궁극적 답변의 차원 모두에서 이뤄져야 한다(Reader, 1990). 과거 틸리히가 궁극적 차원의 답변은 신학으로부터 나와야 한다고 했던 것보다 더 근본적인 차원에서 상호적 대화가 오고 가야 한다는 점을 강조하고 있다. 기독교신학은 이제 현대사회와 보다 적극적인 조우를 통해서 대화의 폭을 넓혀 가야 하며 그 과정에서 상호 간에 영향을 주고받아야 하는 것이다. 이러한 쉽지 않은 대화와 성찰의 과정을 거쳐서 성취된 실천적 지혜는 신앙공동체와 현대인의 삶을 보다 의미 있게 하는 데 도움이 될 것이다.

수정된 상관관계 방법이 기독(목회)상담에 미친 영향은 상관관계 방법만큼이나 중요한 것이었다. 보수적인 신학적 배경을 가진 일부 학자들을 제외한 대부분 주류 교단의 기독(목회)상담학자들은 수정된 상관관계 방법을 자신들의 목회신학과 기독(목회)상담에 적용하기 시작했다. 1980년대와 1990년대를 거치면서 기독(목회)상담의 관점이 확대되는 과정에서 선택되었던 다양한 대화의 상대자들도 수정된 상관관계 방법으로 접근되었다. 예를 들면, 여성주의 기독(목회)상담자들의 경우 여성주의이론과 전통의 기독교신학 및 목회신학 사이에 질문과 답변이라는 차원 모두에서의 대화를 시도했다. 그 결과 목회상담운동과 목회신학의 기저에 있던 성차별적이며 힘의 불균형을 당연시하는 부조리한 전제들에 대한 근본적인 도전을 주었고, 그 도전의 결과 목회상담운동과 목회신학이 의식하지 못하는 가운데 암묵적으로 전제하고 있던 잘못된 가정들에 대한 철저한 반성과 수정이 가능하게 되었다. 틸리히 역시 질문 및 문제제기가 답변의 방향에 영향을 준다는 점을 인정했지만, 수정된 상관관계 방법에서는 사회과학 안에 있는 궁극적 차원의 답변들의 가능성을 인정하고 그것들과 기독교적 답변들을 대화의 테이블에 함께 앉히게 된다. 그렇기 때문에 상담 및 심리치료이론과 기독교 전통 사이에서 대화를 하는 기독(목회)상담자들의 정체성의 문제가 다시 한 번 중요하게 대두되었다. 각자가 어떤 정체성을 가지고 대화의 테이블에 나와 있는가는 각 학제가 가지고 있는 학문적 온정성이 존중되는 가운데 이뤄지는 다차원의 대화를 이끌어 가는 데 필수적인 전제가 되는 것이다. 이런 이유에서 Browning은 기독

(목회)상담자들이 신학적 혹은 윤리적 정체성을 보다 분명히 할 필요가 있다고 주장했다. 하지만 이 주장을 보다 근본적인 차원에서 이뤄지는 대화를 가능하도록 만들기 위한 정체성의 환기로 받아들여야지 신학중심주의로의 회귀로 오해해서는 안 된다.

수정된 상관관계 방법은 매우 설득력 있는 방법론이지만 실제 현장에서 기독(목회)상담자들이 적용하기에는 너무 복잡한 측면도 동시에 가지고 있다. 기독(목회)상담을 지나치게 학문적인 대화의 영역에 가두어 버리는 위험성이 있다. 자신이 사용하는 상담이론에 내포되어 있는 종교적-윤리적 측면을 분석해 내서 그것이 내담자의 삶에 미치는 영향과 자신의 임상에 미치는 영향을 기독교 전통이 미치고 있는 영향과의 상관관계를 통해 분석해 내고 통찰로 이어갈 수 있는 임상가들이 과연 얼마나 될 것인가? 이론적으로는 매우 매력적이고 현대 사회와 대화할 수 있는 적합성(plausibility)을 가진 것이지만 너무나 현학적이고 복잡해서 오히려 기독(목회)상담자들이 사용하기 어렵다는 비판을 면하기 어려울 것이다(Townsend, 2002). 자신들을 찾아오는 내담자를 끊임없이 만나야 하는 임상가에게는 이런 철학적이고 신학적인 차원에서의 성찰을 할 시간도 없으며, 그럴 만한 준비도 되어 있지 않을 것이다.

일선 기독(목회)상담자들의 비판과 함께 주목해야 할 것은 사회변혁적인 운동에 관심이 많은 여성주의 기독(목회)상담학자들의 비판이다. Carrie Doehring(1999)은 Browning이 수정된 상관관계 방법을 구체화하기 위해 서구철학과 학문의 전통을 사용하지만, 실제 상황에서 작동하는 젠더, 인종, 사회계급, 성 정체성 등의 문제에 대해 진지하게 고민하지 않았다고 비판했다. 여성주의 학자들은 학제간 대화의 이유는 대화를 통해서 신학적-윤리적 규범을 도출하는 것보다는 개인이 겪는 고통의 현실을 실제로 개선할 수 있도록 사회를 변화시키는 일에 함께 참여하기 위함이라고 주장한다. 이런 맥락에서 Rebecca Chopp과 Matthew Lamb과 같은 여성주의 학자들은 수정된 프락시스 상관관계 방법(revised praxis correlational method)을 주장하기도 한다(Osmer, 2012). 이 방법은 프락시스, 즉 실천이 이끌어 가는 방법론이다. 이 방법론에서 우선적으로 이뤄지는 학제간 대화는 사회변혁을 위한 실천적 목표를 공유하는 운동과 공동체 사이에서 이뤄진다. 신학과 타 학문과의 대화는 이 우선적인 대화 이후에 따라 오는 것으로, 실천을 보다 효과적으로 만들어가고 안내하는 데 도움을 주기 위해서 이루어지는 것이다(Osmer, 2012).

3) 변형적 방법

상관관계와 수정된 상관관계 방법이 기독(목회)상담자들에게 널리 사용되는 방법이었다면, 변형적 방법(transformational method)은 비교적 적은 수의 기독(목회)상담자들에 의해서 사용되었다. James Loder와 Deborah Hunsinger 등의 학자들에 의해서 주창된 변형적 방법은 기독론적 진술을 담고 있는 칼케돈 신조에서 표명하는 예수의 신성과 인성의 관계를 신학과 심리학 혹은 사회과학의 관계를 이해하는 틀로 사용한다. 이들은 칼케돈 신조에서 그리스도의 신성과 인성을 이해하는 세 가지 중요한 특징은 학제간 연구에도 유익하게 적용될 수 있다고 믿고 있다. 첫째, 칼케돈 신조에 따르면 예수 그리스도의 신성과 인성은 구별되어 있으며, 서로 환원되지 않은 채 공존하고 있다. 마찬가지로 신학과 심리학의 언어도 분명히 구별되어(differentiated) 있으며, 서로 혼합되지 않은 채 공존해야 한다. 둘째, 예수 그리스도의 신성과 인성은 분리될 수 없는 일치(unity) 속에 함께 있다. 예수에게서 신성과 인성을 따로 떼어 낸다는 것은 불가능한 것이다. 신학과 심리학 역시 사회 속에 존재하는 사람들을 이해하기 위해서는 함께 사용되어야 한다. 어느 한쪽의 이해만으로 인간의 문제를 완전히 이해했다고 하는 것은 불가능하다. 두 관점 모두가 함께 사용되어야 하는 것이다. 셋째, 예수 그리스도의 신성과 인성의 관계는 비대칭적 순서(asymmetrical order)를 따른다. 신성은 인성에 대하여 논리적, 존재론적 우선성을 가진다. 마찬가지로 신학과 사회과학의 관계에도 비대칭적 순서가 존재한다. 신학은 다른 분야의 지식으로부터 통찰을 얻는 동시에, 비대칭적 우선성 때문에 신학의 언어로 그 분야를 변형시키게 된다(Osmer, 2012). 학제간 대화의 최종적인 결론은 변형(transformation)인 것이다.

변형적 방법은 신학과 심리학 모두 인간의 상황을 설명하는 데 필요하며, 어느 하나를 무시할 수 없다고 말한 점에서는 상관관계 방법과 비슷한 면모를 보인다. 하지만 신학에 의한 심리학의 변형이라는 결론에 도달하는 과정에서는 상호변형(mutual transformation)을 주장한 상관관계와 수정된 상관관계 방법론과는 사뭇 다르다. 대화의 과정에서 신학도 영향을 받을 수 있지만 변형의 대상은 언제나 심리학이 되어야 한다. 심리학 이론 안에도 종교적-윤리적 규범과 의미가 담겨 있기 때문에 궁극적 차원의 대화까지 이뤄져야 한다고 말한 Browning의 주장은 변형적 방법을 주장하는 사람들에겐 어쩌면 예수의 신성의 선재성을 간과하는 주장처럼 들릴 것이다. 이런 이유로 변형적 방법론은 주로 칼 바르트와 같은 신정통주의 신학의 흐름에 영향을 받은 보다 보수적인 입장의 기독(목회)상담학자들에 의해서 사용되었다.

목회상담운동이 지나치게 심리학과 상담학에 경도되었다는 비판을 던지며 독자적인 운동을 일으켰던 기독교상담(Christian Counseling) 전통에 서 있는 많은 학자들도 비록 상당히 다른 면모를 보이기는 하지만 넓은 의미에서 변형적 방법론에 속한다고 볼 수 있을 것이다. 예를 들면, Gary Collins의 재건심리학(rebuilding psychology)과 Lawrence Crabb의 이집트로부터 가져오기(spoiling the Egyptians) 등의 방법론은 모두 성경적 가치관 혹은 기독교적 가치관을 중심으로 심리학을 변화시킨다는 측면에서 변형적 방법론이라고 할 수 있을 것이다. 하지만 이들은 바르트를 비롯한 신정통주의 신학에 친숙하였던 목회상담학자들보다는 훨씬 더 보수적인 신학적 바탕을 가지고 있었기 때문에 성서적 세계관이 대화를 좀 더 적극적으로 주도해야 한다는 입장을 견지하고 있었다.

틸리히로부터 시작해서 과정신학과 해방신학과 여성신학 등 좀 더 급진적인 신학적 배경을 가지고 있던 상관관계와 수정된 상관관계 방법을 사용하던 기독(목회)상담자들과는 달리 변형적 방법을 사용하던 기독(목회)상담학자들은 좀 더 전통적인 신학적 입장을 견지하고자 노력했다. 그러므로 학제간 대화의 방법론의 다양성은 그 대화를 이끌어 가는 기독(목회)상담자의 신학적 입장의 차이에 기초한다고 볼 수도 있을 것이다. 이런 이유로 프린스턴의 기독(목회)상담학자 Donald Capps(1999)는 기독(목회)상담운동에서 보이는 방법론 논쟁은 진정한 의미에서의 학제간 대화의 방법론이라기보다는 신학 중심주의를 벗어난 적이 없다고 비판한다. 상대방 학문의 완전성(integrity)을 인정하는 것은 학제간 대화의 기본 전제가 될 것이다. 하지만 기독(목회)상담운동에서 이루어진 대화는 신학과 심리학이 서로의 완전성을 인정한 대화라기보다는 신학적 입장의 정도에 따라 심리학을 사용하는 수준의 차이를 보였을 뿐이라는 것이다. 이에 대한 대안으로 Capps는 예술 이론을 통해 기독(목회)상담방법론의 혁신을 제안했다. 필자는 이상억(2005)의 주장을 받아들여서 그것을 예술적 방법론이라고 이름 붙이고자 한다. 예술적 방법론은 미학적 방법론으로도 불리며, 몇몇 학자들에 의해서 주장되었다(이상억, 유영순, 김태형, 2011; Couture, 1999).

4) 예술적 방법

Capps(1999)는 예술이론을 통해 힐트너의 방법론의 핵심을 이루었던 '관점(perspective)'을 현대인을 위한 기독(목회)상담방법론으로 되살릴 수 있다고 보았다. 사실 목양을 제공하는 목회자의 관점을 염두에 두었던 힐트너의 관점은 상담자와 내담자 사이의 힘의 불균형을 야기할 수 있으며, 목회자의 주관적 판단에 지나치게 의존하는 위험성을 안고 있었다. 하지만 Capps가 이것을 Rudolf Arnheim의 예술이론과 연결시켜서 그 위험성보다는 새로운 가능성을 부각시켰다. 기독(목회)상담자의 관점은 마치 예술가가 작품을 구상하고 창작해 나가는 과정과 같이 도움이 필요한 사람들을 인식하고(perceive) 소통하기(communicate) 위해서 신학과 심리학을 비롯한 다양한 재료들을 예술적으로 사용하도록 이끌어 준다. 때로는 신학과 심리학이 서로의 언어의 차이에도 불구하고 같은 주제를 향해 일치되게 움직일 때도 있고, 때로는 서로 일치되는 부분을 전혀 보이지 않는 것처럼 관계를 맺을 때도 있을 것이다. 마치 예술 작품에서 중심적(centric) 힘과 중심을 벗어난(eccentric) 힘이 때론 일치되기도 하고, 때론 혼란스럽게 섞여서 나타나서 그 작품의 초점이 어디인지 헷갈리도록 만드는 경우가 있는 것처럼 말이다.

Capps(1999)의 관점에 따르면, 예술가로서 기독(목회)상담자의 관점은 신학과 심리학이 어떤 방법으로 관계를 맺을 것인가의 문제가 아니다. 오히려 이 두 학문 분야가 의미 있게 한 주제를 향해서 관계를 맺도록 할 수도 있고, 때로는 어디서 어디까지가 신학인지, 어디까지가 심리학의 역할인지 구분이 어려울 정도로 혼란스럽게 나타날 수도 있을 것이다. 신학과 심리학의 관계가 기독(목회)상담을 이끌어 가는 것이 아니라, 기독(목회)상담자가 내담자를 바라보는 관점 혹은 기독(목회)상담자의 눈이 그 방향으로 이끌어 가기 때문이다. 그러므로 이 상담에서 심리학이 어느 정도 사용되었는지, 왜 신학적 언어는 사용되지 않았는지 비판하는 것은 의미가 없다. 중요한 것은 내담자를 바라보는 상담자의 예술적 혹은 미학적 관점인 것이다.

비슷한 이유로 Capps(1999)가 Arnheim이 한 예술가가 성숙한 단계에 이르렀을 때 등장하는 구조적 일치의 모델(the model of structural uniformity)을 비중 있게 제안하고 있는 점을 주목할 가치가 있을 것이다. 이 단계에 이른 예술가에게는 작품의 구조가 느슨해지기 시작하며, 공간 배치와 작품의 다양한 요소들이 떠다니는 듯 매우 산만해 보이는 작품들이 나타난다. 이것을 기독(목회)상담에 적용해 본다면, 이 시기에 이른 기독(목회)상담자에게는 더 이상 신학과 심리학의 구분은 의미가 없어진다. 힐트너의 관점을 예술이론을 통해 본다면, 목양의 관점은 신학과 심리학을 어떻게 사용할지 결정하는 방법론의 문제가 아니라, 상담자와 내담자가 살고 있는 현실을 바라보는 인식(perception)의 문세이다(Capps, 1999). 이 인식 혹은 관점이 기독(목회)상담자의 실천을 예술적 혹은 미학적으로 이끌어 갈 것이다. 예술적 방법(artistic method)은 자기중심적 세계관이 폐기되고 인간은 파편화된 다차원성의 세계의 한 부분일 뿐이라고 이해하는 포스트모던 상황에 적용될 수 있는 가능성이 있다. 어떤 절대적인 방법론이나 종교적-윤리적 규범의 영속성을 주장하는 것이 의미를 잃어가는 시대에, 어떤 주제를 가지고 함께 만났다가 이내 흩어져 버리고, 때로는 신학인지 심리학인지 구분이 잘 가지 않는 흐려진 학문의 경계에 머물기도 하는 예술적 방법은 포스트모던적 감성에 보다 잘 적용될 가능성이 있지 않을까 생각한다.

5. 나오는 말

지금까지 "무엇이 기독(목회)상담을 기독(목회)상담답게 만드는가?"라는 연구 문제를 중심으로 기독(목회)상담학이라는 학문과 기독(목회)상담자의 정체성을 살펴보았고, 이어서는 목회상담운동을 통해 기독(목회)상담이 다루는 문제와 관점의 범위가 확장되어 온 과정이 기독(목회)상담방법론에 미치는 함의를 살펴보았다. 마지막으로 목회상담운동의 역사를 통해서 기독(목회)상담학자들이 사용해 온 학제간 대화의 방법을 추적해 보았다. 필자는 정체성, 관점, 대화라는 세 가지 측면이 기독(목회)상담이라는 학문을 이해하는 중요한 틀을 제공한다고 생각한다.

지금까지의 논의를 기초로 하여 필자가 생각하는 기독(목회)상담다운 상담을 실천하는 상담자의 모습을 다음과 같이 제시해 보고자 한다.

기독(목회)상담자는 상담의 실천으로부터 출발하여 보다 나은 실천을 안내하는 실천적 지혜로서의 신학 지식을 형성해 나가는 사람이다. 사람들의 생생한 삶의 이야기는 기독(목회)상담자에게 새로운 도전과 질문을 던진다. 이 도전과 제기된 질문을 안고 신학과 다양한 인문·사회·자연과학과 상호 영향을 주고받는 대화를 통해 현대 사회와 신학에 도전을 주고 창조적인 기여를 할 수 있는 살아있는 실천적 지혜를 쌓아 간다.

날로 다원화되고 있으며, 치열한 경쟁 체제에 살고 있는 현대인이 호소하는 아픔을 이해하고 좀 더 가까이 다가가기 위해서 기독(목회)상담자는 사람의 심리적·관계적 역동을 이해하는 관점뿐만 아니라 그것에 영향을 미치는 사회문화적 힘의 역동을 함께 이해할 수 있는 폭넓은 관점을 견지하기 위해 노력한다. 이 일을 위해 기독(목회)상담자는 상담 및 심리치료 분야의 전문적인 훈련과 함께 사회구조의 변혁을 위한 공적 차원의 활동에서도 자신의 전문성을 발휘하기 위해 노력한다.

기독(목회)상담자는 상호문화적(intercultural) 감수성을 지니기 위해 노력한다. 자신과 문화가 다른 사람을 이해의 대상 혹은 타자가 아니라, 함께 상호 협력적 관계를 맺는 주체로 받아들인다. 상호문화적 기독(목회)상담자는 일방성이 아닌 상호성(mutuality)에 열려 있다. 이것은 상담실에서 상담자와 내담자의 관계와 수련과정에서 슈퍼바이저와 수련생의 관계 모두에서 일방적이고 권위적인 관계가 아니라 상호협력적(collaborative) 배움의 과정으로 나타날 것이다.

현대인의 삶에 보다 가까이 다가가기 위해서 기독(목회)상담자는 의도적으로 경계(border)에 서고자 노력한다. 경계에 서는 전통은 목회상담운동 초창기부터 이어 오는 기독(목회)상담자의 정체성이다. 전통적으로 기독(목회)상담자는 의사와 환자의 경계와 목회자와 상담자 사이의 경계에서 있었으며, 오늘날은 상담사와 사회운동가의 경계에 서고자 노력한다. 경계에 서는 것은 정체성의 혼란을 주기도 하지만, 동시에 자유로운 창조

> 를 가능하게 하는 위치이기도 하다. 경계에 서 있기 위해서는 신학지식의 전문성과 심리치료를 비롯한 다양한 인문 · 사회 · 자연과학 분야의 전문성도 함께 요청된다. 사람을 보다 깊이 이해하고 돌보기 위한 다양한 학문과 기독교 전통의 경계에 선 기독(목회)상담자는 오늘도 우리 사회의 도움이 필요한 사람들을 위해서 신학자와 상담자와 사회운동가의 경계를 넘나드는 다소 위험하고 혼란스러운 움직임을 통해서 그들에게 다가가고자 애써야 한다.

기독(목회)상담의 정의와 범위에 대한 논의를 마무리하며, 이 논의가 한국 기독(목회)상담운동에 어떤 의미를 줄 수 있을지 살펴보는 것이 필요할 것이다. 필자가 앞에서 지적한 것처럼 한국 기독(목회)상담운동이 어떤 단계에 서 있는가에 대해서는 다양한 입장이 존재할 것이다. 입장의 차이에도 불구하고 기독(목회)상담운동이 엄청난 양적 팽창을 이루었고, 질적인 성장이 그 팽창을 제대로 따라가지 못하고 있다는 것은 이미 많은 학자들에 의해서 공유되고 있는 현실이다. 기독(목회)상담운동이 한국 사회에서 지속적으로 성장해 나가기 위해서는 앞에서 살펴본 정체성, 관점, 대화라고 하는 세 가지 측면에 대한 진지한 숙고가 필요할 것이다. 이미 기독(목회)상담운동의 일각에서는 이 운동이 기독교적 정체성을 상실하고 있는 것이 아닌가 하는 우려의 목소리가 나오고 있다. 동시에 한편에서는 아직 저변이 제대로 갖춰지지 않은 빈약한 상담시장을 놓고 일반 상담분야와 치열한 생존경쟁을 벌이고 있다. 미국 목회상담운동이 1960년대 그 전성기에 이르렀을 때도 그곳이 우리보다 상담의 사회적 저변이 좀 더 튼튼했다는 것을 제외하고는 우리와 비슷한 형국이었다. 그로부터 많은 시간이 지나지 않아서 정체성의 혼란이라는 위기를 경험했고, 정체성 회복을 위한 많은 시도들이 있었다. 이미 말한 것처럼 정체성의 회복은 기독교 전통으로의 회귀가 아니었다. 그것은 신학 및 기독교 전통과 사회과학 사이의 진정한 대화의 회복이었다. 기독(목회)상담은 언제나 경계에 존재해 왔다. 경계에 서 있음으로, 현대인의 상황에 민감하지 못했던 신학계를 향해 개혁적인 목소리를 낼 수 있었으며, 현대 사회를 향해서도 목소리를 높일 수 있었다.

한국 기독(목회)상담운동이 그동안 양적인 팽창을 이루어 오면서 놓치고 있으며 잃어버리고 있는 것이 무엇인지 돌아볼 때가 되었다. 기독(목회)상담 관련 학회들이 자신들의 학회에 입회하고 자격을 취득하는 회원들의 숫자를 늘리는 데 관심을 가지는 동안, 신학과 타 학문의 경계에 선 기독(목회)상담자로서의 역할을 얼마나 잘 수행했는지 돌아볼 필요가 있을 것이다. 경계에 선 기독(목회)상담자는 교회의 주류에 속한 신학자들이 보지 못하는 것을 볼 수 있는 학문적 자유와 창조성을 가진 사람이다. 외형적 성장에 매몰되어 있는 동안 한국교회가 보지 못했고 교회로부터 철저하게 소외되었던 진정으로 돌봄이 필요한 사람들의 목소리를 얼마나 대변하고 있는지 돌아보아야 한다. 그동안 들리지 않았거나 침묵을 강요당했던 목소리가 한국교회를 얼마나 건강하게 만들어 줄 수 있는지 우리가 형성해 가는 실천적 지혜로서의 신학을 통해 전달할 수 있어야 한다.

나아가 기독(목회)상담자는 일반 상담자가 보지 못하고 있는 한계에 대해 도전할 수 있어야 한다. 신학과 심리치료의 경계에 서 있는 정신건강 전문가로서 심리치료 전통의 중심에 서 있다고 자인하는 사람들이 보지 못하는 것을 볼 수 있어야 하고 목소리를 낼 수 있어야 한다. 전문가주의(professionalism)라는 허상을 붙들고 자신들만의 리그를 만들어서 진정으로 도움이 필요한 이 땅의 소외된 사람들로부터 오히려 멀어지고 있는 상담계의 현실을 고발할 수 있어야 한다. 상담자와 내담자를 보호하기 위해서 필요했던 상담의 구조를 마치 상담자의 전문성의 잣대인 것처럼 내세우며 오히려 내담자를 억압하고 있는 상담자의 전문성의 허상을 비판할 수 있는 임상적·이론적 근거를 그동안의 목회상담운동과 자신들의 경험에서 충분히 끌어낼 수 있을 것이다.

그러므로 필자는 지금 우리 사회의 상황이 기독(목회)상담의 정체성과 방법론적 독특성에 대한 가장 활발한 논쟁을 시작할 시점이라고 생각한다. 현대 한국 사회에서 기독(목회)상담자가 가져야 할 정체성 감각은 무엇인지, 관심을 가지고 나누어야 할 문제와 관점의 범위는 어느 정도인지, 기독교 전통과의 대화의 테이블에 초대해야 할 현대 사회의 그림자를 제대로 보여 주는 학문은 어떤 것인지 진지하게 묻기 시작할 시점이 되었다. 이 논의에 기독(목회)상담자 동료 여러분을 초대하며 글을 마무리하고자 한다.

참고문헌

손운산 (2011). 시워드 힐트너. **현대목회상담학자연구** (한국목회상담학회 편, pp. 64-88). 서울: 도서출판 돌봄.

이상억 (2005). 도널드 캡스(Donald Eric Capps)의 목회상담 세계관을 통해 바라본 예술적 학제성(Artistic interdisciplinarity)에 대한 연구. **장신논단, 35**, 359-397.

이상억, 유영순, 김태형 (2011). 미학적 목회상담학의 가능성에 대한 연구. **목회와 상담 17**, 171-197.

이희철 (2011). 안톤 보이슨. **현대목회상담학자연구** (한국목회상담학회 편, pp. 33-63). 서울: 도서출판 돌봄.

정연득 (2011). 서론: 현대목회상담학의 흐름. **현대목회상담학자연구** (한국목회상담학회 편, pp. 9-32). 서울: 도서출판 돌봄.

정연득 (2014). 신학함의 과정으로서의 목회돌봄과 상담. **신학과 실천 38**, 347-378.

한병철 (2012). **피로사회** (김태환 역). 서울: 문학과 지성사. (원저 2010년 출판).

Asquith, G. H., Jr. (2005). Case study method. In Rodney J. Hunter (Ed.), *Dictionary of pastoral care and counseling.* Nashville, TN: Abingdon Press.

Boisen, A. (1936). *The exploration of the inner world*. New York: Harper & Brothers.

Browning, D. S. (1987). *Religious thought and the modern psychologies: A critical conversation in the theory of culture*. Philadelphia: Fortress Press.

Capps, D. (1999). The lessons of art theory for pastoral theology. *Pastoral Psychology, 47*, 321-346.

Clinebell, H. (2005). Pastoral counseling movement. In Rodney J. Hunter (Ed.), *Dictionary of pastoral care and counseling.* Nashville, TN: Abingdon Press.

Couture, P. (1999). Pastoral theology as art. In Bonnie J. Miller- McLemore & Brita L. Gill-Austern (Eds.), *Feminist and womanist pastoral theology* (pp. 169-187). Nashville, TN: Abingdon Press.

Doehring, C. (1999). A method for feminist pastoral theology. In Bonnie J. Miller-McLemore & Brita L. Gill-Austern (Eds.), *Feminist and womanist pastoral theology* (pp. 95-111). Nashville, TN: Abingdon Press.

Fowler, J. (1987). *Faith development and pastoral care*. Philadelphia: Fortress Press.

Graham, L. (1992). *Care of persons, care of worlds: A psychosystems approach to pastoral care and counseling*. Nashville, TN: Abingdon Press.

Hiltner, S. (1958). *Preface to pastoral theology*. Nashville: Abingdon Press.

Holifield, B. (2005). Paul Tillich. In Rodney J. Hunter (Ed.), *Dictionary of pastoral care and counseling.* Nashville, TN: Abingdon Press.

Hunter, R. (1990). A perspectival pastoral theology. In Leroy Aden, J. Harold Ellens, & Grand Rapids (Eds.), *Turning point in pastoral care: The legacy of Anton Boisen and Seward Hiltner* (pp. 53-79). Michigan: Baker Book House.

Hunter, R. (2001). Spiritual counsel: An art in transition. *Christian Century, 118*, 20-25.

Loder, J. (2005). Theology and psychology. In Rodney J. Hunter (Ed.), *Dictionary of pastoral care and counseling.* Nashville, TN: Abingdon Press.

Miller-McLemore, B. (1993). The human web: Reflection on the state of pastoral theology. *Christian Century, 110*, 366-369.

Miller-McLemore, B. (1996). The living human web. In Jeanne Stevenson Moessner (Ed.), *Through the eyes of women: insights for pastoral care* (pp. 9-26). Minneapolis: Fortress Press.

Miller-McLemore, B. (1999). Feminist theory in pastoral theology. In Bonnie

J. Miller-McLemore & Brita L. Gill-Austern (Eds.), *Feminist and womanist pastoral theology* (pp. 77-94). Nashville, TN: Abingdon Press.

Miller-McLemore, B. (2012). 공공신학으로서의 목회신학. In Nancy Ramsay. **목회상담의 최근 동향** (문희경 역, pp. 74-103). 서울: 그리심. (원저 1991년 출판).

Osmer, R. (2012). **실천신학의 네 가지 중심 과제** (김현애, 김정형 역). 서울: 예배와 설교 아카데미. (원저 2008년 출판).

Patton, J. (1993). *Pastoral care in context: An introduction to pastoral care*. Louisville: Westminster John Knox Press.

Poling, J. (1991). *The abuse of power: A theological problem*. Nashville, TN: Abingdon Press.

Ramsay, N. (2012). 변화의 재정의의 시기. In Nancy Ramsay. **목회상담의 최근 동향** (문희경 역, pp. 10-73). 서울: 그리심. (원저 1991년 출판).

Reader, J. (1990). On a methodology for pastoral theology. *Modern Churchman, 32*, 10-16.

Smith, A. (1982). *The relational self: Ethics and therapy from a black church perspective*. Nashville, TN: Abingdon Press.

Tillich, P. (2002). **문화의 신학** (남정우 역). 서울: 대한기독교서회. (원저 1964년 출판).

Tillich, P. (2004). **존재의 용기** (차성구 역). 서울: 예영커뮤니케이션. (원저 1963년 출판).

Townsend, L. (2002). Theological reflection, pastoral counseling and supervision. *Journal of Pastoral Theology, 12*, 63-74.

Tracy, D. (1981). *The analogical imagination: Christian theology and the culture of pluralism*. New York: Crossroad.

Wimberly, E. (1979). *Pastoral care in the black church*. Nashville, TN: Abingdon Press.

세계 기독(목회)상담의 역사

오화철
(서울기독대학교 상담심리학과 교수)

기독(목회)상담의 역사는 어디에서 출발하고 누구에 의해서 시작되었고 오늘날의 현주소는 어디인지를 살펴보는 것이 본 글의 주제이다. 성경에서 출발한 돌봄의 전통이 중세와 근대를 거쳐서 오늘날 한국에서는 기독(목회)상담이라는 이름으로 불릴 때까지의 흐름을 대략적으로 살펴볼 필요가 있다. 대체로 기독(목회)상담은 미국교회에서 시작되었다고 볼 수 있으며 기존의 전통과는 다르게 현대 심리치료와 상당한 관련성을 갖고 미국의 기독(목회)상담이 발전되어 왔다고 볼 수 있다. 따라서 이 장에서는 오늘날 미국과 유럽을 중심으로 발전해 온 기독(목회)상담의 의미를 기술하면서 기독(목회)상담의 역사를 고찰하려고 한다.

1. 기독(목회)상담의 탄생 배경

일찍이 1517년 종교개혁 이후 신앙생활 속에서 개인 영혼의 실질적인 돌봄에 대한 각성이 일어났고 그런 영적이면서 정신적인 돌봄은 성직자의 심방을 통해서 산업사회 이후에 더욱 발전되어 왔다. 동시에 경건주의적 종교활동이 증진되면서 신앙인의 내적인 면에 대한 깊은 관심이 증대되었고 중세 가톨릭의 영혼돌봄과 개신교 신앙의 형태에 기초한 경건생활이 주축이 되어서 제도적 돌봄에 대한 인식이 증대되어 왔다. 그런 상황 가운데 아메리카대륙이 발견되면서 미국 개신교 교인들의 삶속에서 신앙과 마음의 건강에 대한 다양한 돌봄이 학문적으로 실천적으로 발전을 이루게 된다. 신대륙은 상대적으로 새로운 전통 속에서 신앙과 인간의 내면을 바라볼 수 있는 좋은 실험의 장이 될 수 있었다.

미국의 기독(목회)상담의 뿌리를 거슬러 올라간다면, 리처드 벡스터(Richard Baxter) 목사의 상담목회를 그 출발로 볼 수 있다. 교인들의 가정을 방문하고 심방하면서 그들의 애환을 살펴보는 일들은 이른바 '사적인 담화(private conference)'의 방식으로 진행되면서 특별히 중병을 앓고 있는 교인들과 인생의 마지막 순간을 함께 하는 방문목회였다.

미국 교회 상황에서 경건주의의 전통은 인간의 내면에 대한 관찰을 중요시하면서 현대 기독(목회)상담의 흐름에 다양한 영향을 주었다. 이러한 전통은 이미 영국국교회의 사제이면서 감리교의 창시자인 존 웨슬리에 의해서 전통적인 영혼돌봄과 소규모 그룹활동을 통한 목양의 형태에서 '공개적 고백'의 형태를 통한 기독(목회)상담의 한 면을 보여 주고 있었다. 무엇보다 새롭게 현대 기독(목회)상담의 태동으로 볼 수 있는 흐름은 18세기에 신대륙에서 일어난 대각성운동이었다. 신대륙으로 이주한 청교도들에게 영적 사명과 회심을 일으키면서 신앙과 인간내면에 대한 예민한 각성을 시도했다는 점에서 기폭제 역할을 했다. 그 운동의 중심에 있었던 조나단 에드워즈(Jonathan Edwards)를 통해서 대각성운동은 19세기 전반부까지 지속되었고 신자들의 영적인 흥분과 열망은 미국 목회돌봄에 대한 새로운 파장을 예고하고 있었다. 이렇듯 존 웨슬리의 소그룹모임을 통한 지지방식과 조나단 에드워즈를 중심으로 일어난 대각성운동은 마침내 브룩스 홀리필드(E. Brooks Holifield) 교수를 통해서 대각성운동 이래 심리학적인 관점과 영혼돌봄의 논의가 본격화되기 시작했다(Holifield, 1983, 69ff, 144ff, 175ff). 동시에 미국 신학대학 안에서도 실천신학으로의 목회돌봄에 대한 중요성이 커지면서 목회신학에 대한 관심이 커졌다.

그런 점에서 미국에서의 기독(목회)상담의 탄생배경에는 독일의 빌헬름 분트(Willhelm Wundt)의 과학적인 실험심리학과 미국의 윌리엄 제임스(William James)가 1890년에 『Principles of Psychology』를 출간함으로써 생리학과 심리학의 대화를 제시하게 된다. 동시에 지그문트 프로이트(Sigmund Freud)가 꿈분석과 자유연상을 통해 신경증환자들을 치료하는 정신분석기법을 소개하면서 융복합적인 입장에서 인간의 내면을 통찰하는 관심이 제시되었다.

2. 기독(목회)상담의 본격적인 태동과 특징

앞서 밝힌 1902년 윌리엄 제임스가 『The Varieties of Religious Experience』를 펴내면서 종교체험에 대한 다채로운 이해를 시도했는데 그 내용은 아프고 분열된 영혼과 정신을 통합하는 데 필요한 회심과 심리적 치유가 핵심이었다(Holifield, 1983, pp. 184-195 참조). 즉, 교회와 기독교 신앙이 종교와 인간 내면을 동시에 다뤄야 한다는 논의가 심화되는 계기가 되었다. 당시 미국의 심리학회지에는 제임스 류바(James Leuba) 등이 회심에 대한 심리학적인 글들을 기고하면서 종교가 영혼을 새롭게 하는 산파술이라고 표현하기도 했다

(Leuba, 1896, pp. 309-385). 아울러 윌리엄 제임스의 제자였던 에드윈 스타벅(Edwin Diller Starbuck)도 1899년『Psychology of Religion』이라는 책을 통해서 종교적 회심의 필연성을 강조하기도 했다. 이러한 종교심리학 운동의 배경 속에서 탄생한 운동이 바로 '임마누엘 운동(Emmanuel Movement)'이다. 임마누엘 운동은 1905년 보스턴의 '임마누엘 영국국교회 교회'에서 시작된 치유운동으로, 사제였던 엘우드 우스터(Elwood Worcester)가 의사들과 힘을 합하여 영적으로 사람들의 내면을 치유하는 운동이었다. 의학과 신앙의 협력을 통해서 사람들을 회복시키려고 시작된 임마누엘 운동은 1980년『Religion and Medicine』이라는 저서를 통해 내용이 구체화되었고 당시 우스터 신부와 정신과 의사였던 코리앗(Dr. Isador Coriatt) 등이 협업을 했던 운동이었다. 임마누엘 운동은 결국 종교와 의료가 협력하여 인간의 건강을 증대하자는 취지였고 인간을 바라보는 시선을 영혼과 육체의 통합적인 관점으로 제안하면서 1930년대까지 지속되었다.

그렇게 본다면, 1870년대 독일의 실험적인 심리연구와 함께 1880년대 말 프로이트가 정신분석을 집대성하기 시작했고 미국의 윌리엄 제임스 혹은 스탠리 홀 등을 통해서 미국의 심리학이 본격적인 발전을 이룬 모든 상황들은 기독(목회)상담운동의 중요한 출발배경이 되고 있다. 1909년에 미국 우스터의 클라크대학 총장이었던 스탠리 홀이 프로이트와 융을 초대해 처음으로 강연을 진행한 것도 미국에서 정신분석에 대한 관심을 고조시키는 계기가 되었다. 아울러 당시 전 세계적으로 두 차례의 세계대전이 발생하면서 인간을 이해하고 훈련시키는 일에 대한 사회적 관심이 높아지면서 심리치료와 목회상담의 역할이 중요해지고 있었다. 1942년도에는 마침내 칼 로저스의 인간 중심의 상담이란 기치 아래 상담을 counseling으로 부르게 되면서 비지시적인 내담자 중심의 상담이 주목받게 된다. 상담자의 권위와 해석보다는 내담자를 향한 공감과 존중을 강조하는 humanistic psychology는 기독(목회)상담에 큰 영향을 주게 된다. 이렇게 심리치료에 대한 깊은 관심이 형성되면서 목회자들의 영혼돌봄에 대한 관심도 커졌고 인간내면에 대한 돌봄과 통합의 담론이 형성된다.

이렇게 심리치료적 문화가 확산되면서 새롭게 대두된 것이 바로 임상목회교육이다. 목회자들에게 임상적 훈련을 제공해서 병원 혹은 의료관련기관에서 실질적인 목회적 돌봄을 수행할 수 있도록 하는 것이 임상목회교육의 본질이다. 이미 임마누엘 운동에 참여했던 하버드 의대의 리처드 캐벗이 1871년에 임상목회교육 운동을 제창하면서 1924년 우스터 주립정신병원 원목으로 일하던 안톤 보이젠 목사가 병원과 협력해서 학생들과 함께 환자를 돌보는 일을 시작한다. 안톤 보이젠은 뉴욕 유니온신학대학원을 졸업한 후 목사가 되었지만 본인이 정신관련 질병으로 수없이 병원치료를 받는 경험을 통해서 임상목회교육을 본격적으로 알리는 일에 매진하게 된다. 이 당시부터 미국신학대학 대학원과정에 적어도 1년 정도의 임상목회교육에 대한 필요성이 알려지기 시작한다. 이렇게 시작된 임상목회교육은 1930년대에 '신학생들을 위한 임상훈련원'이란 기관이 설립됨으로써 본격적인 발전을 시작했는데, 후일 의사인 던바(Flanders Dunbar)를 중심으로 하는 뉴욕 임상목회그룹과 리처드 캐벗(Richard Cabot)이 이끌어 가는 보스턴 그룹으로 나뉘어 명맥을 이어 간다. 캐벗이 중심되어 활동하던 임상목회교육은 일반 병원에서 주로 활동하면서 목회현장의 기능과 신학적인 면에 관심을 두고 진행했으며, 던바의 임상목회교육 그룹은 심리치료적인 면에 강조점을 두며 환자와 나눈 대화에 관심을 두고 축어록 중심의 임상목회교육을 진행한다. 이후 1944년에는 미국 남침례교회의 웨인 오츠(Wayne Oates)가 임상목회교육을 시작하면서 1967년도에는 마침내 '미국임상목회교육협의회'가 발족되면서 큰 도약을 시작한다.

임상목회교육은 기독(목회)상담의 중요한 기반이 되면서 신학교육의 실천적인 자리를 분명히 했다는 점에서 그 의의를 찾을 수 있다. 이 당시 등장한 임상목회교육 관련 저술들은 리처드 캐벗과 러셀 딕스가 함께 쓴 『The Art of

Ministering to the Sick』이란 책이 있으며, 동시에 안톤 보이젠이 저술한 『The Exploration of the Inner World』라는 책이 있다. 앞의 두 책들을 통해서 임상목회교육 현장에서 환자와 어떻게 대화를 나눌 것이며 기독신앙의 관점에서 영혼들을 어떻게 돌볼지에 대한 실질적인 경험과 임상이론들이 소개되었다. 시워드 힐트너(Seaward Hiltner)와 캐럴 와이즈(Carroll Wise) 등이 모두 임상목회교육을 통해서 배출된 기독(목회)상담자들이다.

3. 기독(목회)상담의 현대적 발전: 미국과 유럽을 중심으로

앞에서 기술된 대로 기독(목회)상담의 발전은 2차 세계대전 이후 본격적으로 발전하면서 점차 공감과 치유 중심의 노력으로 방향이 진일보하게 되었고 사회의 다양한 기관에서 개인의 내면에 대한 깊은 관심을 통해 현대기독(목회)상담의 부흥기를 맞이하게 된다(Holifield, 1983, 269ff). 미국 내에서도 심리치료를 하는 사회복지사, 성직자들이 늘어나면서 많은 재정적 후원이 정신건강 분야에 투자되기 시작한다. 심리치료의 관심이 증대되는 것과 함께 기독(목회)상담의 경우에는 군목과 원목의 숫자가 급증했는데 2차 대전에 투입된 군목이 8,000명을 넘어서게 된다(Holifield, 1983, p. 270).

이런 상황에서 목회돌봄 교육이 필요한 군목학교가 증설되었고 전쟁 직후 점차 나아지는 경제상황 속에서 목회돌봄과 교육에 대한 관심이 크게 증가했다. 1950년대에 들어서면서 미국의 모든 신학교들이 기독(목회)상담을 가르치게 되었고 대부분의 신학교들이 상담관련 심리학 과목들을 개설해서 1950년대 말에는 기독(목회)상담관련 임상센터가 전미에 100여 곳 이상 생겨난다(Holifield, 1983, p. 271). 미국 내 신학교 중에서 뉴욕 유니온신학대학원이 Religion and Psychiatry(정신의학과 종교), 드류신학대학원이 Religion and Psychology(종교와 심리학) 등의 프로그램 이름으로 기독(목회)상담 박사과정이 본격적으로 활성화된다. 미국 내 신학교의 기독(목회)상담 박사과정에 대한 소개는 미국 목회신학회(Society for Pastoral Theology)의 홈페이지에 10개 이상의 미국 내 주요 신학대학원 기독(목회)상담 박사과정 프로그램이 현재 명기되어 있다. 이 외에도 수많은 기독(목회)상담관련 기관과 센터들이 전국적으로 설립되어 왕성한 활동을 하게 되었으며 관련된 학술지들이 많이 등장한다. 『Journal of Pastoral Care』와 『The Journal of Pastoral Psychology』 등이 1950년대에 들어서 주목받게 된다. 당시 자연스럽게 등장한 기독(목회)상담 학자들이 바로 시워드 힐트너, 웨인 오츠 등이었으며 시워드 힐트너의 경우는 앞서 밝힌 대로 안톤 보이젠의 제자로서 임상목회교육의 확립에 헌신하면서 기독(목회)상담연구 분야에서 선구자가 된다. 후일 시워드 힐트너가 저술한 『The Preface of Pastoral Theology』는 한국어로도 번역되어 소개되었는데 목회실천과 이론의 상관성을 잘 설명하는 저서로 알려져 있다(Hiltner, 2000). 아울러 감리교목사였던 캐럴 와이즈 역시 안톤 보이젠 목사의 제자로서 우스터 정신병원에서 원목으로 일하면서 1951년에 『Pastoral Counseling: Its Theory and Practice와 The Meaning of Pastoral Care』라는 책을 1966년도에 출간하면서 기독(목회)상담과 복음의 연계성을 선명하게 설명해 주고 있는 교과서로 탄생하게 된다. 남침례교회의 경우는 웨인 오츠가 남침례신학교의 상담교수로 일하면서 미국 남부지역의 임상목회교육에 크게 기여한다. 무엇보다 성서의 전통과 성령의 역할을 상담이론과 잘 접목시켜서 설명함으로써 기독(목회)상담운동이 신학과 심리학의 균형을 갖는 데 기여한다. 웨인 오츠는 수많은 저서를 통해서 종교에 대한 의학적 문제를 다룬 기독(목회)상담자로 알려지면서 『When Religion Gets Sick』(Oates, 1989)과 『The Psychology of Religion』(Oates, 1991) 등의 책들이 소개된다.

마침내 기독(목회)상담자의 모임인 'The American Association of Pastoral Counselors(AAPC)'가 1960년대 결성되면서 하워드 클라인벨(Howard Clinebell)이 초대회장으로 취임했고 기독(목회)상담가의 미국 내 정신건강

분야의 전문가로 등장하게 된다. 이렇게 상담사역을 중심으로 현대 기독(목회)상담이 발전하면서 지역교회와 기독(목회)상담센터들이 연계해서 본격적인 발전을 이루게 되었고 미국 내에 1960년대에 들어서 150개 정도의 기독(목회)상담센터들이 등장하게 된다(Hunter et al.,1990에서 'Pastoral Care Movement' 참조). 그리고 1966년에 클라인벨이 쓴 명저 『Basic Types of Pastoral Counseling』이 출간되면서 기독(목회)상담의 다양한 면모가 미국 전역에 소개된다. 클라인벨은 클레어몬트신학대학원의 강의 및 연구와 함께 뉴욕의 윌리엄 앨런슨 화이트 연구소(William Alanson White Institute)에서 훈련받고 중독관련 분야에서 학위를 받았는데 그는 심리내적인 면과 함께 다채로운 인간의 성장 가능성을 전제로 하는 '성장상담(growth counseling)'을 통해서 사회 전반적인 문제에 적극적으로 대응하고 교회와 연계된 기독(목회)상담의 모델을 포괄적으로 제시한 기독(목회)상담자였다.

아울러 잠시 유럽지역의 기독(목회)상담의 발전을 살펴본다면, 영국의 경우는 성직자의 전문화 측면에서 기독(목회)상담이 발전해 왔다고 볼 수 있다. 물론 신학의 세속화와 심리학의 발전 그리고 미국 기독(목회)상담의 영향도 있지만, 무엇보다 영국의 기독(목회)상담은 기독교의 전통과 신학적 전통을 유지함에 깊은 관심을 두고 발전해 오고 있었다. 이런 특징은 영국국교회가 기독교의 전통을 중요시하는 가운데, 가장 우선시하는 목회돌봄이 신앙의 성장에서 출발한다는 확신이 있었기 때문이며, 그다음으로 신앙을 통한 윤리적 삶과 교회공동체를 중심으로 하는 신앙의 실천성을 중요시하기 때문이었다(Reed, 1990). 영국이 'pastoral studies'라는 이름으로 기독(목회)상담의 교육과정을 시작하게 된 것은 버밍엄대학교에서 신학자이며 의사였던 램본(R. A. Lambourne)에 의해서였다. 램본은 기독론적 입장에서의 기독(목회)상담을 강조했는데, 주로 그리스도에 대한 신앙이 공동체 안에서 전인적 인간을 추구하며 예수 그리스도 안에서 세상을 인식하고 실현하는 것이라고 설명한다(Lambourne, 1983, p. 87). 이러한 램본의 입장은 기독론적인 기독(목회)

상담의 정신을 통해서 교회가 사회를 이해하고 섬기는 복지적인 측면이 큰 비중을 차지한다. 그런 점에서 램본은 미국의 기독(목회)상담 발전방향을 보면서 자칫 기독(목회)상담이 교회를 약화시키고 심리치료적 문화가 교회공동체와의 연계성을 약화시킬 수 있다는 비판을 하기도 했다(Lambourne, 1983, pp. 135-161). 이러한 우려는 미국에서 한때 토마스 오덴이나 돈 브라우닝이 염려했던 기독(목회)상담이 심리학에 지나치게 의존하는 것에 대한 경고와 맥락을 같이한다고 볼 수 있다. 그런 면에서 램본은 기독(목회)상담의 목표는 온전함을 향해 자라는 교회와 공동체적 친교가 가장 중요한 방향이라고 제시하면서 기독(목회)상담운동이 효과적인 목회기술을 저해할 위험이 있다고까지 말하면서(Pattison, 1988, p. 24) 미국처럼 전문 목회상담자협회 설립에 대한 반대의견을 피력하기도 했다. 그러나 1977년도에 이르러 영국에도 최종 '목회영성상담협회(Association for Pastoral and Spiritual Care and Counseling)'가 발족되었으며, 목회적 돌봄과 상담의 연계를 통한 기독(목회)상담운동이 본격화된다. 이후 1960년대에는 '임상신학협회(Clinical Theology Association)'가 출범하고 이후 '브리지목회협회(Bridge Pastoral Foundation)'로 변모하면서 목회적 실천과 심층심리의 깊은 대화를 통해서 신학과 심리학의 통합에 대한 논의가 더욱 발전하게 된다.

독일의 경우는 20세기 초 바르트로 대표되는 말씀의 신학의 영향을 받은 기독(목회)상담과 1960년대 말부터 등장한 심리학적인 연계가 높아진 기독(목회)상담, 그리고 마지막으로 말씀중심의 기독(목회)상담과 심리치료적인 접근이 통합되는 단계로 살펴볼 수 있다.

말씀중심의 기독(목회)상담은 대표적으로 아스무센(Hans Asmussen)과 투르나이젠(Eduard Thurneysen)을 꼽을 수 있다. 그들은 기독(목회)상담을 정의할 때 복음을 각 개인에게 전달하는 것을 핵심으로 강조한다(Asmussen, 1937, p. 15). 이러한 접근은 말씀의 선포와 죄의 용서가 상담의 핵심이 된다. 그러나 말씀에 의지하지만 좀 더 진정한 의미의 대화가 필요한 상담이라는 비판을 받기도 한다(Riess, 1973, p. 182). 이어서 독일에 1960년대 후반과 1970년대에 들어서서 슈톨베르크(D. Stollberg)를 통해 심리학을 활용하는 기독(목회)상담이 전파되기 시작한다(Stollberg, 1978, p. 39). 이른바 전이와 역전이를 활용한 정신분석적 메커니즘을 기독(목회)상담에 접목하는 것인데, 이러한 움직임은 기독(목회)상담이 권위적인 지침이나 방향을 주는 것이 아니라 대화를 하면서 내담자의 이야기를 경청하는 행위임을 각인하는 데 영향을 주게 된다. 1970년대 중반에 들어서서 말씀중심의 기독(목회)상담과 심리학 활용의 상담이 새롭게 평가되면서 다양한 교인들의 삶을 이해하고 수용한다는 점에서 성경의 말씀과 심리학을 모두 활용하여 보완한다는 통합적인 입장이 자리를 잡아가게 된다(Lauther & Möller, 1996). 최근 독일의 기독(목회)상담은 점차 미국과의 교류를 통해서 심리치료와 기독(목회)상담의 대화모델로 변화하면서도 비판적인 발전을 통해서 균형을 추구하는 노력을 기울이고 있다. 동시에 기독교전통에 대한 고찰을 통해서 성서에 등장하는 속사도교부, 사막교부, 초대교부, 중세, 종교개혁의 전통을 현대 신학과 접목하면서 기독(목회)상담의 미래를 전망하고 있다.

4. 현대 기독(목회)상담의 정체성과 전망

현대 기독(목회)상담운동은 출발부터 심리학과 신학의 균형을 추구하는 노력 안에서 성장해 왔다고 할 때 크게 두 가지 흐름에서 살펴볼 수 있다. 첫째는 복음주의적 기독(목회)상담운동이다. 복음주의적 기독(목회)상담의 기본적인 특징은 성서에 대한 깊은 신뢰와 기독교 교리에 대한 충성과 목회자의 권위에 대한 인정뿐만 아니라 모든 기독교인이 하는 목회적 행동에 목회적 의미가 있음을 강조하고 있다. 근본적으로 성서무오설에 입각한 복음주의적 기독(목회)상담은 현대 기독(목회)상담의 흐름에서 중요한 흐름이면서도 근본주의와 맥락을 같이한다고 볼 수 있다. 복음주의적 기독(목회)상담의 제창자로 알려진 인물은 클라이드 내러모어(Clyde Narramore)이다. 그는 평신도 심리학자로서 성서와 기독교전통에서 임하는 상담을 강조했고 성서의 메시지가 인간의 정신건강에 어떤 도움을 줄 수 있는지에 대해서 깊이 있게 소개한다. 아울러 제이 아담스(Jay Adams)는 신학자로서 『Competent to Counsel』이라는 책을 1970년에 출간하면서 소위 '권고적 상담(Nouthetic counseling)'을 알리면서 성경말씀을 상담에서 사용하는 것이 인간의 내적인 갈등과 정황보다 우선시되어야 함을 강조한 목회자였다. 복음주의 기독(목회)상담의 인물로 역시 알려진 로렌스 크랩(Lawrence Crabb)은 『Basic principles of Biblical Counseling』을 저술해서 성서를 근본으로 하는 상담을 설명하면서 한국교회에도 성경적 상담이 무엇인가를 알리는 데 큰 기여를 하게 된다. 이러한 복음주의 계열의 기독(목회)상담가들이 1988년에 미국 애틀랜타에서 마침내 'The American Association of Christian Counselors(AACC)'를 결성하게 된다. 복음주의적 기독(목회)상담은 비록 그 역사는 짧지만 평신도와 목회자 등 모든 이들이 용이하게 진입할 수 있는 협회이면서 성경적인 상담을 강조했고 2만 명이 넘는 회원이 협회에 가입되어 있는 것으로 알려져 있다. 이 협회의 중요한 대표로서 게린 콜린스(Gary Collins)는 임상심리학자로서 50권이 넘는 상담관련 책을 저술하면서 현대심리학을 성서와 기독교전통의 관점에서 잘 활용할 수 있는 방안들을 소개하고 있다.

복음주의적 기독(목회)상담의 흐름과 함께 미국은 1960년대에 들어서 심리치료에 더욱 의존하는 경향을 보이게 되면서 기독(목회)상담에 자성의 목소리가 커져 갔다. 그런 점에서 1970년대에 시카고대학의 돈 브라우닝(Don Browning)이 저술한 『The Moral Context of Pastoral Care』는 기독(목회)상담 운동에서 중요한 계기를 마련하는 책이 된다. 돈 브라우닝은 이 책에서 목회돌봄이 심리학의 중립적인 도구라는 측면과 신학의 가치중립적인 면에서 사용되어 왔다는 기존의 시각에서 벗어나 신학과 심리학이 각각의 의미 있는 도덕적인 윤리적 가치에서 행해져 왔음을 밝힌다. 돈 브라우닝은 점차 다원화되어 가는 사회에서 어떤 가치를 추구하며 기독(목회)상담이 도덕주의에 빠지지 않으면서 실천성을 담보하며 도덕적 사유를 할 수 있는 통찰을 제시한다(Browning, 1976, pp. 125-129). 돈 브라우닝은 평생 종교와 심리학, 목회신학 등을 사회과학과 연계해서 연구하면서 상호학문적인 관계성에서 어떻게 신학과 심리학을 이해하고 해석하는지에 대한 사유를 제시했다. 동시에 폴 프라이저(Paul Pruyser)는 기독교전통을 활용해서 실제 기독(목회)의 돌봄현장에서 영적 진단들이 가능하다는 점을 그의 책 『The Minister as Diagnostician Personal Problem in Pastoral Perspective』에서 소개한다. 기독(목회)상담의 정체성에 대한 적극적인 제안을 했던 또다른 인물은 토머스 오덴(Thomas Oden)으로 현대 기독(목회)상담가들의 저술이나 활동에서 기독교전통이 드러나 있지 않음을 지적하면서 기독(목회)상담의 정체성 회복을 강조한다(Oden, 1984, 26ff).

그런 점에서 복음주의적 기독(목회)상담은 주류 기독(목회)상담이 정체성을 찾기 위해 노력하는 모습의 단면을 살펴볼 수 있는 흐름이라고 볼 수 있다. 신학적 입장과 해석을 새롭게 하면서 현대심리학을 수용하고 변용한다는 점에서 미국 에모리대학의 찰스 거킨(Charles Gerkin) 역시 새로운 방향을 제시하고 있다. 그의 저술 『The Living Human Document: Revisioning Pastoral Counseling in a Hermeneutical Mode』에서 해석학의 빛에서 신학과 심리학을 이해하고 내담자의 이야기 안에서 영적인 경험을 도출하는 메타이론적 가능성을 보여 준 계기로 등장한다.

1980년대에 들어서도 계속적으로 신학과 심리학의 대화를 지속하게 된다. 미국 내에서 기독(목회)상담의 중심에서 목회신학을 재건하고 신학적 성찰을 중요시하는 모임으로 1985년에 '미국목회신학회(Society for Pastoral Theology)'는 목회돌봄과 상담의 언어를 신학적 통찰의 빛 아래에서 재건하는 노력을 학술대회와 분과별 연구를 통해 이어 가고 있다. 1990년에는 지난 1세기 동안의 기독(목회)상담의 역사를 집대성하는 의미에서『Dictionary of Pastoral Care and Counseling』이 편찬되면서 500여 명의 기독(목회)상담학자들이 1,200여 개의 항목을 집필하면서 모든 교파의 기독(목회)상담에 관련된 신학과 관련지식들을 정리하게 되었고 지속적인 개정이 이뤄지고 있다(Ramsey, 2005).

이러한 기독(목회)상담의 변화 중에서 가장 주목받는 것은 기독(목회)상담이 이뤄지는 문화와 삶의 현장에 대한 관심이다. 20세기 후반에 들어서는 더욱 여성, 아동, 제3세계 사람들에 대한 존중과 관심에 확산되면서 포괄적이고 다층적인 문화적 정황에 대한 관심이 증폭되기에 이른다. 2003년 미국목회신학회의 연례학술대회 주제가 '자기와 공동체 내의 다중문화성 존중(Honoring Multiculturality in Self and Community)'이었음을 주목하면서 미국 내의 다채로운 인종과 계층에 대한 깊은 관심이 대두된 결과라고 볼 수 있다. 동시에 여성에 대한 주체적인 시각도 더욱 발전하게 된다. 그동안의 기독(목회)상담운동이 남성중심의 운동이었음을 돌아보면서 '여성주의 상담'이 활발하게 논의되고 여성주의적(feminist) 입장에서 백인중산층 여성들을 이해하는 흐름과 함께 우머니스트(womanist) 접근은 유색인종 여성이나 노동계층 여성들, 즉 소수자 여성들에 대한 사회참여를 촉구하는 목소리들이 등장한다(Miller-McLemore & Gill-Austern, 1999). 이러한 우머니스트적인 관점은 차별을 단순히 남녀의 성으로만 이해하지 않고 연대감을 가지고 함께 동반의식을 가질 때 남녀의 성을 뛰어넘는 변화에 주목하고 있다(Ali, 1999). 그럼 점에서 최근 여성목회신학자 보니 밀러맥리모어(Bonnie Miller-McLemore)의 새로운 목회신학적 패러다임은 기존의 '살아있는 인간문서(Living Human Document)'에서 '살아있는 인간망(Living Human Web)'으로의 전환을 요청하고 있다. 밀러맥리모어는 실천신학이 현재 기독교의 복음과 사회문제에 신학적으로 참여(engagement)하는 것이라고 이해한다(Miller-McLemore, 2007). 동시에 여성주의 목회신학을 통해서 개인의 심리내적인 차원을 넘어서 인간고통의 사회문화적, 심리종교적 차원까지 다룰 것을 요청하고 있으며 심리적 차별화(differentiation)를 통해서 타인들과 연계된 개인화를 이룰 때, 소수의 사람들이 목회적 돌봄의 주체가 될 수 있고 그들의 권리와 목소리가 존중될 수 있다고 역설한다(Miller-McLemore, 1996).

이러한 시도는 일찍이 안톤 보이젠이 상담과 목회신학의 연구가 책이 아닌 인간에 대한 연구여야 한다고 주장하면서 '살아있는 인간문서'를 제안한 것이라면 이제 밀러맥리모어는 안톤 보이젠의 핵심적인 메타포(metaphor)를 보다 확장하여, 한 인간을 둘러싼 컨텍스트(context) 속에서 전체적인 인간관계와 환경을 포함한 치유로서의 목회신학을 새롭게 제시하고 있다. 사실상 '살아있는 인간망'은 신학과 여성주의 및 사회과학의 지식 사이의 상호적이고 비평적인 관계를 요청하고 있으며 아가페적 사랑의 관계에 있어서도 일방성보다는 상호성이 작용하고 있음을 밀러맥리모어는 거듭 확인하고 있다. 여성주의 목회신학자인 밀러맥리모어는 세속적 여성학자들과 달리 기독교적 신학전통으로부터 문제 해결의 자원을 추구하며, 실천의 자리에서 이론을 추구하는 '살아있는 인간망'의 방법론을 지속적으로 요청하고 있는 셈이다.

이러한 변화와 함께 인종과 계층 그리고 남녀의 입장에서 이해하는 기독(목회)상담의 흐름의 변화와 더불어 새로이 재인식되는 분야가 바로 영성분야이다. 영성수련이나 영성형성이 상담과의 긴밀성에서 필요하다는 인식이 확산되면서 신학적인 전통을 회복하는 중요한 통로로 주목받고 있다(Conn, 1998; Sperry, 2002). 그런 면에서 한국기독교상담심리학회에서도 2018년부터 영성분과를 설치하여 기독(목회)상담과 영성의 대화를 통해서 기독(목회)상담운동의 저변확대를 위해서 노력하고 있다. 동시에 이러한 영성에 대한 관심은 변화하는 세계에 대한 전지구적인 관심으로 이어지면서 미국교회라는 제1세계중심의 기독(목회)상담에서 이제는 다양한 문화와 국가에 대한 깊은 관심으로 이어지면서 토착화 기독(목회)상담운동으로 발전해 가고 있다(Lattey, 2004). 이러한 토착화의 흐름은 더욱 각 나라와 문화에 적합한 기독(목회)상담운동으로 이어지고 있으며 이제는 기독(목회)상담이 '목회대화(pastoral conversation)'라는 구체적 용어로 설명되고 있다. 구조화된 일대일의 상담환경을 뛰어넘어서 영혼돌봄을 향한 적극적인 전략이 신학과 심리학의 분명한 정체성 속에서 이뤄질 필요성이 더욱 대두되고 있기 때문이다. 이제 19세기 목회신학의 흐름이 목회에 대한 신학이었다면 20세기는 목회적 돌봄과 상담의 신학으로 축소된 면이 있다. 그러나 다시 최근의 동향은 축소된 목회신학이 포괄적인 신학적 성찰방법론으로 변모되고 있다. 그것은 바로 신학적인 주제를 학제간의 대화를 통해서 '신학하기(doing theology)'의 방법론으로 나타내는 것인데, 바꿔 말하면 신학을 목회적으로 하는 것에 대한 구체적인 논의라고 설명할 수 있다(Hunter et al., 1990). 그런 점에서 현대 기독(목회)상담은 치유적 기술이나 방법을 뛰어넘어서 절대자를 향한 신학적 지혜를 생성시키는 사역이고 하나님의 나라를 확장시켜 가는 방향으로 점차 발전하게 될 것이다.

참고문헌

Ali, C. W. (1999). *Survival and Liberation: Pastoral Theology in African American Context*. Atlanta: Chalice Press

Asmussen, H. (1937). *Die Seelsorge: Ein praktisches Handbuch über Seelsorge und Seelenf-hrung*. Muenchen.

Browning, D. (1976). *The Moral Context of Pastoral Care*. Philadelphia: Westminster.

Conn, W. E. (1998). *The Desiring Self: Rooting Pastoral Counseling and Spiritual Direction in Self-Transcendence*. New York: Paulist Press.

Hiltner, S. (2000). **목회신학원론** [The Preface of Pastoral Theology] (민경배 역). 서울: 대한기독교서회. (원저 1958년 출판).

Holifield, B. (1983). *A History of Pastoral Care in America: From Salvation to Self-Realization*. Nashville, TN: Abingdon Press.

Hunter, R. et al. (Eds.) (1990). *Dictionary of Pastoral Care and Counseling*. Nashville: TN: Abingdon Press.

Lambourne, R. A. (1983). *Explorations in Health and Salvation*. University of Birmingham.

Lartey, E. Y. (2004). Globalization, internationalization, and indigenizationi of pastoral care and counseling. In Nancy J. Ramsey (Ed.), *Pastoral care and counseling: Redefining the Paradigms*. Nashville, TN: Abingdon Press.

Lauther, C., & Möller, C. (1996). Helmut Tacke. In: C. Möller (Hg.), *Geschichte der Seelsorge in Einzelporträts*, *Bd.* 3, Goettingen und Zuerich.

Leuba, J. (1896). A Study in the Psychology of Religious Phenomena. *American Journal of Psychology*, 7.

Miller-McLemore, B. (1996). *The Living Human Web.* In J. S. Moessner (Ed.), *Through the Eyes of Women: Insights for Pastoral Care (The Handbook of Womencare)*. Minneapolis: Fortress.

Miller-McLemore, B. (2007). The 'Clerical Paradigm': A Fallacy of Misplaced Concreteness? *International Journal of Practical Theology*, Vol. 11.

Miller-McLemore, B., & Gill-Austern, B. (1999). *Feminist & Womanist Pastoral Theology*. Nashville: Abingdon Press.

Oates, W. (1989). **신앙이 병들 때** [When Religion Gets Sick] (정태기 역). 서울: 대한기독교출판사. (원저 1970년 출판).

Oates, W. (1991). **현대종교심리학** [The Psychology of Religion] (정태기 역). 서울: 대한기독교출판사. (원저 1973년 출판).

Oden, T. (1984). *Care of Souls in the Classic Tradition*. Philadelphia: Fortress Press.

Pattison, S. (1988). *A Critique of Pastoral Care*. London: SCM Press.

Ramsey, N. (Ed.) (2005). *The Expanded Edition of Dictionary of Pastoral Care and Counseling*. Nashville, TN: Abingdon Press.

Reed, J. (1990). Anglican Pastoral Care. In R, J. Hunger (Ed.), *Dictionary of Pastoral Care and Counseling*. Nashville: Abingdon Press.

Riess, R. (1973). *Seelsorge-Orientierung, Analysen und Alternativen*. Goettingen.

Sperry, L. (2002). *Tranforming Self and Community: Revisioning Pastoral Counseling and Spiritual Direction*. Collegeville, Minnesota: The Liturgical Press.

Stollberg, D. (1970). *Therapeutic Seelsorge. Die amerikanische Seelsorgebewegung. Darstellung und Kritik, Mit einer Dokumentation*, 2 Aufl. Muenchen.

한국 기독(목회)상담의 역사와 연구동향*

유상희
(치유상담대학원대학교 교수)

1. 들어가는 말

한국 기독(목회) 돌봄과 상담의 역사는 130여 년의 한국 개신교회 역사를 바탕으로 선교 초기와 해방 이전의 시기부터 논의되기도 하나 이는 한국 목회적 돌봄의 시작점으로 분류되며, 1951년 연세대학교 신과대학(구 연희전문학교) 내 문의학(問議學)이라는 강의의 시작이 한국 기독(목회)상담학의 시작점으로 분류된다(권수영, 손운산, 안석모, 이상억, 정희성, 2007; 손운산, 2011; 유영권, 2010; 장미혜, 정연득, 2017). 이 장에서는 67여 년을 맞이하는 기독(목회)상담의 역사를 개관하며 각 시기 주요 학자들과 관련 기관들을 정리하고, 최

* 이 장은 다음의 논문을 수정 · 편집했다.
유상희 (2019). 한국 기독(목회)상담의 역사와 연구동향. 한국기독교상담학회지, 30(1), 245-272.

근 기독(목회)상담 분야의 연구동향을 연구주제, 연구대상, 연구방법을 기준으로 분석하여 한국 기독(목회)상담의 현 주소와 향후 연구방향성을 제시하고자 한다.

따라서 이 장에서는 권수영 등(2007)의 「한국 교회 목회적 돌봄과 상담의 자취와 전망」, 안석모 등(2009)의 『목회상담 이론 입문』, 유영권(2010)의 「한국 기독(목회)상담학의 역사와 전망」, 손운산(2011)의 「한국 목회 돌봄과 목회상담의 역사와 과제」 등을 바탕으로 한국 기독(목회)상담의 역사를 태동기(1950~1979), 성장기(1980~1999), 정체성 확립기(2000~현재)로 나누어 정리한다. 또한 한국 기독(목회)상담 역사의 태동기, 성장기 및 정체성 확립기에 활동한 주요 학자들과 기독(목회)상담과 관련된 주요 학회 및 협회들을 포함한 다양한 기관들과 센터들의 현황을 정리한다. 더불어 한국 기독(목회)상담의 최근 연구동향을 분석하기 위해 한국기독교상담심리학회의 『한국기독교상담학회지』와 한국목회상담협회의 『목회와 상담』에 게재된 논문들을 바탕으로 기독(목회)상담 분야에서의 연구주제, 연구대상, 연구방법의 경향을 분석한다. 2010년부터 2018년까지 『한국기독교상담학회지』에 게재된 288편의 논문과 『목회와 상담』에 게재된 179편의 논문을 합한 총 467편의 논문분석 결과, 2010년 이전의 연구들이 문헌연구를 바탕으로 한 이론적 고찰과 적용의 주제 영역에 연구가 치우쳐 있던 반면, 2010년 이후의 두 학회지에 게재된 논문들은 다양한 연구주제와 연구대상이 논의되고 양적 · 질적연구 등의 사회과학적 연구방법뿐 아니라 신학과 심리학의 대화와 통합을 시도하는 수정된 상관관계모델의 해석적-중재적 방법 등 다양한 연구방법들이 사용되고 있음을 보였다. 한국 기독(목회)상담의 역사 개관과 최근 연구동향의 분석은 국내 기독(목회)상담 분야의 발전과정과 현 주소를 인식하도록 도왔으며, 이를 바탕으로 결론 및 제언에서 향후 연구방향성을 제시한다.

2. 한국 기독(목회)상담의 역사[1)]

1) 태동기(1950-1979)

국내 기독(목회)상담은 1951년 미국 유학 후 귀국한 이환신 목사가 연세대학교 신과대학에서 문의학(問議學)이라는 명칭으로 기독(목회)상담 분야를 강의한 시점에서 시작된다(권수영 외, 2007; 손운산, 2011; 유영권, 2010). 이후 외국의 기독(목회)상담 분야의 책들이 번역되고 소개되면서 국내 기독(목회)상담 분야가 태동하게 된다. 이환신은 이 시기 Carroll Wise(1951/1962)의 『목회문의학(Pastoral Counseling: Its Theory and Practice)』을 번역하였고, 김관석(1953/1964)은 Paul Johnson의 『종교심리학(Psychology of Pastoral Care)』을, 민경배(1958/1968)는 시워드 힐트너(Seward Hiltner)의 『목회신학원론(The Preface to Pastoral Theology)』을, 민병길(1966/1971)은 Howard Clinebell의 『효과적인 목회상담(Basic Types of Pastoral Counseling)』을, 김득룡(1951/1974)은 Wayne Oates의 『기독교 목회학(The Christian Pastor)』을, 그리고 마경일(1949/1976)은 힐트너의 『목회카운셀링(Pastoral Counseling)』을 번역하였다. 또한 이 시기에 한국인 최초로 우리나라의 상황을 반영한 저서인 황의영(1970)의 『목회상담원리』와 미국 선교사인 반피득(Peter ven Lierop, 1978)의 『목회상담학 개론』이 출간되기도 한다(권수영 외, 2007; 손운산, 2011; 안석모, 2009; 유영권, 2010).

(1) 주요 학자

박근원(1997)과 손운산(2011)은 이 시기 목회상담의 기반을 잡은 학자들로 특히 한승호, 김태묵, 반피득, 박근원을 지목한다. 한승호(1942/1963)는 국제대학 교수이자 감리교신학대학과 연합신학대학원에 출강하였으며, 칼 로저스(Carl Rogers)의 『상담과 심리치료(Counseling and Psychotherapy)』 등을 번역하였다. 김태묵(1951/1965)은 장로회신학대학에서 강의하였으며 이환신에 의해 『목회문의학』으로 번역 출간된 Carroll Wise의 책을 『목회상담』이라는 제목으로 1965년 다시 번역하여 출간하였다. 연세대학교 연합신학대학원에서 강의한 반피득은 1968년 연세대학교 내 학생상담소를 개설하고, 1974년 최초로 국내 임상목회교육(Clinical Pastoral Education: CPE) 과정을 개설함으로써 이 시기 기독(목회)상담의 이론적 소개뿐 아니라 임상적 실천의 기반을 마련했다고 하겠다. 마지막으로 한국신학대학의 교수이며 연합신학대학원에서 강의한 박근원(1966/1979)은 Howard Clinebell의 『현대목회상담(Basic Types of Pastoral Counseling)』과 『목회상담신론(Basic Types of Pastoral Care and Counseling)』(1984/1987)을 번역하여 기독(목회)상담에 대한 관심을 증가시켰고, 향후 한국목회상담협회(Korean Association of Pastoral Counselors, 1982)의 창립과 국내 임상목회교육을 발전시키는 데 공헌하였다.

하지만 이 시기 신학대학 및 신학교 내 기독(목회)상담 관련 과목들은 기독(목회)상담 전공교수의 부족으로 많이 개설되지는 않았다. 1977년 연세대학교 연합신학대학원에서 상담학 전공(M.A.)이 시작되었고 이것이 기독(목회)상담 분야의 최초의 전공 대학원 과정이었다(손운산, 2011). 기독(목회)상담 분야가 신학교육에 포함된 것은 1980년대로 몇몇 신학대학에서 과목이 개설되었고, 1980년대 이후 기독(목회)상담 분야의 박사학위 취득자의 증가로 성장기를 맞게 된다.

2) 성장기(1980–1999)

실천신학의 목회신학 내 한 분야로 간주되어 오던 기독(목회)상담은 이 시기에 전문화되고 세분화되는 성장기를 맞게 된다. 이는 국내외 기독(목회)상담 분야의 박사학위 취득자의 증가와 더불어 기독(목회)상담 분야의 학회 및 협회들의 창립과 연구활동이 바탕이 되었다고 하겠다. 또한 한국교회 및 한국 사회 내 기독(목회)상담 관련 기관들과 연구소들이 시작되고 교육, 훈련 및 상담을 제공하기 시작함으로써 활발한 성장을 보이게 된다.

(1) 주요 학자

1980년대 기독(목회)상담의 성장을 위한 기반을 제공한 학자로는 Emory 대학 신학부에서 공부하고 감리교신학대학에서 교수한 이기춘, Chicago 신학대학원에서 수학하고 장로회신학대학에서 교수한 오성춘, Claremont 신학대학원에서 수학하고 한국신학대학에서 교수한 정태기 등이 있다(권수영 외, 2007; 손운산, 2011). 이후 1990년대 캐나다 Toronto 대학에서 수학하고 성공회대학에서 교수한 윤종모를 비롯하여 유학 후 귀국한 이들을 포함한 기독(목회)상담 분야의 박사학위 취득자가 1990년대 증가함에 따라 기독(목회)상담 분야는 성장기를 맞이하게 된다. Drew의 최재락, 박노권, 정희성, 김진영, CTS의 황헌영, 임경수, Claremont의 김영애, Denver의 홍영택, Emory의 안석모, Fuller의 고병인, 김용태, 홍인종, Northwestern의 정석환, Princeton의 이규민, Southern Baptist의 이관직, Union의 이재훈, 반신환, Vanderbilt의 손운산, 유영권 등이 기독(목회)상담 관련 박사학위를 받고 귀국하였다. 신명숙은 독일 Munster 대학, 최광현은 독일 Born 대학에서 학위 후 귀국하였으며, 국내에서는 박성자(이화여자대학교) 등의 박사들이 배출되어 신학대학교 및 일반대학 내 기독(목회)상담 전임교수들이 채용되거나 기독(목회)상담 분야의 과목들이 대폭 증가하였을 뿐 아니라 기독(목회)상담 전공의 대학원생들도 급증하게 된다.

이 시기에 발표된 학위논문들은 다양한 학문적 관점을 소개할 뿐 아니라 한국인의 정서, 한국인, 한국 가족 등에 대한 연구가 진행되었다. 이재훈(1990)은 대상관계이론 관점에서, 손운산(1990)과 안석모(1991)는 이야기치료의 관점에서, 김영애(1991)는 한국 여성의 관점에서 한국인의 정서인 '한'에 대해 연구하였다. 홍영택(1993), 홍인종(1993), 김용태, 최광현 등의 학자들은 가족 치료의 관점을 제시하고, 반신환(1995)은 한국인의 종교심성을 심층심리적으로 분석하였다. 정석환(1997)은 이야기 심리와 방법론으로 중년기 남성을, 김진영(1998)은 정신분석적 관점에서 한국의 유교문화 및 부자지간을 연구하였고, 유영권(1995)은 대상관계이론을 바탕으로 죽음예식을, 임경수(1999)는 남성중년전환기를 기독(목회)상담적으로 연구하였다. 기독(목회)상담 분야에 한국 여성학자가 등장한 것도 1990년대로 최재락(1991), 김영애(1991), 박성자(1992) 등을 시작으로 여성학자들의 활동이 시작되며, 1990년대 후반 정희성(1996) 등이 합류하여 국내 여성신학적 관점의 기반을 마련한다(권수영 외, 2007; 손운산, 2011).

(2) 학회 및 협회들

이 시기에는 다양한 학회 및 협회들의 창립 및 활동들을 바탕으로 기독(목회)상담 분야가 전문화되고 세분화된다. 1982년 한신대학교 박근원 교수, 감리교신학대학 이기춘 교수, 연세대 김기복 교수, 성장상담연구소장 이종헌 박사 등을 중심으로 한국목회상담협회(Korean Association of Pastoral Counselors)가 창립되고, 한신대 정태기 교수, 장로회신학대학 오성춘 교수 등이 협회 활동에 합류한다(권수영 외, 2007). 또한 1997년 목회상담학회(The Korean Society for Pastoral Care and Counseling)가 조직되었으며, 2001년부터 『목회와 상담(The Korean Journal of Pastoral Care and Counseling)』 학회지가 출간되었다(장미혜, 정연득, 2014). 또한 1999년 기독정신을 가지고 상담 영역에 종사하는 학자들과 상담자들이 모여 한국기독교상담 · 심리치료학회(Korean Association of Christian Counseling & Psychotherapy)[2)]가 창립되었고, 1999년부터 『한국기독교상담학회지(Korean Journal of Christian Counseling)』가 출간되었다(권수영 외, 2007; 유영권, 2010). 그 외에도 1995년 한국성경적상담협회(Korean Association of Biblical Counseling), 2000년 한국복음주의기독교상담학회(Korea Evangelical Counseling Society), 한국영성및심리치료협회(Korea Association of Spirituality & Psychotherapy)가 조직되었다. 이 시기에는 국내 임상목회교육도 발전하게 되는데, 연세대학교 세브란스병원을 중심으로 시작되어 강남 세브란스병원, 고려대학교 병원, 삼성서울병원, 한양대학교 병원, 충남대학교 병원 등이 임상목회교육을 시행하였고, 2001년에는 한국임상목회교육협회(Korean Association of Clinical Pastoral Education)가 조직되었다(권수영 외, 2007; 유영권, 2010). 이 기간 동안의 여러 학회 및 협회의 창립은 국내 기독(목회)상담의 성장을 보여 준다고 하겠다.

(3) 기관과 교회들

학회와 협회들과 함께 교회 안팎으로 기독(목회)상담기관들이 시작되고 교육과 훈련 및 상담을 제공하기 시작한다. 1990년대 여의도순복음중앙교회, 영락교회, 온누리교회, 사랑의교회, 새중앙교회 등의 대형교회 등이 교회 내 상담부서를 설치하고 교육, 훈련, 상담을 제공하기 시작한다. 교회 밖 기독(목회)상담 기관들로는 1987년 이종헌 박사가 성장상담연구소를 개소하여 상담훈련과 서비스 시작하였고, 1996년 이재훈 박사가 한국심리치료연구소를 설립하고 대상관계 이론에 관한 책들을 번역 및 소개뿐 아니라 임상적 훈련을 시작하였다. 1996년 정태기 박사도 크리스찬치유상담연구원를 개설하여 부부세미나, 영성수련 등 상담교육과 훈련을 제공함으로써 국내 치유사역을 활성화시켰다. 또한 한국여신학자협의회 부설 기독여성상담소 등의 시작으로 여성주의 관점에서 여성의 문제의 논의가 확산되고, 1999년 김영애가족치료연구소 등을 통해 부부 및 가족사역이 기독(목회)상담 분야에서 확산되기도 한다(권수영 외, 2007). 이 시기는 기독(목회)상담 박사학위자들의 증가, 다양한 기독(목회)상담 관련 학회 및 협회들의 시작과 성장, 교회 안팎으로 기독(목회)상담 기관들이 시작되어 기독(목회)상담 분야가 성장기를 맞게 된다.

3) 정체성 확립기(2000-현재)

기독(목회)상담 분야는 성장기를 거쳐 2000년 이후부터 현재까지 학회 및 협회들과 함께 기독(목회)상담 관련 기관 및 센터들에 의해 정체성을 확립하고 있다. 2000년대 이후 신진학자들이 유입되어 기독(목회)상담 분야의 정체성, 차별성, 전문성 등을 확립시키기 위해 노력할 뿐 아니라 학술 및 연구에 있어 주제, 대상, 방법 등의 다양성이 증가한다. 더불어 학교기관, 교회기관, 독립기관으로 크게 분류될 수 있는 기독(목회)상담 분야의 관련 기관 및 센터들의 활성화로 기독(목회)상담은 이론적 영역과 임상적 영역을 통합한 전문화된 분야로서 정체성을 확립하게 된다. 더불어 2014년 한국기독교상담심리학회가 한국정신건강상담사협의회의 창립단체로 합류하여 기독(목회)상담 분야가 공적인 전문성을 인정받는 기반을 마련하였고, 2016년 한국상담진흥협회 법인으로 설립되며, 2018년 한국상담진흥협회/한국정신건강상담사협의회의 연구단체를 한국상담서비스네트워크로 변경하고 한국기독교상담심리학회와 목회상담협회가 함께 연구단체로 활동하게 됨으로 협력관계를 통한 기독(목회)상담 분야의 활성화과 공적 전문성 증진을 위해 노력하고 있다.

(1) 주요 학자들

한국 기독(목회)상담의 정체성 확립을 위해 노력해 온 이들로서 2000년 이후 귀국한 학자들은 CTS의 고영순, Fuller의 홍구화, Garrett의 김수영, GTU의 권수영, 이희철, Northwestern의 오규훈, Princeton의 이상억, 정연득, Southwestern의 유재성, Vanderbilt의 하재성, 가요한 등이 있으며, 독일에서는 Koeln의 선우현, Strasbourg II의 안석 등이 있다. 국내 박사들로는 여한구(강남대학교), 이해리(한양대학교)와 연세대학교의 이호선, 최양숙, 이명진, 김영경, 최지영 등이 있다. 2010년 이후 기독(목회)상담 분야에 귀국한 학자들로는 Claremont의 정푸름, 권진숙, 박희규, 유상희, 윤득형 등과 Drew의 이

재호, 장정은, Fuller의 손철우, Union의 오화철, Garrett의 김희선 등이 있다. 2010년 이후 국내 박사학위자들로는 계명대학교의 류혜옥, 연세대학교의 최정헌, 백정미, 이유경, 이명훈, 류경숙, 박철형, 조영진 등과 이화여자대학교의 강혜정, 장로회신학대학원의 노항규 등이 있다.

이 시기에는 다양한 연구의 주제, 대상, 연구방법들이 국내 학계에 소개된다. 권수영(2003), 가요한(2008), 장정은(2014)은 정신분석적 관점을 바탕으로 학위논문 및 다양한 연구를 진행하였으며, 권수영은 기독(목회)상담의 정체성, 위기와 트라우마 등에 대한 연구를 진행하였다. 오규훈(2000)은 한국인의 정서인 '정'을, 오화철(2012)은 '한류' 등을 심층심리 관점에서 연구하였으며, 고영순(2001), 정푸름(2010), 권진숙(2011), 유상희(2015)는 여성주의 관점과 여성주의 목회신학을 바탕으로 여성, 이혼, 부모자녀 관계, 가정폭력 등에 대해 연구하였다. 이상억(2004)은 미주한인의 향수경험, 이명진(2007)과 노항규(2010)은 혼외관계 및 외도, 최양숙(2005)은 기러기 아빠의 경험, 이희철(2007)은 수치심, 최정헌(2010)은 남성우울, 백정미(2012)는 기독교인 부부의 관계, 윤득형(2015)은 죽음과 애도, 이유경(2015)은 선교사의 부부갈등에 대한 연구에 참여하였다. 또한 최정헌, 박철형, 유상희 등과 더불어 Boston 대학에서 재활상담학을 전공한 신성만은 국내 도박 및 마약 등 중독에 대한 관심을 가지고 활동 및 연구에 참여하였다. 이처럼 이 시기 연구의 주제와 대상들이 다양화되고, 신학과 심리학을 해석학적으로 논의한 문헌연구뿐 아니라 현상학, 근거이론 등의 질적연구 등 다양한 연구방법이 사용된다. 이는 국내 기독(목회)상담 분야의 연구의 정체성 확립과 연구의 다양성을 보인다고 하겠다.

(2) 학교, 교회, 기관들

안석모(2009)는 국내 50여 개 정규 신학대학과 신학교에서 기독(목회)상담 분야는 수요가 가장 많은 학문으로 자리 잡고 있다고 말한다. 신학대학과 더불어 기독(목회)상담 분야의 활동교수가 있거나 과목을 개설한 대표적 학교 기관(가나다순)은 감리교신학대학교, 고신대학교, 광신대학교, 경성대학교, 계명대학교, 고려신학대학원, 국제신학대학원대학교, 나사렛대학교, 대전신학대학교, 명지대학교, 목원대학교, 배재대학교, 백석대학교, 서울기독대학교, 서울신학대학교, 서울여자대학교, 서울장신대학교, 성신여자대학교, 순천향대학교, 숭실대학교, 숭실사이버대학교, 아세아연합신학대학원, 연세대학교, 영남신학대학교, 이화여자대학교, 웨스트민스터신학대학원대학교, 장로회신학대학교, 전주대학교, 총신대학교, 치유상담대학원대학교, 침례신학대학교, 한남대학교, 한동대학교, 한세대학교, 한일장신대학교, 합동신학대학원대학교, 호남신학대학교, 횃불트리니티신학대학원대학교, KC대학교 등이 있으며, 이 외에도 많은 교육기관에서 기독(목회)상담의 관점이 소개되고 논의되고 있다.

유영권(2010)은 한국 기독(목회)상담과 관련된 상담센터 및 기관으로 학교기반, 교회기반, 독립 프로그램의 세 분류로 구분한다. 학교를 기반으로 한 기독(목회)상담 프로그램을 제공하는 기관들로 감리교신학대학교의 영성심리치료센터, 백석대학교 상담센터, 서울기독대학교 학생상담센터, 서울신학대학교 한국카운슬링센터, 서울장신대학교의 서울장신상담코칭센터, 아세아연합신학대학원의 기독상담센터, 연세대학교 연합신학대학원의 상담・코칭지원센터, 이화여자대학교의 이화목회상담센터, 장로회신학대학교의 학생생활상담소, 치유상담대학원대학교의 상담지원센터, 횃불트리니티신학대학원대학교의 횃불트리니티상담센터 등이 포함된다. 교회에 기반을 둔 상담센터로 꿈의상담센터, 영락교회 상담센터, 사랑의교회 상담실, 남서울교회 상담센터, 온누리교회 두란노상담센터, 소망교회 상담실, 명성교회 상담실, 예심장로교회의 예심상담센터, 한밀교회의 다세움상담교육센터, 남서울은혜교회의 뉴라이프 상담실, 새중앙교회의 새중앙상담센터 등이 포함된다. 학교기관이나 교회기관이 아닌 독립 프로그램을 제공하는 기관으로는 가족

관계연구소, 고양상담코칭센터, 김영애가족치료센터, 기독교여성상담소, 기독교집단상담센터, 다움상담코칭센터, 로뎀상담센터, 마음공학연구소, 서울대상관계정신분석연구소, 서울보웬가족클리닉, 치유상담연구원, 한국영성치유연구소, 한국정신치료연구원, 행복한가정연구소, 한국상담선교연구원, 한사랑기독상담실, 한국회복사역연구소, 한솔심리상담연구원, 호산나상담실, Soh영성심리연구소 등이 포함된다. 많은 신학대학 및 대학교 내 기독(목회)상담 분야의 강의와 활동교수들, 교육, 훈련, 임상프로그램들을 제공하는 학교 부속기관, 교회기반의 상담센터 그리고 독립 기관들은 기독(목회)상담 분야의 정체성 확립과 성장의 원동력이었다고 하겠다.

(3) 내적 협력과 외적 공신력

2010년 이후 기독(목회)상담 분야에는 괄목할 만한 변화는 기독(목회)상담 분야의 학자들과 기관들이 공적 영역에서 전문성을 인정받고자 노력할 뿐 아니라 상호협력적 관계를 구축하고자 노력하고 있다는 것이다. 한국기독교상담심리학회는 2014년에 창립된 한국정신건강상담사협의회에 한국상담심리학회, 한국상담학회, 한국가족치료학회와 더불어 창립단체로 합류함으로써 기독(목회)상담 분야가 공적 영역에서 전문성을 인정받을 수 있는 기반을 마련하였다. 아직 국내에서는 상담사의 공적인 지위가 보장되지 않는 상황에서, 상담 분야가 법적 · 제도적 영역에서 교섭단체로 참여하기 위한 각고의 노력 끝에 2016년 12월에는 사단법인 한국상담진흥협회가 법인으로 설립허가를 받게 되었다. 한국상담진흥협회의 창립 이후 가습기살균제 피해자를 대상으로 한 심리상담 사업과 더불어 8월 8일을 '상담의 날'로 제정하기 위한 기념행사를 개최하는 등 여러 사업을 전개하며 기독(목회)상담 분야의 전문가들이 활발히 활동하고 있다. 또한 2016년부터 2018년까지 한국기독교상담심리학회, 목회상담협회, 장신상담목회연구원이 공동주최로 가을학술대회를 개최하였으며, 2018년 11월 한국상담진흥협회/한국정신건강상담사협의회의 연구단체를 한국상담서비스네트워크로 변경하고 한국기독교상담심리학회와 한국목회상담협회가 함께 연구단체로 활동하게 되었다.[3)] 이러한 협력 관계 형성과 활동은 기독(목회)상담 분야의 내부적 성장 및 활성화뿐 아니라 공적 영역에서 전문성 인정을 위한 고무적 현상이라 하겠다.

3. 한국 기독(목회)상담의 최근 연구동향

한국 기독(목회)상담 분야의 연구들은 한국 기독(목회)상담 성장기(1980~1999) 동안 조직된 학회들의 학회지 발간으로부터 시작되고 활성화된다. 유영권(2010)은 한국기독교상담심리학회가 발간한 『한국기독교상담학회지』의 1999년 창간호부터 2009년까지 게재된 논문 177편과 한국목회상담학회가 발간한 『목회와 상담』의 2001년 창간호부터 2009년까지 게재된 논문 68편을 총합한 245편의 논문을 바탕으로 기독(목회)상담 연구의 동향을 분석하였다(〈표 3-1〉 참조). 이는 각 학술지의 창간호부터 검토한 것으로 총 245편의 연구논문들이 기법 21편(8.6%), 문제 및 현상 27편(11.0%), 영성 14편(5.7%), 이론고찰 82편(33.4%), 상담에의 적용 71편(29.0%), 기독(목회)상담의 정체성 6편(2.4%), 제언 9편(3.7%), 프로그램 개발 및 척도 8편(3.3%), 한국적 상담의 모색 7편(2.9%)의 주제군으로 구분될 수 있음을 보고한다. 또한 2009년까지의 연구의 대부분이 이론적 고찰과 적용에 관한 주제영역에 치우쳐 있음을

〈표 3-1〉 창간호~2009년 연구동향 분석(총 245편)

구분	기법	문제 및 현상	영성	이론 고찰	상담에의 적용	기독(목회) 상담의 정체성	제언	프로그램 개발 및 척도	한국적 상담의 모색	합계
편수	21	27	14	82	71	6	9	8	7	245
비율(%)	8.6	11.0	5.7	33.4	29.0	2.4	3.7	3.3	2.9	100

보이며, 한국적 맥락과 상황을 고려한 연구와 특정 대상이나 문제에 대한 연구가 진행되어야 함을 제언한다.

또한 유영권(2010)은 한국학술연구정보서비스(www.koreanstudies.net)에 등재된 기독(목회)상담 분야의 단행본 총 438편들을 크게 형식면에서 번역서 201편(45%)과 사전 및 백과 35편(8%)이 분류하고, 주제별로 이론 61편(13%), 임상에의 적용 51편(12%), 실제 및 기법 38편(9%), 상담현장에 관한 연구 33편(8%), 이론소개 12편(3%), 기타 7편(2%)으로 분류한다. 이는 2010년 이전의 단행본들은 번역서가 우세하며, 이론과 이의 적용에 대한 단행본들이 많음을 보인다. 2010년 이전의 학술논문과 단행본의 분석결과는 기독(목회)상담 분야에서 보다 세분화된 연구주제, 연구대상, 연구의 방법론들이 소개되고 연구되어야 할 필요성을 보여 주었다.

2010년 이후의 『한국기독교상담학회지』와 『목회와 상담』에 게재된 학술논문들은 보다 다양한 연구주제, 연구대상, 연구방법을 보이고 있다. 여기에서는 2010년부터 2018년까지 『한국기독교상담학회지』에 게재된 288편의 논문과 『목회와 상담』에 게재된 179편의 논문을 합한 총 467편의 논문을 각 논문의 제목, 내용, 초록, 키워드 등을 반영하여 연구주제, 연구대상, 연구방법으

〈표 3-2〉 2010~2018년 연도별 논문 수(총 467편)

<table>
<tr><th>분류</th><th>연도</th><th>2010</th><th>2011</th><th>2012</th><th>2013</th><th>2014</th><th>2015</th><th>2016</th><th>2017</th><th>2018</th><th>소계</th><th>총합</th></tr>
<tr><td rowspan="2">한국 기독교 상담 학회지</td><td>발행호</td><td>19
20</td><td>21
22</td><td>23(1)
23(2)
23(3)</td><td>24(1)
24(2)
24(3)
24(4)</td><td>25(1)
25(2)
25(3)
25(4)</td><td>26(1)
26(2)
26(3)
26(4)</td><td>27(1)
27(2)
27(3)
27(4)</td><td>28(1)
28(2)
28(3)
28(4)</td><td>29(1)
29(2)
29(3)
29(4)</td><td>31권</td><td rowspan="4">45권,
467편</td></tr>
<tr><td>논문 수</td><td>27</td><td>25</td><td>29</td><td>34</td><td>39</td><td>34</td><td>35</td><td>31</td><td>34</td><td>288편</td></tr>
<tr><td rowspan="2">목회와 상담</td><td>발행호</td><td>14
15</td><td>16
17</td><td>18
19</td><td>20
21</td><td>22
23</td><td>24
25</td><td>26
27</td><td>28
29</td><td>30
31</td><td>14권</td></tr>
<tr><td>논문 수</td><td>14</td><td>21</td><td>15</td><td>17</td><td>19</td><td>23</td><td>26</td><td>23</td><td>21</td><td>179편</td></tr>
</table>

로 분류하고 분석하였다. 이는 두 학술지에 게재된 논문들의 연구주제, 연구대상, 연구방법을 비교하기 위한 목적이 아닌 2010년 이후의 한국 기독(목회)상담 분야의 연구동향성 파악을 위한 것이다.

1) 연구주제

두 학술지에 나타난 기독(목회)상담 분야의 연구주제를 분석하기 위해 정석환(2003), 권수영 등(2007), 정연득(2014)이 제안하는 목회상담학 연구를 위한 주제들에 근거하여 분류하였으며, 이는 각 논문의 제목, 내용, 초록, 키워드 등을 고려하여 반영하였다. 기독(목회)상담 분야의 학술지인 만큼 모든 연구는 기독(목회)상담이라는 주제와 연관성을 보이나 논문의 제목, 내용, 초록, 키워드에서 강조되거나 초점이 맞추어진 연구 주제군을 세분화하였다. 〈표 3-3〉에 제시된 것처럼, 연구주제에 있어 기독(목회)상담 이론, 정체성, 방법론뿐 아니라 죄책감, 수치심, 고통 등에 대한 기독(목회)상담적 관점의 제시 등 다양한 주제에 대한 연구가 진행되었다. 상담과 심리치료의 주제군은 16.7%로, 2010년 이전의 연구동향이 이론적 고찰과 적용에 관한 주제영역에 치우쳐 있었던 반면, 2010년 이후의 연구들은 다양한 상담과 심리치료의 이론, 임상적 적용, 치료관계 등의 논의됨을 보인다. 종교적 경험, 종교적 방어기제, 신앙발달, 영적 성숙 등 종교경험과 영성과 관련된 연구가 13.7%로 2010년 이전의 연구경향보다 다소 상승되었음을 보인다. 또한 결혼, 결혼만족도, 부부관계, 부모-자녀관계, 부부갈등 등 가족(9.4%)에 대한 주제가 세분화되고 연구되고, 이혼, 외도, 사별, 자살사고, 암 등의 위기상담(8.5%)과 가정폭력, 성폭력, 트라우마, 사이버폭력, 자살생존자, 외상후 스트레스장애(PTSD), 외상후 성장(PTG) 등 폭력과 트라우마(8.3%)에 대한 주제들도 세분화되어 연구됨을 보인다. 하지만 한국인들이 직면하고 있는 인터넷, 게임, 알코올, 도박 등에 대한 중독연구(3.4%), 다문화사회로의 전환과 결혼이주여

〈표 3-3〉 연구주제 분류(2010~2018년)

<table>
<tr><th>연구주제</th><th>총합</th><th colspan="2">한국기독교
상담학회지</th><th colspan="2">목회와 상담</th><th>주요 내용</th></tr>
<tr><td>기독
(목회)
상담</td><td>161
(34.4%)</td><td colspan="2">65
(22.5%)</td><td colspan="2">96
(53.6%)</td><td>기독(목회)상담 이론, 정체성, 목회신학, 성서적 상담, 여성주의 목회상담, 삶의 의미, 죄책감, 수치심, 고통, 우울, 불안, 분노, 용서, 희생, 슈퍼비전, 관계, 국가자격화 등</td></tr>
<tr><td rowspan="3">상담과
심리치료</td><td rowspan="3">78
(16.7%)</td><td>심리
치료</td><td>46
(15.9%)</td><td>심리
치료</td><td>10
(5.5%)</td><td>정신분석, 대상관계이론, 이야기치료, 꿈치료, 놀이치료, 이야기치료, 인지행동치료, 실존치료, 상담코칭, 사이코드라마, 비블리오드라마, 자서전 쓰기, 시치료, 부부치료 등</td></tr>
<tr><td>정신
질환</td><td>4
(1.3%)</td><td>정신
질환</td><td>4
(2.2%)</td><td>성격장애, 정신증, 우울증, 자기애성 등</td></tr>
<tr><td>치료
과정</td><td>8
(2.7%)</td><td>치료
과정</td><td>6
(3.3%)</td><td>상담자경험, 내담자경험, 치료관계, 역전이, 상담동기, 상담성과, 자기분석 등</td></tr>
<tr><td rowspan="2">종교경험과
영성</td><td rowspan="2">64
(13.7%)</td><td>종교
경험</td><td>29
(10.0%)</td><td>종교
경험</td><td>4
(2.2%)</td><td>종교경험, 종교적 방어기제, 하나님 이미지, 회심, 기도, 소명, 내적치료, 신흥종교 등</td></tr>
<tr><td>영성</td><td>23
(7.9%)</td><td>영성</td><td>8
(4.4%)</td><td>영성, 신앙발달, 영적 성숙, 종교적 이미지, 영적 안녕감 등</td></tr>
<tr><td>가족</td><td>44
(9.4%)</td><td colspan="2">37
(12.8%)</td><td colspan="2">7
(3.9%)</td><td>결혼, 결혼만족도, 부모-자녀관계, 부부관계, 부부갈등, 모성, 자녀양육, 조부모양육, 중독자자녀, 동반의존성, 분화 등</td></tr>
<tr><td>위기상담</td><td>40
(8.5%)</td><td colspan="2">28
(9.7%)</td><td colspan="2">12
(6.7%)</td><td>이혼, 외도, 사별, 스트레스, 자살사고, 말기암, 소아암, 산후우울, 난임, 위기상담, 중년기위기, 회복탄력성 등</td></tr>
<tr><td>폭력과
트라우마</td><td>39
(8.3%)</td><td colspan="2">21
(7.2%)</td><td colspan="2">18
(10.0%)</td><td>가정폭력, 성폭력, 트라우마, 사이버폭력, 자살생존자, PTSD, PTG 등</td></tr>
<tr><td>중독</td><td>16
(3.4%)</td><td colspan="2">13
(4.5%)</td><td colspan="2">3
(1.6%)</td><td>중독, 도박, 인터넷, 게임, 알코올, 관계 등</td></tr>
<tr><td>한국문화</td><td>10
(2.1%)</td><td colspan="2">2
(0.6%)</td><td colspan="2">8
(4.4%)</td><td>권위주의, 한국여성, 한국남성, 정, 화병, 종교문화 등</td></tr>
<tr><td>다문화</td><td>9
(1.9%)</td><td colspan="2">6
(2.0%)</td><td colspan="2">3
(1.6%)</td><td>다문화, 다문화사회, 결혼이주여성, 북한이탈주민 등</td></tr>
<tr><td>성</td><td>6
(1.2%)</td><td colspan="2">6
(2.0%)</td><td colspan="2">0
(0.0%)</td><td>성, 동성애, 성구매자, 성만족, 성범죄 등</td></tr>
<tr><td>총합계</td><td>467편</td><td colspan="2">288편</td><td colspan="2">179편</td><td></td></tr>
</table>

성, 북한이탈주민 등에 대한 다문화 연구(1.9%), 동성애, 성구매자, 성범죄 등의 성문제(1.2%)에 대한 연구가 미비함을 보인다.

2) 연구대상

연구대상은 Bobultz, Miller 및 Williams(1999)와 김계원, 정종진, 권희영, 이윤주와 김춘경(2011)이 제시한 상담관련 학회지의 연구대상 분류, 그리고 권수영 등(2007), 정연득(2014), 장미혜와 정연득(2017)의 연구대상 분류를 바탕으로 두 학회지의 연구동향을 분석하였다. 기독(목회)상담 분야의 학술지인 만큼 모든 연구는 기독(목회)상담이라는 주제와 대상을 논의하나 논문의 제목, 내용, 초록, 키워드를 바탕으로 특정 연구대상을 세부적으로 분류하였다. 〈표 3-4〉에 제시하였듯이 기독(목회)상담에 대한 연구가 22.9%로 나타났으며, 아동기 · 청소년기 · 대학생 · 중년기 · 노년기 등 인간발달단계에 따른 연구가 19.4%로 『한국기독교상담학회지』의 경우 청소년(8.6%)과 대학생(9.3%)에 대한 연구가 높게 나타났다. 또한 신앙공동체(14.1%)에 대한 연구가 높게 나타났으며, 이는 『한국기독교상담학회지』에서 논의된 기독교인, 목회자 및 배우자와 자녀, 선교사 및 배우자와 자녀, 신학생 등 신앙공동체 내 세분화된 대상에 대한 연구가 주를 이룬다. 상담 및 심리치료에 대한 연구는 8.5%로 특정 심리치료에 대한 연구, 치료관계, 상담자, 내담자에 대한 연구 등이 진행되었다. 가족에 대한 연구는 8.1%로 부부, 부, 모, 부모-자녀관계, 이혼가정의 부모-자녀관계, 조손가족, 한부모가정 자녀, 입양가족, 소아암 자녀, 자살유가족, 세월호유가족, 외도 등 세분화되어 연구되었다. 성서내용이나 성서인물 등 성서자원에 대한 연구는 5.9%로 나타났으며, 한국 사회, 한국 문화, 다문화 범주 내 연구도 5.9%로 연구가 다소 미진함을 보였다. 또한 여성(6.2%)에 비해 남성(0.6%)에 대한 연구가 미비하였고, 정신질환 및 신체질환에 대한 연구(5.3%)에서 신체질환과 관련된 연구가 미비함을 나타냈다.

〈표 3-4〉 연구대상 분류(2010~2018년)

<table>
<tr><th>연구대상</th><th>총합</th><th colspan="2">한국기독교
상담학회지</th><th colspan="2">목회와 상담</th><th>주요 내용</th></tr>
<tr><td>기독
(목회)
상담</td><td>107
(22.9%)</td><td colspan="2">31
(10.7%)</td><td colspan="2">76
(42.4%)</td><td>기독(목회)상담 정체성, 목회신학, 방법론, 기독상담자, 종교적 경험, 하나님이미지, 고통, 우울, 공감 등</td></tr>
<tr><td rowspan="5">인간
발달
단계</td><td rowspan="5">91
(19.4%)</td><td>아동</td><td>9
(3.1%)</td><td>아동</td><td>4
(2.2%)</td><td>아동, 소아암아동, 부성상실아동 등</td></tr>
<tr><td>청소년</td><td>21
(8.6%)</td><td>청소년</td><td>3
(1.6%)</td><td>청소년, 학업중단, 학교폭력청소년 등</td></tr>
<tr><td>대학생</td><td>27
(9.3%)</td><td>대학생</td><td>0
(0.0%)</td><td>대학생, 기독대학생, 귀국대학생 등</td></tr>
<tr><td>중년</td><td>15
(5.2%)</td><td>중년</td><td>1
(0.5%)</td><td>중년, 중년남성, 중년여성, 중년부부 등</td></tr>
<tr><td>노년</td><td>8
(2.7%)</td><td>노년</td><td>3
(1.6%)</td><td>노인, 여성독거노인, 노인배우자사별 등</td></tr>
<tr><td>신앙
공동체</td><td>66
(14.1%)</td><td colspan="2">58
(20.1%)</td><td colspan="2">8
(4.4%)</td><td>신앙공동체, 기독교인, 목회자, 사모, 목회자자녀, 신학생, 신학생부부, 선교사, 선교사부부, 선교사자녀, 천주교신자, 미혼여성사역자, 기독청년, 신흥종교 등</td></tr>
<tr><td>상담 및
심리치료</td><td>40
(8.5%)</td><td colspan="2">25
(8.6%)</td><td colspan="2">15
(8.3%)</td><td>전문상담사, 내담자, 집단상담, 치료관계, 자기분석, 심리치료 등</td></tr>
<tr><td>가족</td><td>38
(8.1%)</td><td colspan="2">25
(8.6%)</td><td colspan="2">13
(7.2%)</td><td>부부, 부, 모, 부모-자녀, 이혼가정 부모-자녀, 조손가족, 도박중독자 배우자, 한부모가정 자녀, 입양가족, 소아암자녀 부모, 자살유가족, 세월호유가족, 외도 등</td></tr>
<tr><td>신앙자원</td><td>28
(5.9%)</td><td colspan="2">14
(4.8%)</td><td colspan="2">14
(7.8%)</td><td>성서, 성서인물, 기도 등</td></tr>
<tr><td rowspan="2">사회와
문화</td><td rowspan="2">28
(5.9%)</td><td>한국
문화</td><td>1
(0.3%)</td><td>사회
문화</td><td>11
(6.1%)</td><td>한국사회, 문화, 한국인 등</td></tr>
<tr><td>다문화</td><td>10
(3.4%)</td><td>다문화</td><td>6
(3.3%)</td><td>다문화사회, 결혼이주여성, 북한이탈주민, 외국인유학생, 타(他)젠더, 동성애 등</td></tr>
<tr><td>여성</td><td>29
(6.2%)</td><td colspan="2">15
(5.2%)</td><td colspan="2">14
(7.8%)</td><td>여성, 한국여성, 가정폭력 여성, 경력단절 주부, 성폭력피해자 등</td></tr>
</table>

<table>
<tr><td>남성</td><td>3
(0.6%)</td><td colspan="2">3
(1.0%)</td><td>0
(0.0%)</td><td>남성, 한국남성 등</td></tr>
<tr><td rowspan="2">정신질환
및
신체질환</td><td>25
(5.3%)</td><td>정신
질환</td><td>15
(5.2%)</td><td>7
(3.9%)</td><td>조현병, ADHD, 자폐성, 성격장애, 공황장애, 반응성애착장애, 중독장애 등</td></tr>
<tr><td>25
(5.3%)</td><td>신체
질환</td><td>3
(1.0%)</td><td>0
(0.0%)</td><td>암환자, 청각장애인 등</td></tr>
<tr><td>기타</td><td>12
(2.5%)</td><td colspan="2">8
(2.7%)</td><td>4
(2.2%)</td><td>장기투쟁노동자, 근로자, 수용자, 군부적응자, 검사도구 등</td></tr>
<tr><td>총합계</td><td>467편</td><td colspan="2">288편</td><td>179편</td><td></td></tr>
</table>

3) 연구방법

연구에 접근하는 방법으로서의 연구방법은 정연득(2014), 장미혜와 정연득(2017)의 분류를 바탕으로 하며, van der Ven(1993)과 Heitink(1999)의 분류를 참고하여 분류하였다. 기독(목회)상담 분야의 연구가 신학과 심리학이라는 두 영역의 전문성을 활용한 학제간 연구나 해석학적 연구가 주를 이루나 각 논문의 제목, 내용, 초록, 키워드에서 제시된 방법론을 반영하여 세분하였다. 분류의 결과에 따르면, 『한국기독교상담학회지』는 양적 · 질적 연구를 활용한 사회과학적 연구방법론 접근이 57.2%로 분석되었고, 신학과 심리학의 대화와 통합을 위한 학제간 연구(24.6%), 신학적 관점 중심의 접근(5.9%), 심리학적 관점 중심의 접근(13.8%), 가족체계이론 접근(1.3%)을 포함한 연구이론 접근이 45.8%로 다양한 연구방법론이 사용됨을 보였다. 『목회와 상담』은 양적 · 질적 연구를 사용한 연구방법론 접근이 16.2%를 보였고, 신학과 심리학의 대화와 통합을 위한 학제간 연구(43.5%), 신학적 관점 중심의 접근(13.4%), 심리학적 관점 중심의 접근(25.6%), 가족체계이론 접근(0.5%)을 포함한 연구이론접근이 83.7%로 대부분 문헌연구를 바탕으로 한 연구이론방법이 사용되었음을 보였으며, 특히 정신분석적 관점의 논의가 23.4%로 높게 나타났다.

〈표 3-5〉 연구방법 분류(2010~2018년)

연구방법			빈도(비율)	한국기독교상담학회지	빈도(비율)	목회와 상담
연구 방법론 접근	질적 연구		88 (30.5%)	현상학(40), 사례연구(18), 질적연구(11), 근거이론(9), 내러티브(9), 등	18 (10.0%)	현상학(11), 사례연구(5), 근거이론(2) 등
	양적연구		56 (19.4%)		7 (3.9%)	
	기타		8 (2.7%)	통제집단과 실험집단 비교(3), 혼합연구, Q방법론, 연구동향 등	4 (2.2%)	척도개발, 연구동향 등
소계			152 (52.7%)		29 (16.2%)	
연구 이론 접근	학제간 연구		71 (24.6%)	신학과 심리학 등	78 (43.5%)	신학과 심리학 등
	신학적 접근	기독 목회 신학	12 (4.1%)	Augustinus, Browning, Clinebell, Moltmann, Tillich 등	11 (6.1%)	Augustinus, Barth, Clinebell, Poling, Wesley 등
		여성 주의	5 (1.7%)	여성주의, 여성신학, 관계문화이론 등	13 (7.2%)	여성주의, 여성신학, 관계문화이론 등
	심리 상담 학적 접근	정신 역동 접근	10 (3.4%)	정신분석(6), 대상관계이론(3), 분석심리	42 (23.4%)	정신분석(26), 대상관계이론(8), 분석심리(5), 자기심리(3)
		심리학 및 심리 치료	30 (10.4%)	이야기심리와 치료(6), 놀이치료(6), 글쓰기치료(2), 독서치료, 현실요법, 음악치료, 미술치료, 사이코드라마, ACT 등	4 (2.2%)	긍정주의심리학, 이야기심리학, 인지행동 등
	가족체계이론		4 (1.3%)	보웬(4)	1 (0.5%)	부부치료
소계			132 (45.8%)		149 (83.2%)	
기타			4 (1.3%)	국가자격, DSM-5 등	1 (0.5%)	역사
총합계			288편		179편	

2010년 이후 한국 기독(목회)상담의 연구방법론은 van der Ven(1993)의 실천신학의 연구방법론(methodologies) 분류에 따라 역사신학이나 조직신학 등 신학적 해석을 적용하여 사용하는 단학제적 접근(monodisciplinary approach), 사회과학적 연구방법으로서의 양적 · 질적 연구방법 등을 접목한 다학제적 접근(multidisciplinary approach), 신학과 심리학의 상호성을 강조하며 대화와 협력을 시도한 간학제적 접근(interdisciplinary approach)이 모두 사용되었음을 보인다. 『한국기독교상담학회지』의 경우 양적 · 질적 연구 등 사회과학적 연구방법을 접목한 다학제적 접근과 신학과 심리학의 상호성을 강조한 간학제적 접근이 비교적 균등하게 사용되었음을 보였다. 『목회와 상담』의 경우 간학제적 접근이 주로 활용되고 있음을 보였다.

두 학회지의 연구방법을 Heitink(1999)가 분류한 실천신학의 방법(methods) 분류를 접목하여 볼 때, 성경, 교리 등을 중시하는 규범적-연역적 방법(normative-deductive methods), Schleiermacher의 실용적 실천으로서 적용신학(applied theology)의 목회적-신학적 방법(pastoral-theological: 기존 목회신학적 접근), Tillich, Tracy, Browning 등의 실천신학의 상관관계모델(correlational models) 또는 수정된 상관관계모델(revised correlational model) 등을 사용하는 해석적-중재적 방법(hermeneutical-mediative methods), 양적 · 질적 연구를 사용하여 인간경험으로부터 연구를 시작하는 경험적-분석적 방법(empirical-analytical methods), 여성주의, 해방신학 등을 사용하는 정치적-비평적 방법(political-critical methods) 등 다양한 방법론과 방법들이 사용되고 있음을 보인다. 두 학회지 모두 신학과 심리학의 대화와 통합을 시도하는 수정된 상관관계모델의 해석적-중재적 방법을 두드러지게 사용하고 있음을 보였고, 『한국기독교상담학회지』의 경우 경험분석적 방법도 다수 활용됨을 보였다.

4. 결론과 제언

국내 기독(목회)상담은 이환신의 문의학(問議學) 강의를 시작으로, 외국의 기독(목회)상담 분야의 책들이 번역되고 소개되면서 태동기(1950~1979)를 거쳐, 국내외 기독(목회)상담 분야의 박사학위 취득자의 증가와 기독(목회)상담 분야의 학회 및 협회들의 창립과 연구활동들을 통해 기독(목회)상담 분야를 전문화하고 세분화하는 성장기(1980~1999)를 맞게 된다. 이후 학회 및 협회들과 함께 기독(목회)상담 관련 기관 및 센터들의 활동은 기독(목회)상담 분야의 이론적 영역과 임상적 영역을 통합한 전문화된 분야로서의 정체성 확립을 돕는다. 특히 2000년대 이후 학자들의 유입은 기독(목회)상담 분야의 학술 및 연구에 있어 주제, 대상, 방법론 등의 다양성을 증가시켰고, 이는 기독(목회)상담 분야의 정체성, 차별성, 전문성 등의 확립기(2000~현재)를 형성하는 데 공헌한다.

한국 기독(목회)상담 분야의 최근 연구동향을 한국기독교상담심리학회의 『한국기독교상담학회지』와 한국목회상담협회의 『목회와 상담』에 게재된 논문을 바탕으로 분석한 결과, 2010년 이후에 게재된 총 467편의 연구들은 보다 다양한 연구주제, 연구대상, 연구방법을 보이고 있다. 연구주제에 있어 기독(목회)상담(22.5%), 상담과 심리치료(16.7%), 종교경험과 영성(13.7%), 가족(9.4%), 위기상담(8.5%), 폭력과 트라우마(8.3%), 중독(3.4%), 한국 문화(2.1%), 다문화(1.9%), 성(1.2%) 순으로 나타났다. 연구대상에 있어서도 기독(목회)상담(22.9%), 인간발달단계(19.4%), 신앙공동체(14.1%), 상담 및 심리치료(8.5%), 가족(8.1%), 신앙자원(5.9%), 다문화를 포함한 한국 사회와 문화(5.9%), 여성(6.2%), 정신질환 및 신체질환(5.3%), 남성(0.6%) 순으로 나타났다. 연구방법에 있어서 『한국기독교상담학회지』는 연구방법론 접근이 52.7%, 연구이론접근이 45.8%로 비교적 균등하게 나타났으며, 『목회와 상담』은 연구방법론 접근이 16.2%, 연구이론 접근이 83.2%로 대부분 문헌연구가 진행됨을 보였다. 또한 두 학회지 모두 신학과 심리학의 대화와 통합을 시도하는 수정된 상관관계모델의 해석적-중재적 방법을 두드러지게 사용하고 있음이 나타났다.

Lartey(2003)와 Ramsay(2004)를 바탕으로 한 기독(목회)상담의 패러다임은 크게 여섯 분류로 ① 교회 현장을 위한 신학, 윤리, 예배, 기도 등의 기독교적 자원을 활용하는 교회 패러다임(church paradigm), ② 안수의 유무와 상관없이 교회 안팎의 개인 돌봄이나 상담을 제공하는 목회신학(pastoral theology) 패러다임, ③ 여성주의, 해방신학, 민중신학 등을 사용한 사회변화를 위한 해방 패러다임(liberation paradigm), ④ 개인과 공동체가 속해있는 상황 및 큰 체계들에 대한 상황신학(contextual theology)과 공공신학(public theology)을 논의하며 생태학적 접근을 제공하는 공동체적-상황적 패러다임(communal-contextual paradigm), ⑤ 다문화적 상황에 대한 논의를 제공하는 상호문화적 패러다임(intercultural paradigm), ⑥ 영성과 관련된 영성훈련 및 영성 패러다임(Christian practices and spirituality paradigm)으로 구분해 볼 수 있겠다. 이를 바탕으로 한국 기독(목회)상담의 67여 년의 역사와 연구동향을 살펴볼 때, 여섯 가지 패러다임이 순차적으로 진행되고 발전되어 왔음을 보게 된다. 특히 2010년 이후의 한국이라는 특수한 상황(context)에서 살아가고 있는 개인, 교회, 사회에 대한 논의가 다양한 주제군와 대상군에서 논의되어 공동체적-상황적 패러다임이 확산되고 있음을 보였다. 하지만 여성주의를 바탕으로 한 해방패러다임, 상호문화적 패러다임, 영성훈련과 영성 패러다임에 대한 연구가 미비함도 보인다.

이 장을 마무리하며 향후 한국 기독(목회)상담 분야에서 연구주제 및 연구대상들에 대한 제언을 하면 다음과 같다. 첫째, 한국적 상황에 속한 한국 아동, 한국 남성, 한국 노인 등의 대상에 대한 연구, 둘째, 국내외적으로 그 중요성이 부각되고 있는 다문화적 상황에 대한 논의, 셋째, 일반 심리·상담분야에서도 관심을 보이고 있는 영성훈련과 영성에 대한 논의, 넷째, 우발적 위기

(세월호 등) 및 사회문화적 위기(사회 · 경제 · 정치 등)에 대한 논의, 다섯째, 개인 및 공동체의 트라우마와 폭력 경험(데이트 폭력 등)에 대한 논의, 여섯째, 다양한 중독(돈, 관계, 종교, 도박, 마약 등)에 대한 논의, 일곱째, 성, 성역할, 성만족, 동성애 등 성과 관련된 주제에 대한 논의, 일곱째, 장기 정신질환 및 신체질환자들과 이들의 가족에 대한 연구 등 소외계층과 취약계층에 대한 기독(목회)상담적 연구와 상담의 방향성이 필요하다고 할 수 있다.

한국 기독(목회)상담 분야는 67여 년의 짧은 기간 동안 급격한 성장을 보였으며, 이를 위해 많은 학자들, 학회와 협회, 학교, 교회, 기관과 센터들의 공헌이 있었다고 하겠다. 이제 기독(목회)상담 분야는 그 정체성을 유지하고 슈퍼비전을 통한 전문성 향상과 상담윤리 정착을 통해 상담현장에서의 질적 성장 또는 전문성 향상을 위해 노력해야 할 것이다. 더불어 기독(목회)상담 분야 기관들뿐 아니라 일반상담 분야의 기관들과의 교류와 협력을 통해 국내 상담 영역의 전문화와 국가인증 체계 확충을 위해 협력해야 한다고 생각한다. 이는 국내에서 진행되는 많은 연구들을 국외에 소개하는 발판이 되며, 국내외적으로 기독(목회)상담의 전문성 향상에 도움이 될 것이다.

후주

1) 연구동향에 제시된 기독(목회)상담 분야의 주요 학자, 학회 및 협회, 학교와 관련 기관들은 지면의 제한으로 인해 대표적으로 활동하는 인물과 기관들을 제시한 것이며, 이 외에도 많은 학자들과 기관들이 기독(목회)상담 분야에서 활동하고 있다.
2) 창립 당시 한국기독교상담 · 심리치료학회였던 학회 명칭을 2015년에 한국기독교상담심리학회(Korean Association of Christian Counseling & Psychology)로 변경하였다.
3) 2018년 11월 한국기독교상담심리학회와 한국목회상담협회의 공동 가을학술대회에서 한국상담진흥협회/한국정신건강상담사협의회의 연구단체를 한국상담서비스네트워크로 변경하고 두 학회가 함께 연구단체로 활동하게 되었음이 공표되었다.

참고문헌

권수영, 손운산, 안석모, 이상억, 정희성 (2007). 한국 교회 목회적 돌봄과 상담의 자취와 전망. 한국기독교논총, 50, 215-248.

김계원, 정종진, 권희영, 이윤주, 김춘경 (2011). 상담심리학의 최근동향: 상담 및 심리치료학회지 게재논문 분석(2000-2009). 한국심리학회지: 상담 및 심리치료, 23(3), 521-542.

노항규 (2010). 용서 변화 현상 모델의 목회상담적 적용—남편 외도를 겪은 아내의 용서 경험을 중심으로. 장로회신학대학교 대학원 박사학위논문.

박근원 (1997). 한국 목회상담의 역사 개요. 신학사상, 97, 28-35.

박성자 (1992). 한국 교회 여성의 신앙형태에 대한 여성신학적 연구: 종교적 정신병리 현상을 중심으로. 이화여자대학교 대학원 박사학위논문.

반피득 (1978). 목회상담학 개론. 서울: 대한기독교서회.

백정미 (2012). 기독교인 부부관계에서 영적자원과 관계요인들의 상호작용에 대한 연구. 연세대학교 대학원 박사학위논문.

손운산 (2011). 한국 목회돌봄과 목회상담의 역사와 과제. 목회와 상담, 17, 7-39.

안석모 (2009). 머리글: 한국 교회와 목회상담. 목회상담이론입문 (안석모 외 저, pp. 3-8). 서울: 학지사.

유영권 (2010). 한국 기독(목회)상담학의 역사와 전망. 신학논단, 60, 93-111.

이명진 (2007). 기독교인의 혼외관계에 대한 목회상담학적 성찰. 연세대학교 대학원 박사학위논문.

이유경 (2015). 선교사 부부 갈등 경험과 극복 경험에 관한 연구. 연세대학교 대학원 박사학위논문.

장미혜, 정연득 (2017). 목회상담학의 최근 연구동향:「목회와 상담」게재논문 분석(2001-2016). 목회와 상담, 28, 269-299.

정석환 (2003). 목회상담학 연구. 파주: 한국학술정보.

정연득 (2014). 정체성, 관점, 대화: 목회상담의 방법론적 기초. 목회와 상담, 23, 233-271.

최양숙 (2005). 비동거 가족경험—'기러기 아빠'를 중심으로. 연세대학교 대학원 박사학위논문.

최정헌 (2010). 남성 우울증 극복경험에 관한 현상학적 연구. 연세대학교 대학원 박사 학위논문.

황의영 (1970). **목회상담원리**. 서울: 생명의 말씀사.

Ahn, Suk-Mo (1991). *Toward a local pastoral care and pastoral theology: The basics, model, and the text of han in light of Charles Gerkin's pastoral hermeneutics*. Ph.D. Dissertation, Emory University.

Bobultz, W. C., Jr., Miller, M., & Williams, D. J. (1999). Contents analysis of research in the journal of counseling psychology(1973-1998). *Journal of Counseling Psychology, 46*, 496-503.

Choi, Jae Rack (1991). *Ethical critique of self-actualization in humanistic psychology: Validation for a 'culture of care' among Korean people*. Ph.D. Dissertation, Drew University.

Chung, Hee-Sung (1996). *Resurrection of the body: A critical analysis of Naomi Goldenberg's religious language from a Korean women's perspective*. Ph.D. Dissertation, Drew University.

Chung, Pooreum (2000). *A pastoral theological framework for care and counseling with divorced women in the context of the Korean American church*. Ph.D. Dissertation, Claremont School of Theology.

Clinebell, H. (1971). **효과적인 목회상담: 상담의 개정방식** (민병길 역). 서울: 대한예수교 장로회총회 교육부. (원저 1966년 출판).

Clinebell, H. (1979). **현대목회상담** (박근원 역). 서울: 전망사. (원저 1966년 출판).

Clinebell, H. (1987). **목회상담신론** (박근원 역). 서울: 한국장로교출판사. (원저 1984년 출판).

Heitink, G. (1999). *Practical theology: History, theory, action domains: Manual for practical theology*. R. Bruisma (Tr.). Grand Rapids: Eerdmans.

Hiltner, S. (1968). **목회신학원론** (민경배 역). 서울: 대한기독교서회. (원저 1958년 출판).

Hiltner, S. (1976). **목회카운셀링** (마경일 역). 서울: 대한기독교서회. (원저 1949년 출판).

Hong, In Jong (1995). Male batterers: An ecosystemic analysis on conjungal violence in the Korean immigrant family. Ph.D. Dissertation, Fuller Theological Seminary.

Hong, Young Taek (1993). *A Social-cultural analysis and family therapy approach to the Korea family in transition*. Ph.D. Dissertation, Iliff School of Theology and the University of Denver.

Jang, Jung Eun (2014). *A self-psychological approach to the 1907 revival movement in Korea*. Ph.D. Dissertation, Drew University.

Johnson, P. (1964). **종교심리학** (김관석 역). 서울: 대한기독교서회. (원저 1953년 출판).

Jueng, Suk Hwan (1997). *Generativity in the midlife experiences of Korea fist generation immigrants: Implications for pastoral care*. Ph.D. Dissertation, Northwestern University.

Ka, Yohan (2008). *A model of spiritual & psychological development: A Korean Wesleyan perspective on the significance of community*. Ph.D. Dissertation, Vanderbilt University.

Kim, Jin Young (1998). *A son's search for identity through relationship: A cross-cultural venture in psychoanalysis and Confucianism*. Ph.D. Dissertation, Drew University.

Kim, Young Ae (1991). *From the brokenness to wholeness: A theoretical analysis of Korean women's han and a contextualized healing methodology*. Ph.D. Dissertation, School of Claremont.

Koh, Young Soon (2001). Broken bread: Towards a pastoral theology of embodiment. Ph.D. Dissertation, Chicago Theological Seminary.

Kwon, Jin Sook (2011). Contemplating connection: A feminist pastoral theology of connection for Korean Christian immigrant parent-child relationships. Ph.D. Dissertation, Claremont School of Theology. Retrieved from https://search.proquest.com/openview/3d1f07bdfc63e7c5853e53443c9e5e4f/1?pq-origsite=gscholar

Kwon, Soo-Young (2003). God's representations: A psychological and cultural model. Ph.D. Dissertation, Graduate Theological Union.

Lartey, E. Y. (2003). *In living color: An intercultural approach to pastoral care and counseling* (2nd ed.). Jessica Kingsley.

Lee, J. Hee Cheol (2007). *Exploring shame: Re-articulation through the lens of social psychology and Korean theology*. Ph.D. Dissertation, Graduate Theological Union.

Lee, Jae Hoon (1990). *The exploration of the inner wounds-han*. Ph.D. Dissertation, Union Theological Seminary.

Lee, Sang Uk (2004). *The experience of homesickness and the method of introspection: Pastoral theology from a Korean American perspective*. Ph.D. Dissertation, Princeton Theological Seminary.

Lim, Kyungsoo (1999). Male middle-life crisis: Psychological interpretations, theological implication and pastoral interventions. Ph.D. Dissertation, Chicago Theological Seminary.

Oates, W. (1974). 기독교 목회학 (김득룡 역). 서울: 생명의 말씀사. (원저1951년 출판).

Oh, Kyou Hoon (2000). *Dimensions of chong in Korean christians*. Ph.D. Dissertation, Northwestern University.

Oh, Whachul (2012). *Transforming han: Its psychological, theological implications and its transformative potential*. Ph.D. Dissertation, Union Theological Seminary.

Pan, Shinwan (1995). *A psychological study of divine and parental images of Korea protestant glossolalists in comparison to nonglossolalists*. Ph.D. Dissertation, Graduate Theological Union.

Ramsay, N. J. (Ed.). (2004). *Pastoral care and counseling: Redefining the paradigms*. Nashville: Abingdon Press.

Rogers, C. (1963). 상담과 심리치료 (한승호 역). 서울: 지문각. (원저 1942년 출판).

Sohn, Woon San (1990). *Telling and retelling life stories: A narrative approach to pastoral care*. Ph.D. Dissertation, Vanderbilt University.

Van der Ven, J. (1993). *Practical theology: An empirical approach*. Kampen, Netherlands: Kok Pharos Publishing House.

Wise, C. (1962). **목회문의학** (이환신 역). 서울: 대한기독교서회. (원저 1951년 출판).

Wise, C. (1965). **목회상담** (김태묵 역). 서울: 대한예수교장로회 총회교육부. (원저 1951년 출판).

Yoo, Sang Hi (2015). *Embracing paradox and complexities: Agency, resilience, and spirituality of Korean women in conflictive and abusive marital relationships*. Ph.D. Dissertation, Claremont School of Theology.

Yoo, Young Gweon (1995). *Death rituals: Its implication for pastoral care and counseling*. Ph.D. Dissertation, Vanderbilt University.

Yoon, Deuk Hyoung (2015). *Pastoral care and counseling for bereaved parents: A phenomenological study of the role of Christian spirituality in coping with loss of a child*. Ph.D. Dissertation, Claremont School of Theology.

제2부

기독(목회)상담, 무엇이 다른가

기독(목회)상담과 신학: 기독(목회)상담의 정체성 확립을 위한 신학적 근거*

신명숙
(전주대학교 신학과경배찬양학과 교수)

1. 들어가는 말: 최근 기독(목회)상담의 현실과 문제제기

기독교상담(Christian Counseling) 또는 목회상담(Pastoral Counseling)이란 말은 일반상담에서 분류하고 있는 상담의 한 부분으로 알려져 왔다. 그러나 기독(목회)상담은 현대심리학의 발달 이전부터 교회의 역사와 함께 과거 2000년 전부터 이미 "영혼돌봄(cura animarum)"(신명숙, 1999; Clebsch & Jaekle, 1975; Moeller, 1994)의 차원에서 이루어져 왔다. 목회상담의 근거가 되는 독일어 'Seelsorge'는 라틴어 'cura animarum'에 기인한 것으로서 'Seele'와 'Sorge'의 두 단어가 합해진 것이다. 직역하면 '영혼돌봄'이라는 뜻인데, 여기

* 이 장은 다음의 논문을 수정 · 편집했다.
신명숙(2004). 목회상담의 정체성 확립을 위한 신학적 근거. **한국기독교상담학회지**, 7, 141-178.

서 영혼(Seele)은 영적이고 정신적인 면과 육체적인 면(삶)을 통합한 전인적인 의미이다. 'Seelsorge(영혼돌봄)'의 의미는 본래 성서적 언어는 아니다. 유일하게 신약성서 마태복음 6장 25절에 '영혼(Seele)'과 '돌본다(sorgen)'는 의미와 연결되어 나타난다. 그곳에는 잘못된 돌봄에 대한 표상으로서 자기 자신의 영혼에 대한 걱정을 이야기하고 있다. 즉, 영혼을 돌보는 자는 하나님이라는 것을 강조한 것이다. 독일어 'Seelsorge'를 일반적으로 '목회'라고 번역하고 있는데, 여기서 Seelsorge로서의 목회는 예배, 설교 그리고 심방 등 전체적인 목회의 교역을 의미하기보다는 개인에게 다가오는 여러 가지 문제들을 해결하기 위한 '대화'로서의 상담의 의미가 강하다. 이는 대화와 관계된 일로서 교회의 구체적인 형태의 장과 분명한 역사적인 사회 상황에서 일어났다. 따라서 영혼돌봄의 차원에서의 기독(목회)상담은 교회 내적인 발전과 사회적인 변화과정을 고려하지 않을 수 없다. 그러나 1960년대 이후 적극적으로 "심리치료의 붐"(김정선, 2003; Brooks, 1983; Hauschildt, 2000; Karle, 1996; Stollberg, 1969; Winkler, 2000)이 일기 시작하면서 전문적인 상담과 심리치료의 의의와 성과는 그 당시 주로 영적이고 선포적인 차원에서 다루고 있던 목회상담(Asmussen, 1934; Thurneysen, 1946)에 대하여 비판적인 시각을 갖게 하였다. 이리하여 심리학을 적극적으로 도입한 "새로운 목회상담의 움직임"(Hiltner, 1949; Riess, 1974; Schargenberg, 1972; Stollberg, 1970)이 나타났으며, 이것은 많게든, 또는 적게든 현대 사회의 위기적인 경향과 어느 정도 직접적인 관련을 맺고 나타나는 현상이며, 동시에 교회 목회상담의 이론과 실천에 커다란 도전이 되어 왔다. 인간중심의 심리학을 도입한 목회상담은 상담자가 내담자를 진실과 존중 그리고 공감으로 만나며, 한 인간이 자신의 연약함과 허물, 그리고 강한 면과 잠재력, 그 모든 것을 인식하게 하며 이야기하게 하며 수용하도록 대화문화를 형성시켰다.

그러나 기독(목회)상담의 이론과 실천이 그 밖의 다른 교역과 별 차이 없이 중복되는 것도 문제이지만 심리학을 받아들인 새로운 목회상담의 움직임이 일반상담과 심리치료의 장으로 너무 적응하려고 한다면, 또는 인생문제와 성공적인 삶을 향한 욕구로 찾아온 사람들이 점점 더 상담자와 심리치료자의 상담실로 옮겨 가게 되면 그들의 상담을 통해 과연 구원과 치유의 경험을 할 수 있을지, 이러한 의미들이 어떤 신학적인 가치가 있는지, 그리고 무엇보다도 인간 욕구충족에 치중된 변화된 사회 상황에서 목회상담의 과제는 무엇인지 자문하게 된다.

최근 우리나라에서도 일반심리학 이론을 기독(목회)상담 관점에서 재조명하려는 시도(김예식, 1988; 황헌영, 2002)가 이루어지고 있다. 그러나 아직도 현실적으로 심리학을 적극적으로 활용하고 있는 기독(목회)상담의 문제는 다른 심리치료적이고 사회적인 도움과 실천적으로 큰 구별을 할 수 없다는 것이다. 특히 요즘 기독(목회)상담가가 일반상담과 심리치료에 대한 지식이 얼마나 있으며 실제 상담과정에 얼마나 적용하고 있는가에 따라 기독(목회)상담가의 능력 평가를 하게 되는 경우가 종종 있다. 따라서 많은 기독(목회)상담가가 기독(목회)상담의 근본적인 원리보다는 일반상담가와 별 다른 차이 없이 심리치료에 의한 상담방법론을 터득하기에 급급하며, 그 원리를 실제 상담에 적응하려고 애쓰는 것을 볼 때 과연 기독(목회)상담이란 무엇인가라는 질문을 하지 않을 수 없다. 물론 심리학이 기독(목회)상담에 긍정적인 영향을 끼쳤지만 실천의 현장 속에서 더 이상 자신의 독특한 윤곽을 가지고 있지 않은 기독(목회)상담의 정체성에 관한 혼란이 지속되고 있다.

Stollberg(1969)는 교회 기독(목회)상담의 일반적 특수성에 대하여 다른 세속적인 상담과 다른 목표를 내세우고 있다. 즉, 교회의 상담은 "신학적으로 규정할 수 있는 동기와 신학적으로 규정할 수 있는 목적을 갖는다"(Stollberg, 1969). 신학적으로 규정된 기독(목회)상담은 오직 인문과학과 그 학문의 인간 이해에 의존할 수 없다. 기독(목회)상담의 의미는 실천신학과 교회에서 다시 새롭게 발견되어 아무리 마셔도 갈증이 해결되지 않은 사마리아 여인처럼 일반상담으로는 여전히 인간의 갈증이 해결되지 않을 때 바로 기독(목회)상담의 진정한 필요성이 존재한다.

그러므로 이 장에서는 일반상담과의 구별 속에서 기독(목회)상담의 진정한 의미는 무엇이며 무엇을 목적으로 지향하고 있는지 신학적 근거를 살펴봄으로써 기독(목회)상담의 정체성을 찾아보고, 기독(목회)상담과정에서 일반상담과 다른 것이 무엇인가라는 질문에 대한 답을 돕고자 한다. 따라서 여기서는 기독(목회)상담의 정체성 형성을 위한 신학적 근거를 다음 세 가지 관점에서 전개하기로 한다. 첫째, '영혼돌봄(cura animarum)'으로서 기독(목회)상담의 성서신학적 근거를 살펴보기로 한다. 그 의미를 구체적으로 이해하기 위해 돌봄의 대상인 인간 '영혼'의 성서신학적 의미와 더불어 '영혼돌봄'으로서 기독(목회)상담의 성서적 의미를 파악해 본다. 둘째, 영혼돌봄으로서 기독(목회)상담의 의미 속에서 추구해야 할 기독(목회)상담의 목적을 전인적 인간 돌봄을 위한 삶의 도움으로서 신앙의 도움, 죄로부터 구원과 치유를 통한 하나님 관계 회복, 구속과 억압하는 세상으로부터의 해방으로서 영의 사람을 위한 복음의 실천으로 정리해 보기로 한다. 마지막으로, 이러한 기독(목회)상담의 목적을 이루기 위해 교회 공동체가 해야 할 과제를 제시하고자 한다.

2. 영혼돌봄으로서 기독(목회)상담의 성서신학적 근거

일반상담과 구별하여 기독(목회)상담의 정체성을 분명하게 제시해 주는 것은 무엇보다도 인간이해이다. 인간이해가 기독(목회)상담의 근거라고 할 때 우리는 기독(목회)상담과 일반상담의 차이가 무엇인지 기대하게 된다. 우선적으로 성서에 나타난 인간이해는 전인적인 관점이다. 그리고 그것은 일반상담에서는 중요하게 여기지 않는 하나님과의 관계를 포함한 전인적 인간이해이다. 특히 소위 치료 형태의 차이인데, 일반상담은 인격의 부분적 관점에 초점을 두고 있다. 예를 들면, 행동주의 심리치료에서 외적으로 나타나는 행동방식이 연구의 대상이라면, 인식론적 방법은 관점에 근거한 사건에 초점을 두고 있다. 그러나 심리치료는 여전히 인간과 하나님과의 관계는 제외되고 있으며, 단지 인간의 영육의 전체성 중 한 부분만을 받아들인다. 인간이 자신의 배움의 역사와 자신의 태도 그리고 사고 속에서 분석되지만, 인간 존재의 네페쉬의 성격(nefesch-Charakter), 즉 하나님에게로 나온 존재(Aus-Sein auf Gott)는 무시되고 있다. 그러므로 인간의 하나님과의 관계, 하나님 앞에서의 죄, 삶의 모든 영역에서 작용하고 있는 신앙은 심리치료에게 있어서는 존재하지 않는다.

그렇다면 전인적 인간이란 기독(목회)상담에서 구체적으로 무엇을 의미하는가? 이론적으로 전인적 인간이란 하나님과의 관계, 자기 자신과의 관계, 이웃과의 관계, 인간조직과의 관계, 창조된 세상과의 관계 속에 존재하며, 그 속에서 다시 회복되는 것을 의미한다(Clinebell, 1990). 인간을 전인적으로 이해하기 위해서 인간을 하나님께 의존하는 존재라는 영역 속에서 해석하는 것이 중요하며, 인간의 인식에 대한 물음은 하나님의 필요를 인식하는 것에 귀결된다. 따라서 여기서는 성서가 어떻게 인간에 대하여 말하고 있는지 구체적으로 살펴봄으로써 기독(목회)상담의 대상인 인간에 대한 이해를 궁극적인 관점에서 살펴보기로 한다.

1) 돌봄의 대상인 '영혼'으로서 인간이해

기독(목회)상담에서의 인간이해를 하기 위해서는 기독교 전통에서 사용해오던 기독(목회)상담의 어원인 영혼돌봄(Seel-Sorge)에서 인간이해를 좀 더 구체적으로 살펴볼 수 있다. 그렇다면 돌봄의 대상이 되고 있는 인간, 영혼(Seele)은 성서적인 관점에서는 무엇을 의미하는가? 첫째, 성서적인 인간관은 하나님의 주권 아래 육체와 정신 그리고 영혼에 의한 인간의 인격적인 전인성과 총체성을 말하고 있다(Schmidt, 1986; Thurneysen, 1988; Uhsadel, 1966).

무엇보다도 그것은 그리스 철학에서의 이해와 근본적으로 다르다. 철학자 플라톤의 영향을 받은 심리학에서의 영혼은 영적인 존재, 영혼불멸하며 인간의 근본적인 존재의 핵으로 보는 반면, 육(Leib)은 무가치하며 단지 육체에 존재하는 것으로 여기고 있다(Bonhoeffer, 1986; Girgensohn, 1959; Uhsadel, 1966). 그러나 인간은 이분법적으로 하나는 가치 있고, 다른 하나는 무가치한 것으로 나누어지지 않는다. 구약의 관점에서 육체는 정신이나 영혼과 마찬가지로 하나님의 피조물이며 똑같은 가치를 지닌다. 영혼은 신적인 존재이거나 하나님의 유출이 아니라 피조물이다. 영혼은 육체와 마찬가지로 창조된 것이다. 이러한 사실에 대한 근거를 우리는 히브리 성서에서 주로 영혼 또는 인간이라고 한국어로 번역된 '네페쉬(naefaesch)'의 의미를 통해 정확히 알 수 있다.

즉, 히브리 성서에서 하나님에 의해 창조된 인간을 네페쉬로 표현하고 있는데, 여기서 네페쉬란 "입김, 숨"(Westermann, 1976; Wolf, 1984)을 의미한다. 네페쉬는 호흡을 하는 살아있는 것이다. 이 살아있는 것은 하나님의 창조에 의해 이루어졌으며, 그러므로 인간과 동물은 살아있는 피조물이 되었다. 네페쉬는 생명의 소유자이며, 생명의 유지와 구조, 그리고 생명의 위태로움 또는 상실을 이야기할 때 어디든 주체로 나타난다. 따라서 네페쉬는 생명의 존속을 다룰 때 '영혼(Seele)'으로서 인간에 대하여 말한다(Philipp, 1959). 네페쉬의 또 다른 의미는 '목구멍, 입, 기관'으로 "음식물을 받아들이고 배부르게 하는 기관"(시 107)을 표현할 때 사용한 언어이며 배고픔과 갈증, 쇠약과 배부름, 고갈과 충족을 나타내기도 한다. 또한 네페쉬는 성욕과 공격성(렘 2:24, 이 26:9, 시 27:12), 그리고 사랑의 감정을 느끼는 사람이다. 그리고 네페쉬는 하나님을 경외하는 사람(시 86:4)이며, 울기도 하고(시 119:28) 기뻐하기도 하며(시 86:4), 기억을 하며(렘 3:20), 그리고 하나님 앞에서 짐이 가벼워지게 된 사람(삼상 1:5)이다. 그러므로 네페쉬는 초조함, 바람(창 34:2 이하) 또는 요구와 같은 삶의 감정이다(Schmidt, 1986; Westermann, 1976).

이와 같이 네페쉬는 육적인 것과 분리하거나 그것과는 대조적인 것으로 이해할 수 없다. 이러한 논리는 인간이 네페쉬를 소유하고 있는 것이 아니라 육적인 것과 영적인 것을 함께 지니고 있는 전인성의 네페쉬 그 자체이다. 그러므로 인간은 육체와 영을 소유하고 있는 것이 아니라 "살아있는 영혼" (Schmidt, 1986; Thurneysen, 1988; Uhsade, 1966; Wolf, 1984) 그 자체이다. 구약에서의 영혼이해는 인간 삶의 영적이고 감정적인 그리고 육적인 차원이 분리될 수 없고 함께 존재한다. 인간은 어떠한 경우라도 육체만으로 또는 영적인 것으로만, 또는 협력의 관계로 공존하는 요소가 아니라 육체와 영적인 것의 전체성과 하나라는 통일성 속에서의 인간으로 이해할 수 있다. 그러므로 육체와 영이 인간에게 있는 서로 분리될 수 있는 두 가지 요소일 수 있다는 이원론적 이해가 아니라 육체와 영이 하나라는 통일체적 그리고 전인적 이해이다.

둘째, 영혼은 우리 안에서 호흡하며 숨이 끊어져 삶의 마지막에 하나님에게 다시 돌려주어야 하는 하나님 호흡의 한 부분이며(Moeller, 1994), 그 호흡(시 6:3)은 하나님과의 관계의 표현이다. 성서에 나타난 인간은 동물처럼 창조되지 않고 생명의 기운, 하나님의 영(Gottes Geist)을 불어넣어 사람이 되었다는 것에 그 핵심이 존재한다. "주 하나님이 땅의 흙으로 사람을 지으시고, 그의 코에 생명의 기운을 불어넣으시니. 사람이 생명체가 되었다."(창 2:7) 히브리어로 '루하(ruach)'인 하나님의 영을 통해 인간이 육과 영혼에 의해 온전한 생명체가 되는 것이다. 사람의 호흡은 직접적으로 하나님으로부터 온 것이다. 그러므로 하나님의 생명을 불어넣는 행위 속에서 육체와 영혼은 서로 직접적인 관계를 갖으며 인간을 인간되게 하는 결정적인 요소를 지닌다.

인간의 다른 모든 피조물과의 구별성은 인간은 다른 피조물보다 완전히 다른 방법으로 하나님 앞에 있다는 것을 의미한다. 인간과 동물과의 차이를 Thurneysen은 창세기 1장 26-27절 말씀에서 좀 더 분명하게 설명하고 있다. 즉, 인간은 하나님의 형상대로 창조되었다는 것이다. 네페쉬는 '하나님 앞에서 책임 있는 인격체'로서 사람이다. 하나님은 인간을 말씀을 '통해서' 창조했을 뿐 아니라 말씀을 '위해서' 창조되었다. 하나님은 사람에게 요구함으로써 인간은 하나님의 말씀을 듣고 그를 인식하기 위해 창조되었다는 것을 알게 된다. 그러므로 Thurneysen(1988)은 영혼을 "말씀을 통해 하나님 앞에 불리워진 인격적 존재의 비밀"로 보고 있다. 그러므로 네페쉬란 하나님의 호흡을 받은 인간의 생명의 전인성으로 이해해야 한다. 네페쉬는 하나님으로부터 받은 살아있는 사람의 생명체이며 살아있는 인간을 하나님의 관계, 자신과의 관계, 그리고 다른 사람과의 관계에서 완전하게 한다(Eberhardt, 1990).

이러한 의미가 신약에서 희랍어 프쉬헤(Psyche)에서도 분명하게 나타나는데 그것은 네페쉬의 번역이다(고전 15:45). 루터는 독일어 성경번역에서 프쉬헤를 신약에서 '프쉬헤(Psyche)'의 전체성에 대한 이해를 고려하여 '영혼(Seele)'으로 번역했을 뿐만 아니라 여러 부분에 '생명(Leben)'으로 번역하기도 했다(Eberhardt, 1990; Moeller, 1994). 영혼은 나에게 하나님에 의해 선물을 받은 것이며 매일 하나님과 나의 이웃, 그리고 자신 앞에서 스스로 책임 있는 생명이다. 영혼은 나에 의해 호흡되어지고 언젠가 나에게 끊어지게 될 생명이다.

셋째, 신약에서의 영혼은 구약에서와는 다른 것이 있다면 그리스도 안에서의 영의 사람이다. 그것은 죽음을 넘어선 삶의 가능성이 그 중심을 이루고 있다. 구약에 있어서 영혼은 항상 죽음을 넘어서는 생각할 수 없는 육적인 차원의 생동력이지만, 신약에서는 새로운 생명은 죽음을 떼어낸 것이다(Eberhardt, 1990; Luther, 1964; Uhsadel, 1966). 바울은 '프뉴마(pneuma)'를 새로운 생명의 핵심적인 역할로 이해한다. 그에게 있어서 프쉬헤는 죽음으로 돌아가야 하는 것이지 영혼불멸한 존재는 아니다. 그러나 계속성은 프뉴마로 표현되고 있다(Eberhardt, 1990). 바울은 인간의 영을 하나님의 영으로서의 프뉴마와 대립시키고 있다(롬 8:16). 하나님의 영인 프뉴마는 받을 수 있고 계속해서 줄 수 있는 창조력이 있다. 이것은 모든 사람에게 영향을 주어 죽음으로부터 깨어나게 하며 새로운 생명을 얻도록 작용한다(롬 8:9-10).

하나님의 영, 즉 구약에서의 창조의 영은 그리스도 안에서 만나게 된다(롬 8:9). 영의 힘으로 그리스도는 하나님의 아들이며 그 아들됨을 하나님의 영을 받아들인 사람들과 공유한다. 그리스도를 통하여 하나님의 영은 영향을 끼치게 되며, 그리스도 안에서 새로운 생명을 얻게 된다. 이 새로운 생명을 우리는 성령의 열매로 표현하고 있으며(갈 5:22 이하), 그것은 곧 사랑과 기쁨과 평화와 인내와 친절과 선함과 신실과 온유와 절제이다.

그러므로 프뉴마는 하나님의 부름에 대한 명칭일 수 있으며, 그것에 근거하여 하나님 앞에 인간이 책임 있게 서는 것이기도 하다(Thurneysen, 1988). 바울에 따르면, 하나님의 영이 그리스도 안에서 이 땅의 인간이 은혜 속에서 새롭게 창조되어 전인성을 향하도록 하는 것이다. 신앙인이 하나님의 사랑에 의해 그리스도 안에 사로잡힐 때 진정한 영의 사람이 되는 것이다. 그러므로 보통 사람과 영의 사람과는 구분이 된다(고전 2:14 이하). 즉, 프쉬헤로서만 존재하는 보통 사람은 자신의 영이 하나님의 영에 의해 인도되지 않는 한 하나님의 말씀을 전혀 이해하지 못하며 육적인 인생을 살아가게 된다. 하나님의 부르심을 신뢰하지 못하게 되면 인간은 자신의 목숨을 잃게 되며 영원한 고통을 얻게 된다.

그러므로 Thurneysen(1936, 1988)은 하나님 말씀으로만 진정한 인간이해가 가능하며 인간존재를 근본적으로 발견할 수 있기 때문에 진정한 인간이해는 오직 신앙 안에서 성서를 통해서 가능하다고 강조하고 있다. 인간을 영과 육으로 구분하여 차별을 두는 자연과학에 근거한 인간이해가 아니라 전체인 하나로서 육과 영으로서 인간이다. 그것은 영과 육이 분리되지 않는, 그리고 이 세상에 있는 동안 하나님과의 관계 속에서 살아가는 영의 사람이다.

2) 기독(목회)상담의 의미

지금까지 기독(목회)상담의 어원인 '영혼돌봄'에서 돌봄의 대상인 '영혼'의 성서신학적 의미를 살펴보았다. 그렇다면 '영혼'을 대상으로 하는 돌봄이란 무엇을 의미하는가? '영혼돌봄(Seelsorge)'이란 용어를 직접적으로 사용한 흔적이 구약이나 신약 어디에도 나타나고 있지 않다. Moeller(1994)는 그러한 이유를 다음 두 가지로 제시하고 있다. 즉, 인간을 영혼 깊숙이까지 구할 수 있는 것은 외부로부터 오는 하나님에 의해서만이 가능한 구원이기 때문에 한편으로는 영혼돌봄이 적으며, 다른 한편으로는 인간이 바로 모든 자신의 걱정을 하나님에게 맡길 때 영혼의 돌봄이 많아지게 된다(벧전 5:7)는 것이다. 이렇게 성서에서 '영혼돌봄'이란 용어를 직접적으로 사용한 흔적이 없음에도 불구하고 성서에 나타난 영혼돌봄의 행위를 다음과 같은 표현을 통해 찾아볼 수 있다(Moeller, 1994).

① 영혼돌봄은 신약에서는 위로로 나타나는데, 그 위로는 경고, 격려, 초청과 같은 것으로서 바울이 구체적으로 묘사하고 있다(데후 2:16 이하; 고후 1:5-7).
② 영혼돌봄은 그리스도의 몸인 지체들을 돌보는 것이다(고전 12; 롬 12; 엡 4; 고후 11:8).
③ 선한 목자와 문과 양떼의 비유(요 10:7-18)는 성서적인 영혼돌봄의 기본 모델로서 잃어버린 자와 잘못된 길을 가고 있는 자, 약한 자를 따라가서 하나님의 보호 속에서 그들을 받아들이는 영혼돌봄이다.
④ 예수의 병든 자와 귀신들린 자와의 교제 속에서 치료적 또는 귀신추방의 영혼돌봄의 모델을 찾을 수 있다.
⑤ 신약에서와 마찬가지로 구약에서의 예언적 말은 하나님이 자신의 백성을 돌보는 관점에서 영혼돌봄의 차원의 언어로 이해해야 한다.

⑥ 찬양과 비탄을 통해 인간에게 생명의 힘을 주고 있는 시편은 영혼돌봄을 위한 고갈되지 않는 저수지와 같다.

앞서 언급하였듯이 성서에서 '영혼돌봄'이란 용어의 직접적인 사용을 찾을 수는 없지만, 성서에 나타난 영혼돌봄의 행위와 더불어 지금까지 살펴본 영혼(Seele)에 대한 성서적인 관점에서 영혼돌봄(Seelsorge)의 의미를 종합해 보면 다음과 같다.

① 영혼돌봄이란 또한 육체적이고 정신적인 굶주림이 채워지도록 돕는 것이며, '욕망(출 15:9), 열망, 바람, 요구, 동경(시 35:25; 창 23:8; 출 23:9; 신 24:15)' 등 네페쉬가 굶주리고 배부르게 되며, 마음 아파하며 기뻐하고 희망하며, 사랑하고 미워하는 감정의 영역에 속하면서 무엇인가를 지향하는 것과 관련이 있다. 인간적인 욕망은 영적인 것과 반대로 다른 영역 속에서 하나님과는 적대적인 육적인 것이 아니고 인간에게 속하는 생명력의 한 부분이다(Westermann, 1976). 그러므로 구약에 나타난 영혼돌봄이란 영혼을 육체에 비해 가치 있는 것으로 평가하는 그리스 철학에 근거한 심리치료는 아니라는 것이 분명하다. 성서적인 관점에서 영혼돌봄이란 인간의 영적인 존재만을 돌보는 것이 아니라, 인간의 육적이고 영적인 존재를 위한 전인적인 돌봄의 관점으로서 이해될 수 있다. 그러므로 영혼돌봄과 육체돌봄은 근본적으로 분리될 수 없다.
② 히브리적인 의미에서 영혼돌봄이란 '호흡의 도움' '비탄의 도움', 그리고 하나님에 대한 찬양, 인간이 자신의 호흡에 무리하지 않고 하나님의 호흡리듬에 다시 들어가도록 돕는 것이며, 더 이상 공기가 존재하지 않는 자기 안에 자신을 가두어 버리지 않도록 돕는 것이다.
③ 영혼돌봄은 인간에게 하나님 아버지와 아들과 성령의 관계 속에서 육적인 자기와 이웃으로부터 영의 사람으로 되도록 이끄는 것이다. 즉, 하나

> 님의 말씀을 전혀 이해하지 못하며 육적인 인생을 살아가는 프쉬헤로 존재하는 보통사람이 영의 사람이 되어 하나님에게로 다시 돌아오도록 돕는 것이다.

분명하게 영혼돌봄이란 단어를 제시하지 않더라도 앞에서 언급한 영혼돌봄의 성서적 의미에서 우리는 영혼돌봄의 특성을 나타내 주는 결정적인 세 가지 차원을 찾아볼 수 있다. 첫 번째 차원은 하나님이 영혼돌봄의 주체라는 것이다. 사람이 자신을 위해 걱정하든 또는 이웃을 돌보든지 상관없이 하나님은 인간을 돌보신다는 것이다(벧전 5:7; 시 121). 하나님인 주인이 아담과 그의 아내에게 가죽으로 치마를 만들어 입히신 것(창 3:21)에서 알 수 있듯이, 창조에서 이미 하나님의 돌봄이 시작되었다. 사람은 하나님의 돌봄 없이 존재할 수 없다. 이것은 모든 것이 하나님의 행위이며, 하나님의 영혼돌봄이라는 의미가 담겨 있다. 그것은 하나님이 자신의 목적을 다시 이루려는 돌봄이다. 구약 예언서에는 계속해서 우리에게 예언자들이 자유와 방임하지 말 것과, 사람에 대한 깊은 인식을 요구하고 있다. 하나님의 돌봄은 결국 아들을 통해 더 분명하게 나타난다. 하나님은 인간의 몸으로 내려오셔서 자신의 피조물의 운명을 함께 나누고(요 1:14; 빌 2:6 이하), 마침내 그들을 위해 십자가에 달리기까지 하여 하나님으로부터 멀어진 피조물을 돌보신다.

영혼돌봄의 두 번째 중요한 차원은 사랑과 자비의 움직임이다. 염려가 아니라 긍휼히 여김과 접근으로 영혼돌봄의 특성이 완성된다. 그러나 긍휼과 자비는 단순히 인간을 돌본다는 책임에 의해서만이 일어날 수 없으며, 인간의 고통을 바로 보고 마태복음 9장 36절에서와 같이 인간의 존재위기에 대한 충격과 동요가 일게 된 자만이 말할 수 있는 것이다.

영혼돌봄의 세 번째 차원은 그 돌봄이 항상 구체적인 인간을 향해 있다는 것이다. 하나님은 하나님 자신을 돌보는 것이 아니라 인간을 돌보신다. 즉, 그의 돌봄은 인간을 향한 돌봄이다. 그 돌봄은 개개인의 필요와 상황에 근거한다. 하나님은 자신의 존재 자체를 돌보는 것이 아니라 그리스도 안에서 사랑의 하나님으로 계시되었기 때문에 그의 돌봄은 항상 인간으로서 있어야 할 인간존재 자체를 향해 있다.

3. 영혼돌봄으로서 기독(목회)상담의 목적

앞서 언급한 세 가지 관점의 성서적 인간이해를 토대로 영혼돌봄으로서 기독(목회)상담의 목적을 다음 세 가지 관점에서 구체적으로 살펴보고자 한다. 첫째, 전인적 인간 돌봄을 위한 삶의 도움으로서 신앙의 도움, 둘째, 죄로부터 구원과 치유를 통한 하나님 관계 회복, 셋째, 영의 사람으로 인도하기 위한 복음의 실천, 곧 구속과 억압하는 세상으로부터의 해방이다.

1) 전인적 인간 돌봄을 위한 삶의 도움으로서 신앙의 도움

하나님이 돌보시는 대상은 전인적 인간이지 인간의 영적인 차원만이 아니다. 구약에서의 네페쉬에 상응하게 영혼(Seele)이란 항상 구체적이고 육체적이며 실제적이다. 이것은 영혼이란 인간에게 있어서 인격으로부터 추상화한 영역이 아니라 항상 인간의 육체와 함께 생각해야 한다는 것을 의미한다. 영혼이란 육체에 매여 있으며 육체에 의해 결정짓는 생명이다. 영혼은 육체적인 실재와 관련을 맺고 있는 인격이다.

영혼돌봄은 인간의 영적 구원만이 아니라 내담자의 육체적이며 정신적인 어려움을 돌보는 것이다. 그러한 전인적 돌봄은 인간이 처해 있는 다음 네 가지 차원의 관계에서 분명하게 나타난다(Seitz, 1979). 첫째, 인간은 그를 창조하셨고 그에게서 응답을 하도록 부르시는 창조주이신 위대한 '너(Du)'인 하나님과의 관계 안에 존재한다. 이 관계는 인간의 근본적인 관계이다. 둘째,

인간은 이웃이 되기 위하여 존재하는 인간적인 '너(du)'인 이웃과의 관계 안에 있다. 셋째, 인간은 같은 피조물인 이 세상인 '그것(Es)'과의 관계 안에 존재한다. 인간은 이 세상을 경작해야 하며 보존해야 한다. 넷째, 인간은 자기 자신과의 관계 안에 머물게 된다. 이러한 네 가지 차원의 관계 속에 있는 인간이 영혼돌봄의 현주소이다. 따라서 영혼돌봄은 인간의 이웃과 사회와의 관계를 도외시하지 않고 하나님과의 관계 속에서 인간을 수용하게 된다. Stolleberg(1978)는 이러한 영혼돌봄의 이웃과 사회와의 관계의 특성을 일반적인 특성으로서 '세상적(weltlich)'이며, 동시에 특별한 특성으로서 하나님과의 관계의 '영적인(geistlich)' 특성으로 설명하고 있다. 세상적인 것과 영적인 것은 영혼돌봄에서 선택해야 하는 사항이 아니라 구체적인 인간의 돌봄에서 함께 따라오는 분리될 수 없는 관점이다. 신앙적인 삶과 세속적인 삶이 서로 연결되지 못한다면 그것은 하나님 스스로 인간이 되셔서 이 세상에 오신 사건에 대한 반대이며 이중적인 삶의 구조를 형성하게 되는 것이다.

그렇다면 어떻게 신앙적인 삶과 세속적인 삶과의 연결 속에서 영혼돌봄이 이루어질 수 있는가? 어떻게 신앙이, 그리고 신앙을 위한 도움이 삶을 극복하기 위한 기독(목회)상담적인 힘을 가지고 있는가라는 물음에 대한 답을 Tacke(19933)는 "삶의 도움으로서의 신앙의 도움"이라는 표현을 통해 나타내고 있다. 신앙을 위한 도움으로서 영혼돌봄은 인간의 삶을 위한 도움으로서 신앙이 경험될 수 있다는 것을 의미한다. 신앙은 하나님과 인간 사이의 대화를 가능케 하는 중재자라고 말할 수 있는 관계개념이다. 그러나 신앙대신 경건의 현상을 관찰하려고 하는 것은 잘못된 것이다. 신앙이란 경건을 유지하려는 것도 아니며 인간의 습관적인 속성으로 이해할 수 없다. 신앙은 이러한 생각과 정반대의 움직임이며, 하나님의 인간관계와 인간의 하나님관계를 연결하는 만남을 내재하고 있는 경험으로 말할 수 있다. 신앙은 하나님이 인간을 허락하는 동력자 관계를 생동감 있게 이행하는 것(Tacke, 19933)이며, 기독(목회)상담적인 신앙도움은 이 동력자 관계를 인간으로 하여금 받아들이게 하는 것이다. 그 동력자 관계는 신앙과 삶과의 연결, 그리고 하나님과 인간과의 연결을 의미한다.

이러한 동력자 관계 속에서 "신앙은 하나님을 발견하는 것이다"(Tacke, 1989). 신앙도움은 하나님을 발견할 때 인간에게 도움이 되는 것이다. 즉, 세속적인 인간이 하나님의 신의를 의지하기 위해 자신을 포기하는 것을 배우는 것이다. 그러므로 신앙의 대화는 하나님과의 대화이다. 그것은 하나님이 예수 그리스도 안에서 인간에게 어떻게 응하시는 하나님에 대한 대화이며 예수 그리스도와의 연합이다. 인간적인 하나님이 대화를 하고, 그리고 그러한 하나님으로 발견된다면 그것이 바로 신앙의 시간이다. 인간이 신앙 안에서 하나님을 발견하는 것은 거의 인간의 현실 속에서 효과가 나타난다. 생생한 하나님의 현존은 인간의 실생활 속에서 반영된다.

그러므로 하나님을 발견하는 것으로서 신앙은 인간의 삶을 발견하는 것이다. 즉, 그것은 하나님이 없는, 하나님을 멀리하는 것이 아니라 하나의 '신성한 전제조건(sakramentale Voraussetzung)'을 지니고 있다(Tacke, 1993). 그러므로 신앙 자체를 영혼돌봄의 힘으로 도움을 구하는 것이 중요하다. 그러나 신앙의 영향이 아니라 이미 신앙 자체가 기독(목회)상담적인 요소를 지니고 있다. 영혼돌봄은 이미 신앙 안에서 이루어지고 있으며, 단지 신앙을 통해서가 아니다. 이러한 신앙의 영혼돌봄의 요소와 신앙의 힘으로 얻게 되는 기독(목회)상담의 결과는 함께 살아가는 인간 삶의 장에서 찾을 수 있다.

영혼돌봄을 신앙관계에 근거한다는 목적은 신앙이 삶의 도움이라는 것이 증명될 수 있도록 신앙을 돕는 것이다. 신앙의 도움은 영적인 차원만을 강조하는 지나치게 병적이고 극단적으로 영혼돌봄의 직을 수행하는 것이 아니다. 그러나 아직 세속적인 일반상담이나 심리치료를 모방하고 변화하려는 기독(목회)상담의 시도는 본래의 목적과는 빗나갈 수도 있기 때문에 기독(목회)상담이 신앙에 근거할 때 삶에 도움이 된다는 것을 경험하는 것이 중요하다. 신앙이 단지 개념적인 의미로 교리적인 신학의 정의에 의해 경직되고 삶과 분리된다면 교리와 같은 형태 속에서 그리고 설교의 말씀 속에서 신앙의 가치가 종종 추상적이고 약화된다. 그러므로 신앙과 영적인 교류는 그리스도와의 내적인 인격적인 관계에서 이루어진다. 신앙이 진정한 신뢰(herzliches Vertrauen)로 이해될 때 인간의 자기폐쇄를 허물 수 있게 된다(Tacke, 19933) 신앙은 정신적인 핵심 부분에 있는 감동이다. 신뢰로 움직여지는 사람은 신앙을 중재하는 기독(목회)상담을 경험하게 될 뿐만 아니라 신앙 자체의 기독(목회)상담을 체험한다. 그러므로 진정한 신앙은 강요의 소리가 아니라 격려의 소리이다. 신앙으로 초대하는 것은 인간의 걱정스러운 삶의 현실과 함께 그리스도의 관계로 맡기는 인간의 신뢰이다.

무미건조한 신학은 신앙을 삶과 관계가 없는, 또는 삶과는 적이 되는 것으로 만들기도 하며 신앙이 삶과 분리되고 개념화된 형이상학적인 의미로 남게 된다. 그래서 인간을 이원론적인 인간(homo apatheticus)으로 규정하는 위험을 범하기도 한다. 또한 신앙이 도외시된 상담은 도움을 요청하는 사람에게 초점을 두지 않고 내담자의 문제에 초점이 되어 그 문제를 해결하기에 급급하다. 그러나 하나님의 열정의 상황에서 삶과 분리되지 않은 신앙은 인간으로 하여금 감정의 인간(homo sympatheticus)으로 이끈다. 인간을 향한 하나님의 열정(Pathos Gottes)과 그의 긍휼 그리고 그의 정열은 기독(목회)상담적인 신앙도움의 동기가 된다. 신앙 안에서 하나님과 분리된 인간에게 향한다는 것을 경험할 수 있기 때문에 인간은 하나님을 사랑하고 그를 신뢰하게 된다.

기독(목회)상담대화에서 신앙과 신앙에 따른 인간의 행위와의 관계가 이루어진다. 이러한 관계 속에서 삶의 극복이 구체적으로 이루어진다. 거기서 실제적으로 어떠한 기준에서 인간이 어떻게 자신의 행동과 습관과 반대하여 어떤 것을 내놓을 수 있는지가 중요하다. 그러므로 기독(목회)상담대화의 과제는 일반적으로 몹시 압박하는 행동의 문제점을 갈등의 상황에서 표현하도록 돕는 것이다. 그것은 다시 인간의 죄와 하나님의 용서에 대한 인생극복에 해당하는 모든 성서적 말씀이 실제적인 기독(목회)상담적인 적용 속에서 바로 반영되어야 한다는 것을 의미한다. 그러나 죄에 대한 벌이 두려워 행동의 변화가 일어나는 것은 아니다. 태도의 변화는 특별히 그에게 향하신 하나님의 뜻과 일치된 행동을 찾고 확인하는 데서 시작된다. 고통에 처한 사람이 비참한 삶의 현실 가운데 누가 이 죽음의 몸에서 나를 건져 줄 것인지 질문한다. 그러나 신앙의 전환은 바로 "우리 주 예수 그리스도를 통하여 나를 건져 주신 하나님께 감사드립니다."(롬 7:24)라는 고백과 함께 이루어진다(Tacke, 1993, p. 244). 그리스도를 찾았기 때문에 비로소 아담은 호흡을 할 수 있게 되는 것이다. 이제 인간은 그리스도와의 관계 속에 있기 때문에 신앙은 인간의 자아를 상대화시키며 인간을 인간적이게 한다.

그러므로 Stollberg(1969)는 교회 기독(목회)상담의 일반적인 특수성을 일반상담이나 심리치료와 같은 세속적인 상담의 틀과 구별하여 설명하고 있다. 즉, 기독(목회)상담은 신학적으로 분명한 동기와 신학적으로 분명한 의도를 가지고 있다. 그러나 기독(목회)상담자는 심리치료자와는 달리 자신의 신앙에 대한 확신을 상담과정에서 기능적으로 스며들게 해야 한다는 것은 아니다. 다시 말하자면, 기독(목회)상담자의 신앙이 기독(목회)상담의 만남에서 항상 그리고 절대적으로 말할 필요가 없다는 것이다. 단지 도움이 필요한 사람의 대화의 상대자로서 기독(목회)상담자는 신앙심을 마음대로 지시해서 강요할 수 있는 것이 아니라 기독(목회)상담자의 신앙에 대한 확신을 갖고 단지 도움의 기능으로서 존재한다.

따라서 삶의 고통에 처한 사람에게 '신앙의 도움을 통한 삶의 도움'으로서 기독(목회)상담은 설명할 수 없고 이해할 수 없는 고통의 한가운데서 견디어 낼 수 있는 격려와 동시에 체념하려는 것으로부터 저항하기 위한 힘, 그리고 무엇보다도 "높음도, 기쁨도, 그 밖에 어떤 피조물도"(롬 8:39) 우리를 끊을 수 없는 우리 주 예수 그리스도 안에 있는 하나님의 사랑에서 보호받고 있다는 것을 깨닫도록 돕는 것이다(Tacke, 1933).

2) 죄로부터 구원과 치유를 통한 하나님 관계 회복

최초의 아담은 하나님의 생명의 기운으로 이 세상에 태어났다(창 2:7). 앞서 영혼의 네페쉬의 의미에서 언급했듯이, 이렇게 사람의 호흡은 직접적으로 하나님으로부터 온 것이며, 따라서 네페쉬는 우리 안에서 호흡하다가 숨이 끊어져 삶의 마지막에 하나님에게 다시 돌려주어야 하는 하나님 호흡의 한 부분이다. 이 호흡은 하나님과의 관계의 표현으로서 이 세상에서 숨쉬며 살아있는 동안 인간은 하나님과의 관계 속에 머물러 있어야 하는 존재이다. 그러므로 하나님의 형상대로 창조된 인간은 '하나님 앞에서 책임 있는 인격체' 이다.

따라서 이 세상에서 숨쉬며 살아있는 동안 하나님 관계 속에 머물러 있어야 할 인간이 하나님으로부터 벗어나서 삶의 목적을 잃고 있는 경우 우리는 죄인이라고 말하고 있다(Knierim, 1984). 죄인으로서 인간은 하나님과의 관계를 유지하며 하나님으로부터 돌보시도록 하는 대신 자신의 손으로 스스로를 돌볼 수 있다고 믿고 있는 것이다. 선한 목자의 돌봄을 의지하는 대신 자신을 의지하고 모든 영역에서 자신과 자신의 복과 고통을 위해서 산다. 우리는 이러한 인간의 방황을 다음과 같이 설명할 수 있다. "하나님으로부터 멀어짐으로써 인간은 그가 어디서 왔는지 인간 존재의 근원과 그리고 앞으로 어디로 가야 하는지 그 목적으로부터 떠난 것이다. 인간은 하나님을 부정함으로써 마치 하나님 없이 존재할 수 있고 하나님 없이 살아갈 수 있는 것처럼 생각한다. 하나님으로부터 멀어짐으로써 인간은 스스로 상처를 입는다. 더 이상 하나님인 당신(Du)과 연결되지 않고, 인간적인 나(Ich)는 주인을 잃어버리고 있다."(Schlink, 1983)

인간의 잘못의 결과는 그 잘못이 인간이 이룬 모든 관계에 적용된다는 것이다. 즉, 근본 관계인 하나님과의 관계가 파괴되면 인간에게 죄는 생명을 결정하게 되며 그가 이룬 모든 영역을 사로잡는다. 인간이 하나님을 잃게 되면 그의 이웃, 일과 관련된 관계들 그리고 자기 자신 또한 잃게 된다. "하나님과 분리됨으로써 인간은 자기 자신뿐만 아니라 이웃과도 낯설게 되며 서로 간에 불신과 불안 그리고 시기와 폭력의 관계로 이끌어지게 된다. 하나님과의 반대는 또한 자연과의 관계도 파괴로 이끈다. 인간이 특권으로 하나님의 창조적인 의존 안에 있는 자연과의 관계를 결별하게 되면 자연에 대한 인간의 권한이 왜곡된다. 창조자에 대한 반란은 인간을 피조물에 의존하게 만든다. 자신의 생명권을 쥐고 있다고 생각함으로써 인간은 자신을 지배하는 주권, 다른 사람과의 공동체, 그리고 인간 사이에서의 특수한 지위를 걱정하게 된다. 이것이 바로 죄인의 불행이다."(Schlink, 1983)

그러므로 심리치료에서 자기와의 관계를 표현하는 것이 중요하다면, 기독(목회)상담에서는 하나님이 인간을 창조하신 본래의 관계, 즉 하나님과의 관계를 다시 세우는 것이 중요하다. 심리학에 근거한 일반상담에서 무엇보다도 중요한 것은 자기실현을 위한 인간의 능력이다. 즉, 인간이 스스로 성장할 수 있고, 결단할 수 있다고 믿는 것이다. 자기실현에서는 인간 내면에 있는 잠재능력의 활성화가 핵심이다. 자기실현화는 인간에게 자기 자신과 다른 사람에게 제한 없이 모든 것이 가능하다는 긍정적인 자율권을 부여하려는데 집중되어 있다(Bohren, 1979). 즉, 자기 스스로 자기정체성을 확립하는 것을 의미한다. 이러한 자기실현에 대한 믿음의 전제 안에서는 인생에서 자기실현을 하지 못하고 자신의 정체성 확립에 도달하지 못하면 오로지 죄와 소외 현상만 존재한다(Sons, 1995). 그 반대로, '자기실현화'에 대한 이러한 신앙의 결과 인간이 신격화되며 자신의 정체성의 창조자가 된다. 인간은 단지 하나님과의 관계 안에서만이 자신의 정체성을 찾는다는 성서신학적 관점과는 달리 인간의 오만으로 자리 잡게 되어 인간은 하나님 없이도 자신의 존재를 만들어 갈 수 있다고 생각하게 된다. 그러나 기독(목회)상담은 자기실현과 자기 찾기는 오로지 예수 그리스도 안에서의 하나님의 선물이며 인간의 자유의지에 의한 것이 아니라는 것을 강조한다. 오직 이 세상의 창조주와의 연합으로만이 구속과 억압하는 이 세상으로부터의 자유가 가능하다. 그러므로 예수 그리스도 안에서 주어진 새로운 정체성(갈 2:20)이 삶에서 가치를 갖게 되고, 그것이 삶에서 나타나도록 구원과 치유를 통한 기독(목회)상담의 도움이 필요하다.

하나님은 인간과의 본래의 관계를 다시 세우기 위해 예수 그리스도를 이 세상에 보내셨다. 그를 통한 인간의 구원과 치유를 위한 돌봄은 하나님을 잃어버린 인간을 향한 하나님의 고유한 돌봄이다. 그것이 의미하는 것은 예수의 비유에 잘 표현되고 있다. 잃어버린 자가 분리된 상태로부터 보호의 상태로 되돌아오도록 하는 것이다(눅 15:1-10). 잃어버린 아들이 아버지의 품으로 되돌아오는 것이다(눅 15:11-32). 구원을 위한 돌봄은 곤경과 불안 속에서 하나님의 사랑에 대하여 무감각해진 인간이 다시 하나님과의 연합 속에 존재하기 위해 열리도록 하는 것이다(Schlink, 1983).

하나님의 구원이 모든 인간에게 적용되고 그가 창조한 모든 영역에서 이루어질지라도 하나님의 구원은 현세적이고 세속적인 행복과는 전혀 바꿀 수 없으며 동일화될 수 없다. 구원은 오히려 종말론적인 차원에서 생각해야 한다. 즉, 장차 미래 하나님의 심판 앞에서의 구원이다. 그래서 하나님은 복음을 통해 미래의 구원을 약속하고 있으며 그것을 이미 지금 복음을 통해 신앙 안에서 복음을 받아들인 자들에게 완성하고 있다(Schlink, 1983). 이러한 관점에서 영혼돌봄 차원의 기독(목회)상담은 다른 목적과 함께 구원의 기회를 제공하는 형태가 된다.

그러므로 심리학에 근거한 일반상담과 기독(목회)상담과의 구별은 결정적으로 목적의 차이이다. 정신적인 고통의 증세를 최소화하고 완화하는 것이 그 목적인 심리치료는 단순한 삶의 도움이 되는 것에 족하다. 그것은 정신적인 문제를 치료하고 극복하도록 하는 것으로서 삶을 전적으로 방해하거나 의문을 던지게 하는 요소들을 제거하는 것이다. 고통의 원인을 밝히고 자기를 인식함으로써 환자는 자신의 문제에 대하여 깊은 통찰을 경험하게 되며 자신의 문제를 극복하도록 능력을 부여받게 된다. 그러나 기독(목회)상담은 이러한 목적을 뛰어넘는다. 하나님과 멀어진 인간에 대한 하나님의 돌봄은 원초적으로 잃어버린 하나님과의 공동체를 다시 재건하는 데 그 목적이 있다. 예수 그리스도에 의한 새로운 돌봄은 인간적인 많은 일을 염려하는 것이 아니라(마 6:25) 오직 중요한 한 가지 일, 즉 구원을 돌보는 것(눅 10:42)이다. 심리치료가 심리적인 또는 의학적인 치유에 머물러 있다면, 기독(목회)상담은 그 차원을 넘어 인간을 구원한다는 것으로 그 특수성을 설명할 수 있다(Jentsch, 1991).

그러나 기독(목회)상담자는 신앙은 항상 심리적인 내면을 지니고 있으며 하나님의 관계는 인격의 심리적인 구조와 관계되어 있다는 것을 기억해야 한다. 이것은 기독(목회)상담에서는 깊은 자기수용과 인격분석이 필요하며, 또한 하나님과의 관계가 약화되는 것은 인간의 부분 영역에서 순간적으로 찾아온다는 것을 분명히 인식해야 한다. 그러므로 내담자의 종교적인 기본 파악을 하지 않고는 종교적인 유도는 감추어지게 된다. 이러한 관점에서 기독(목회)상담은 심리치료의 도움으로 과거 성장과정에서 형성된 죄의식과 고통의 관계를 밝혀내고 인간에게 자신의 심리적이고 영적인 구조를 살펴봄으로써 상담대화를 방해하고 경직된 신앙태도를 갖게 하는 어린 시절에 형성된 삶의 방식과 내담자가 받아들일 수 없는 자기 모습을 인식하여 다시 하나님과의 관계로 들어갈 수 있도록 도움이 되어야 한다.

3) 영의 사람으로 인도하기 위한 복음의 실천: 구속과 억압하는 세상으로부터의 해방

앞에서 언급한 신약의 영혼이해는 구약과는 한 차원 높아진 죽음을 넘어선 삶의 가능성이 그 중심을 이루고 있다. 그러므로 영혼돌봄이란 하나님의 영인 프뉴마를 받아 죽음으로부터 깨어나 새로운 생명으로 인간을 인도하도록 돕는 것이다. 즉, 하나님의 영이 그리스도 안에서 이 땅의 인간이 은혜 속에서 새롭게 창조되어 전인성을 향하도록 하며, 신앙인이 하나님의 사랑에 의해 그리스도 안에 사로잡혀 진정한 영의 사람이 되도록 이끄는 것이다. 따라서 이러한 의미의 영혼돌봄으로서 기독(목회)상담은 예수가 인간의 삶의 한가운데서 인간을 억압하는 모든 것으로부터 해방하기 위해 고통받는 사람에게 다가가고 그들을 세상의 구속과 억눌림에서 자유하게 함으로써 그리스도 안에서 새로운 영의 사람이 되도록 인간을 이끄신 그리스도의 복음을 우리가 지금 여기서 실천하는 것이다.

역사 속에 나타난 교회는 여러 다른 형태의 방법으로 하나님의 말씀을 전하고 가르치는 역할을 해 왔다. 이러한 여러 형태의 목회방법은 각각 다른 독특한 언어 구조와 형태를 가지고 발전해 왔다. 설교가 여러 사람의 하모니로 이루어지는 합창이나 수업 중의 대화와는 다르듯이, 서로 간의 대화와 형제 자매적인 위로의 형태로 이루어지는 기독(목회)상담은 설교와는 다르다. 설교가 하나님의 말씀을 일방적으로 전달하는 복음의 선포에 그 목적이 있다면, 영혼돌봄으로서 기독(목회)상담은 예수 그리스도의 삶을 본받아 그 복음을 삶의 현장에서 실천하는 것이다. Josuttis(1974)는 기독(목회)상담의 목적을 밝혀 주고 기독(목회)상담에게 있어서 새로운 자극을 줄 수 있는 주제를 세웠는데, 그것은 "기독(목회)상담이란 인간 각자의 삶의 관계에서 구체적인 곤란으로부터의 해방을 목적으로 하는 상담하고 치유하는 삶의 도움의 형태 속에서 이루어지는 복음의 실천이다." 그것은 "진정한 해방"(Clinebell, 1990)을 의미하며, 삶의 질을 직접적으로 변화케 하는 관여이며, 지금까지의 어려움의 징후 속에 처해 있는 삶의 조건들을 부숴 버리는 것이다.

Josuttis(1974)는 진정한 해방을 위해 복음 자체에 근거한 기독(목회)상담적인 힘의 상승을 의도한다. 즉, 복음 자체가 역동적으로 기독(목회)상담에서 영향을 미친다는 것이다. "복음은 기독(목회)상담이 인간의 곤경과 질병, 두려움, 억압과 죄와의 만남 속에서 도달하게 되고 도달하려고 애쓰는 해방하는 힘 속에서 경험할 수 있는 실제이다."(Josuttis, 1974) 복음에 의해 고취될 뿐만 아니라 복음의 완전한 현존 속에서 실천된 복음으로서 기독(목회)상담적인 임무를 완성케 하는 실천이 기독(목회)상담의 특별한 전권이라는 것을 인식해야 한다.

그러므로 이러한 실천은 복음의 증언이나 선포에서뿐만 아니라 복음의 실행 속에 있는 해방의 목적에 상응할 수 있다. "그러한 복음의 실천은 여러 형태 속에서 완성되는데, 즉 병든 자의 돌봄과 치유, 권리 찾기를 위한 중재, 사회적인 곤경을 제거하고 감소시키는 가운데, 인간의 자유와 평등 그리고 형제애를 위한 정치적인 투쟁 속에서 이루어진다."(Clinebell, 1990) Josuttis (1974)는 기독(목회)상담을 개인적이고 정신적인 갈등에 대한 호소를 뛰어넘는 행위의 장으로 되기를 원한다. 결정적인 것은 사회적이고 정치적인 중요성을 가진 이러한 행동 속에 복음 자체가 직접적으로 현존하고 있기 때문이다. Josuttis(1974)에 따르면, 기독(목회)상담적으로 제시된 복음은 언어적으로 전달하려고 할 뿐만 아니라 실제적으로 실현하려고 한다. 따라서 기독(목회)상담은 '복음의 실천'이다. 복음의 목적은 선포의 형태 속에서뿐만 아니라 무엇보다도 실제적인 형태 속에서 인간의 삶을 변화시키고 관계의 노예를 끊어 버리려는 데 있다. 모든 삶의 영역에서 복음을 실천한다는 것은, Josuttis(1974)에 의하면, 복음의 특별한 기독(목회)상담적인 표현방법이며 동시에 기독(목회)상담의 핵심이다. 그러므로 "복음은 인간의 구체적인 어려움의 모든 차원에서 인간을 해방하기 위해 실천을 경험할 수 있게 하려고 한다" (Clinebell, 1990). 복음과 연관된 기독(목회)상담만이 기독(목회)상담에 맡겨진 특수성을 지시할 수 있다. 설교와 다른 것은 기독(목회)상담은 '실천'으로 끝난다는 것이다. 이와 더불어 기독(목회)상담의 현실적인 해방의 관점은 다른 어떠한 교회의 목회직에서 도달할 수 없는 목적을 행하고 있다. 즉, "기독(목회)상담은 해방의 행위이다"(Clinebell, 1990; Josuttis, 1974).

그 해방은 예수와 군중과의 만남에 관한 기사에 잘 나타나 있다. 예수는 몰

려든 무리를 목자 없는 양떼처럼 보시고 "그는 무리를 불쌍히 여기셨다"(막 6:34). '그가 불쌍히 여기셨다.'는 말은 단순한 느낌의 공감이나 동정이 아니라 이보다 더 강한, 자아 깊숙이까지 움직여 오는 사람들의 고난의 삶에 함께 들어가 자신의 마음을 뒤흔들어 놓는 공감이다. 이것은 단순한 느낌을 떠나서 예수가 자신을 바쳐서 그들의 고통의 삶을 해방하기 위한 강한 움직임이며 운동이다. 이 움직임은 예수가 단순히 감정에 머무르는 것이 아니라 고통의 삶으로부터 해방하기 위한 정열적인 행위이다. 그러므로 이러한 예수의 불쌍히 여김은 "자비(Erbarmen)"(신명숙, 1999; Mueller, 1993)라는 말로 표현된다. 자비라는 말은 희랍어로 한 사람이 그것을 필요로 하는 다른 사람을 옹호하고 그를 위해 존재하고 행동하는 태도를 의미하는 것으로서 예수는 나병환자, 나인성의 죽은 청년과 그의 모친, 광야의 굶주린 백성을 보았을 때 그러한 태도를 취하셨다. 예수는 사람들의 고통과 슬픔, 버림받고 어찌할 바를 모르는 모습과 억압받는 것에 마음 아파하셨고 그들의 모든 고통과 아픔을 자신의 것으로 받아들여 그것들로부터 해방을 위해 스스로 대신 고통의 짐을 지셨다. 예수의 이러한 행동은 단순히 객관적인 차원에서의 공감과 동정이 아니라 그 스스로 고통에 찬 사람들의 현존에 관여한 운동이다. 이러한 예수의 영혼돌봄을 Thurneysen(1988)은 "완전한 섬김"으로 표현하고 있다. 이렇게 예수 안에서 예수를 통해 하나님 자신이 영혼을 위한 돌봄을 하고 계시는 것이다. 따라서 기독(목회)상담은 인간적인 방법으로 상담하는 것을 초월해서 그리스도를 통한 하나님의 영혼돌봄 안으로 들어가는 것이다. 이것이 곧 예수가 우리에게 보여 주신 인간의 영혼돌봄이며, 기독(목회)상담에서 이러한 복음의 실천이 계속되어야 한다.

그러므로 복음의 실천이란 말씀의 변형이 행동 속에서 결과로 나타난다. 하나님의 말씀은 동시에 행위로 이해되며, 복음의 기독(목회)상담적인 해방의 행위가 실현되는 인간의 행동은 하나님 말씀의 표현방법으로서 이해할 수 있다. 이것은 곧 인간의 영혼인 네페쉬가 하나님의 말씀을 '통해서' 뿐만 아니라 말씀을 '위해서' 창조된 '하나님 앞에서 책임 있는 인격체'라는 사실의 재확인이다. 예수는 차별 없는 하나님을 우리에게 알려 주셨고, 예수의 복음은 이 세상에서 차별받고 억압받는 모든 사람을 모든 영역에서 자유롭게 한다. 그래서 예수의 복음은 그것이 선포되는 곳에서 모든 것을 변화시키는 폭발적이고 역동적인 힘을 가지게 된다. 그러므로 "말씀이 항상 행위이고 행위가 또한 항상 말씀이었던"(Josuttis, 1974) 예수의 영혼돌봄은 중요하다. "복음은 기독(목회)상담이 인간적인 고통과 질병, 두려움, 억압과 죄와의 만남 속에서 도달하고 도달하려는 해방하는 힘 가운데 경험할 수 있는 실제가 된다." (Josuttis, 1974) 복음의 실제적인 실현의 주체는 바로 기독(목회)상담이다. 기독(목회)상담은 그의 해방하는 힘으로 복음을 능동적으로 현존하게 한다. 이러한 연결은 기독(목회)상담과 복음을 일치시키는 것이다. 그리고 그 해방은 "삶의 도움"이 될 뿐만 아니라 "하나님 나라를 향한 부름"(Piper, 1998)이다.

그렇다면 해방을 위한 복음의 실천이 기독(목회)상담에서 어떻게 행위로 나타날 수 있는가? 기독(목회)상담에서의 복음은 선포가 아니라 대화이다(Piper, 1998). Tacke(1993)에 따르면, 그것은 하나님의 영혼돌봄이 화제가 되는 자유로운 대화의 틀 속에서 복음을 실천의 관점에서 전달하는 것이다. 그것은 도움을 요청하는 사람과 인간을 찾고 있는 하나님의 두 음성이 밀접하게 대화하는 영혼돌봄의 대화이다. 즉, 먼저 인간이 주제를 맡고 이 주제에 따라 해당되는 복음의 소리가 동반하는 그러한 대화이다. 기독(목회)상담의 대화는 신앙을 돕는 것이 목적이므로 상담과정에서 그 역할이 서로 교환될 수도 있다. 즉, 하나님의 영혼돌봄이 주제를 맡고 도움을 요청하는 사람의 소리에게 그것에 해당되는 것에 대하여 대답할 기회를 줄 수 있다. 이때 서로 대화가 가능케 하는 것은 인간의 돌봄이 하나님의 영혼돌봄과 연결되도록 하는 성령의 역사이다.

인간에게 움직이고 있는 불안과 걱정 그리고 희망을 마음에 호소할 뿐만 아니라 말로 터져 나오기 위하여 성령의 언어적 도움이 필요하다. 말할 수 없는 정신적 아픔을 언어로 말하도록 성령도 우리의 약함을 도와주신다(롬 8:26). 기독(목회)상담의 대화는 이전에 외로움으로 경직된 상황 속에 사로잡혔던 것을 말하도록 격려하는 것이 무엇보다도 중요하다. 도움을 요청하는 사람과 상담자는 대화과정에서 자신의 생각과 감정의 교환이 일어난다. 기독(목회)상담은 무거운 짐을 지고 괴로워하는 사람이 말씀 속에서 자신으로부터 나와 자신만의 대화로 갇혔던 것을 이야기하는 것(Tacke, 1993)을 전제로 이루어진다. 그러므로 이야기되는 기독(목회)상담은 고통에 처한 사람의 능력과 고난과 약속을 함께 말해야 한다. 말로 나온 이야기들은 불안한 삶에 자극을 줄 수 있으며 불행의 베일을 벗겨 버릴 수 있다. 과거를 이야기한다는 것은 이야기하는 사람의 현재를 추적할 수 있는 치료기능의 가능성을 갖고 있다.

인간이 걱정하는 만큼 인간에 대한 하나님의 돌봄이 열린 대화의 과정으로 들어가게 된다. 인간의 삶에 대한 걱정과 하나님의 인간에 대한 걱정은 서로 발견하게 되고 만나서 목적을 이루게 된다. 인간의 걱정의 소리가 언어로 표현될 때 다른 사람과 약속하고 싶은 위로하고 격려를 주는 복음의 소리가 나오게 된다. 중요한 것은 대화를 위한 복음과 복음을 위한 대화를 여는 것이 중요하다.

Tacke(1993)는 예수의 영혼돌봄은 모든 인간관계 속에 숨겨진 기회를 발견하고 상황에 적합하게 이용하려는 오늘의 기독(목회)상담에 도움을 준다고 강조한다. "신약성서는 예수의 영혼돌봄의 대상자가 단 한 번의 만남의 시간으로 인생이 바뀌게 되는 경험의 사건들을 알려 주고 있다. 그들은 그들의 고통을 울부짖고 외치며 호소하도록 했으며 때로는 아무 말 하지 않는 것도 인정했다. 예수는 그들의 특별한 어려움에 정당하게 대했으며 복음의 독특한 방법으로 어루만지시고 밝혀 주심으로써 그들의 삶을 존중하셨다. 예수의 영혼돌봄은 개인적으로 그리고 매우 여러 사람들에게 말을 거는 것으로 시작된다. 그의 돌봄은 실제로 상황과 연관되며 걱정하고 있는 사람의 상황 속으로 들어갔다."(Tacke, 1993) 간음한 여인(요 8:1-11), 삭개오 이야기(눅 19:1-10), 나사로의 누이들의 비통함에 함께 눈물 흘리시는 예수 이야기(요 11:28-37), 십자가에 못 박힌 예수가 자기 어머니의 슬픔을 보시고 제자들에게 어머니를 부탁하시는 모습(요 19:25-27)이 그 적절한 예가 될 수 있다.

예수의 영혼돌봄은 우리가 모방할 수는 없는 자유가 있다. 그러나 그 자유는 이전에 형성된 틀에 박힌 규칙적으로 해 온 기독(목회)상담과는 달리 걱정과 고통스러워하는 인간을 진정으로 만나는 동기를 기독(목회)상담에 제공한다. 오늘의 기독(목회)상담은 예수의 영혼돌봄을 설명하는 복음을 기독(목회)상담대화에 가져올 때만이 예수의 영혼돌봄과 상응한다. 성서이야기 외에 기독(목회)상담은 이미 닫힌 상황을 이야기하도록 적합한 다른 이야기가 필요하다. 그래서 기독(목회)상담자가 경청할 수 있다는 것이 중요하며, 동시에 상담자가 내담자에게 또한 들을 수 있는 어떤 것을 제공하는 것이 중요하다. 그러므로 기독(목회)상담자는 하나님의 이야기와 인간의 이야기를 말해 주는 사랑의 소유자라고 말할 수 있다.

4. 나오는 말: 영혼돌봄으로서 기독(목회)상담의 과제

이 장에서는 돌봄의 대상인 영혼이해를 근거로 영혼돌봄으로서 기독(목회)상담의 목적은 신앙을 도움으로서 삶의 도움이 되게 하는 것이며, 잃어버린 하나님과의 관계를 회복하고 해방적인 차원에서 이루어지는 복음의 실천이라는 결론으로 기독(목회)상담의 정체성을 찾기 위한 신학적 근거를 살펴보았다. 이제는 이러한 목적을 이루기 위해 우리가 해야 할 기독(목회)상담의 과제를 다음과 같이 제시하면서 마치고자 한다.

첫째, 이러한 기독(목회)상담의 정체성을 찾기 위해서는 무엇보다도 일반상담과는 달리 이 세상의 삶의 상황에 근거한다는 '일반적인 특성'과 하나님과의 관계 속에서 이루어지는 영적인 차원에 근거하는 '특별한 특성'을 가지고 있다는 전제 속에서 신앙상담과 삶의 문제를 분리하여 상담하는 것이 아니라 신앙상담이 궁극적으로 삶에 도움이 된다는 것과 인간의 삶을 이해하기 위해 심리학적 도움이 필요하다는 것을 인식하고 상담하는 것이 중요하다.

그러나 성서적 인간론에 근거한 기독(목회)상담은 자기실현을 최종 목표로 하고 있는 일반상담과는 분명히 다르기 때문에 기독(목회)상담은 오히려 인간의 자율적인 의지에 의해서가 아니라 예수 그리스도 안에서 하나님의 은총에 의해서만이 자기실현과 자기를 찾을 수 있다는 것을 강조한다. 자신의 노력과 능력으로 자신을 찾는다고 이해할 때 자기실현은 불가능하다. 이러한 자기실현은 오히려 난관을 맞게 된다. 즉, 하나님과 함께 한 진정한 인간존재를 놓치게 되며 인간으로 하여금 세상과 환경에 대한 구속과 표준, 충동과 요구를 하게 한다. 이러한 자기실현과 반대로 자신의 손으로 자기를 일으켜 세우려는 모든 시도를 포기하며 자신의 정체성을 하나님에 의해 세워 나가며 하나님으로부터 선물을 받을 수 있도록 하는 의지로 자기실현이 이해된다면 그 자기실현은 긍정적이다. 이 세상의 주인과의 연합을 통해서만이 이 세상—필요조건, 표준, 억압, 충동의 대상—으로부터 자유가 가능하다.

그러나 일반상담과는 구별되는 이러한 기독(목회)상담의 신학적인 의미의 중요성과 함께 그리스도 안에서 새롭게 형성된 정체성(갈 2:20)이 삶 안에서 효과가 나타나고 표현되는 것을 어렵게 하는 방해물이 내담자에게 무엇인지 물어야 할 것이다. 그 방해물은 내담자가 살아오면서 고정된 신념일 수 있으며, 어린 시절 습득된 삶의 방식이 대화와 신앙을 방해하는 배경이 될 수도 있다. 따라서 기독(목회)상담은 인간이 하나님 앞에 있는 존재일 뿐만 아니라 자신의 감정적인 조건 속에 있다는 것을 받아들여야 할 것이다. 이러한 감정적인 조건에 대한 이해를 위해 심리학이 기독(목회)상담자에게 필요하다. 신학적인 인간이해에서 볼 때, 심리학에서 인간이해는 부족한 면이 있지만 심리치료의 관점이 기독(목회)상담을 보충해 줄 수 있기도 하다. 즉, 성장하면서 이루어진 인간을 이해하는 데 도움을 주며 살아오면서 형성된 죄와 고통의 관계를 밝혀 주거나 인간의 영적인 구조를 살펴보는 데 도움을 주기 때문에 기독(목회)상담에게 많은 도움이 된다.

둘째, 영혼돌봄으로서 기독(목회)상담은 단순히 관심과 도움의 차원을 넘어 하나님의 계속적인 파송으로서 제자화가 이루어져야 한다. 영혼돌봄으로서 기독(목회)상담은 임의적인 인간의 임무가 아니라 예수의 사역과 영향에 근거하고 있으며 그 안에서 기독교 공동체에게 주어지고 위임되는 것이다. 이러한 위임에 대한 결정적인 성서 말씀은 바로 예수가 자신의 사역을 제자에게 위임하는 부분이다(마 9:35-38; 10:1-11:1). 마태복음 9장 35절(가르치고, 설교하고, 치유하는)에서 예수의 사역과 36절에서 "불쌍히 여김"의 동기가 역시 제자들을 파송하는 목적이 된다.

인간의 고통으로 인해 예수는 자신의 제자들에게 자신의 일을 함께 할 동역자로 부르신다. 추수할 곡식은 많고 일할 일꾼이 적은 가운데 제자들의 부름과 파송은 필수적이다(마 9:37). 예수에게 있어서 중요한 것은 그의 사역에 제자들을 동참시키는 것이다(Grundmann, 1986). 그러나 추수할 일꾼들을 얻는 것은 추수하는 주인, 즉 하나님 자신에 의해 이루어진다(마 9:38). 예수 자신이 이 주인의 전권 속에서 일하신다. 그는 자신의 제자들을 추수할 일꾼으로 요청한 후에 그 제자들을 자신의 사역으로 끌어들인다. 권능(마 10:1-4)과 파송(마 10:5-11:1)에 의해 예수의 돌봄은 도움을 필요로 하는 사람들에 대하여 불쌍히 여기는 관심의 사역이다(Luz, 1990). 그러므로 영혼돌봄으로서 기독(목회)상담이란 예수 그리스도를 통한 하나님의 계속적인 파송에 근거한다. 예수가 제자들을 자신의 임무에 함께 동참하게 함으로써 그의 파송에서 이러한 몫을 이루는 것이다. 기독(목회)상담이 예수 그리스도의 파송에서 근거한다는 것이 바로 다른 인간적인 방향과 구별되는 것이다. 예수 그리스도의 파송에 근거한 제자화를 위해 기독교 가치관에서 상담하는 모든 상담자는 단순히 일반상담의 이론과 방법을 터득하는 것에 만족하기보다는 영혼돌봄으로서 기독(목회)상담의 의미와 목적을 분명히 파악하고 훈련받는 것이 중요하다. 그러나 오늘날 신앙에 근거한 기독(목회)상담을 눈에 띄게 회피하는 것은 기독(목회)상담자 스스로 복음의 실천을 위한 하나님의 계속적인 파송의 과제를 잊고 내담자보다는 내담자의 문제에 초점을 두는 일반상담에 적응된 기독(목회)상담으로 되어 가고 있기 때문이다. 따라서 하나님의 계속적인 파송을 위한 제자화를 위해 삶의 고통으로 인해 찾아온 내담자의 신앙만큼 상담자의 신앙이 중요하다.

셋째, 목회자 중심의 기독(목회)상담이 아닌 하나님의 계속적인 파송으로서 제자화를 통해 한 몸의 지체로서 하나님께 받은 위로를 함께 나누는 형제 자매적인 공동체 형성(Winkler, 2000)이 필요하다. 복음의 실천을 위한 기독(목회)상담은 목회자 혼자만이 이루어 나갈 수 없다. 예수 그리스도 안에서 계시된 하나님의 돌봄은 교회 공동체 안에서 계속되어야 한다. 바울에 의해 설명된 육체의 동기(고전 12:12 이하)는 이러한 관계 속에서 결정적이다. Goppelt(1981)에 따르면, 주의 만찬에 근거한 육체의 모습(고전 10:17)은 예수 그리스도가 그의 제자들을 한 인격으로 만드시고 그가 제자들 안에서 살아 움직이게 되는, 즉 제자들과 예수가 매우 밀접하게 연결되어 있다는 표현이다. 따라서 몸은 지체들의 생명체로서 교회공동체를 의미한다. 그것은 곧 각 지체들에게 영향을 미치는 그리스도 자신이다. 그러나 각 지체들은 서로 같이 걱정하고 돌봄 안에서 서로가 존재한다(고전 12:25). 각 지체들의 공통적인 과제는 사랑에 의해(고전 13:1-13) 서로 간의 신앙심을 일으키는 것(고전 14:26; 엡 4:12)이다. 인간을 둘러싸고 예수 그리스도 안에서 드러난 하나님의 돌봄은 교회공동체 안에서 그리고 교회공동체를 통해 계속해서 이루어지고 있다. 그 돌봄은 말씀의 임무이며 신앙의 열매와 생동감이다. 신약 교회공동체가 말하는 '돌봄'이란 모든 교회 안의 공동체 지체를 통해서, 그리고 모든 지체가 연결되어 한 몸을 이루는 각 지체들의 연합 속에서 일어나는 것이다(Seitz, 1979). 따라서 영혼돌봄은 만인사제주의 영역에서 일어난다. 상담 전문가와 목회자뿐만 아니라 형제자매로서 교회공동체 전체가 바로 영혼돌봄의 임무를 감당한다고 볼 수 있다.

이렇게 영혼돌봄으로서 기독(목회)상담의 정체성은 일반상담과의 구별성을 갖고 계속적인 하나님의 파송으로서 제자화를 통해 기독(목회)상담을 할 수 있는 교회 공동체를 형성할 때 더욱 명백하게 드러날 수 있다. 우리가 하나님으로부터 받은 위로를 통해 환난 속에 있는 또 다른 사람을 위로할 수 있도록 서로가 서로를 돌볼 때(고후1:4) 앞서 언급한 영혼돌봄으로서 기독(목회)상담의 목적에 상응한 기독(목회)상담이 더욱 구체적으로 이루어질 수 있으리라 기대해 본다.

참고문헌

김예식 (1998). 생각 바꾸기를 통한 우울증 치료: 인지치료의 목회상담 적용. 서울: 한국장로교출판사.

김정선 (2003). 목회상담의 임상적 축과 목회적 축. 일반상담과 목회상담 (장신목회상담학회 편, pp. 412-416). 서울: 예영커뮤니케이션.

신명숙 (1999). 현대 독일 목회상담과 한국 목회상담의 전망. 한국교회와 신학실천 (박근원교수정년퇴임기념문집 편집위원회 편). 서울: 대한기독교서회.

신명숙 (1999). 탈가부장적 목회상담의 상황화: 관계 구조적인 측면에서. 신학사상, 105, 199-225.

신명숙 (2000). 삶의 이야기와 성서와의 대화, 신학사상, 111, 202-230.

황헌영 (2002). 전쟁 관련 외상 후 스트레스 장애(PTSD): 대상관계론적 치료적 접근을 통한 목회상담학적 담론. 한국기독교신학논총, 26, 381-411.

Asmussen, H. (1934). *Die Seelosrge. Ein praktisches Handbuch ueber Seelsorge und Seelenfuehrung.* Muenchen.

Albertz. R. (1992). Art. "Mensch II. Altes Testament", in: *TRE* XXII, 464-474.

Bohren, R. (1979). *Die Pfarrfrau auf der Suche nach Selbstverwirklichung in*

Pfarramt und Familie, DtPfarB1 8, 79.

Bonhoeffer, Th. (1986). "Seelsorge in Plotos Apologie. Einer Richtigstellung", in: *PTh* 75, 285 이하.

Brooks, E. (1983). *A History of Pastoral Care in America: From Salvation to Self-realization*. Nashville: Abingdon Press.

Clebsch, W. A., & Jaekle, C. R. (1975). *Pastoral Care in Historical Perspective*. New York: Jason Aronson.

Clinebell, H. J. (1990). **현대목회상담 신론** (박근원 역). 서울: 대한예수교장로회 총회출판국.

Eberhardt, H. (1990). *Praktishe Seel-Sorge-Theologie, 46-52. 51. Entwurf einer Seelsorge-Lehre im Horizont von Bibel und Erfahrung,* Bielefeld, 18.

Gerkin, C. V. (1984). *The Living Human Document: Re-Visioning Pastoral Counseling In a Hermeneutical Mode*. Neshville.

Girgensohn, H. (1959). Art. "Seelsorge", in: *EKL* III , 901-914. 902.

Grundmann, W. (1986). "Das Evangelium nach Matthaeus", *ThHK,* 6. Aufl., Berlin, 284.

Goppelt, L. (1981). *Theologie des Neuen Testament*, hg. v. Juergen Roloff, Goettingen, 475 이하.

Hauschildt, E. (2000). "Seelsorgelehre", In *TRE* , Walter de Gruyter, Berlin, New York, 54-74.

Hiltner, S. (1949). *Pastoral Counseling*. New York/Nashville.

Jentsch, W. (1991). "Proprium, Elemente und Formen der Seelosrge", In Samuel Pfeifer (Hg.), *Seelsorge und Psychotherapie-Chanden und Grenzen der Integration,* Moers, 35

Josuttis, M. (1974). *Prexies des Evangeliums zwischen Politik und Religion*, Muenschen.

Karle, I. (1996). *Seelsorge in der Moderne,* Neukirchen-Vluyn.

Knierim, R. (1984). Art. "ht", In *THAT* I, 4. Aufl., Muenchen, 541-549, 545

Lester, A. D. (1995). *Hope in Pastoral Care and Counseling*. Louisville.

Luther, M. (1964). *Die Bibel nach der Uebersetzung M. Luthers*, Stuttgart.

Luz, U. (1990). "Das Evangelium nach Matthaeus", in: *EKK* 1/2, Zuerich, Braunschweig, Neukirchen, 74.

Moeller, C. (Hg.) (1994). *Geschichte der Seelsorge*, Goettingen/Zuerich, 11 이하. *Entstehung und Praegung des Begriffs Seelsorge*, 12.

Mueller, W. (1993). *Begegnung, die vom Herzen kommt. Die vergessenen Barmherzigket in der Seelsorge und Therapie*, Mainz.

Patton, J. (1993). *Pastoral Care in Context: An Introduction to Pastoral Care,* Louisville.

Philipp, W. (1959). Art. "Seele", in: *EKL* III, 895-901. 900.

Piper, Hans-C. (1998). *Einladung zum Gespraech*, Vandenhoeck & Ruprecht, 61-62, 64.

Riess, R. (Hg.) (1974). *Perspektiven der Pastoralpsychologie,* Goettingen.

Schargenberg, J. (1972). *Seelsorge als Gespraech. Zur Theorie und Praxis der seelsorgerlichen Gespraechsfuehrung*, Goettingen.

Schlink, E. (1983). *Oekumenische Dogmatik. Grundzuege*, Goettingen. 123, 124, 427, 428.

Schmidt, W. H. (1986). Art. "Anthropologie 1. At.liche Anthropologie", In *EKL* I, 156-158, 157.

Seitz, M. (1979). "Ueberlegungen zu einer biblischen Theologie der Seelsorge", In ders., *Praxis des Glaubens. Gottesdienst, Seelsorge und Spiritualitaet*, Goettingen, 84-96, 76.

Sons, R. (1995). *Seelsorge zwischen Bibel und Psychotherapie*, Stuttgart, 171-172.

Stollberg. D. (1969). *Therapeutische Seelsorge, Die amerik. Seelsorgebewegung,* Muenchen, 149.

Stollberg, D. (1978). *Wahrnehmen und Annehmen. Seelsorge in Theorie und Praxis*, Guetersloh, 42.

Stollberg, D. (1970). *Seelsorge praktisch,* Goettingen.

Tacke, H. (1993). *Glaubenshilfe als Lebenshilfe, 32, 89-90, 89-115. Problem und*

Chancen heutiger Seeosorge, Neukirchen-Vluyn, 226, 227, 230, 241, 244.

Tacke, H. (1989). *Mit den Mueden zur rechten Zeit zu reden. Beitraege zu einer bibelorientierten Seelsorge,* Neukirchener, 111.

Thurneysen, E. (1988). *Die Lehre von der Seelsorge*, 6 Aufl, Zuerich 46, 45-47, 50 이하, 51, 56, 181, 179.

Thurneysen, E. (1936). *Der Mensch von heute und die Kirche*, Berlin, 7.

Uhsadel, W. (1966). *Evangelische Seelsorge*, 26, 29.

Wolf, H. W. (1984). *Anthropologie des Alten Testaments*, Muenchen, 29 이하.

Westermann, C. (1976). Art. "naefaesche Seele", 71-96, 75-77. In *THAT* II.

Wimberly, E. P. (1997). *Recalling Our Own Stories: Spiritual Renewal for Religious Caregivers,* San Francisco.

Winkler, K. (2000). *Seelsorge*, Berlin; New York: de Gruyter, 280-281.

기독(목회)상담과 심리학

하재성
(고려신학대학원 실천신학 교수)

1. 들어가는 말

한국교회의 존경받는 목회자 고 옥한흠 목사의 아들 옥성호 씨의 『심리학에 물든 부족한 기독교』라는 책은 한때 한국교회에 상당한 반향을 불러일으켰다. 그가 주장했던 핵심은 한국교회에 만연한 내적치유운동으로부터 복음의 본질과 순수성을 지키자는 것이었다. 그리고 그의 주장에는 심리학적 지식을 복음과 무분별하게 섞어서 사용하는 한국교회 강단과 '치유운동'에 대한 경고가 담겨 있다.

종교개혁의 역사에서 보듯이, 신학적 · 신앙적 순수성에 대한 호소는 어느 시대를 막론하고 강력한 호소력을 갖는다. 특히 신앙의 순수성 회복이라는 의제는 심리학의 무분별한 남용에 대한 분명한 경고를 주었다. 교회가 충분한 비판력을 갖추지 않은 채 여기저기서 '매력적인 지식'을 수용했던 탓에 신학도 심리학도 아닌 이상한 '혼합체'를 만들어 온 것이 사실이다.

성경의 인물들에 대한 제한된 정보로도 그들에 대한 심리학적 재구성은 불가능하지 않다. 그들 역시 인간이었기 때문에 그들의 행동이나 말, 선택이나 삶을 보면서, 심리학적인 관점에서 얼마든지 그들의 삶을 재구성 혹은 재해석할 수 있다. 하지만 성경 자체와 그 속에 담긴 구원의 여정을 심리분석학적으로 풀어낼 수는 없다. 왜냐하면 우선 성경은 심리학의 관점과는 다른 관점에서 써졌고, 일부 심리학자들이 자신의 관점을 고집하며 성경을 비판할 수는 있어도, 심리학이 성경의 범주와 진리를 거짓된 허구로 판명할 권리(falsification)는 없다. 특히 프로이트(Freud)나 융(Jung)의 심리분석 혹은 분석심리학에는 강한 철학적 전제와 주관성의 한계가 있는데, 그것을 배제한 채 마치 그들이 인간에 대한 깊은 영적 통찰력이라도 가진 양 그들에 대한 지식을 교회에서 남용한다면, 그것은 인본주의적인 지식으로 영적 지식을 압도하려는 것과 같다.

그러므로 잘못된 혼합적 지식에 대한 비판의 목소리에 대해 기독(목회)상담은 충분히 귀를 기울여야 한다. 지금도 사례발표나 사례 슈퍼비전에 있어서 심리학 혹은 심리분석학적 지식과 지혜가 지배적인 것을 자주 목격할 수 있다. 분명히 기독(목회)상담에 대한 슈퍼비전임에도 불구하고 기독교/목회신학적 요소는 배제되고 철저하게 정신분석학적 전문용어들이 청중의 탄성을 자아내는 것을 보면서, 혹시 신학적 · 기독교적 인간이해가 제시되기를 기대하는 기독교 상담자들을 실망시킨다.

기독(목회)상담은 심리학에 맹목적인 세례를 베풀지 않았다. 심리학적 지식이 인간을 구원하는 구원의 방책도 아니다. 하지만 여전히 심리학은, 어떤 관점으로든, 하나님의 형상으로 지음을 받은 인간의 행위와 사고, 정서와 경험에 대한 연구에 집중해 오고 있다. 그런 의미에서 하나님은 이 시대의 지식을 유용하게 사용하도록 허락하시는 것도 사실이다. 다른 일반 학문들에 대한 비판은 제쳐 두고 유독 심리학에 대해서만 날카로운 날을 세우는 일부 극단적인 사람들에게도 일부 타당성은 있지만, 그러나 이성을 하나님의 선물이라고 말했던 종교개혁자 마틴 루터(Martin Luther)와, 일반은총의 유용성을 강조한 장 칼뱅(John Calvin)과 신학자 아브라함 카위퍼(Abraham Kuyper) 등의 개방성과 신학적 자신감은, 심리학을 털어내려고만 하는 신앙적 강박성을 극복할 수 있는 자원이 될 것이다. 기독(목회)상담에서 심리학은 신학 중심의 비평적 근거에서 유익한 도구로 사용될 수 있다.

2. 심리학의 가능성

1) 부족한 기독교의 현실

옥성호는 한국교회의 내적치유 사역이 기독교의 순수함을 훼손하는 무분별한 혼합을 일으키고 있다는 경각심을 일으켰다. 그는 심리학의 첨가로 사람들의 귀를 즐겁게 하는 흥밋거리가 생겼는지는 모르지만, 이로 말미암아 복음의 본질은 상실했다고 말한다. 따라서 심리학은 그 자체가 바이러스이며, 그것은 전염병을 일으키는 병인인데, 한국교회가 그런 심각한 병에 들었다는 것이다.

실제로 심리학자 칼 로저스(Carl Rogers)의 낙관주의적 인간이해는 미국과 한국의 상담학자들을 오랫동안 지배하였다. 그의 내담자 중심의 상담이라는 기치하에, 기독교 상담자들은 타락한 인간으로서 그리스도의 구속이 필요하다는 신학적 인간 이해를 마치 시기에 맞지 않는 옷을 입은 것처럼 부자연스럽게 여겼다. 대신 로저스의 무조건적 인간수용이라는 가치를 받아들이고, 내담자가 선택하는 모든 것에 대해 수동적인 입장을 취한 것이 사실이다.

거기에다 우리나라의 일부 목회신학자들과 목회자들은 토착화된 문화적 한(恨)의 개념과 성경의 비유나 교리를 섞어서 해석함으로써 인간 마음의 문제가 아무런 제재 없이 마음대로 넘나들 수 있다는 인상을 주는 오류를 범했다. 그 중 일부는 국내외의 고대 신화를 토대로 인간관을 심리학적으로 재구성하여 그것이 마치 성경적인 지식인 양 사용함으로써 혼란을 일으킨 것도 사실이다. 그 결과 성경과 심리학 사이에는 비중이나 목적 사이에 아무런 구별도, 차이도 없는 것처럼 잘못된 인상을 주기도 하였다.

하지만 우선 무의식을 비롯한 프로이트의 이론적 개념들은 주관적인 내적 성찰의 결과물들이다. 그는 인간 마음에 대한 이론들을 일관성 있게 풀어냈다는 점에서 높은 평가를 받는다. 프로이트의 논리적 일관성, 아동의 심리에 대한 관심, 인간 내면에 대한 역동성 이해는 지금까지의 인간 심리학적 이해에 커다란 진보를 이루었던 것이 사실이다. 지금도 여전히 그만큼 논리적이고 일관성 있게 인간의 내면을 설명하는 이론을 찾기가 어렵다. 하지만 프로이트의 이론은 그 자신이 그토록 믿고 싶어 했음에도 불구하고 자연과학적 이론은 아니었다. Berkely 대학교의 Nancy Chodorow의 지적과 같이 "심리분석학이란(의학적 혹은 과학적 분야가 아니라) 해석학적 영역"(Chodorow, 1989)이다.

그러므로 프로이트의 이론이 성경과 맞먹는 권위를 가진 것은 결코 아니다. 그는 여러 가지 면에서 자신이 그토록 초월하고 싶었던 그 시대의 사람일 뿐이었다. 철학을 싫어했지만 그는 진화론과 데이비드 흄(David Hume)의 회의론적 철학에 철저히 영향을 받았다. 자신의 성본능 이론을 시대와 공간을 초월한 인간이해의 기초라고 믿었지만, 그것은 자신의 주관적인 소망과 기대였을 뿐이었다. 그 이론은 철저히 19세기 빅토리아 시대 유럽의 전형적인 가부장적 남성상을 반영한 시대의 이론이었던 것도 사실이다.

프로이트의 환원주의(reductionism)적 성향은 특히 기독교에 대한 그의 태도에서 두드러지게 나타났다. 그가 해석한 하나님은 천지를 창조하신 초월적이고 사랑이신 하나님이 아니라, 아동의 성장과 갈등에서 등장하는 변덕스럽고 공포스러운 아버지상의 반영일 뿐이었다. 그리고 하나님과 사탄을 믿는 믿음은 그런 아버지 경험에서 비롯된 것이며, 종교적 신앙이란 집단적 신경증의 산물일 뿐이었다. 프로이트의 환원주의적 성향은 결국 그로 하여금 "과학적 질문과 철학적 질문들을 서로 구별하는 데 실패"(Barbour, 1997)하게 하였다.

어떤 기독교 상담가든 프로이트의 언어에 능숙해질 수는 있다. 훈련과 슈퍼비전을 통해 프로이트의 해석체계 속에 매력적으로 몰입할 수 있다. 하지만 프로이트의 전체적인 사상과 주관적 전제를 비판적으로 이해하지 않은 채 그의 이론에 함몰되어 있다면 자칫 기독교 진리와 혼합 혹은 병치하는 위험을 안고 있다. 만일 프로이트의 세계관을 절대화하거나, 그의 오류를 알지 못한 채, 그의 이론이 인간을 이해하는 절대 기준인 양 말하면 그것은 기독(목회)상담의 본질이 아니다. 그러므로 만일 기독(목회)상담에 종사하려 한다면, 성경과 기독교 신학에 대한 기본적인 자질을 갖추어야 할 뿐만 아니라, 성경적 · 신학적 관점에서의 비평적 사고를 길러야 한다.

2) 과학이 하나님의 진리?

많은 사람을 설득할 수 있다고 해서 언제나 바른 논리를 가진 것은 아니다. 설득이란 한편으로 사람들이 듣고 싶어 하는 극단적인 표현으로 사람들의 생각과 마음을 얼마든지 호도할 수 있기 때문이다. 『심리학에 물든 부족한 기독교』 역시 마찬가지이다. 일정 부분 심리학적 오용에 대한 비판은 유익하나, 그렇다고 심리학 자체나 혹은 심리학을 공부하고 이용하는 많은 학생, 학자, 상담자들에게 불필요한 편견과 오해를 일으켰다는 면에서는 유감스러운 일이다.

우선 가장 기본적인 개념에서 옥성호는 오류를 일으킨다. 그는 심리학이 과학이 아니므로 하나님의 진리에 포함되지 않는다고 말한다(옥성호, 2007). 이것은 이중적인 오류를 범하는 것이다. 실제 심리학의 영역은 너무 넓어서

'심리학'이란 한마디로 모든 심리학을 말하기 어렵다. 그리고 많은 심리학자들은 숫자와 통계에 의존하여 주관적일 수 있는 인간의 내면을 수량화하는 데 많은 노력을 기울인다. 실제로 이 부분은 그가 심리학자들과 우선 다투어야 할 부분이다.

넓게 이해하여 그가 말하는 '과학'이란 좁은 의미의 자연과학을 말하는 것이며 그가 가리키는 심리학이 프로이트에서 비롯된 '심리분석학'을 가리키고 있다고 한다면, 그는 나름 타당한 말을 하는 것처럼 보이기도 한다. 하지만 심리학이 과학이 아니어서 하나님의 진리에 포함되지 않는다고 말하는 것은 더 나쁜 단순논리이다.

그렇다면 우선 과학이 하나님의 진리인가? 아니다. 과학이 하나님의 진리일 수 없다. 과학이 하나님 편이었던 적이 없다. 종교와 과학의 관계를 설명했던 Barbour(1997)에 따르면, 신적 존재의 목적이 개입된 것은 과학일 수 없다. 더 이상 철학, 신학 등과 같은 거대담론이 과학적 설명과 묘사 속에 들어오는 것이 엄격하게 금지되어 있기 때문이다. 다만 과학이 유용한 이유는 어떤 면에서 결과적으로 창조자 하나님의 작품들과 작동원리들을 설명하고 있기 때문이다. 그런 단순한 관점에서 보면 과학은 진리의 편에 있는 것처럼 보인다. 하지만 과학, 특히 자연과학이란 체계 자체는 철저하게 창조주로부터 괴리되어 있다. 성경적 전제로부터 과학이 시작되는 것이 아니라, 진화론 혹은 빅뱅이라는 '근거 없는'—왜냐하면 과학자들의 가장 중요한 근거로 삼는 관찰 및 반복적 실험 가능한 증거 자체의 불충분하기 때문에—'믿음'에서 시작되는 것이기 때문이다. 옥성호가 그렇게 지탄한 '진화론을 믿는 믿음'이 자신이 '하나님의 진리'라 격상시킨 '과학'의 본질이며 기초이다.

그러므로 과학은 하나님의 진리가 아니다. 다만 하나님의 창조물들의 원리를 일관성 있게 설명하고 있을 뿐이다. 오늘날의 과학자들이 모두 기독교적 진리에 기대어 과학연구를 한다고 생각하면 오산이다. 우선 의학연구에서부터 창조론은 철저하게 배제된다. 그럼에도 불구하고 자연과학과 의학을 우리가 수용하는 이유는 인간에게 유익을 주기 때문이며, 불신자들에 의해 유지되는 지식과 연구체계라 하더라도, 기독교인이 사용할 때에는 하나님의 신비로운 능력과 그분의 놀라우심을 궁극적으로 드러내기 때문이다. 결코 과학이 하나님의 진리이기 때문에 과학을 우리가 사용하는 것이 아니다.

같은 관점에서 심리학, 특히 심리분석학의 창시자가 불신자요 하나님에 대한 그릇된 관점을 가졌다고 해서, 그것을 공부하거나, 거기에서 유익을 얻는 것을 불신의 행위로 치부할 수는 없다. 그것은 종교개혁자 칼뱅이 명시하듯, "불신자에 의해 만들어진 기술과 학문이라 하더라도, 그것은 철저히 하나님으로부터 비롯된 학문이기 때문이다"(하재성 2010).

3) Jay Adams와 심리학

상담에 있어서 가장 엄격하게 심리학적 지식을 배척했던 사람이 성경적 상담을 주창한 Jay Adams였다. 그가 주창한 권면적 상담(nouthetic counseling)은 오직 성경만을 유일한 치유의 도구로 인정하였다. 이런 Adams에 대해 MacArthur(1994)는 교회를 잠식하는 다양한 심리학적 소음을 제거하고 성경을 통해 '혁명'을 일으켰다고 말한다. 실제로 Adams가 느꼈던 위기는 칼 로저스가 이야기하듯 인간의 치료에 하나님은 더 이상 필요하지 않다고 말한 데서 비롯되었다.

권면적 상담의 역할을 권면, 경고, 바르게 함에 강조를 두고 보니, 그의 상담에서는 직면(confrontation)이 높은 비중을 차지한다. 권면적 상담이 일대일 관계에서의 설교 역할을 택함으로써 상대방의 문제에 대한 성경적 분별과 판단, 성경적 교훈으로 가르치기가 그 주된 내용을 이루었다. 그 결과 Adams의 상담은 자칫 '설교 같은 상담'의 오류에 빠질 가능성이 매우 높았다.

Adams(1975)는 우울증이 자기조절, 자기훈련의 실패에서 온다고 단정 지었다. 우울증이 오면 감정조절, 자기통제력 상실을 경험하는 것이 흔한 일이다. 하지만 거기에는 이면의 관계적 고통, 탈진, 사회적 실패 등이 자리하고 있다. 상담자가 해야 할 일은 그런 이면의 이야기들과 현실의 고통을 공감적으로 수용하고, 그 고통에서 벗어남으로써 자기 통제력을 회복하도록 돕는 것이다. 하지만 그는 겉으로 드러나는 증상을 병의 원인이라고 단정 지음으로써 상담자로부터 공감보다는 판단, 수용보다는 거절을 대면하도록 환자를 직면하였다.

또 다른 예를 들면(Adams, 1975), 어떤 여성이 남편의 비인격적인 태도 때문에 오랫동안 고통을 당해 왔다. 그 여성은 우울증이 심각해지고 마음의 고통이 심각한 상태에서 Adams를 찾아왔다. Adams는 그 여성을 위로해 주거나 어려움에 대해 공감해 주는 대신, 그 여성에게, 상담하러 오면서 먼저 남편의 허락을 받고 왔는지 물었다. 성경이 말하는 남편에 대한 복종이 우선이라는 그의 믿음 때문이었다.

표면적으로 Adams의 처방은 매우 철저하게 성경의 가르침을 따르고 있다. 하지만 '지혜'의 총체로서의 상담을 진행해야 할 상담가로서 그는 매우 위험한 요구를 하고 있다. 아내에 대한 병적인 통제욕구가 강한 남편에게, 아내가 상담을 받으러 가도 되겠느냐고 물었을 때, 과연 그 남편은 어떤 반응을 보였겠는가? 위로와 보호보다 외형적 규칙을 앞세우는 것이 과연 생명을 살리는 지혜로운 상담이라고 말하기는 어려울 것이다.

내담자에게 죄를 깨닫게 하는 것은 기독(목회)상담자가 상담의 과정에서 내담자를 공감하고 수용함으로써 자연스럽게, 자발적으로 일어나는 현상이다. 물론 강력한 자기방어로 자신의 무고함을 강변하거나, 자기 스스로 죄의 문제를 풀어 가지 못하는 사람을 위해 기독(목회)상담자는 회개와 변화의 길로 이끌어 주어야 할 의무가 있다. 하지만 공감과 수용의 과정을 생략한 채 죄를 깨닫게 해야 한다는 일방적인 목표에 사로잡히게 되면 그것은 상담을 오히려 부정적인 결과를 초래할 수 있다.

하지만 Adams에 몰입한 일부 학자들의 언어는 맹렬하고 날카롭다. "세속적 심리학의 교리들을 얼싸안기 위해 쇄도하며 모여드는 것은…… 사탄이 심어 놓은 인간적인 사상의 집합체"(MacArthur, 1994)라고 비난하기도 한다. 그리고 그들의 관심과 지식을 '신영지주의'라는 말로 단정 짓는다. 틀림없이 여기에 기독(목회)상담자들이 참고해야 할 부분은 있을 것이다. 하지만 그들의 정죄는 도를 지나쳤다.

언어적 직면(verbal confrontation)을 주된 방법으로 사용하고 있는 Adams가 죄에 자백과 회개에 집착함으로써 그가 주창한 성경적 상담은 자칫 비성경적인 영혼 돌봄을 가져올 수도 있다. 칼뱅의 지적과 마찬가지로, 야고보서 5장 16절의 '죄의 고백'은 가톨릭 신부 앞에서의 일방적인 고백이 아니라 성도들 상호간의 죄의 고백을 가리킨다. 어떤 제도나 방법도 양심의 자유에 배치될 정도로 일방적인 죄의 고백을 요구할 수 없다. 그것은 "양심을 새로운 결박으로 묶어 노예 삼는 것"이며, 영혼을 "파괴하고, 정죄하고, 좌절시키고, 황폐와 절망에 빠트리는 일"(Calvin, 1970)이다.

어떤 종류든 심리학을 반대하여 성경에서만 상담의 방법론을 찾는 것은 자칫 매우 비성경적인 결과를 초래할 수 있다. 성경을 유일한 진리의 정경으로 믿고 고백하는 것은 기독교의 중요한 출발점이며 공동의 기초이지만, 성경만이 유일한 상담서라고 말하면서 자신들 속에 있는 건조한 가부장적 전제와 편견을 살피지 못한다면, 그것은 일방적인 편의주의를 초래한다. 그 결과 성경과 심리학을 이원론으로 간편하게 나누기는 좋지만, 그리고 심리학을 인용하는 사람들을 비성경적이라고 판단하기에 용이하지만, 다음의 종교개혁자들이 일찍이 인정하고 받아들였던 하나님의 선물로서의 이성과 학문들을 거절함으로써 자칫 하나님의 선물을 거절하는 결과를 초래하기 쉬울 것이다.

3. 과학과 일반학문에 대한 신학적 견해들

1) 루터에 있어서 신학과 학문

르네상스에 접어들면서 인간의 이성이 전통적 기독교의 계시를 대신하게 된 것은 분명한 사실이지만, 칼뱅을 비롯한 종교개혁자들과 신학자들이 이런 이성의 역할에 대해 무지한 것은 아니었다. 루터와 칼뱅 모두 철학에 유능한 사람들이었지만, 그 이성이 하나님을 아는 데 있어서는 철저하게 제한되어 있다는 사실을 분영하게 인식하고 있었다.

루터 역시 "인간의 이성은 한정된 수행능력을 가지고 있을 뿐만 아니라, 인간의 의지는 자신의 주도권을 근거로 복음을 수용하기로 결정하는 데 있어서 전적으로 무능력하다는 사실"(Barth, 2015)을 직시하였다. 하나님은 인간의 이성능력을 초월해 계시기에 참된 철학자는 자신의 무지를 인정한다. 그리고 이성이 중립적이거나 '객관적'인 것이 아니라, 그 자체가 사로잡혔으며, 자기중심적이고, 하나님의 말씀을 듣지 못하도록 유혹한다. 심지어 루터는 이성을 가리켜 "악마가 가진 최고의 창부"라고 표현하여, 인간 이성이 얼마나 인간을 강하게 유혹하여 사람으로서의 마땅하고 참된 요구를 벗어나게 만드는지 인식하고 있다.

하지만 놀랍게도 칼뱅과 루터는 모두 하나님께서 어떻게 이성을 보존하셨는지에 대해서도 인식을 함께 한다. 인간의 타락 후에도 그 자체로 부정적이지 않은 인간의 행위와 능력이 있음을 인정하는 것이다. 인간이 죄로 타락한 존재임이 분명하지만, 그러나 이성을 통한 창조적 활동이 인류 역사를 밝게 하고, 인간으로서의 미덕을 지켜 간다는 것이다(하재성, 2009).

루터는 인간의 이성을 "하나님의 선물"이라고 말하기에 조금도 어려움이 없다(Barth, 2015). 그는 이성의 힘으로 주 예수 그리스도를 믿을 수도, 그에게 나아갈 수도 없음을 확신했지만, 이성이 신적 기원을 가지고 있음을 거부하지 않았다. 그는 칼뱅과 일관되게도, 모든 의학과 법학, 지혜와 학문이 인간으로 하여금 땅을 지배하게 하고, 하늘의 새와 땅의 짐승들, 그리고 바다의 물고기들을 다스리도록 하신 하나님의 창조 명령을 실행하게 했다고 말한다. 타락한 인간이 그나마 이성을 유지할 수 있었던 이유는 하나님께서 "이 위엄을 빼앗지 아니하셨고, 도리어 확증해 주셨기"(Barth, 2015) 때문이다.

루터는 다른 학문을 하나님의 선물로 인정하고 받아들이는 그 이상으로 한 걸음 더 나아간다. 예를 들어, 신학이 어떻게 철학과 관계를 맺을 것인가에 관한 방법론을 구체적으로 가르쳐 주고 있다. 철학은 신학이 말한 것을 토대로 중요한 것과 우선순위를 결정한다. "철학 그 자체는 신학이 말하는 진리를 결코 파악할 수 없다."(Barth, 2015) 그렇지만 신학이 철학에 간청하여 신학 자체의 존재나 가치의 인정을 요구하는 것도 아니다. 결국 신학은 철학과 갈등 관계에 빠질 수밖에 없고, 그런 의미에서 신학은 "갈등의 학문"(Barth, 2015)이 된다.

물론 루터는 애초부터 신학과 이성의 관계성을 조명하려 의도한 것은 아니었다. 신학과 다른 학문과의 관계에 대해 논의하려는 것도 아니다. 다만 믿음과 신학이란 '자신의 언어를 발견'하는 것이며, 따라서 이성에 대해 인식론이 아닌 구원론적 비판을 가하는 것이다. 그의 우려는 "영적인 것들 속에서 조명되지 않은 이성의 전적인 무책임성이다"(Barth, 2015). 여기에서 루터가 적극적으로 사용하는 방법론적 개념이 '목욕'이다. 그에 따르면, 철학의 때 묻은 발로 성경을 짓밟도록 허락해서는 안 된다. 이성이 감히 성령의 자리를 대치해서는 안 되듯, 철학의 개념들이 신학적 개념으로 이해되기 위해서는 목욕이 필요한 것이다.

어쩌면 오늘날 심리학에 대한 신학의 관계 역시 여기에서 힌트를 얻을 필요가 있다. 목회 신학 자체는 발전하는 현대의 사회과학과 지속적인 갈등 속에 있는 것이 사실이다. 심리학을 비롯한 사회과학이 신학과 갈등을 일으킬 때, 그것을 인식하고, 신학 중심적 관점에서의 이해하고 걸러 내는 작업이 필요하다. 왜냐하면 사실상 지속적으로 지적당하는 기독(목회)상담에서의 문제는 심리학을 사용했다는 이유라기보다는, 성경과 신학적 인간관을 무시한 채, 심리학적 인간이해가 더 중요한 기준인 것처럼 비판 없이 사용한 것이기 때문이다.

그러므로 루터의 입장을 다음과 같이 철학을 심리학으로 바꾸어 재진술하는 것도 의미 있을 것이다. "우리는 [심리학]을 보고 신학을 인정해 달라고 구애하지 않는다. [심리학] 그 자체는 신학이 말하는 진리를 결코 파악할 수 없기 때문이다. 그런 한에 있어서 모든 신학은 [심리학]과 갈등에 빠지는 경향이 있다. 곧 '갈등의 학문'이다. 신학은 이성 없이는 어렵지만, [심리학]이 씻지 않은 발로 [성경을] 밟지 않도록 주의해야 한다. [심리학적] 개념들은 일단 한 번 목욕을 시켜야 한다. 성령은 그 자신의 문법을 가지고 있다."(Barth, 2015)

2) 칼뱅과 카위퍼에 있어서 신학과 학문

칼뱅에 따르면, "하나님을 알고, 우리의 구원이 놓여 있는 아버지의 사랑을 알고, 그의 법의 규칙에 다라 우리의 삶을 어떻게 구성할지 아는 것"(Calvin, 1970)에 있어서 인간 이성은 무능하다. 아무리 탁월한 천재라고 하더라도 구원에 관한 한 인간 이성은 두더지보다 더 나쁜 시력을 가지고 있는 것이다. 하지만 그는 루터와 마찬가지로 이성이 가진 잠재력과 장점을 강하게 긍정한다.

칼뱅은 루터에 비해 신학 이외의 학문들에 대해 좀 더 개방적인 태도를 보여 준다. 철학을 신학의 시녀라고 불렀던 스콜라 철학자들이나, 철학의 여과를 주장한 루터에 비해 칼뱅은 훨씬 자유로웠다. 칼뱅에 따르면, 하나님을 스스로 선택할 수 없는 인간 의지의 타락에 비해, 인간의 이성은 덜 손상을 입었다(Wendel, 1999). 그것은 인간 속에 씨앗을 심어 놓으시고 은사를 베푸시는 하나님의 능력 때문이다(하재성, 2009).

그러므로 이성의 산물로서의 모든 세속 학문들이 가리키는 방향은 창조주이자 창조의 유지자이신 하나님이다. 그것은 학문을 연구하고 발전시킨 사람들이 불신자였다는 사실과 무관하다. 왜냐하면 하나님의 형상으로 만들어진 그들 속에서 궁극적으로 선한 것을 이끌어 내신 분은 하나님이시기 때문이다. 그것은 궁극적으로 하나님의 고결성을 말하며, 동시에 인간에게 미덕을 베푸시는 하나님 자신의 공로로 귀결된다.

그러므로 칼뱅(1970)은 "인간의 지성이 어떤 연구에 드려질 때, 그것은 전혀 헛된 수고가 아니요 유익이 없는 것도 아니"라고 말한다. 그것은 하나님을 믿는 자건 믿지 않는 자건 차별이 없다. 물론 타락한 이성의 교만은 스스로의 성취를 무의미하게 만들기도 하지만, 궁극적으로 하나님께서 그 사상과 지적 체계의 저자이시기 때문에 그 은혜를 거부하는 것은 곧 하나님 자신을 거부하는 것과 같다.

개종 이후의 칼뱅은 고대 철학과 에라스무스의 방법론을 자신의 지적 연구에 거부감 없이 사용한 것은, 그 출처에 상관없이 철학, 수학, 법학, 예술, 건축 등의 모든 지식이 하나님께 궁극적으로 그 저작성을 돌리는 그의 신학과 모순 없는 일관성을 갖기 때문이다. 루터가 기독교에 들어오는 철학에 필요한 조건을 두었다면, 칼뱅은 인간 역사와 사회에 편만한 일반학문들을 매우 너그럽게—심지어 신적 성격을 부여하여—인정하는 것을 볼 수 있다. 그리고 그 유익을 거부하는 것이야말로 무지하여 하나님에 대해 거부권을 행사하는 것과 같다고 강하게 주장한다.

그런 의미에서 오늘날 심리학이 마치 적그리스도의 학문인 양 호도하는 것은 칼뱅의 신학적 관점과는 거리가 있는 것이다. 그러한 태도는 하나님께서 편만하게 허락하신 학문의 발전을 오히려 거절하는 편협한 태도가 될 것이다. 왜냐하면 "칼뱅은 이 모든 지식의 근원이 성령에 의한 선물이라 강조"(하재성, 2009)하고 있기 때문이다. 그에게 있어 진리의 유일한 원천은 하나님의 영이신 성령님이시다.

이와 같은 일반은총의 성취물들에 대해 우리가 해야 할 일은 그것들을 즐거워하는 것이다. 그것을 즐기며 하나님께 영광을 돌리는 것이다. 하나님은 그런 일반은총을 통하여 죄가 억제되게 하시고 문명을 가능케 하시며, 인간 문화를 의미 있게 하시기 때문이다(Hoekema, 1990). 이러한 이성과 지성의 산물들에 대해, 그것이 기독교적인 것이 아니라 하더라도, 경이로운 마음(teachable mind)으로 반응하며, 거기에서 배울 점을 찾음으로써 하나님의 능력과 주권이 드러나도록 하려는 것이 칼뱅의 의도이다.

칼뱅은 신학이 아닌 다른 학문의 불신 종사자들이라도 하나님의 형상을 가진 자로서의 가치를 보유하고 있다고 말한다. 그리고 인간으로 하여금 죄를 짓게 하거나 그리스도를 불필요하게 할 만큼의 활동이 아니라면, 그 활동에 적극적으로 참여해야 한다. 일반은총에 대한 칼뱅의 사상은 이런 과학에도 "신실한 그리스도인들의 참여는 필요하다."(Kuyper, 2011)는 개혁주의 신학자이자 정치가였던 아브라함 카위퍼의 주장으로 이어진다.

기독(목회)상담에서 심리학을 비롯한 사회과학은 우선 더 이상 중세의 종속의 관계가 아니다. 이제 계시와 과학은 분명히 구별되며, 과학은 신학에 '무관심'한 독립의 영역이다(하재성, 2008b). 프로이트의 지적처럼 과학은 여전히 "명확성, 불변성, 무오성"(Freud, 1978)을 결핍하고 있지만, 카위퍼는 과학을 일반은총의 영역에 포함시켰다. 그가 말한 과학이란 중추적인 자연과학을 가리킬 뿐만 아니라 인문학과 사회과학도 포함한다(Kuyper, 2011). 그 과학은 "하나님께서 창조하신 모든 사물과 현상의 가장 깊은 진리를 발견해 가는 중요한 목적을 가지고 있다"(하재성, 2015). 그럼에도 불구하고 과학은 자율적으로 발전하고 있으며, 교회가 과학의 발전에 관하여, 혹은 그리스도인의 과학 활동에의 참여에 대하여 인준하거나 허락해야 하는 위치에 있지 않음을 카위퍼는 강조하고 있다. 일반은총 자체가 하나님께서 그리스도인으로 하여금 적극적으로 참여하게 하시는 공공의 영역을 가리키고 있다.

이런 관점에서 카위퍼는 과학과 일반학문을 지배하려 하거나 그것을 애써서 기독교화하려는 시도에 대해 경종을 울린다. 그와 같은 시도는 "역사적으로 그다지 결실이 없었을"(하재성, 2008b) 뿐만 아니라, 과학의 발전을 위해 바람직하지도 않다. 그러므로 "과학이 바른 가설과 절차를 거칠 때 성경의 진리와 일치할 것"으로 믿는 기독교 심리학자 Gary Collins의 주장은 낙관적일 뿐만 아니라 낭만적이기까지 하다(하재성, 2008b). Collins의 의도나 소망은 바람직하게 보일지라도, 하나님의 나라가 도래하기까지는, 이미 자연과학과 진화론적 · 무신론적 전제를 따라 발달한 심리학이 현실적으로 유신론적 기독교적 전제를 결코 받아들이지 않을 것이기 때문이다. 하지만 분명한 것은 카위퍼의 지적과 같이, "은총이 교회 밖 이교도들 사이"에서 "작용하고 있다는 사실"이며, 거기에서 나온 인간 문화와 과학, 예술, 학문의 발전은 "온전히 정결케 되어 영원히 천국에 보존"(하재성, 2009; 2015)될 것이다.

4. 기독(목회)상담과 심리학

1) 기독교 상담의 통합적 입장

성경적 상담학자들에 비해 기독교 상담학자들은 심리학적 지식을 포용함에 있어서 한결 유연한 태도를 취하였다. 그들은 Adams와 같이 성경의 중요성과 무오성을 기준으로 삼으면서도, 동시에 심리학에 대한 수용적인 태도를 유지하였다. 성경적 상담에 대해 호의적인 태도를 유지하면서, 성경적 상담이 시대의 조류에 밀려가지 않고 신학적 관점을 유지하려 한 것에 대해 칭찬하였다(하재성, 2016). 성경적 상담이 죄의 문제를 중요하게 다루는 것에 대해서도 기독교상담학자들은 상담현장에서 지속적으로 직면되어야 할 문제라며 긍정적으로 응원한다.

사실 기독교 상담학자들은 심리학적 용어 사용에 어색함이 없다. 그들은 신학과 심리학 모두를 매우 유용한 학문이라 여기지만, 특히 심리학의 연구와 학습에 큰 강조점을 둔다. 하지만, 앞서 루터에서 보았듯이, 심리학에 대한 기독교적 관점에서의 일관성 있는 비평적 태도를 취한다. 아무리 기독교적 신앙체계와 유사한 심리학이나 상담기술이 있다하더라도—예컨대, 알버트 엘리스(Albert Ellis)의 합리적 정서치료(Rational-Emotive Therapy)—그것이 기독교 신앙과 다른 무신론적 전제를 갖고 있으므로, 반드시 의문을 가지고 비평적 태도를 취해야 한다.

대표적인 기독교 상담가의 한 사람인 Lawrence Crabb의 경우, 기독교 상담에 있어서 심리학을 주도하는 성경의 권위에 철저히 헌신되어 있다. 그러므로 진정한 기독교 상담자는 '심리학이 성경의 권위 아래 있다는' 사실, '성경은 정확무오한 영감된 계시라는' 사실, 심리학 연구의 분량만큼 성경연구와 교회생활에 헌신해야 함을 요구한다(Crabb, 1999). 그러므로 Crabb 안에는 Adams와 로저스가 공존한다. 권면적 상담의 장점과 정서적 공감의 장점을 함께 사용하는 것이다.

기독교 상담의 기독교적 강조점은 상담에 있어서 성령의 사역과 역할에 대한 강조에서 두드러진다. Crabb(1999)은 상담이 성령께서 조명하는 시간이라고 여겼다. 인간의 변화는 의지의 고양에서 오는 것이 아니다. 오히려 성령의 도움으로 조명된 마음이 스스로 자아기만적 삶을 성찰하고, 하나님의 진리를 인식하고, 참된 변화를 가져오게 된다는 것이다. 심리학의 사용 여부와 상관없이 Crabb의 지적은 기독(목회)상담자는 상담과정 전체에 대한 신앙적 기대와 내담자에 대한 기도, 성령의 역사에 대한 사모함이 있어야 함을 말해준다.

심리학의 사용에 대해 적극적인 태도를 취하면서도 또한 비평적인 태도를 취하는 기독교 상담학자의 자세는 기독(목회)상담자에게 매우 중요한 기준을 제시해 준다. 더 나아가 Gary Collins는 좀 더 적극적인 기독교와 심리학의 통합을 꿈꾸며, '성경적 토대 위에 세워진 심리학'을 생각한다. 모든 진리는 하나님의 진리이므로, "모든 진리는 성경계시의 진리에 일치되어야 한다."(Collins, 1996)는 것이 그의 주장이지만, 실제로 얼마나 실현 가능한가 하는 것은 또 다른 차원의 질문이 될 것이다.

2) 목회상담의 상호비평적 관계

20세기 초, Anton Boisen에 의해 시작된 목회신학과 상담운동은 '신학과 의학의 분열 극복'을 목표로 삼은 것이었다. 초창기 임상훈련에 참가하였던 시워드 힐트너(Seward Hiltner)는 목양적 관점(shepherding perspective)을 지향하며, 목회자의 설교단과 성도들의 삶의 현장을 함께 어우르는 사역을 추구하였다. 긍휼과 섬세함, 상상력과 지혜가 상담자 자신의 경험과 통합되어, 자기 경험의 관점에서 하나님에 대하여 서술하려 하였던 것이다(손운산, 2011).

결국 목회상담운동은 애초부터 성경의 축자적 영감이나 무오성이 그 관심사가 아니었다. 신자의 삶을 다루는 것 자체로 거룩하게 되는 것이지, 사역 자체가 거룩하다고 생각하지도 않았다. 계시된 진리에 대한 중요성보다는, 인간 내면의 한계를 기꺼이 도와주시는 하나님을 소개하는 데 힐트너는 더 많은 노력을 기울였다(손운산, 2011).

목회상담에서 신학을 사용한 방법은 수정된 상관관계 방법(revised method of correlation)인데, 이것은 "인간의 실존을 이해하기 위해 심리학과 신학을 상호비판적으로 사용한다."(손운산, 2011)는 뜻이다. 여기서 말하는 상관관계란 신학으로 심리학을, 심리학으로 신학을 성찰하는 것을 말한다. 개념만 보아도 매우 균형 잡히고 상호적인 관계성을 보여 주고 있음은 분명하지만, 실제로 힐트너를 비롯한 이후 목회상담학자들이 심리학적 지식에 대한 비평적 균형을 맞추기 위해 얼마만큼 성경과 신학적 지식들을 활용하였는가 하는 점은 전혀 별개의 문제이다. Thomas Oden의 지적과 같이, 그들은 프로이트와 로저스를 매우 자주 인용하였지만, 고전적인 신학자들에 대한 인용은 매우 드물었다(Oden, 1988).

목회신학이 실천신학적 지평에서 학문적으로 더욱 확장되고 발전되어 간 것도 사실이다. Chicago 대학교의 Don S. Browning(1995)은 신앙고백적 신앙과 신학으로는 상황에 대한 비평적 해석이 불가하다고 믿고, 처음부터 전통적 신학 자산과는 선을 긋는다. 그는 Vanderbilt 대학교의 신학자 Edward Farley와 더불어 윤리적 상황해석을 위한 실천신학의 재구성에 뜻을 같이하였다(하재성, 2011). 하지만 전통적 신학에 대한 비판과 현실 상황해석의 중요성에 치우친 나머지, 성경과 심리학, 신학과 사회과학에 대한 현실에 치우친 관계성을 보여 줄 수밖에 없었다. 특히 계시에 대한 강조에 역점을 두었던 Karl Barth의 신학을 공동의 적으로 삼아 비평적 이론을 가진 실천을 강조하였다.

Farley도 "상황에 대한 신학적 해석 없이 과거의 본문을 우상숭배적으로 사용하는 전통적 태도"를 비판하였다(하재성, 2011). 다만 장로교인이자 신학자답게 Farley는 단순히 현실의 상황만을 강조한 것이 아니라, 과거 성경 본문에 대한 상황적 해석이 중요함을 더불어 강조하고 있다. 두 사람 모두 David Tracy의 수정된 상관관계 방법이 주는 '기독교 메시지 해석'과 '현재의 문화적 경험 해석' 사이에서, 쌍방적 질문과 쌍방적 답변을 추구하는 공통점이 있지만, Farley는 일반인의 일상적 경험이 '믿는 자들의 숙고와 성찰'을 통해 상황해석과 신학해석이 이루어져야 한다고 말한다(하재성, 2016). 다만 믿는 사람들의 신학적 사고능력이 과연 심리학을 구사할 수 있는 사람들의 능력만큼 균형 잡힌 통합성을 유지할 수 있는가 역시 전혀 별개의 문제로 이해할 수밖에 없다. 이에 기독교 상담에서 이야기한 영감된 계시의 중심성은 사라지고, 상대적일 수밖에 없는 일상과 평범한 그리스도인의 가벼운 신학적 지식이 심리학과 지렛대를 이루는 대안으로 등장한 것이다.

미국 목회상담의 초창기부터 상황에 조화되지 않는 일방적 · 판단적 설교의 부정적인 면이 부각되다 보니 안타깝게도 목회상담에서 성경계시와 교리의 중요성에 대해서는 오랫동안 함구하고 있는 것이 사실이다. 상황과 괴리된 기독교 메시지에 대한 날카로운 반감이 크다 보니, 이론적으로는 쌍방적이고 상호적인 비평적 관계를 추구하지만, 실제로 쌍방적이기보다는 심리학을 비롯한 사회과학에 치우쳐 있음을 학회나 학자들의 저술들을 통해 알 수 있다. 기독교에 대한 지식과 이론이 이미 자기 속에 전제 혹은 내재되어 있다고 여기는지는 알 수 없지만, 사회과학적 상황 이해에는 많은 흥미와 토론이 있지만, 신학적 교리와 가르침에 대해서는 그렇게 치열하게 논의하지 않는 것 같다.

그것은 초창기 Reinhold Niebuhr가 목회신학의 심리학 중심주의를 비판했던 상황과 크게 다르지 않다. 상담에서도 심리적 역동에 관한 것만 아니라, 구원, 소망, 하나님의 목적과 의미에 대한 이야기들이 등장해야만 한다. 하나님으로부터 소외받는 것 같은 영적 소외감에 대해 한 사람의 인간으로서 전적인 공감과 변함없는 동행으로 하나님의 돌보심을 실현해야 한다.

목회상담의 초창기 대표적인 구호였던 "살아있는 인간문서(the living human document)"는 목회상담의 초점이 성경 계시보다 인간 경험에 맞추어졌음을 말해 준다(Miller-McLemore, 1996). 그것은 물론 성경을 비롯한 신학적 고대문서들을 염두에 둔 것이었지만, 목회신학적 이론들은 Gerkin처럼 현상학 위주나 힐트너처럼 심리학 중심으로 펼쳐졌고, 신학적 의미는 Henri Nouwen처럼 자기성찰적 관점에서 유대기독교의 지혜를 차용하는 방식으로 이루어졌다. 그것은 Oden의 지적과 같이 Gregory 대제나 종교개혁자들, 그리고 Jonathan Edwards, Richard Baxter와 같은 실천신학적 인물들의 영적 자산들은 무시 혹은 사장되는 결과를 초래하였다.

이후 "살아있는 인간문서"는 여성주의 목회신학의 등장과 더불어 Vanderbilt 대학교의 목회신학자 Bonnie Miller-McLemore에 의해 "살아있는 인간망(the living human web)"으로 발전적으로 전환되었다. 이는 신학과 심리학 및 여타 사회과학과의 상호비평적 관계를 더욱 강화시키는 결과를 가져왔지만, 동시에 신학자나 독자들로 하여금 신학과 성경의 진리와 지혜보다 인간 경험을 둘러싼 사회 · 문화 · 경제에 관한 포괄적이고 두터운 진술(thick description)에 더 집중하게 하였다. 실천에 있어서의 복합성(complexities)과 일상의 혼잡한 세목성(messy particularities)을 담아내기 위한 사회과학적 방법들이 환영을 받고, 고난 현장의 심층적 묘사와 시적 저항(poetic resistance)이 격려를 받는다.

Miller-McLemore도 실천신학의 쌍방적 대화를 강조한다. 그녀에게 있어서 실천신학이란 "기독교 전통과 치열한 돌봄 사이의 대화와 같은 것이다." (Miller-McLemore, 2012). 고난의 현장이 이론이 되고, 현장을 담은 실천적 이론으로부터 저항과 해방을 가져오는 구조가 실천신학과 목회적 돌봄의 학문적 정당성을 부여한다는 의미에서 Miller-McLemore의 관계망은 매우 적극적인 형태의 돌봄을 가져왔다(하재성, 2016).

다만 인간의 주관성을 진리로 삼은 실존주의적 모토가 인간 현실에 집중하다보니 개인주의가 자연스럽게 고양되고, 무신론적 주관성과 현실 우선하다보니 하나님의 존재보다 인간존재가 더욱 선행되는 것은 어쩌면 당연한 일이다. 그 모토에 충실한 결과, 예컨대 Larry Graham이 전통적인 목회돌봄의 방법으로 동성애자들을 돌보고 상담하는 데에서(Graham, 1997) 그들의 신학적 갈등과 죄책감을 더욱 크게 보면서, AIDS 없는 건강한 몸과 마음을 추구하는 것이 아니라, 그들의 성욕을 신학적으로 합리화하기 위해 성경과 신학을 타협하는 결과를 초래하기도 한다. 이것은 현장성 때문에 성경을 희생시키는 결과를 초래한다.

돌봄을 위해 인간 고난의 구체성과 현장성이 알려지고 종합되고 이론화 되는 것은 신학의 실천성을 위해 매우 중요한 과제이다. 이를 위해 사회과학적 지식과 서술은 필수적이다. 그러나 인간의 주관성이 규범화되는 과정에 대해서는 반드시 철학적 · 신학적 여과가 전제되어야 한다. Miller-McLemore

자신도 이런 우려를 가지고 있었기에, 신학을 잃어버린 채 심리학만을 읊조리지 않도록 노력할 것을 요청한다. 그리고 『Also a Mother』(1993)부터 가장 최근의 저서에 이르기까지, 특히 아동에 대한 자신의 많은 저술들에서, 쉬지 않고 현실과 신학의 대화를 시도할 뿐만 아니라, 성경적 관점과 질서 속에서 자녀의 영적 · 사회적 위치를 찾는 일에 노력을 기울이고 있다.

5. 성경과 신학 중심적 상담

20세기 초반에 뉴욕의 '리버사이드 교회(Riverside Church)'를 담당했던 Harry E. Fosdick 목사는 성경의 축자영감을 부인하고, 삶의 상황(life-situation)에로의 설교 방향 전환을 이룬 목회자였다. 성도 개개인의 삶을 돌보면서 성도들의 현실적인 필요가 다른 어떤 영적 지식을 얻고자 하는 것보다 우선임을 확신하게 되었다. 그 결과 자신의 설교는 집단상담이며, 설교보다 상담에 초점을 두었고, 자신의 설교를 상담설교(counseling sermons)라고 불렀다.

그의 변화는 생동감 있는 메시지로 전달되었고, 청중을 설교의 객체가 아닌 주체로 삼는 획기적인 발상의 전환이 있었다. 성도들과 그들의 삶을 공감함으로써, 청중을 상담의 현장으로 이끌어 오는 데 큰 역할을 하기도 했다. 다만 상담설교의 심각한 약점은 현실 문제에 치중함으로써 오는 성경해석의 소홀함이었다. 그것은 목회자로 하여금 성경 본문과의 진지한 씨름을 간과하게 했고, 표면적 치유에 집중함으로써 궁극적인 문제들을 지나치게 만들었다(하재성, 2008a). 자유주의적 성경관이 가진 경험 및 현장 친밀성은 우리가 인정한다 하더라도, 성경 본문의 주석과 영적 궁극성의 상실은, 신학적으로 치우친 설교가 얼마나 얕은 기초를 가지고 있는가 하는 점을 우리에게 깨닫게 해 준다.

기독(목회)상담자는 인간에 대한 이해와 사회구조적 관점에서의 권력역동에 대한 이해력이 있어야 한다. 목회신학자 Neuger의 지적과 같이, "여성과 남성, 인종과 계급에 대한 문화적 담론들을 알아야 하는데, 만약 모르고 있다면 해로운 방향으로 내담자의 이야기를 왜곡하게 될"(Neuger, 2002) 수도 있다. 그러므로 상담자는 사회적 담론에 대한 이해와 더불어, Farley의 지적처럼, "실천에 있어서 인간의 역할의 중요성을 간과"하지 않도록(하재성, 2008b), 상황의 석의(hermeneutics of situation)를 위한 심리학을 비롯한 사회과학적 방법론에 익숙해야만 한다. Farley는 특히 실천신학이 자기 우상, 자기이익의 절대화, 민족중심주의 등에 대한 성찰을 할 것을 요구하면서, 교회적 · 목회적 사역의 범주를 넘어 개인과 사회와 공동체의 일상활동까지 신학적 실천의 대상으로 확대하였다.

하지만 Farley가 Barth를 계시 중심적이라며 비판하면서도, 정작 균형 있는 상호관계를 만들어 냄에 있어서 성경적 · 신학적 비중을 얼마만큼 진지하게 다룰 수 있는 여지를 남겨두고 있는지 의문이다. Browning은 목회상담의 윤리성을 강조함으로써 근본적 실천신학 이론을 통한 사회와 개인의 변화를 추구하기도 하지만(Browning, 1995), 동시에 두 사람 모두 신앙고백적 신앙에 대한 방법론적 거부감을 보임으로써, 신앙고백적 신앙이 다수를 이루고 있는 한국교회의 토양에 이들의 이론이 얼마나 유용한지는 지속적으로 살펴보아야 할 과제이다.

그러므로 기독(목회)상담자는 내부에 있는 양면의 적을 두고 싸워야 한다. 첫째, 심리학을 비롯한 사회과학이 불필요하다고 말하는 사람들과의 싸움이다. 그러나 Gregory 대제나 Baxter의 경우를 볼 때, 성경을 읽고 묵상하면서, 이웃에 대한 사랑으로, 인간에 대한 이해와 도움과 변화로 이어지지 않는 성경 지식은 무용지물이라는 강한 메시지를 받는다. 그리고 인간의 개별적 이해를 위해 심리학과 사회과학의 필요성을 강하게 암시하는 그들의 주장을 반드시 등에 업어야 한다.

하지만 둘째, 인간중심적 사회과학에 지나치게 집중하다 보니 정작 기독(목회)상담이 어디에서 헤엄치고 있는지를 면밀하게 살펴야 한다. 인본주의적 자유주의가 인간의 해방을 외치는 것은 사실이지만, 거기에 성경 본문에 대한 씨름과, 신학적으로 과연 옳은 상담과 돌봄을 하는 것인지에 대한 고민과 갈등이 결여되어 있다면, 거기에 기독교 혹은 목회 상담이라는 이름을 붙여서는 안 되기 때문이다. 현대 실천신학자들과 많은 목회상담자들의 경우, 이와 같은 성경중심적 생각들을 외면한 채, 심리학의 전문용어만 읊조리며 자신의 현학적 일관성과 인간해석 능력을 과시하는 엉뚱한 경쟁의 장으로 변질되고 있지 않은지 성찰해 보아야 한다. 개인의 변화와 사회의 변혁이라는 목적을 지나치게 우상화함으로써 정작 깊이 뿌리를 내리고 있어야 할 성경적 · 신학적 용어와 의미를 상실하지는 않았는지, 한국 기독(목회)상담가들은 진지하게 스스로를 감독해야만 할 것이다.

Holifield의 지적처럼, 목회상담은 "심리학, 윤리학 등과 같은 다른 학문 영역들과 얽혀"(Holifield, 1983) 있을 수밖에 없다. 비평적이고 상호적인 관계가 반드시 필요하지만 그럴수록 기독(목회)상담자는 자신의 출발점과 우선적 기준이 무엇인지 명확히 해야 한다. 하지만 기독(목회)상담자는 여전히 심리분석학적 탐색과 상담에서 자신이 어떻게 달라야 하는지에 대해 명확한 기준을 가지고 있지 않다.

이에 대해 일찍이 임상심리학자였던 Pruyser는 목회자 및 기독교 상담가가 기준으로 삼아야 할 중요한 기준들을 제시하였다. 목회자나 기독교 상담가가 심리학 용어들과 개념 그리고 인간관을 읊조릴 때, 그리스도인인 내담자는 낯선 해석 앞에서 당황할 수밖에 없기 때문이다. Pruyser(1976)는 지나친 의학용어들을 남발하기보다 우선 점검해야 할 것을 다음 몇 가지로 요청하였다.

우선, Pruyser는 상담자가 내담자의 거룩에 대한 인식을 점검해야 한다고 말한다. 내담자는 무엇을 경외하는지, 내담자 자신이 의존적인 존재임을 인정하는지, 아니면 지나치게 자신에 대해 과대한 집착과 자부심을 가지고 있는지 점검해야 한다는 것이다. 삶에서 주어지는 일들에 대한 경이감이 있는지, 아니면 무감각하고 무정한지도 살펴보아야 한다. 처음부터 하나님 이야기를 하지 않는다 하더라도, 상담자는 신학적 경각심을 가지고, 내담자의 고민을 신학적 용어와 개념으로 풀어낼 수 있어야 한다.

두 번째 점검 사항은 내담자의 섭리에 대한 인식이다. 내담자가 자기 자신에 개인적 삶에 대한 하나님의 신적 의도를 진정으로 알기 원하는지, 하나님을 신뢰하는 능력이 있는지, 상담자는 반드시 살펴야 한다. 그래야 영적인 자원들을 활용할 수 있는 근거를 마련할 수 있기 때문이다. Pruyser는 그 밖에 내담자의 믿음, 감사의 능력, 회개를 통한 변화의 능력, 그리고 성만찬 참여를 통해 나타나는 구제와 돌봄과 위로, 외부세계와의 연결/단절 등을 점검하는 것이 기독(목회)상담자가 반드시 해야 할 부분이라고 말한다.

목회신학자 Ramsay 역시 심리학적 · 의학적 진단에 함몰된 상담을 기독교적 · 신학적 관점에서 보려는 상호성에 많은 노력을 기울인다. 예컨대, "자기의 돌봄에 무관심했던 개혁주의 교회론적 패러다임을 성장-인본주의 패러다임이 균형을 찾도록 교정해 왔다."(Ramsay, 1998)고 언급함으로써 심리학이 신학을 비평적으로 교정할 수 있음을 말한다. 동시에 오직 개인의 자존감이나 자아실현에 관심을 가진 심리학에서 무관심한 공동체와 상호성을 격려하는 신학, 예컨대 성 아우구스티누스의 자선 교리에서 자기존중, 타인의 존중 그리고 자기희생의 가치를 함께 통합한 신학을 통해 교정 · 보완할 수 있음을 보여 준다.

하지만 Ramsay는 우리가 치료의 문화에 살면서, 죄를 심리적 이상증상을 구별하지 않는다는 사실을 중요하게 지적한다. 죄란 하나님을 전제로 하는 것인데, 주어진 자유의 남용, 자기-우상 숭배와 밀접하게 연결되어 있음을 밝힌다. 그래서 자칫 심리병적 용어들을 남발하면서 타인의 권리와 자유를 침해한 내담자의 책임이 도덕과 윤리, 죄와 회개의 관점에서 새롭게 진술되어야 할 것을 주장한다. 왜냐하면 하나님과의 관계에서 죄가 바르게 진술될 때, 거기에 용서와 구속의 가능성이 드러나고, 죄와 정신적 질병의 증상을 비로소 구별할 수 있기 때문이다(Ramsay, 1998). 기독교적 진단이 없이는 기독교적 상담도 있을 수 없다.

6. 나오는 말

Princeton 신학교의 Deborah Hunsinger는 신학자 Karl Barth의 관점과 Chalcedon 회의의 기독론을 기초로 신학과 심리학의 관계를 제시한 신학자였다. Hunsinger는 신학과 심리학 모두를 존중하면서도 신학의 주도권을 강조하였다. 기독(목회)상담 안에서 만나는 이 두 분야의 관계에서 "심리학은 개념상 오직 피조물의 현실적 차원에 속하였으므로 심리학의 개념들은 신학적 개념들과 동일한 차원에서 존재할 수 없다."(Hunsinger, 1995)고 말한다. 비록 두 영역의 관계를 그리스도의 신성과 인성의 관계적 특성을 적용한 것에서, 그리고 심리학을 제2의 언어로 묘사한 것에 있어서 무리한 주장이 엿보이지만, 그럼에도 불구하고, 한국교회적 상황에서, 신학과 심리학 사이의 구분, 상호성을 잃지 않은 상태에서의 신학의 우선성은 한국의 기독(목회)상담자가 반드시 염두에 두어야 할 점이다.

한국 기독(목회)상담에서 심리학에 편중된 의존성은 반드시 풀어야 할 중요한 과제이다. 기독(목회)상담만이 가진 독특하고 고유한 영혼돌봄의 전통과 신학적 자산에 대해 상담자는 다시 한 번 그 가치를 확인하고, 다양한 신학적 자산들이 내담자의 개인의 삶에 나누어지고 적용되어야 한다. 심리학을 비롯한 사회과학의 가치에 대해 기독(목회)상담적 관점에서의 상호적 · 비판적 대화가 이어져 가야 하겠지만, 기독교적 신앙의 가치가 전제된 상담에서 심리학의 용어와 세계관만 소통되는 것은 기독(목회)상담의 본질이 아니다.

목회상담에서의 패러다임의 변화로 문화적 · 사회적 정의의 가치가 고양된 것도 사실이다. 그리고 개인의 상담에 있어서 정의에 대한 바른 성경적 · 신학적 기준이 위로와 회복을 촉진하기도 한다. 하지만 기독교적 윤리의 가치, 성경에서의 공의의 가치는 사회문화적으로 요구되는 시대적 가치와 공통되면서도 때로는 상충되는 부분들이 반드시 존재한다. 그와 같은 고민 사이에서 기독(목회)상담자는 자신의 우선순위를 어떻게 정하여 내담자를 인도할지에 대하여 진지하게 고민해야만 한다.

예를 들어, 로저스의 내담자 중심의 상담은 그리스도인 내담자라 하더라도 초기에 반드시 실천함으로써, 내담자와 상담자의 상호적 수용과 관계 형성이 이루어져야 한다. 하지만 일정한 공감적 관계의 형성 후에는 내담자가 하나님과 말씀의 신앙 안에서 윤리적이고 정직한 선택을 하도록 직면하거나 인도해 주어야 한다. 예를 들어, 주일에 다른 일을 하는 것도 없는데 오후에는 가게를 여는 것도 괜찮지 않겠느냐는 내담자의 질문에 대해, 생계를 위해 핍절한 경우라면 어쩔 수 없다 하더라도, 안식의 제도가 하나님과의 관계, 가족과 이웃과의 관계를 세우기 위해 일상적인 일을 쉬는 것임을 말해 줄 수 있다면, 내담자는 스스로 신앙적인 선택을 할 수 있는 자유를 얻게 될 것이다.

신앙은 이성보다 앞선다. 기독(목회)상담은 맹목적으로 심리학에 세례를 베풀어서는 안 된다. 심리학을 비롯한 사회과학의 정체성에 대한 비평적 이해를 바탕으로, 무분별하게 생각과 사상과 관점을 상담으로 도입하는 것은 멈추어야 한다. 흥미롭고 새로운 내용이 있다고 모두 기독(목회)상담에서 자유롭게 사용될 수 있는 것이 아니다. 우리 시대에 아무리 자연과학이 중요시된다고 해도 과학 역시 철학적 전제, 때로 무신론적 전제를 벗어나지 못한다. 그런 과학적인 연구나 데이터 역시 우리가 사용하기 위해서는 필요한 여과의 과정을 거쳐야만 한다.

그리하여 기독(목회)상담자는 권면적 상담에서처럼 성경 외의 모든 지식을 배척하는 극단적인 태도를 취하는 것을 지양해야 한다. 그리고 불필요하게 모든 것을 죄로 귀결시키는 오류 역시 피해야 한다. 거꾸로 인간과 심리학에 대한 지나친 낙관론 역시 배제해야만 한다. 그들은 인간에 대해 연구하지만 하나님과 성경의 관점을 철저하게 배제하기 때문이다.

종교개혁자 루터와 칼뱅에게서처럼, 하나님께서 타락한 인간 가운데서도 이성의 능력을 제한적으로 보존하시고, 그로 말미암아 '하나님의 선물'이라고 할 정도로 일반학문들의 발전을 허락하셨다면, 심리학과 여타 사회과학의 발전에 대해 우리는 인용자 혹은 사용자 이상으로 적극적인 참여자가 될 수 있을 것이다. 특히 인간 고난의 구체성을 알리고, 인간경험의 복합성을 조명하는 데 있어서 심리학은 매우 유용한 도구임에 틀림없다.

기독(목회)상담자의 사역은 다른 분야의 전문상담자들이 대신할 수 없는 매우 영적인 유익을 줄 수 있다. 그것은 심리학적 지식을 통한 공감과 진단과 처방에 덧붙여, 상담회기의 모든 구비마다 하나님에 대한 신앙의 자원과 성경의 약속들, 회복의 이유와 삶의 의미들을 신앙적으로 소통하는 것이다. 그런 면에 있어서 기독(목회)상담은 상호적 비평의 관계를 뛰어넘어, 영적 자원을 통한 죄의 성찰과 용서의 실현, 내면적 자기 관계를 넘은 하나님과 이웃과의 관계 회복을 추구하는 특별한 상담이 될 것이다.

참고문헌

손운산 (2011). 시워드 힐트너. **현대목회상담학자연구** (한국목회상담학회 편, pp. 64-88). 서울: 도서출판 돌봄.

옥성호 (2007). **심리학에 물든 부족한 기독교**. 서울: 부흥과개혁사.

하재성 (2008a). 목회상담과 설교: 21세기 설교와 목회 상담의 관계. **헤르메네이아 투데이, 43**, 37-63.

하재성 (2008b). 현대 목회상담학 입장에서 본 신학과 심리학의 관계성. **하나님의 나라와 신학** (황창기교수 은퇴기념논문 편집위원회 편). 부산: 고신대학교 출판부.

하재성 (2010). Calvin의 인간론: 일그러진 의지와 탁월한 이성. **복음과 상담**, 12, 231-261.

하재성 (2011). The Revised Correlational Method of Don Browning and Edward Farley: a Comparative Essay on the Interpretation of Situation. **복음과 상담**, 16, 203-224.

하재성 (2015). 심리학의 자율성과 신학적 자신감. **목회와 상담**, 24, 169-196.

하재성 (2016). 목회신학과 사회과학: 유기적 통합성의 모색. **한국교회와 장신신학의 정체성** (장로회신학대학교 출판부 편). 서울: 장로회신학대학교 출판부.

Adams, J. E. (1975). *You Can Conquer Depression*. Grand Rapids, MI: Baker Book House.

Barbour, I. (1997). *Religion and Science: A Revised and Expanded Edition of Religion in an Age of Science*. San Francisco: Harper Collins.

Barth, H.-M. (2015). **마르틴 루터의 신학: 비평적 평가** (정병식, 홍지훈 역). 서울: 대한기독교서회.

Browning, D. S. (1995). *A Fundamental Practical Theology: Descriptive and Strategic Proposals*. Minneapolis, MN: Fortress Press.

Calvin, J. (1970). *Institutes of the Christian Religion*. tr. by Ford Lewis Battles. Philadelphia: The Westminster Press.

Chodorow, N. (1989). *Feminism and Psychoanalytic Theory*. New Haven & London: Yale University Press.

Collins, G. (1996). **크리스찬 심리학** (문희경 역). 서울: 요단출판사.

Crabb, L. (1999). **성경적 상담학** (정정숙 역). 서울: 총신대학교 출판부.

Freud, S. (1978). *The Question of Lay Analysis*. New York & London: W. W. Norton & Company.

Graham, L. (1997). *Discovering Images of God: Narratives of Care among Lesbians and Gays*. Louisville: Westminster John Knox Press.

Hoekema, A. (1990). **개혁주의 인간론** (류호준 역). 서울: 기독교문서선교회.

Holifield, E. B. (1983). *A History of Pastoral Theology in America: From Salvation to Self-Realization*. Nashville: Abingdon.

Hunsinger, D. (1995). *Theology and Pastoral Counseling: A New Interdisciplinary Approach*. Grand Rapids: Eerdmans.

Kuyper, A. (2011). *Wisdom and Wonder: Common Grace in Science and Art*. Grand Rapids, MI: Christian's Library Press.

MacArthur, J. (1994). Introduction to Biblical Counseling: a Basic Guide to the Principles and Practice of Counseling. Nashville: Thomas Nelson.

Miller-McLemore, B. (1996). The Living Human Web. In *Through the Eyes of Women: the Handbook of Womencare*, ed. Jeanne Stevenson-Moessner. Minneapolis, MN: Fortress Press.

Miller-McLemore, B. (2012). Academic Theology and Practical Knowledge. *Christian Practical Wisdom: What It Is, What it matters. a Way of Knowing*. Grand Rapids, MI: Wm. B. Eerdmans.

Neuger, C. (2002). **여성들을 위한 목회상담** (정석환 역). 서울: 한들출판사.

Oden, T. (1988). Recovering Pastoral Care's Lost Identity. In L. Aden & J. H. Ellens. *The Church and Pastoral Care*. Grand Rapids, MI: Baker Book House.

Pruyser, P. (1976). *The Minister as Diagnostician*. Philadelphia: The Westminster Press.

Ramsay, N. (1998). *Pastoral Diagnosis: a Resource for Minstries of Care and Counseling*. Minneapolis: Fortress Press.

Wendel, F. (1999). **Calvin: 그의 신학사상의 근원과 발전**. 서울: 크리스천 다이제스트.

제 6 장

기독(목회)상담과 일반상담

채유경
(치유상담대학원대학교 가족상담학과 교수)

1. 들어가는 말

기독(목회)상담이 활성화되면서 일반상담과의 차별성을 통해 기독(목회)상담의 정체성을 확립하고자 하는 움직임이 지속적으로 이루어져 오고 있다. 이러한 움직임은 기독(목회)상담자들이 현대 상담심리에 대한 지식이 이전보다 훨씬 증대되면서 그에 대한 긍정적 시각들뿐만 아니라 기독(목회)상담자로서의 정체감에 대한 부정적인 시각들이 제기되고 있기 때문이기도 한 듯하다. 상담에 대한 수요 증대에 따라 기독(목회)상담도 과거 어느 때보다도 양적으로 성장하다 보니 기독(목회)상담은 일반상담과의 구별선이 뚜렷하지 못하다는 목소리들이 제기되면서 기독(목회)상담의 정체성 확립에 대한 문제제기가 대두되고 있는 것으로 생각된다. 물론 기독(목회)상담 관련된 학회들이 기독(목회)상담의 정체성을 주제로 신학과 심리학의 연계성, 기독(목회)

상담의 정체성에 관해 열심히 연구하고 입장을 밝히고 있지만, 아직 실제적인 측면에서 기독(목회)상담을 실천하는 방법론에 대해 분명하게 제시할 토대와 기반이 부족하다(김경미, 2018). 또한 기독(목회)상담 분야가 빠르게 확장되면서 다양한 형태를 취하고 있고, 기독(목회)상담자의 신학적 성향과 심리학적 입장에 따라 기독(목회)상담의 성향이 다르게 나타나고 있기 때문이기도 하다.

그럼에도 불구하고 다같이 '기독(목회)상담'이라는 명칭을 사용하고 있다. 또한 일반상담이나 기독(목회)상담에서도 기본적으로 '상담'이라는 명칭을 사용하고 있다. 그러다 보니 기독(목회)상담의 정체성을 확립하기 위한 개념 정의를 일반상담과의 비교를 통해 하고자 하는 시도들이 이루어져 오고 있는 것으로 생각된다. 일반상담이 초기에 심리치료와의 구별을 통해 상담의 정체성을 확립하고자 하였던 현상과 유사해 보인다. 필자 또한 기존의 학자들처럼 기독(목회)상담과 일반상담에 대한 비교를 통하여 기독(목회)상담의 독특성을 확인해 보고 일반상담과의 통합적 방향을 모색해 보고자 한다.

McMinn(2001)의 견해처럼, "과학적으로 인정되고 신학적으로 건전한 기독교상담 모델을 만들기 위해서는 철학자, 신학자, 연구자, 임상심리 전문가가 협력해야" 한다는 점에서 기독(목회)상담과 일반상담의 비교는 두 학문 간의 통합에 의미 있는 일이며, 이러한 다학문간의 통합은 최근 기독(목회)상담 학자들에게 나타난 새로운 영역이라고 보고 있다. 이 장에서는 기독(목회)상담과 일반상담에서 모두 사용되고 있는 '상담'이라는 개념에 대한 정의를 살펴보고, 상담에 있어서 가장 중요한 도구인 상담자의 자질에 관하여 살펴봄으로써 다학문간 상호통합을 시도하고자 하는 기독(목회)상담의 방향 설정에 작은 힘이라도 더해 보고자 한다.

2. 상담의 정의

1) 일반상담에서의 상담의 정의

기독(목회)상담이나 일반상담에서 모두 '상담'이라는 용어는 사용되고 있다. 따라서 각각의 입장에서 '상담'이라는 개념에 어떤 의미를 담고 있는지 살펴보고자 한다. 일반상담에서는 상담과 심리치료 등 서로 다르게 사용하는 용어들과 비교하면서 일반상담의 정의를 구별해 내어 오는 노력들이 있었다. 주로 상담과 심리치료가 어떻게 같고 어떻게 다른가에 집중되어 있었으며, 어떤 학자들은 개념적으로 구분하려고 노력하였고, 또 다른 학자들은 실천적 차이를 구분하려고 노력하여 왔다. 그러나 대부분의 학자들은 상담과 심리치료를 아주 명료하게 구분하는 데는 어려움이 있음에 동의하면서 이제는 상담과 심리치료라는 용어를 구별 없이 사용하고 있다. 필자는 기독(목회)상담 또한 한국적 상황에서 그 정체성을 확립하는 것이 중요하다고 생각하기에 국내 상담학자들의 상담에 대한 정의를 살펴보고, 기독(목회)상담학자들의 기독(목회)상담에 대한 정의들을 살펴보면서 일반상담과의 유사점과 차이점을 구별해 보고자 한다.

먼저, 상담의 개념을 심리치료의 개념과 모형 면에서 차이가 있음을 밝히고 있는 박성수(1987)는 상담은 교육적 모형이고 심리치료는 의학적 모형이라고 하였다. 교육적 모형으로서 상담은 "인간의 삶과 행동 그리고 사회에 관한 철학적인 가정들과 교육학적인 원칙을 중심으로 하는 사고방식"이며, 의학적 모형으로서 심리치료는 "인간의 심리적인 문제를 의학적인 모형으로 보고 질병의 문제로 다루려고 하는 것"(박성수, 1987)이라고 설명한다. 그러면서 상담과 심리치료를 장애의 정도나 문제의 심각성에 따라 [그림 6-1]과 같이 구분하였다.

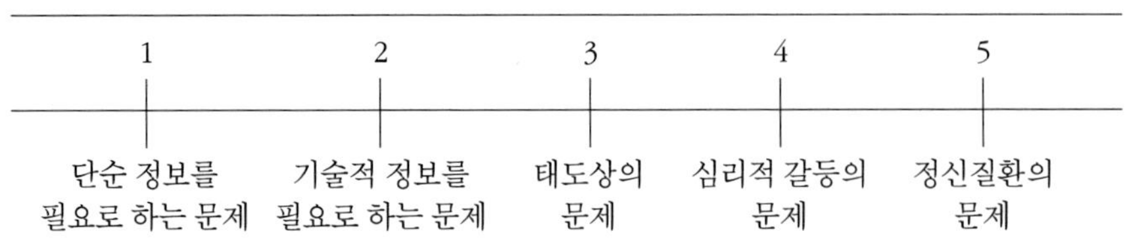

[그림 6-1] 상담과 심리치료의 구별

출처: 박성수(1987).

이후 정원식, 박성수와 김창대(1999)는 다음과 같이 상담을 정의하였다.

> 카운슬링이란 카운슬러가 사람들이 삶의 과정에서 직면하는 개인적 문제를 촉진적 의사소통으로 다룸으로써 그 문제를 현실적으로 해결할 수 있도록 할 뿐만 아니라 반복적으로 일어날 수 있는 여러 가지 삶의 문제를 해결하기 위해 거의 공통적으로 필요한 존재의 용기, 성숙의 의지, 자아관 확립, 창조의 지혜, 수월성 추구와 같은 힘을 기르는 학문적 이론과 실천적 적용의 통합적 체제이다.

이에 비해 이장호(1986)는 인간이 겪는 문제에 대해 "상담, 심리치료, 생활지도 영역은 서로 구분될 성질의 것들이 아니라 서로 중첩되는 부분이 있는 곡선으로 비교될 수 있다."고 하였으며, 그 관계를 [그림 6-2]와 같이 제시하였다. 이 세 가지 영역의 비교 근거는 "상담과 심리치료의 차이는 누가 주로 어떤 내담자를 대상으로 하며 어떤 방법으로 어느 정도까지 접근하느냐에 달려 있다고 볼 수 있다."(이장호, 1986)고 밝히고 있다. 그리고 그는 상담이란 "도움이 필요한 사람이, 전문적인 훈련을 받은 사람과의 관계에서 자기의 생활과정상의 문제를 해결하고 생각 · 감정 · 행동 측면의 인간적 성장을 위해 노력하는 학습과정"(이장호, 1986)이라고 정의하였다.

상담이 발전되어 오면서 상담과 심리치료가 구분되지 않고 함께 사용되어 왔고, 로저스나 엘리스와 같은 초창기 이론가들로부터 시작해서 많은 학자들

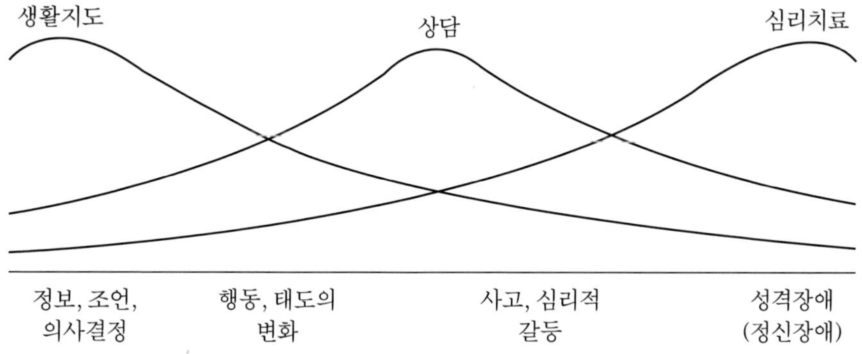

[그림 6-2] 생활지도, 상담, 심리치료 영역의 비교

출처: 이장호(1986).

에 의해서 함께 쓰여 왔다. 국내에서도 상담과 심리치료를 구분하지 않고 정의를 하는 학자들이 있다. 홍경자(2001)는 상담과정에서 내담자가 터득하게 되는 능력적 특성을 강조하며 상담에 대한 정의를 "내담자가 상담자와의 관계에서 촉진적인 의사소통을 통하여 내담자가 개인적인 문제에 대한 자기 이해와 자기 지도력을 터득하도록 도와주는 과정"이며, "현재의 문제를 효과적으로 해결하고 장차에도 일어날 수 있는 삶의 문제에 대한 조망과 해결능력을 갖게 되어 자기효능감과 자족감을 느끼도록 인도하는 일련의 학습과정"이라고 밝히고 있다.

이에 비해 박성희(2001)는 상담의 정체성을 밝히려는 기존의 학자들이 범주의 오류를 범하거나 상담을 상담실태라는 신화로 믿었거나 사람중심으로 분류하려는 잘못을 범하고 있다고 지적하고 있다. 박성희는 자신의 상담학을 "과정으로서 상담"이라고 부르며, 대상에 갇힌 개념이 아니라 대상에 열려 있는 개념으로 설명하고 있다. 즉, 상담은 수많은 대상과 영역에 과정적으로 참여를 하는 것으로 정의함으로써, 여러 대상과 영역에서 사람의 변화를 돕는 활동이 곧 상담이라고 정의하고 있다.

여러 학자들의 상담에 대한 정의를 살펴 본 김용태(2006)는 "국내외를 막론

하고 상담학자들은 상담이 시간 속에 존재하는 과정 현상이라는 점에는 동의하고 있다."라고 하면서, "상담은 곧 과정이다."라고 정의하고 있다. 또한 "상담을 만남 자체로 인식"(김용태, 2006)해야 한다고도 강조한다. 그는 상담을 통해 생기는 변화를 만남의 결과로 인해서 발생되는 현상으로 보고 있다. 이러한 관점은 상담을 통한 변화가 상담자와 내담자 모두에게 해당되는 사항임을 강조하는 것이다. 상담자가 내담자와의 상호작용 속에서 아무런 영향을 받지 않으면서 단지 도움만 주는 사람만은 아니라는 것을 강조하는 의미이다. 그렇기에 상담은 "만남 현상으로서 다측면적이고 다차원적인 접근이 필요한 현상"이며, "변화란 상담의 결과이고, 만남은 결과를 만들어내기 위해 필수적으로 존재하는 맥락"(김용태, 2006)이다. 따라서 상담은 '만남 현상의 결과로서의 변화'와 '과정'이라는 측면에서 정의될 필요가 있다고 생각된다.

2) 기독(목회)상담에서의 상담에 관한 정의

상담과 관련된 용어들을 구분하는 일은 기독(목회)상담 영역에 들어오면 더 복잡해지는 듯하다. 기독(목회)상담자의 신학적 성향과 심리학적 입장에 따라 기독(목회)상담의 성향이 다르게 나타나고 있기 때문인 것 같다. 김용태(2006)는 "기독교 상담은 인간을 자유롭게 하는 만남의 과정으로서 하나님께 영광을 돌리기 위한 활동이다."라고 정의하면서, 기독(목회)상담과 관련된 여러 가지 상담 용어를 이해하는 방법으로 개념별 접근과 영역별 접근으로 구별하여 설명하고 있다. 그는 개념별 접근에 의해 이해될 수 있는 용어들은 기독교 상담, 기독교 심리치료, 목회돌봄, 목회상담, 목회심리치료이며, 영역별 접근에 의해 이해될 수 있는 용어들은 종교상담, 기독교상담, 목회상담, 성서상담, 영성상담으로 구별하였다. 또한 그는 여러 학자들에 의한 기독(목회)상담의 정의가 목회상담보다는 좀 더 일반상담의 정의들과 비슷한 특징을 갖는다고 하였다.

여기에서는 기독(목회)상담의 톡특성을 강조한 상담에 대한 정의들을 살펴보고자 한다. 권수영(2004)은 "상담 절차 · 과정 전반에 기독교적인 종교성(Christian-ness)이 제공되어야 그 상담은 진정한 기독(목회)상담이 될 수 있다."고 하였다. 그는 "기독교(Christianity) 혹은 목회(ministry)라는 용어가 그 자체로 완결된 의미체계를 구성하면서 상담체계와는 별개인 명사형이라기보다는, 보다 구조적인 과정과 성격을 규정하는(즉, 목회적이고 혹은 기독교적인) 방법론적 방향성이라는 점을 강조"하면서, "기독교(Christian)상담의 '기독'(Christian)이라는 형용사도 '기독교인의' 의미보다는 성서의 그리스도를 따르는 혹은 그리스도를 닮은(Christ-like)의 의미로 생각"한다고 밝히고 있다.

김미경(2005)은 "기독상담은 기독교 유산에서 발견되는 여러 가지 전통적인 종교적 자원들을 사용함으로써 내담자를 조력하게 되는 것"으로, "기독교를 대변하는 사람에 의해 행해지는 전문적 도움이다."라고 하였다. 또한 그는 '목회적 진단'이라는 개념으로 기독(목회)상담의 독특성을 설명하고 있는 Ramsay(1998: 김미경, 2005 재인용)의 주장을 통해 "목회적 진단 혹은 목회신학은 기독(목회)상담에 신학적 혹은 성서적 주제나 이론들을 회복하여 심리학의 개념과 이론들을 신학화하는 것"이라고 하였다.

Collins(1992)는 "기독교 상담이란 성경을 출발점으로 하는 상담으로서 내담자로 하여금 주께서 당부하신 사명의 중요성을 인식하게 하여, 내담자가 일상생활에서 좀 더 효과적으로 정상적인 기능을 발휘하도록 도와주는 것으로서 성경과 심리학적 방법을 동원한다."고 하였다. 즉, 기독(목회)상담은 단순한 문제해결의 차원이 아니라 하나님과의 관계 정립을 통해서 내담자의 문제가 해결되고 나아가 기독교적 세계관을 가지고 살아가도록 하는 데 그 목적이 있다는 것이다. 김예식(2000)은 "기독교상담은 인간이 가지고 있는 문제가 몸, 마음, 자연, 사회, 가정 등의 여러 측면에 모두 관계되고 서로 영향을 주고받음을 인식하여 전인적으로 이를 치유하기 위해 궁극적 관심인 하나님과의 관계, 하나님과의 만남으로 나아가도록 돕는 과정인 것이다."라고 하였으며, 기독(목회)상담이 추구하는 것은 영성을 중심으로 한 전인 건강임을 강조하였다.

3) 기독(목회)상담과 일반상담의 비교

지금까지 살펴본 것을 토대로 기독(목회)상담의 고유적 특성과 일반상담과의 유사적 특성을 정리해 보고자 한다. 그러나 필자는 상담이라는 개념을 정의하기 위해 상담과 심리치료라는 개념을 구별하고자 함으로써 그 각각의 개념들을 축소하게 된다고 본 김계현(2002)의 주장처럼, 기독(목회)상담의 개념을 구별하고 정체성을 확립하기 위해 일반상담과 기독(목회)상담이 동일 개념인지 다른 개념인지, 어떤 개념이 상위개념인지 하위개념인지를 구별하는 것은 오히려 각각의 영역을 제한된 개념으로 축소시키는 우려가 있다고 생각한다. 따라서 일반상담과 기독(목회)상담은 각각 서로 많은 부분을 공유하면서 각각의 고유한 영역과 고유한 성격을 유지해야 한다고 생각한다. 이를 위해 상담의 구성요소, 상담의 내용 및 영역, 그리고 상담의 결과라는 측면에서 일반상담과 기독(목회)상담이 공유하고 있는 특성과 각각의 고유 특성을 정리해 보고자 한다.

첫째, 상담의 구성요소 측면이다. 앞서 살펴본 일반상담에 대한 정의에서 상담의 세 가지 구성요소를 확인할 수 있다. 그것은 내담자, 상담자, 대면관계이다. 그러나 기독(목회)상담에서는 한 가지 요소가 더 있다고 볼 수 있다. 즉, '하나님'이다. 일반상담은 '사람의 변화를 돕기 위해' 인간관계 속에서 발생되는 현상들에 좀 더 초점을 맞춘다면, 기독(목회)상담은 "하나님과의 관계 속에서 발생되는 현상"(김용태, 2006)에 좀 더 초점을 맞추고 있다고 볼 수 있다. 즉, 상담의 구성요소적 측면에서 일반상담과 기독(목회)상담은 내담자, 상담자, 대면관계라는 요소는 공유하고 있지만, 기독(목회)상담은 '하나님'이라는 고유한 영역을 가지고 있다. 양병모(2011)가 "기독교상담은 기독교 세계관에 기초한 상담자가 상담관계를 통해 내담자를 그리스도의 장성한 분량까지 자라도록 돕는 사역(엡 4:11-13, 골 1:28-29)"이라고 정의한 것과 그 맥을 같이한다. "기독교상담은 삶의 궁극적인 해답을 찾아 나가는 과정으로 현재 제기된 문제의 해결에만 관심을 가지는 것이 하나님과의 관계 정립을 통해서 내담자의 문제가 해결되고 나아가 기독교적 세계관을 가지고 살아가도록 하는 데"(Collins, 1992) 그 목적을 두고 있다. 그러므로 기독(목회)상담은 기독교적 가치관에 근거하여 인간과 세상을 바라본다는 점에서 일반상담과 가장 큰 차별성을 갖는다.

둘째, 상담의 내용과 영역 측면이다. 기독(목회)상담은 누가, 어떤 내담자를 대상으로 하며 어떤 방법으로 어느 정도까지 접근하느냐 하는 점에서도 일반상담과 차이가 있다. 일반상담과 기독(목회)상담의 유사점 및 차이점을 이해하기 쉽게 하기 위해 필자는 이장호(1986)의 [그림 6-2]에 기독(목회)상담 영역을 추가하여 [그림 6-3]과 같이 그려 보았다. [그림 6-3]에서 보듯이, 인간의 다양한 영역에 대한 일반상담과 기독(목회)상담의 접근은 서로 중첩되는 부분이 많다. 그러면서도 구별되는 점은 기독(목회)상담이 인간의 영성에 좀 더 많은 관심과 집중을 기울이고 있다는 점이다. 일반상담에서 비교적

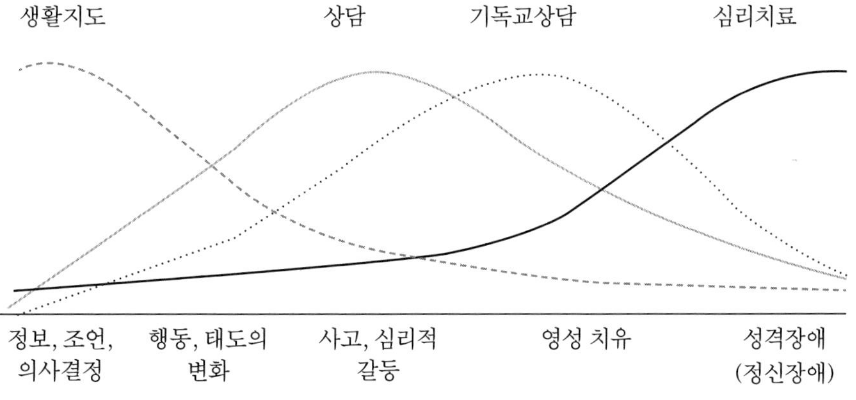

[그림 6-3] 상담과 기독(목회)상담의 영역 구별

최근에 관심을 기울여 오고 있는 영성의 영역이 기독(목회)상담에서는 기본 출발점이었다고 볼 수 있다.

기독(목회)상담의 근거가 되는 독일어 'Seelsorge'는 라틴어 'cura animarum'에 기인한 것으로 'Seele'와 'Sorge'의 두 단어가 합해진 것인데, 직역하면 '영혼돌봄'이라는 뜻이고, 여기서 영혼은 영적이고 정신적인 면과 육체적인 면을 통합한 전인적인 의미이다(김경미, 2018). 물론 기독(목회)상담은 기독(목회)상담자의 신학적 성향과 심리학적 입장에 따라 상담의 방향이 다르게 나타난다. 그러나 각자의 상담의 목표와 기본 전제 그리고 상담이론과 상담기법 등에 따른 차이가 다소 있다 하더라도 이는 모두 인간의 영혼을 돌보고자 함에는 이견이 없는 것 같다. 그런 점에서 기독(목회)상담자의 신학적 성향이 보수적이든 진보적이든 모두 '기독(목회)상담'이라는 명칭을 사용할 수 있는 것 같다.

셋째, 상담의 결과적 측면이다. 상담에서 무엇이 이루어지고 있으며, 내담자와 상담자 간의 관계에서 서로에게 어떠한 도움을 주고받았는지에 관한 입장이다. 일반상담과 기독(목회)상담의 관점은 모두 상담에서 변화가 이루어지는 것을 주요 결과가 있는 것으로 보인다. 상담의 결과로 과거의 생각, 느낌, 행동, 영성 등에서 변화가 이루어진다고 보고 있다. 새로운 변화의 모습은 상담과정에서 당장 일어나기도 하지만 한참 지난 후에 나타나는 것도 있을 것이다. 이장호(1986)의 설명대로 "생활과정상의 문제가 해결되고, 사고방식이나 행동 측면에서도 전보다 더 발전되기 위한 노력을 하는 것이 상담"이며, "상담에서 구체적인 변화를 위해서는 전문가에 의한 체계적인 조력(도움)이 필요한 것"이라 할 수 있다.

기독(목회)상담 또한 변화를 추구하며 성숙을 증진시키는 것을 목적으로 한다. 그러나 기독(목회)상담에서의 변화와 성숙은 "특수한 환경 속에서의 즉각적인 순종과 장기적인 안목에 있어서의 그리스도의 성품을 닮아 가는 인격의 성장"(Collins, 1992)이라 할 수 있다. 기독(목회)상담에서의 성숙이라는 의미는 일반상담에서처럼 주변 환경에 잘 적응하게 하는 측면과 기독(목회)상담으로서의 독특한 측면인 그리스도를 닮아 가는 성숙에 이르게 한다는 두가지 관점을 모두 포함하고 있다.

넷째, 상담의 방법적인 측면이다. 구체적인 방법은 기독(목회)상담이나 일반상담 모두 각각의 상담의 이론적 관점이나 신학적 관점에 따라 다르지만, 기본적으로 '대화를 통한 만남'이라는 방법을 통해 상담이 이루어지고 있는 것은 공통적인 것으로 보인다. 김용태(2006)의 주장대로 "상담이 시간 속에 존재하는 과정 현상"이다. 따라서 상담은 만남을 선행하며, '만남 그 자체'라고 할 수 있다. 상담의 결과로서 '변화'는 만남이라는 필수적인 맥락에 의해 이루어진다고 할 수 있다. 이러한 관점은 일반상담이나 기독(목회)상담에서 모두 의견을 같이하는 것으로, 상담을 통한 변화가 상담자와 내담자 모두에게 해당되는 사항임을 강조하는 최근 상담학계의 입장과 그 맥을 같이하는 것이라 할 수 있다.

3. 상담자로서의 자질과 자격

기독(목회)상담과 일반상담을 쉽게 구분할 수 있는 가장 독특한 특징은 바로 상담자가 누구인가라는 것이다. 일반상담은 상담자가 비기독교인일 수도 있으나, 기독(목회)상담은 상담자가 기독교인이다. 상담자가 기독인이라는 것은 "상담자가 깊은 믿음의 소유자이고, 기독교적 세계관과 기독교적 가치관에 따라 상담목표를 세우며, 하나님의 임재와 역사를 적극적으로 찾고, 영적인 자원과 개입을 적절히 활용할 수 있어야 한다."(Clinebell, 1990)는 것을 의미한다. 상담은 상담자가 내담자와 온전히 인간적이고 전문적으로 만나는 과정이기에 상담에서 가장 중요한 도구 중의 하나는 인간으로서의 상담자 자신일 수밖에 없다(Corey, 2003). 따라서 상담자가 어떤 자질을 갖고 있느냐는 그가 어떤 상담적 이론과 배경을 갖고 있는지를 알 수 있게 하며, 그것이 바로 상담자의 정체성이 될 것이다.

1) 상담자의 인간적 자질

상담자의 자질과 경험은 내담자와의 치료적 만남을 결정하는 가장 강력한 결정인자가 된다. 그래서 Corey(2003)는 상담자는 정형화된 역할에 매달리지 않고 진정한 인간이 되어야 한다고 말한다. 따라서 상담자가 전문가라는 역할 뒤로 숨어 단순히 상담기술자가 되면 안 된다고 말한다. 상담에 있어서 상담자의 인간적 자질은 상담을 결정하는 중요한 변인이라고 생각된다. 또한 상담자의 전문성 수준이 높아질수록 개인적인 자아와 전문적인 자아는 높은 수준에서 통합하게 되므로 상담장면에서 어떤 이론이나 기법에 매이지 않고 내담자의 맥락에 창조적으로 적용할 수 있게 된다(Skovholt & Rønnestad, 1992). 따라서 여기서는 상담자의 인간적 자질과 전문적 자질에 대한 기독(목회)상담과 일반상담의 관점을 비교함으로써 기독(목회)상담자의 상담자로서의 정체성에 대해 생각해 보고자 한다.

먼저, 상담자로서의 인간적 자질에 관하여 살펴보고자. 이형득(1992)은 상담자의 인간적 자질을 ① 인간에 대한 선의와 관심, ② 자신에 대한 각성, ③ 용기, ④ 창조적 태도, ⑤ 끈기, ⑥ 유머감 등이라고 하였다. 좀 더 구체적이고 세분화하여 상담자의 바람직한 특성을 제안한 Corey(2003)는 상담자의 진실성을 강조하면서 다음과 같은 자질들을 제시하였다. ① 정체감을 가지고 있다. ② 자신을 존중하고 높이 평가한다. ③ 자신의 힘을 인식하고 수용할 수 있다. ④ 변화에 개방적이다. ⑤ 자신과 타인에 대한 인식을 넓히려 한다. ⑥ 불확실성을 잘 견디어 낸다. ⑦ 자신의 독특한 상담양식을 개발한다. ⑧ 내담자의 세계를 경험하고 이해하지만, 비소유적으로 공감한다. ⑨ 활기가 있으며, 생명 지향적 선택을 한다. ⑩ 진실하고 성실하고 정직하다. ⑪ 유머를 쓸 줄 안다. ⑫ 실수를 기꺼이 수용한다. ⑬ 주로 현재에 산다. ⑭ 문화의 영향을 인식하고 있다. ⑮ 자신을 재창조할 수 있다. ⑯ 자신의 삶을 자신이 선택한다. ⑰ 타인의 복지에 대한 진정한 관심을 가지고 있다. ⑱ 일을 열심히 하며, 일에서 의미를 찾는다.

그러나 Corey(2003)는 이와 같은 특성들을 완전히 구현할 수는 없기에 상담적(치유적) 인간이 되려고 끊임없이 노력하는 것이 더 중요하다고 강조한다. 그러한 노력의 일환으로 상담자는 스스로가 내담자가 되어 보는 경험을 해야 한다고 강조한다. 이러한 자기 탐색은 자기인식의 수준을 높일 수 있으며, 이 직업을 추구하는 자신의 동기를 평가하는 유용한 도구가 될 수 있기 때문이다.

반면, 기독(목회)상담에서는 일반상담에서 요구하는 인간적 자질뿐만 아니라 동시에 기독교적인 신관과 인간관, 세계관을 가질 것을 요구한다. 권수영(2006)은 "기독상담자들은 모두 부르심을 받은 소명자들이요, 자신을 부르신 분에 대한 다양한 생각을 가진 이들"이며, 그래서 "기독상담자들이 모두 신학적 사고를 하게 마련이고, 그러한 신학적 신념이나 생각들은 진행하는 사역의 과정에 영향을 미치고 다시 그 사역의 경험을 통하여 그들의 신학적 사고가 다시 영향을 받는 순환적인 상호연관성을 지닌다."고 하였다. 따라서 기독(목회)상담자는 기독교 세계관과 심리학 및 심리치료의 이론, 영성을 기초로 한 신앙과 삶, 그리고 그 이론의 실천이 가능한 사람이어야 한다. 상담은 상담자의 세계관, 가치관이 그 핵심을 이루기 때문에, 기독(목회)상담자가 하나님과 관계된 존재로 자기 자신을 정확하게 보는 자기정체성의 확립은 중요한 자질이다. 기독(목회)상담사가 단지 반프로이트적이 되거나 반행동주의적이 된다는 것만으로 기독교적인 정체성을 드러낼 수는 없다(김경미, 2018).

기독(목회)상담자가 일반상담자와 가장 크게 다른 점은 상담장면에서 만나는 내담자에게 기독교적 영성을 가지고 개인의 필요를 진정으로 채워 나감으로써 개인과 사회뿐 아니라 하나님께 영광을 돌리는 삶을 살 수 있도록 돕는다는 데 있다. 따라서 내담자와의 관계형성과 상담의 과정에서 영성의 영역을 민감하게 다룰 수 있기 위해서 기독(목회)상담자는 주관적인 신앙 경험의 깊이와 영성, 그리고 인식의 통합이 중요하다(Walker, Gorsuch, & Tan, 2004). 기독(목회)상담의 목적이 단순한 문제해결이나 증상 제거에만 있는 것이 아니라 영혼의 돌봄에도 있기 때문이다. 따라서 기독(목회)상담자의 인간적 자질로서 상담자의 영성은 중요한 주제가 된다.

2) 상담자의 전문적 자질

일반상담에서는 상담자의 전문성을 높이기 위해 많은 양의 전문적 훈련을 강조하고 있다. 상담에 대한 이론적 지식뿐만 아니라 실제적인 상담기술에 대한 많은 훈련을 요구하고 있다. 전문직에는 고도의 지식과 기술이 요구된다. 따라서 상담자는 상담에 관한 교육을 받은 후 전문가로서의 자격을 갖추어야 한다. 이론에 정통하였다고 실제 상담을 효과적으로 할 수 있다는 보장은 없기 때문에 이론과 기술 모두를 다 필요로 하게 된다. 상담자의 전문적 자질은 그가 실제로 상담장면에서 자신감을 가지고 능률적으로 내담자를 도울 수 있을 때 인정된다. 상담의 실제에 능통하려면 단순히 책을 읽거나 강의를 듣는 것만으로는 불충분하다. 그래서 상담자는 전문가(supervisor)의 지도 아래 정기적이고 다양한 훈련의 기회를 가짐으로써 실제적 능력을 터득해야 한다. 이러한 의미에서 훈련을 통한 실제 상담능력의 터득은 상담자의 전문적 자질에 필수적인 요건이 된다.

상담이 전문직으로서 상담자의 책임 있는 상담활동 지침을 제공하기 위해 전문가 학회가 윤리강령을 만들어 놓고 있다. 그러한 윤리강령은 내담자의 복지 우선, 비밀유지와 한계, 해로운 이중관계 다루기, 진단 검사와 관련된 윤리적 쟁점, 그리고 상담자로서 능력을 개발하고 유지하기 등에 대해 규정하고 있다. 예를 들면, 집단작업전문가협회(ASGW, 1989; Corey, 2003)의 기본 윤리 원칙에서는 상담자가 훈련을 받지 않거나 개입에 익숙한 상담자에게 슈퍼비전을 받지 않고 기법을 사용해서는 안 된다고 규정하고 있다. 이러한 규정은 상담자로서 지도감독 경험과 특별한 훈련이 필요하다는 것을 의미한다.

상담자의 전문적 자질과 윤리강령에 대한 규정은 기독(목회)상담에서도 마찬가지이다. 김미경(2005)은 "기독상담자는 하나님께서 내담자에게 위로와 능력과 생명을 흐르게 하는 통로의 역할을 할 수 있어야" 하며, 이 점이 기독상담의 독특성이라고 하였다. 또한 그는 "내담자 및 교회공동체의 요구를 충족시키기 위해서 기독(목회)상담자는 전문적으로 훈련을 받아야" 하며 "신학적/영적, 심리학적/행동적 개념들을 계획적이며 통일된 방식으로 통합화를 할 수 있어야 한다."고 하였다. 물론 진정한 기독(목회)상담이 되기 위해서는 상담 절차나 과정 전반에 기독교적인 종교성이 제공되어야 할 것이다(권수영, 2004).

상담자의 전문적 자질 향상을 위한 상담자의 훈련 및 경험의 폭과 특성은 자격증에 나타난다고 할 수 있다. 〈표 6-1〉은 일반상담의 양대 산맥 중 하나인 한국상담학회와 한국기독교상담학회의 자격 취득을 위한 수련 사항에 대한 비교이다. 각 학회가 자격과정을 1급과 2급으로 나누고 있으며, 전문가라고 불리는 급수가 1급에 해당되기에 여기서는 1급 자격 취득을 위한 수련사항만을 비교해 보았다.

두 학회의 수련 사항에서 가장 큰 차이점은 내담자 경험과 집단상담 참여 경험에서 보인다. 한국상담학회의 수련은 전문가 수련임에도 불구하고 내담자 경험과 집단상담 참여 경험을 요구하고 있으며, 또한 전문가로서 자신의 수련 상황에 대한 자율적 판단을 통하여 부족하다고 판단되는 영역에서의 수련을 더 할 수 있도록 하고 있다. 이러한 규정은 상담자로서 자기 자신에 대한 수련을 강조하고 있는 것이라 할 수 있다. 이에 비해 한국기독교상담학회에서는 상담자로서의 경험을 많이 요구하고 있는 것을 볼 수 있다. 이는 상담자의 전문적 자질에 초점을 맞추고 있는 것으로 생각된다.

〈표 6-1〉 자격 취득을 위한 수련 사항 비교

구분		한국상담학회	한국기독교상담심리학회
최소 수련 기간		3년	3년
개인상담	내담자 경험	20시간	
	상담자 경험	180시간 −10회기 이상 지속된 사례 10개 −심리검사 3종 이상 활용한 사례 10개 이상 포함	400시간(20사례) −10회기 이상 지속된 사례 10개 −심리검사 3종 이상 활용한 사례 10개 이상 포함
	슈퍼비전	50시간 (최소 24시간은 심리검사에 관한 슈퍼비전)	
	공개 사례 발표회 참여	40시간	9회 이상 (모학회 3회 이상)
	자율 선택 수련	70시간 (내담자 경험, 상담자 경험, 슈퍼비전 경험, 공개 사례 발표회 참여 영역 중 자율 수련)	
집단상담	집단원 경험	90시간(10회기 이상 집단)	지도자 또는 보조 지도자로 2사례 총 24시간
	지도자 경험	80시간(주 지도자 40시간 이상)	
	슈퍼비전 참여	10시간	
슈퍼비전	개인 슈퍼비전		20사례 및 집단상담 1사례 (총 30시간)
	집단 슈퍼비전		120시간
기타 요건	학술대회 · 연수 · 학술모임 참여	60시간	3회 이상
	공개 사례 발표	개인상담: 1사례, 집단상담: 1사례	3회 이상(모학회 1회 이상)
	연구 실적	100%	100%

슈퍼비전에 대한 수련에 있어서도 조금 다른 양상을 보인다. 한국상담학회는 개인상담과 집단상담에 대한 슈퍼비전을 각각 수련받게 하고 있다. 한국기독교상담학회에서도 이와 같이 하고 있지만 집단상담에 대한 슈퍼비전을 규정하고 있지 않고, 집단상담 지도자 경험에 대한 수련 또한 부족해 보인다. 〈표 6-1〉에 제시하고 있진 않지만 한국기독교상담학회 2급 수련 사항에서도 집단상담 지도자 경험에 관한 규정이 없다. 반면, 개인상담에 대한 집단 슈퍼비전 수련을 강화하고 있는 것을 볼 수 있는데, 이 부분이 기독교상담의 특징으로 볼 수 있을 것이다. 이러한 차이에도 불구하고 두 학회 간 슈퍼비전에 대한 형태는 다르지만 슈퍼비전에 대한 중요성은 모두 인정하고 있는 것으로 보인다.

그런데 기독(목회)상담의 정체성의 핵심이라 할 수 있는 영성에 대한 수련 사항은 별도로 구별하여 규정하고 있지 않음을 볼 수 있다. 물론 한국기독교상담학회에서도 전문상담사 자격 갱신을 위한 연수 등을 통해 영성 훈련을 실시하고 있다. 그러나 전문상담자로서의 자격 취득을 위한 수련 규정에 명명하고 있지 않다. 채규만(2001)은 "학문적인 논문에서 종교적 이슈를 기독교상담실로 가져오려 한다면 영성과 영적 형성의 과정을 반드시 이해해야 한다."고 하였다. 영성은 자격능력과는 달리 체험적이고 개인적이라 자격증으로 얻어질 수 없는 것처럼 여기고 있기 때문이기도 할 것이다. 그러나 기독교의 영성이란 단지 자신을 깨달아 아는 것만 추구하지 않으며, 우리 내면에서 무엇인가 깊이 잘못되었다는 것을 인식하는 데서 출발한다(채규만, 2001). 그렇기에 상담자로서의 전문성을 훈련받듯이 기독교적 영성 또한 훈련될 필요가 있다고 생각한다. 필자가 재직하고 있는 학교에는 '영성치유 수련'이라는 2박3일 프로그램을 통해 상담전공자의 영성 훈련과 자기성장을 돕는 과정이 개설되어 있으며, 임상실제 과목으로 필수교과목 I, II로 개설되어 있다. 이러한 과정은 실제 기독(목회)상담을 배우고자 입학한 학생들에게서는 스스로 상담자로서의 정체감 발달에 영향을 미치는 것으로 보인다. 일반상담을 전공하고자 입학한 학생들 또한 자기 성찰과 자기 치유라는 측면에서 긍정적인 보고를 하고 있다.

치료를 촉진하는 관계가 상담자의 내적 삶에서 자란다는 점에서, 기독(목회)상담자는 한 사람의 치료 대행자로서 내담자를 포함하여 모든 사람과의 상호작용 안에서 영적인 삶이 흘러넘쳐야 한다(채규만, 2001). 유능한 상담자가 되기 위해서 전문적인 훈련이 필수적이듯이, 기독교적 영성 훈련은 기독(목회)상담자로서의 필수조건이 되어야 할 것이다. 물론 영적인 훈련 자체가 반드시 영적이라는 것을 의미하는 것이 아님을 우리는 모두 알고 있다. 그러나 우리는 자격 취득이 상담을 잘한다는 것을 의미하지만은 않는다는 것을 알면서도 자격증을 취득하는 데 많은 노력을 기울이고 있다. 이렇기에 기독(목회)상담자 수련 규정에 영성 훈련에 관한 사항을 명기하는 것은 기독(목회)상담의 특성을 분명히 하는 것이라 할 수 있다.

한국상담학회 자격 수련 요건이 지속적으로 수정되고 있는 가운데, 한국기독교상담학회의 수련 사항이 2017년 11월에 개정되면서 수련 내용이 상당히 강화된 점은 상담자의 전문성이 강조되고 있는 것으로 생각된다. 필자는 개인적으로 이러한 변화가 기독(목회)상담 자격증의 위상을 높이는 일이라고 생각하며, 이렇게 기독(목회)상담 자격의 위상과 공신력이 높아질 때 교회공동체뿐만 아니라 이 사회에서 기독(목회)상담자를 필요로 하는 곳이 많아질 것이라고 생각한다. 기독(목회)상담자 또한 더 자부심과 긍지를 가지고 상담에 임할 수 있을 것이라 생각된다.

4. 나오는 말: 상호통합을 시도하는 기독(목회)상담

기독(목회)상담자가 실제적으로 신학과 심리학의 각 영역에 구체적인 지식을 갖추고 훈련되었다 할지라도 두 영역을 조화롭게 연계함을 통한 정체성의 확립이 불분명하다면 딜레마를 경험하게 될 수 있다. 김용태(2006)는 기독(목회)상담자의 딜레마는 학문적 통합에 대한 이슈, 임상적 통합에 대한 이슈, 개인적 통합에 대한 이슈 등 대부분 통합의 문제에서 온다고 보았다. 그는 "기독교 상담학자들은 통합에 대해 서로 동의하지 못하고 있고, 단지 여러 가지 방향으로 서로의 입장에서 노력을 하면서 새로운 모델과 내용을 개발하고 있다."(김용태, 2006)고 보았다. 따라서 "기독교상담에서의 많은 딜레마는 기독교와 심리학의 두 가지 중에 한 가지만을 선택할 수 없는 데서 오는 것으로, 기독교상담자가 어떻게 기독교상담을 구현할 것인가와 크게 관련되어 있다."(김용태, 2006)고 보고 있다.

기독(목회)상담자들은 끊임없이 성장에 관심을 가지고 노력하고 있으며, 이를 위해 자기 성찰, 자아 통합, 영성 훈련 등의 필요성을 인식하고 있다. 그럼에도 불구하고 인간의 영적 부분을 소외시켜 왔던 전통적 상담의 틀로 인간을 이해할 때는, 특히 기독(목회)상담자의 경우 일반상담 접근의 틀로 인한 한계를 더 느끼거나 심리내적 갈등을 더 경험하게 될 수도 있다. 김경미(2018)는 기독(목회)상담자가 딜레마에 빠졌을 때 초심 기독(목회)상담자는 막막함 가운데 덮어 두는 경향이 있지만, 숙련된 상담자의 경우 상담자로서 경험하는 내적 갈등을 은폐시키지 않고 이 갈등의 의미에 관심을 기울임으로써 새로운 접근들을 상담에 실험해 본다고 밝혔다. Skovholt와 Rønnestad(1992)는 상담자의 전문성 수준이 높아짐에 따라 상담자의 경험은 구조적인 변화를 나타낸다고 하였다. 전문성의 수준이 높아질수록 전문적인 자아와 개인적인 자아를 높은 수준에서 통합하게 되므로 상담장면에서 개인적인 신념과 가치와 조화를 이루게 된다는 것이다. 전문적 성장에 있어 자기 성찰의 자세가 필수적임을 볼 때 기독(목회)상담자로서의 정체성에 대한 고민과 딜레마는 상담전문가로 발달과 성숙을 이루어 가는 데 있어 중요한 발달과정으로 이해할 수 있으며 긍정적인 과정으로 인식될 수 있다(김경미, 2018).

최근 기독(목회)상담자의 정체성 정립에 관한 연구가 점차 진행되고 있다.

그러나 정체성을 정립하기란 단순하지 않아서 기독(목회)상담의 정체성 확립을 얻기 위해서는 그 틀을 세우기보다는 그 경계에 서 있어 보는 것도 한 방법이 될 수 있을 것이다. 분명 일반상담과 기독(목회)상담의 차이는 있지만, 기독(목회)상담의 기본 원리와 기독(목회)상담자로서의 실존적 뿌리를 인식하면서 일반상담과 기독(목회)상담의 경계에 서 있다는 것은 그 자체로도 기독(목회)상담의 입장이 될 수도 있을 것이라 생각한다. 기독(목회)상담으로서의 독특성을 확립하면서도 다학문간의 상호통합을 시도하려는 기독(목회)상담자는 신학과 심리학의 경계 사이에서 하나의 관점만을 취하는 것이 아니라 두 가지 관점 모두를 포용하고자 하는 것으로 볼 수 있다. 기독(목회)상담자는 상담을 할 때 내담자의 이야기를 신학의 관점에서 보기도 하고 심리학의 관점에서 보기도 하면서 상담을 더 풍성하게 만들 수도 있다. 그러나 두 학문의 경계에 서서 두 가지 관점 모두를 취하려는 것은 순수성이라는 측면에서 비판을 받을 수도 있고, 스스로의 정체성에 대한 혼란이 야기될 위험이 있을 수도 있으나, 이러한 비판과 위험을 감내하는 용기가 있다면 상담자와 내담자만이 아니라 그것을 모두 아우르는 기독(목회)상담으로서 더욱 풍성해질 수 있을 것이다(최진아, 2016). 그렇게 용기를 내어 경계에 서 있는 기독(목회)상담사는 자신이 어느 한쪽에 속해 있음을 인지하고 있기만 하다면 오히려 다른 쪽의 세계로 인해 자신의 정체성을 더욱 풍성하게 만들 수 있게 될 것이다. 마치 예수님이 하나님과 사람의 경계에 서서 우리에게 일하신 것처럼 말이다. 그러니 일반상담과 신학의 경계에 서 있는 기독(목회)상담은 작은 예수의 모습이라 할 수 있을 것이다. 작은 예수의 모습이 기독(목회)상담이 나아갈 방향이라 생각한다.

참고문헌

권수영 (2004). 임상현장의 작용적 신학: 기독교상담의 방법론적 정체성. 한국기독교상담학회지, 7, 100-123.

권수영 (2006). 기독(목회)상담 슈퍼비전의 신학적 원리와 구성. 한국기독교상담학회지, 11, 37-60.

김경미 (2018). 기독교상담자의 정체성과 딜레마에 관한 내러티브 탐구. 고신대학교 대학원 박사학위논문.

김계현 (2002). 상담심리학: 적용영역별 접근. 서울: 학지사.

김미경 (2005). 기독상담자의 정체감 형성과 영향요인. 한국기독교상담학회지, 10, 141-170.

김예식 (2000). 말씀 안의 상담과 치유 이야기. 서울: 한국장로교출판사.

김용태 (2006). 통합의 관점에서 본 기독교 상담학: 배경, 내용 그리고 모델들. 서울: 학지사.

박성수 (1987). 아동생활지도. 서울: 한국방송통신대학 출판부.

박성희 (2001). 상담과 상담학: 새로운 패러다임. 서울: 학지사.

양병모 (2011). 기독교상담의 이해. 대전: 침례신학대학교출판부.

이장호 (1986). 상담심리학 입문(제2판). 서울: 박영사.

이형득 (1992). 상담이론. 서울: 교육과학사.

정원식, 박성수, 김창대 (1999). 카운슬링의 원리. 서울: 교육과학사.

최진아 (2016). 경계에 서 있는 기독교 상담사: 포용의 신학의 관점으로 본 기독교 상담사의 정체성. 서울여자대학교 대학원 석사학위논문.

홍경자 (2001). 자기이해와 자기지도력을 돕는 상담의 과정. 서울: 학지사.

Clinebell, H. J. (1990). 현대목회상담신론 [Basic types of pastoral care & counseling] (박근원 역). 서울: 한국장로교출판사.

Collins, G. R. (1992). 그리스도인을 위한 카운슬링 가이드 (정석환 역). 서울: 기독지혜사. (원저 1988년 출판).

Corey, G. (2003). 심리상담과 치료의 이론과 실제(제6판) (조현춘, 조현재 역). 서울: 시그마프레스. (원저 2001년 출판).

McMinn, M. R. (2001). **심리학, 신학, 영성이 하나된 기독교상담** (채규만 역). 서울: 두란노.

Skovholt, T. M., & Rønnestad, M. H. (1992). Themes in therapist and counselor development. *Journal of Counseling and Development, 70*, 505-515.

Walker, D. F., Gorsuch, R. L., & Tan, S. Y (2004). Therapists' integration and spirituality in counseling: A meta-analysis. *Counseling and Values, 49*, 69-80.

기독(목회)상담과 영성: 하나님의 공감에 대한 신학적 · 심리학적 고찰

이재현
(장로회신학대학교 목회상담학 교수)

1. 들어가는 말: 영성과 상담의 통합

영성지도와 심리상담의 통합은 최근 한국 기독(목회)상담 분야의 지대한 관심사가 되고 있다. 여러 개인이나 단체들이 '영성치유'나 '영성상담'을 위한 연구 모임을 결성하고 영성상담의 방법과 전문성 수립을 위한 방안을 모색하고 있다. 그런데 짧은 시간 안에 이처럼 많은 관심을 받게 된 '영성상담'이 구체적으로 무엇을 의미하는지 사실은 아직 매우 불분명한 것이 현실이다. 그럴 수밖에 없는 이유가 우선 '영성'이란 말이 기독교 안에서만 보더라도 실로 다양한 전통에서 다양한 의미로 사용되고 있는 말이며, '상담' 역시 그 이론과 방법에 있어 서로 매우 다른 접근방식들을 의미할 수 있기 때문이다. 기존의 심리치료와 영성지도를 연결시키는 구체적 방법론이나 방향성에 대한 논의가 아직 충분치 못한 상황에서 '영성상담'은 저마다 자기 나름의 의미로 사용하는 매우 불분명한 개념일 수밖에 없다.

그러나 그럼에도 불구하고, 필자는 우리가 오늘날 영성지도와 심리상담의 통합을 이야기할 때 그것의 목적과 의미에 대해 간략히 정리하는 것이 전혀 불가능한 일은 아니라고 생각한다. 기독교 영성지도는 기본적으로 하나님과의 관계에서 피지도자의 영적 성숙을 돕고자 하는 노력이다. 반면, 심리상담은 주로 내담자의 중요한 인간관계에서 비롯된 문제들을 다루면서 그러한 문제의 해결을 위해 노력한다. 이런 심리상담은 결국 내담자의 인간관계에서의 성숙을 지향하는 실천이라고 할 수 있다. 그렇다면 이 두 가지 실천을 통합하려는 노력은 결국 "수평적 차원인 인간과 인간간의 관계와 수직적 차원인 하나님과 인간간의 관계에서의 성숙을 (함께) 지향하는"(이만홍, 김미희, 2014, p. 110, 괄호 필자) 노력이라고 정의할 수 있다. 이러한 노력의 배후에는 우리 삶에 있어 인간관계의 문제와 하나님과의 관계의 문제는 서로 긴밀히 연결되어 있으며 두 관계에서의 성숙이 함께 이루어질 때 비로소 우리는 그리스도인으로서 온전한 성숙에 이르게 된다는 믿음이 전제되어 있다.

역사적으로 볼 때 영성지도와 목회상담이 지금까지 서로 분리된 체제하에 이루어져 온 것은 사실상 서로 긴밀히 연결된 두 가지 문제를 이제껏 따로 나누어서 다루어 왔다는 것을 의미한다. 소위 영적인 문제와 심리적 문제를 서로 분리해서 접근해 왔던 것이다. 최근 영성지도와 목회상담의 통합은 그러므로 이제까지의 이러한 이분법적인 접근의 한계와 문제를 인식하고 그것의 극복 방안을 모색하는 것이라 할 수 있다. 필자 역시 이러한 인식을 함께하며 함께 통합의 길을 모색하는 기독(목회)상담학자 중 한 사람으로서 이 장에서는 이를 위한 기초적 논의로서 특별히 내담자와 상담자 간의 수평적 인간관계와 수직적 하나님 관계 사이의 상호 관련성을 조명하는 데 초점을 맞추고자 한다.

2. 영성지도와 심리상담의 통합에 대한 세 가지 견해

먼저 살펴볼 것은 영성지도와 심리상담의 통합이라는 주제에 관하여 미국과 한국의 대표적인 세 인물이 제시하고 있는 서로 조금씩 다른 견해들이다.

1) Gerald May의 분리론

첫 번째 인물은 미국의 Gerald May이다. May는 미국 살렘연구소(Salem Institute)를 이끈 인물들 중 한 사람으로서 기독교 영성지도자로 활동하기 전에 먼저 심리치료가로서 훈련받았던 사람이다. 그의 저서들 중 특히『영성지도와 상담(Care of Mind, Care of Spirit)』은 그가 경험한 영성지도와 심리상담의 상호 관련성에 대해 논의한 책이다. 이 책에서 May(2006)는 영성지도와 심리학이 서로에게 실제적으로 많은 도움을 줄 수 있다고 말한다. 그러나 전반적으로 볼 때 그의 견해는 영성지도와 심리상담은 그 목적과 방식에 있어 서로 분명히 구별되는 접근방식이며, 때문에 이 두 가지를 하나로 통합하는 것은 바람직하지 않다는 것이다. May(2006)에 따르면, 심리상담의 역할은 내담자의 심리적 문제를 파악하고 해결하는 데 있고 영성지도의 역할은 피지도자의 삶에서 하나님이 하시는 일을 식별하고 거기에 따르도록 돕는 데 있다. May(2006)는 때때로 하나님께서 우리의 심리적 경험을 통해 우리에게 말씀하실 때가 있다는 것을 인정한다. 그러나 그의 강조점은 역시 영성지도자가 피지도자의 심리적 경험이나 문제에 너무 집중하게 되면 그것이 오히려 피지도자로 하여금 진정한 하나님을 바라보도록 하는 데 방해가 된다는 것에 있다.

사실상 May가 경계하는 것은 피지도자가 하나님보다 자기 자신에 더 주목하게 되는 일이다. 그는 특별히 피지도자가 특정한 자기상(self-image)에 집착하는 것을 경계한다. May(2006)가 볼 때, 피지도자가 이렇게 어떤 자기상에 집착한다는 것은 그것을 형성한 자신의 경험이나 인간관계에 집착한다는 의미로, 이러한 집착은 하나님과의 관계 성숙에 걸림돌이 될 수 있다. 그에 따르면, 하나님과의 관계 성숙은 우리가 바로 그와 같은 자기상에의 집착으로부터 벗어나는 일과 관련된다. 여기서 우리는 May가 말하는 영적 성장이 주로 자기초월(self-transcendence)과 관련됨을 알 수 있다.

비슷한 맥락에서, May(2006)는 피지도자가 자신의 특정한 인간관계, 또는 그것과 연관된 하나님상(God-image)에 집착하는 것 역시 하나님과의 관계 성장에 방해가 될 수 있다고 본다. 그가 실례로 드는 것은 바로 자신이 오래도록 벗어나지 못했던, 어린 시절 사별(死別)한 그의 아버지를 닮은 하나님상이다. 오랫동안 그는 무의식적으로 이 하나님상에 집착하므로 죽은 아버지와의 관계에 집착했다. 그 하나님상은 비록 그 자체로 긍정적인 것이었음에도 불구하고 그가 진정한 하나님을 만나고 그 하나님과의 관계에서 성숙하는데 걸림돌이 되었다고 고백한다. 또한 May(2006)는 역시 같은 맥락에서 피지도자가 영성지도자와의 사이에 전이감정을 일으켜 영성지도자에게 지나친 관심을 갖게 되는 것을 경계한다. 이 역시 하나님께 향해야 할 관심이 사람에게 쏠리는 현상이기 때문이다.

여기서 주목할 점은 May가 지나친 관심의 대상이 되는 것을 경계한 피지도자의 심리적 경험이나 인간관계 경험이 부정적인 것이기보다는 오히려 긍정적인 것이라는 점이다. 이것은 그가 긍정적인 심리 경험이 하나님과의 관계 형성에 항상 부정적인 영향을 끼친다고 보았기 때문은 아니다. 예컨대, 그는 어린 시절 좋은 부모와의 관계 속에서 형성된 '기본적 신뢰감(basic trust)'이 이후 하나님과의 관계 형성에 밑거름이 될 수 있음을 인정한다. 그러나 그는 (자기 자신의 경우처럼) 하나님과의 관계가 너무 그처럼 좋은 부모상(像)과 결부되어 있을 경우 오히려 그것이 더 깊은 영적 성숙을 가로막는 걸림돌이 될 수 있음을 지적하는 것이다. 또한 반대로 그런 심리적 자원이 없는 사람이 오히려 자신의 그러한 심리적 결핍 때문에 더 깊이 하나님을 갈망하게 되고 결과적으로 더 깊이 하나님을 만나게 될 수 있음을 지적한다. 요컨대, May가 강조하는 것은 그것이 긍정적이든 부정적이든 피지도자가 어떤 자신의 경험이나 자기상 또는 하나님상에 붙잡혀 있는 것이 하나님과의 관계 성숙에 도움이 되지 않는다는 것이다. 이것은 그가 하나님과의 관계 성숙을 자기초월과 연결시켜 보기 때문으로 이해된다. 심지어는 영성지도자와의 관계조차도 지나치게 피지도자에게 중요해지는 것을 경계하는 이유는 그 관계 속에서 집중하게 되는 '자기(self)'가 피지도자의 영적 변화를 가로막는 하나의 걸림돌이 될 것을 우려하기 때문이다.

필자는 이와 같은 May의 견해에 많은 부분 동의하면서도 한 가지 생각해 볼 만한 질문을 던져 본다. 그것은 곧 우리에게 있는 과거와 현재의 중요한 관계경험이 비록 그처럼 우리의 하나님상을 특정한 모양으로 고착시킬 우려가 있는 것이 사실이라고 해도 하나님과의 관계에 있어 그것이 단순히 걸림돌이 될 뿐인가 하는 물음이다. 실상 May도 인정하듯이, 어린 시절 좋은 부모, 특히 하나님을 사랑하는 부모와의 관계는 우리가 하나님과의 관계를 맺는 데 중요한 징검돌 역할을 하는 것이 사실이다. 부모뿐 아니라 과거와 현재의 의미 있는 관계들, 특히 신앙공동체 안의 관계들, 현재의 영성지도자나 기독(목회)상담자와의 관계에 대해서도 우리는 동일하게 말할 수 있다. 어떤 사람이 기독(목회)상담을 통해 이제까지 그가 매여 있던 내면적 문제로부터 벗어나 새로운 하나님과의 관계로 나아가게 되었다면 이것은 그 기독(목회)상담자와의 관계가 그만큼 그에게 의미 있는 관계가 되었기 때문이다. 만일 그 기독(목회)상담자와의 관계와 경험이 피지도자에게 그처럼 의미 있는 것이 아니었다면 그런 영적 변화는 이루어지기 어려웠을 것이다. 그렇다면 이런 기독(목회)상담자와 내담자의 관계는 하나님과 내담자의 관계와 서로 배치(背馳)되는 것이 아니라 서로 조응(照應)하는 관계이며 하나님과의 관계 성숙에 있어 걸림돌이 아니라 징검돌이 되는 관계라고 할 수 있다. 우리의 '자기상'은 이처럼 의미 있는 인간관계들 속에서 극복되는 동시에 재발견되는 것이다. 그리고 이러한 과정은 자기초월뿐 아니라 하나님과의 관계에서 새로운 자기 발견과 서로 맞물려 있다. 필자는, 영적 성숙을 May가 생각하듯 자기초월의 견지에서도 이해할 수 있지만, 이처럼 하나님과 사람들 가운데서의 새로운 자기 발견의 과정으로 이해할 수 있다고 생각한다. 이에 대한 보다 상세한 논의는 잠시 미뤄 두고, 다음에서 먼저 살펴볼 것은 지금까지 이야기한 May의 견해와 비슷하면서도 의미 있는 차이를 보여 주는 한국의 이만홍의 견해이다.

2) 이만홍의 상호보완론 또는 단계적 적용론

이만홍은 오랜 임상경험을 가진 심리치료전문가로서 현재 우리나라에서 영성지도와 심리치료의 통합을 위한 노력에 앞장서고 있는 인물 중 하나이다. 이런 이만홍의 견해는 일견 May의 견해와 크게 다르지 않아 보인다. 예컨대, 심리치료의 역할이 내담자의 심리 문제를 해결하는 데 있는 반면 영성지도의 역할은 피지도자로 하여금 자신의 삶 속에서 하나님을 바라보도록 돕는 데 있다고 보는 점 등에서 그의 생각은 May의 생각과 일치한다. 그는 심리치료적 접근이 "인간심리 안에 관심을 가두어 두게 되어 하나님을 향한 주의집중에 지장을 줄" 수 있다는 주장에 대해서도 상당 부분 동의하는 입장이다(이만홍, 2006, p. 24). 그러나 이만홍의 생각은 그 결론에 있어 May의 생각과 차이를 보인다. 그는 인간의 심리적 욕구와 영적 갈망이 서로 얽혀 있기 때문에 양 측면은 서로 나누어 보아서는 안 되고 오히려 통합적 접근을 통해 동시에 고려해야 한다고 주장한다(이만홍, 2006). 영성지도자는 동시에 심리전문가가 되어야 한다는 것이다. 다시 말해 영성지도와 심리치료는 상호보완적으로 이루어져야 하며, 이상적으로는 동일 사역자에 의해 행해져야 한다는 것이 그의 주장이다.

이러한 이만홍의 생각은 영성지도에서 일어날 수 있는 전이(transference)

를 이해하는 데 있어서도 May와 의미 있는 차이를 보인다. 그는 내담자가 상담자에게서 이상화된 부모를 찾는 전이현상이 하나님을 향해야 할 내담자의 내적 갈망이 인간에게 향하는 일종의 굴절현상이라고 이해한다. 따라서 이렇게 "인간 대상을 향해 사랑과 인정을 끝없이 갈망하던 내담자가 마침내 눈을 돌려 하나님을 바라보도록 도와주는 것이 전이의 진정한 해결"(이만홍, 황지연, 2009, p. 244)이며, 바로 이를 위해 심리상담은 영적 지도로 이어져야 한다는 것이다. 여기서 우리가 주목할 점은 이만홍이 전이를 단지 부정적으로만 보는 것이 아니라 긍정적 측면에서도 이해하고 있다는 점이다. 즉, 전이현상에서 변화를 거부하는 내담자의 심리적 저항을 볼 뿐 아니라 자신도 알지 못한 채 진정한 부모인 하나님을 찾는 영적 갈망을 그 속에서 발견하고 있다. 이 때문에 그는 그가 지향하는 통합적 접근에서 이러한 전이현상에 대해 양면적인 태도를 나타낸다.

한편으로 그는 May 등과 마찬가지로 상담자와의 관계 속에 일어나는 전이현상에 매우 유의할 필요가 있음을 강조한다(이만홍, 2006). 실제로 그것이 내담자의 에너지와 감정을 하나님이 아니라 상담자에게 몰입하도록 만들 수 있기 때문이다. 그러나 또 한편으로 이만홍은 심리치료와 마찬가지로 영성지도에서도 역시 전이의 발생을 어느 정도 불가피한 일로 보고, 그가 지향하는 영성상담에서 그런 전이감정을 무조건 지양(止揚)하기보다 적절히 다루어 주는 것이 중요하다고 주장한다. 여기서 적절히 다루어 준다는 것은 곧 앞서 언급한 것처럼 그 속에 감춰진 갈망이 인간 대상이 아니라 하나님을 향할 수 있도록 이끌어 주는 것을 말한다. 이를 위해 상담자는 일차적으로 심리상담의 방법을 통해 내담자로 하여금 자기 안에 있는 심리적 욕구와 갈망을 스스로 직면할 수 있도록 도울 필요가 있다. 그러나 내담자의 그러한 욕구와 갈망은 상담자 자신을 포함한 다른 인간과의 관계에서 채워질 수 없다는 것을 깨닫고 대신 하나님을 바라보도록 이끄는 것이 그가 말하는 '통합적 접근'이다. 바로 이 지점에서 그의 상담은 심리상담을 넘어 영적 지도로 넘어가게 된다. 따라서 이만홍이 지향하는 통합적 접근은 심리상담과 영적 지도를 단계적으로 시행하는 일종의 단계적 접근방식이라 할 수 있다.

지금까지 살펴본 바와 같이, 이만홍의 영성상담은 내담자로 하여금 상담자나 다른 어떤 사람을 통해서 자신의 깊은 내적 욕구가 충족될 수 없다는 것을 스스로 깨닫게 하고 대신 하나님을 바라볼 수 있도록 돕는 방식이라 정리할 수 있다. 이만홍은 이러한 상담의 과정에 대해 묘사하기를 상담자는 세례요한의 소명이 그랬던 것처럼 내담자의 마음속에서 점점 작아져야 하고 반면 예수님의 존재는 내담자의 마음속에 점점 커지고 중심에 자리하게 되어야 한다고 말한다(이만홍, 황지연, 2009, p. 245). 다시 말해, 이 과정에서의 상담자의 역할은 내담자의 전이욕구를 적절히 좌절시킴으로써 예수님께 자리를 내주고 물러나는 것이라는 의미이다.

그런데 이러한 이만홍의 지론에 대해서도 필자는 함께 생각해 볼 만한 한 가지 물음을 던져 본다. 우선 생각할 점은 내담자에게 적절한 좌절이 필요하다는 것은 역으로 그의 전이감정에 대한 상담자의 적절한 수용과 공감이 우선적으로 이루어져야 한다는 의미라는 점이다. 내담자로 하여금 상담자가 적절한 좌절을 경험하게 한다는 것은 그의 감정을 충분히 있는 그대로 공감하고 수용하는 동시에 그렇게 그것을 적절히 좌절시킨다는 의미이기 때문이다. 그렇다면 여기서 상담자의 수용과 공감은 내담자의 심리적 '환상'을 단지 불가피하게 어느 정도 허용하는 일에 지나지 않는가? 아니면 그러한 상담자의 수용과 공감이 내담자로 하여금 자신의 심리적 한계를 넘어 보다 진정한 하나님을 찾아가도록 돕는 어떤 적극적 역할을 한다는 것인가? 필자는 후자가 정답에 가깝다고 볼 수 있는 근거를 몇 가지 신학과 심리학 이론들 속에서 찾아보고 제시하고자 한다. 그런데 이에 앞서 마지막으로 더 살펴보기 원하는 것은 기독(목회)상담학자 권수영이 말하는 영성과 상담의 통합방안이다.

3) 권수영의 통합론

권수영(2006)의 방법론적 고민은 기독상담자의 역할이 내담자 안의 "왜곡된 하나님 이미지를 분별하여 내담자를 자유롭게 하는 일"(p. 260)로 끝날 것인가, 다시 말해 자신의 내적 문제를 직면하도록 돕는 데서 끝날 것인가 하는 물음으로부터 출발한다. 즉, "남은 내담자의 영적인 과제는 하나님이 처리하실 문제로 치부해도 되는가?" 이것이 아니라 상담자가 여기서 하나님과 내담자 사이를 잇는 보다 적극적인 역할을 감당할 수 있다면 그것은 어떤 역할인가 하는 질문으로부터 출발한다. 권수영(2006)의 답은 요컨대 상담자의 "공감적 임재(empathic presence)"를 통해 내담자가 하나님의 실재를 인식하도록 돕는 적극적 "촉매 역할"을 할 수 있다는 것이다. 권수영(2006)이 제시하는 구체적인 실례는 다음과 같은 것이다.

상1: 저랑 기도할 준비가 되셨으면, 다시 한 번 조용히 기도하면서 하나님의 음성을 들어 보세요. [내담자의 집중]

내1: [5분간 침묵 기도]

상2: 눈을 뜨시고 하나님의 음성을 어떻게 들으셨는지 말씀해 주실 수 있을까요?

내2: 네, 예전에 말씀드렸던 것 같은데…… 더 이상 나태한 죄악 가운데 있지 말고 돌아오라는 목소리가 들리네요.

상3: 제가 느끼기에는 그 목소리는 다소 무서운 목소리 같은데…… 어떠세요. [상담자의 공감]

내3: 글쎄요……. (침묵)

상4: 당신이 하나님 음성을 들을 때 당신이 어떻게 느낀다고 하나님께 말씀드려 보시겠어요. 아니, 이렇게 하지요. 나를 하나님이라고 생각하시고 눈을 감으시고 자신이 어떻게 느낀다고 고백해 보세요. 자…….

(내담자의 손을 잡는다) [상담자의 임재를 통한 통합]

내4: (오랜 침묵 후 떨리는 목소리로) 저…… 사실 많이 힘들어요. 두렵기도 하고요. (울먹이는 목소리로) 저…… 정말 무섭고 앞으로 어떻게 살아야 할지 또 사람 만나는 일이 제일 무서워서…… 제가 잘못한 것도 있지만 사람들은 너무나 나를 쉽게 내팽겨쳐 왔어요. 하나님, 아시잖아요. 정말 어떻게 이런 일이 내게 일어났는지 화도 나고 힘이 쫙 빠지기도 해요. 하나님, 이제는 저 좀 도와주세요. (상담자의 손을 더욱 꽉 잡고 계속 흐느낀다)

상5: 너무 감사해요. 마음의 느낌을 처음으로 표현하는 일이 힘들었을 텐데…… 하나님도 이런 이야기를 당신에게 할 것같이 느껴지는데요. 얼마나 당신이 속마음을 나누는 것을 기다렸는지 모른다고…… 앞으로는 어떠한 마음을 털어놓아도 늘 기다리고 힘을 주고 싶으시다고…… 정말 당신을 구원하고 인도하시는 성령으로 남고 싶다고 말이에요.

내5: (계속 흐느끼고, 오랜 침묵 후) 이제 기도를 다르게 할 수 있을 것 같아요. 사실 그간의 기도는 저만 독방에서 아무도 못 듣는 기도를 하는 느낌이었어요. 물론 하나님은 그 방에 안 계시고…… 정말 이제는 하나님을 느끼는 기도를 드릴 수 있을 것 같아요. [내담자의 영성의 내용과 기능의 통합] (권수영, 2006, pp. 269-270)

사실 이 사례의 상4에서와 같이 상담자가 내담자의 손을 잡고 “나를 하나님이라 생각하라.”며 감정고백을 유도하는 것은 영성지도에서만 아니라 전통적인 정신분석의 견지에서 보더라도 상당히 위험한 접근이며, 상담자가 매우 유의해야 할 행동일 수 있다. 이것은 내담자의 전이감정을 증폭시켜 상담자를 지나치게 의존하도록 만들거나 심리적으로 상담자와 하나님을 동일시하게 만들 우려가 있기 때문이다. 그러나 이러한 문제점에도 불구하고 여기서 우리가 인정할 수밖에 없는 것은 이러한 상담자의 접근이 내담자의 왜곡된 하나님상이 변화되는 계기로 작용했다는 점이다. 상담자의 손을 붙잡고 기도하는 내담자의 하나님상이 내담자를 정죄하고 외면하시는 하나님에서 내담자를 안타깝게 바라보시며 그에게 힘주시기를 원하시는 하나님상으로 변화되었다. 권수영(2006)은 바로 이처럼 심리적 대상이 변화하는 계기가 된 것이 바로 상담자의 "공감적 임재(empathic presence)"(p. 270)라고 이야기한다. 주로 하나님에 대해 사용하는 '임재'라는 용어를 상담자에게 사용한 이유는 아마도 그러한 상담자의 '공감적 임재'가 내담자를 하나님의 임재 경험으로 이끄는 '촉매 역할'을 했다는 사실을 강조하기 위해서일 것이다. 그런데 권수영의 논의에서 한 가지 아쉬운 점은 이러한 상담자의 '촉매 역할'에 대해서 보다 구체적인 신학적 · 심리학적 근거를 제시하고 있지 않다는 점인데, 필자가 다음에서 제시하려 하는 것이 바로 이와 같은 신학적 · 심리학적 논의이다.

3. 하나님의 공감에 대한 신학적 고찰

앞서 제시한 권수영 사례에서 내담자와 상담자 사이에 일어나는 일을 우리가 단지 심리학적 견지에서 살펴보자면, 특히 내4의 내담자 기도 중에 내담자 안에 일종의 전이감정이 일어나고 있는 것을 볼 수 있다. 그것은 이를테면 자신에게 따뜻하게 대해 주는 대상을 향해 내담자 안에 감춰져 있던 의존감정이 일어나는 것이다. 이에 대한 상담자의 반응은 상5에서 볼 수 있는 것과 같이 내담자를 "늘 기다리고 계시고 그에게 힘주시기를 원하시는" 하나님을 떠올릴 뿐 아니라 그 하나님의 마음을 자신 안에 느끼게 되는 것이다. 권수영이 '상담자의 공감'이라 표현한 이것은 내담자의 전이감정에 대한 반응으로 일어나는 일종의 역전이 감정이라 할 수 있다. 물론 여기서 필자가 말하는 전이/역전이는 고전정신분석학에서 말하는 전이/역전이보다 좀 더 포괄적인 의미로, 이를테면 상담자가 내담자와 자신을 무의식적으로 동일시하는 가운데 자신이 경험하고 믿고 있는 하나님을 내담자의 하나님으로 동일시하는 반응 같은 것을 말한다. 아마도 이 사례의 상담자는 이와 같은 심리적 과정에 의해 다음과 같이 말하는 것이라 볼 수 있다.

> 상5: …… 하나님도 이런 이야기를 당신에게 할 것같이 느껴지는데요. 얼마나 당신이 속마음을 나누는 것을 기다렸는지 모른다고…… 앞으로는 어떠한 마음을 털어놓아도 늘 기다리고 힘을 주고 싶으시다고…….
> (권수영, 2006, p. 270)

그런데 여기서 우리가 묻게 되는 질문은 과연 이러한 상담자의 '공감적' 이해가 단지 상담자의 주관적 심리의 투영, 즉 상담자 자신의 과거 경험과의 동일시나 내담자와의 내사적 동일시에 지나지 않는 것인가 하는 물음이다. 만일 이것이 그처럼 주관적인 심리적 반응임에도 불구하고 여전히 진정한 하나님의 이해라고 한다면 어떤 근거로 이것이 내담자의 하나님 이해보다 더 진정한 하나님 이해라고 할 수 있는가? 단순히 이것이 성경적인 하나님에 더 가깝다는 이유는 설득력이 적다. 왜냐하면 실제로 성경의 하나님은 때로 내담자의 말처럼 우리를 책망하시기도 하고 우리의 고통에 대해 침묵하시기도 하시는 분이시기 때문이다. 단지 긍정적인 하나님상이란 이유로 그것이 진정한 하나님이라 말할 수 없는 이유가 여기에 있다. 또한 May(2006) 등이 우리의 심리적 경험의 투영인 하나님과 실재의 하나님을 동일시하지 말도록 경계하는 이유가 여기에 있을 것이다.

May(2006)에 따르면, 이와 같은 상담자의 하나님 이해가 진정한 하나님 이해가 되는 것은 단 한 가지 경우, 즉 그것이 상담자 자신의 감정의 투영이 아니라 성령의 감동으로 주어진 것일 때이다(p. 76). 그런데 여기서 우리가 다시 묻게 되는 질문은, 그러면 성경의 감동으로 주어진 하나님 이해와 우리 자신의 감정의 투영으로서의 하나님 이해는 항상 다른 것이냐는 물음이다. 이에 대한 필자의 답은 아니라는 것이다. 다음에서 필자는 이러한 필자의 생각을 뒷받침하는 몇 가지 신학적 논거를 제시하고자 한다.

1) Moltmann이 말하는 하나님의 공감적 상호내주

첫 번째 신학적 논거는 Jürgen Moltmann이 말하는 하나님과 인간의 공감적 상호내주(mutual indwelling) 개념이다. Moltmann(1992)은 하나님의 계시와 인간의 경험은 서로 배치되지 않고 양립할 수 있다고 주장한다. 이것은 다시 말해 우리의 인간적 경험 속에서 하나님이 자신을 계시하실 수 있다는 의미이다. 필자는 이러한 Moltmann의 주장이 우리의 심리적 경험에도 적용될 수 있다고 믿는다. 즉, 앞의 사례에서처럼 상담자와 내담자 사이에 일어나는 감정, 생각, 심상을 통해서도 하나님은 당신이 어떤 분이심을 알게 하신다는 것이다. Moltmann(1992)에 따르면, 이것이 가능한 이유는 하나님께서 성령으로 말미암아 우리 피조물 가운데 내주(內住, indwelling)하시기 때문이다. 하나님은 그의 피조물 가운데 거하시며 그것들 안에서 자신이 어떤 분이심을 나타내신다. 이때 하나님은 여전히 피조물 자체와 구별되는 분이시기 때문에 Moltmann(1992)은 이러한 하나님의 내주를 “내재적 초월(immanent transcendence)”(p. 56)이라 부른다. 우리가 지금 논의하는 상담현장에서 이러한 하나님의 ‘내재적 초월’은 하나님이 우리의 생각, 감정, 심상과 동일시될 수 있는 분은 아니지만 그럼에도 불구하고 그러한 우리의 생각, 감정, 심상을 통해 자신을 나타내신다는 의미로 이해할 수 있다.

그런데 Moltmann(1992)이 말하는 하나님의 내주(쉐키나, Schekina)는 우리 안에서의 하나님의 자기계시이기 전에 우리에 대한 하나님의 공감(empathy)을 의미한다(p. 80). 즉, 그가 우리 가운데서 우리의 상황과 마음을 함께하신다는 것을 의미한다. 그런데 하나님께서 ‘내재적 초월’이라는 것은 하나님께서 이렇게 우리의 상황과 마음속에 함께하시지만 그런 하나님이 하나님의 전부가 아니라는 것을 의미한다. Moltmann(1992)에 따르면, 하나님의 쉐키나는 하나님의 자기분리(Ent-selbstung)이다(p. 78). 즉, 하나님은 우리 인간의 유한한 현존 속에 동참하실 때 그의 하나님되심으로부터 분리된다.

흥미롭게도, 여기서 하나님의 공감적 내주와 상담자의 공감적 임재 사이의 유사성을 발견하게 된다. 상담자의 공감 역시 자신의 자리를 일시적으로 떠나 내담자의 삶의 자리에서 내담자의 마음을 함께하는 일이기 때문이다. 이런 의미에서 이만홍과 황지연(2007), 권수영(2012) 등이 상담자의 공감을 예수 그리스도의 성육신에 비교하는 것은 전혀 이상한 일이 아니다. 그런데 필자는 이러한 양자의 유사성이 단순히 우연이라고 생각하지 않는다. 하나님의 공감과 인간의 공감 사이의 유사성은 하나님과 인간 사이의 페리코레시스(perichoresis), 즉 역동적 상호내주의 결과로 설명될 수 있다. Moltmann(2000)에 따르면, 세상을 사랑하시는 하나님은 자신을 우리에게 개방하시는 분이다(pp. 322-323). 즉, 자신을 열고 우리 인간을 그의 사랑 안으로 초대하시며 그의 사랑에 동참케 하신다. 이것의 결과로 하나님의 사랑에 동참하는 우리 인간의 마음과 우리 서로 간의 사랑에 동참하시는 하나님의 마음이 서로 일치하게 된다. 필자는 서로 다른 존재인 하나님과 인간이 이렇게 서로 안에 거하면서 서로 하나가 되는 원리를 Moltmann의 페리코레시스 개념뿐 아니라 다음에서 살펴볼 Karl Barth의 관계적 유비 개념이 잘 설명해 준다고 생각한다.

2) Barth가 말하는 관계적 유비

하나님은 창조주이시지만 그의 피조물 가운데 함께하시는 분이라는 Moltmann의 내재적 초월 개념은 사실 Barth의 『교회교의학(Church Dogmatics)』에 이미 포함되어 있는 것이다. Barth(1957)는 "하나님이 그의 피조물과 완전히 다른 존재이면서도 그 피조물 자신보다 그에게 더 가까이 계신 분"(II/1, p. 313)이라 묘사한다. 이처럼 Barth는 Moltmann보다 앞서 이미 하나님의 내재적 초월에 대해 이야기했지만, 그럼에도 불구하고 Moltmann(1992)이 Barth신학을 하나님의 초월성(transcendence)만을 강조한 신학이라고 비판한 이유는 Barth가 하나님 자신은 인간에게 경험될 수 없다고 주장했기 때문이다. 그러나 정확히 말해서 Barth는 우리가 하나님을 경험하는 것이 불가능하다고 말한 것이 아니라 우리가 하나님을 직접적으로 경험하는 것이 불가능하다고 말한 것이다. Barth(1957)는 우리가 하나님을 직접적으로가 아니라 간접적으로, 하나님과 다른 제2의 대상(secondary objects)을 통해서만 경험할 수 있다고 했다(II/1, p. 16). 이것은 다시 말해 하나님께서 하나님 자신과 다른 대상을 통해서 우리에게 자신을 나타내신다는 의미이다.

Barth가 말하는 그 다른 대상은 우선적으로 인간 예수 그리스도를 의미하지만, Barth(1960)에 의거할 때 하나님을 나타내는 그 다른 대상은 또한 그 예수 그리스도의 이 땅에서의 실천에 동참하는 우리 자신이 될 수 있다. 그런데 Barth(1960)의 관계적 유비(analogia relationis) 이론에 의할 때 하나님이 어떤 분이심을 나타내는 것은 더 정확히 말해 우리 자신이라기보다 우리 서로 간의 관계성(relationship)이다(III/2, pp. 220-221). 이것은 곧 세상 사람들과의 관계 속에서 그리스도가 보여 주신 사랑이 하나님이 어떤 분이심을 나타냈듯이 우리가 우리 서로의 관계 속에서 그리스도의 사랑에 동참할 때 그러한 우리의 사랑의 관계가 하나님이 어떤 분이심을 나타낸다는 의미이다.

이러한 Barth의 관계적 유비 개념을 이 장의 맥락 속에서 재해석하자면, 그것은 곧 하나님께서 그리스도의 실천에 참여하는 상담자와 내담자의 상호관계 속에서 자신을 나타내시되 그 관계 속에서 서로가 경험하는 감정, 생각, 심상 등을 통해 자신을 나타내신다는 것이 된다. 이것은 다시 말해 하나님께서 당신을 상담자와 내담자의 상호관계 경험 속에서 나타내신다는 것인데, 여기서 그들이 경험하는 것은 엄밀히 말해 하나님 자신이 아니라 그들 서로 간에 일어나는 심리적 역동이나 감정, 이미지 등이다. 그러나 그럼에도 불구하고 이것이 하나님을 경험하고 하나님을 알아 가는 과정이라 할 수 있는 것은 하나님께서 그러한 그들 상호관계 속에 참여하시며 그 속에서 그와 같은 그들의 심리적 역동을 통해 자신을 나타내시기 때문이다.

3) Welker가 말하는 영의 기능

마지막으로 우리가 상담적 관계와 하나님과의 관계의 역동적 상호참여를 이해하기 위해 참고할 만한 또 하나의 신학적 개념은 Michael Welker가 말하는 영(spirit)의 개념이다. 상담자가 내담자의 자리에 들어가 그의 마음을 함께 느끼는 공감의 과정은 사실상 투사적 동일시나 내사적 동일시 같은 심리학 개념만으로 충분히 설명되지 않는 '신비한 과정'인 것이 사실이다(권수영, 2005, p. 108). 그런데 우리는 이러한 과정을 Welker가 말하는 '영(spirit)'의 기능으로 이해해 볼 수 있다. 성경에 의거하여 Welker(2012)는 영의 기능이 서로 떨어져 있는 두 인격체를 하나로 연결하는 일이라고 정의한다. 예컨대, 사도 바울이 고린도 교인들에게 "비록 내가 몸으로는 떨어져 있지만 너희가 모일 때 거기에 나도 영으로 함께 있다."(고전 5:3)고 한 것은 바로 영(spirit)의 기능이 서로 다른 인격체를 하나로 연결하는 일임을 시사한다. 이렇게 보면 다른 사람의 마음을 내 마음처럼 느끼는 공감(empathy)은 다름 아닌 영의 기능이라고 할 수 있다. Welker(2012)에 따르면, 하나님의 영(the Spirit of God)의 기능 역시 마찬가지이다. 하나님의 영이 우리에게 부어질 때 일어나는 현상은 본질적으로 서로 다른 존재인 하나님과 인간이 서로의 차이를 넘어 한 마음이 되는 것이다. 우리가 이러한 Welker의 성령론을 받아들인다면 우리가 비록 본질적으로 하나님과 다른 죄인이지만 우리가 서로를 향한 하나님의 마음을 알 수 있는 것은 바로 그처럼 둘로 하나가 되게 하시는 성령으로 말미암아 가능한 일인 것이다.

그런데 이러한 Welker의 성령론을 앞서 논의한 Moltmann의 페리코레시스와 같은 개념과 연결시켜 보면, 둘로 하나가 되게 하는 성령의 일은 단지 하나님의 마음과 우리 개인의 마음을 하나 되게 하는 일이라기보다 수평적인 인간관계와 수직적인 하나님과의 관계를 하나로 연결하는, 상당히 복잡한 관계적 상호작용의 양상이라 생각할 수 있다. 다음에서는 이처럼 복잡하게 느껴질 수 있는 성령의 일을 Heinz Kohut의 자기심리학적 관점에서 재조명해 보고자 한다.

4. 하나님의 공감에 대한 자기심리학적 이해

1) 자기대상으로서의 하나님

앞에서 필자는 상담현장에 우리와 함께하시면서 우리를 공감하시는 하나님의 공감을 여러 신학자들의 신학적 개념을 빌어 설명했다. 하나님께서 상담현장에서 이렇게 상담자와 함께 내담자의 자리에서 내담자의 마음을 공감하신다는 것은, Kohut의 이론에 따르면, 하나님께서 내담자의 자기대상으로 기능하신다는 것을 시사한다. Kohut(2007)에 따르면, 내담자에게 공감적으로 반응하는 대상은 내담자에게 이른바 자기대상 전이(selfobject transference)를 일으키기 때문이다. 물론 사람이 아닌 하나님이 내담자의 자기대상이 될 수 있느냐는 문제에는 논란의 여지가 있다. 상담현장에서 내담자의 자기대상이 되는 것은 일차적으로는 내담자가 현재적으로 인격적 관계를 맺고 있는 상담자이다. 이에 비해 하나님은 단지 두 사람의 대화의 주제이거나 마음에 떠올려진 이미지일 뿐 상담자처럼 직접 경험할 수 있는 대상이 아니므로 내담자의 자기대상이 될 수 없다고 하는 반론이 가능하다. 이에 대해 제시할 수 있는 첫 번째 대답은 내담자의 자기대상이란 엄밀히 말해 상담자 자신이 아니라 그의 심리내적 대상, 즉 그가 심리내적으로 경험한 대상이며 자기대상

경험은 내담자의 심리내적 경험이라는 것이다. 이것이 의미하는 바는 "자기대상이 반드시 사람이 아닐 수도 있다."(Jang, 2016, p. 25)는 것이다.

사람이 아닌 하나님이 어떻게 자기대상으로 경험될 수 있느냐는 물음에 대해 또 한 가지 할 수 있는 대답은, 앞서 제시할 Barth의 개념을 빌어 이미 설명하였듯이, 하나님은 직접적이 아니라 간접적으로 상담자라는 매개를 통해 경험된다는 것이다. 내담자가 직접적으로 경험하는 것은 하나님이 아니라 상담자이다. 그러나 내담자가 상담자와 갖는 경험 속에서 단순히 상담자가 아니라 그 너머의 하나님을 바라볼 수 있다면, 그리고 성령으로 말미암아 내담자가 단지 상담자의 마음이 아니라 자신을 향한 하나님의 마음을 경험하게 된다면, 이때 내담자의 자기대상은 하나님이 된다고 할 수 있다.

여기서 필자가 거듭 강조하는 점은, 이같이 내담자가 하나님을 자기대상으로 경험하는 것이 그의 심리내적 경험이라고 해서 그것이 실제 경험이 아니라는 의미는 아니라는 것이다. 우리는 그것을 성령의 개입으로 말미암는 실제적인 하나님 경험이라고 봐야 한다. 물론 실제로 하나님은 상담자의 매개를 통해 간접적으로 경험되고 그 경험을 내담자가 하나님 경험으로 인식하는 것 역시 상담자의 개입으로 말미암는다. 예컨대, 그것은 앞서 제시한 권수영의 사례에서처럼 상담자의 말을 통해 내담자가 자신을 기다리고 계시고 안타깝게 여기시는 하나님을 마음에 떠올리는 방식으로 이루어진다. 그러나 우리는 이것을 단순히 내담자의 마음속에서 일어나는 일이 아니라 내담자의 수평적 인간관계와 수직적 하나님 관계 사이에 역동적 일치가 일어남으로 말미암는 실제적인 하나님의 자기계시의 사건이라 보아야 한다.

Kohut(2007)이 말하는 자기대상 전이는 구체적으로 세 가지, 즉 거울 전이(mirroring transference), 이상화 전이(idealizing transference) 그리고 쌍둥이 전이(twinship/alter-ego transference)이다. 먼저, 거울 전이란 어린아이가 부모와의 관계 속에서 자신의 과대자기(grandiose self) 욕구를 수용해 주는 대상을 찾는 것을 말한다. 다음으로, 이상화 전이는 자신의 취약한 부분을 보호하고 채워 줄 수 있다고 믿는 이상적 대상을 부모와 동일시하는 것을 말한다. 심리상담에서 상담자의 공감적 반응은 내담자의 어린 시절에 부모와의 관계에서 좌절된 이러한 자기대상 욕구들을 다시 활성화한다. 그런데 우리는 상담현장에 함께하시는 하나님의 공감적 상호내주 역시 이처럼 내담자의 마음에 좌절되었던 자기대상 욕구를 재활성화한다고 볼 수 있다. 즉, 상담자가 하나님의 마음으로 그 내담자를 바라보고 그 마음을 전달할 때, 내담자는 그것을 통해 자신의 마음에 하나님을 그리며 그 하나님의 눈을 통해 자신을 바라보게 된다. 즉, 하나님이 보시듯이 자신을 사랑스럽고 소중한 존재로 인식하게 된다. 또한 그 하나님을 어린아이가 부모를 바라보듯이 이상화하게 된다. 즉, 부모와 같이 자신의 연약함을 보호하고 채워 주는 이상적 대상으로 바라보게 된다.

마지막으로, Kohut이 말하는 쌍둥이 전이는 상대방에게서 자신과 닮은 대상을 발견하며 그를 통해 자신의 소속과 정체성을 확인하는 심리기제이다. 내담자는 일차적으로 상담자를 이런 자기대상으로 동일시할 수 있지만, 더 나아가서 그들이 함께 나누는 이야기 속에서 그리스도나 제자들의 모습을 그러한 자신의 쌍둥이 자기대상으로 동일시할 수 있다. 예를 들어, 그리스도와 제자들의 고난과 부활의 이야기를 통해 자신의 현재경험의 의미를 찾으면서 위로와 격려를 얻는 것이 심리학적 견지에서는 일종의 쌍둥이 전이현상이라고 할 수 있다.

2) 부모의 매개적 역할

홍이화(2010)는 하나님이야말로 인간의 궁극적인 자기대상이라고 말한다(p. 256). 이 말의 내포적 의미는 하나님만이 온전하게 우리 인간의 자기대상 욕구에 부응할 수 있는 분이라는 것이다. 즉, 하나님만이 온전하게 우리의 존재적 가치를 반영해 주시며 어떤 상황에서도 우리의 연약함을 보호해 주시는 분이라는 것이다. 또한 우리는 예수 그리스도와 동행하는 삶 속에서 우리의 진정한 자기정체성과 소속감을 발견할 수 있다는 것이다. 그런데 이처럼 하나님만이 온전한 인간의 자기대상이 될 수 있다는 것은 하나님이 아닌 인간은 서로에게 자기대상으로서 불완전한 존재일 수밖에 없다는 것을 시사한다. 그렇다면 이것은 인간이 서로에게 단지 헛된 우상이 될 수밖에 없다는 것을 의미하는가? 답은 반드시 그렇지는 않다는 것이다.

Barth(1960)의 인간론에 따르면, 우리 모두는 서로에게 하나님의 형상(imago Dei)이 되도록 지음받았다. 이것은 우리가 서로에게 하나님을 생각나게 하는 매개적 역할을 하도록 지음받았다는 것을 의미한다. 그러나 인간은 타락으로 말미암아 서로의 관계 속에서 이처럼 하나님의 형상으로서의 기능을 잘 감당하지 못하게 되었는데, 그 결과로 나타난 현상 중 하나가 곧 사람들 내면의 하나님상(internal images of God)의 왜곡이라고 할 수 있다. 그러나 예수 그리스도로 말미암는 하나님의 구속은 이러한 인간의 불가능성을 가능성으로 바꾸어 놓았다. 다시 말해, 우리는 하나님의 구속과 성령의 내주로 말미암아 다시 서로에게 하나님의 형상으로서 기능할 수 있게 되었다. 이 말의 의미는 우리가 하나님과 같아졌다는 것이 아니라 여전히 불완전한 존재인 인간으로서 하나님을 생각나게 하는 매개체가 되었다는 것이다. 하나님과 닮은 우리의 모습뿐 아니라 여전히 하나님과 같을 수 없는 우리의 실존적 한계를 통해 사람들을 하나님께로 인도할 수 있게 되었다는 것이다. Barth(1961)에 따르면, 이와 같은 하나님의 표상(the representation of God) 역할을 하도록 부름받은 것은 무엇보다 부모인데, 이와 같은 Barth의 부모론은 Kohut의 자기심리학이 말하는 바와 일맥상통한다.

Kohut(2007)에 따르면, 부모는 자녀에게 일차적인 자기대상 기능을 한다. 부모는 자녀의 존재 가치를 반영해 주는 거울 대상이자 그들의 부족함을 메꿔 주는 이상적 대상의 기능을 한다. 상담자를 찾아오는 대부분의 내담자들의 문제는 그들의 부모가 일차적으로 이러한 그들의 자기대상으로서의 역할을 충분히 감당하지 못한 데 기인한다. 그런데 실상 그들의 부모뿐 아니라 우리 모두는 앞서 말한 것처럼 우리의 인간적 죄성 때문만이 아니라 인간으로서 우리의 현실적 한계로 말미암아 서로에게 하나님처럼 완전한 존재가 되지 못한다. 그러나 이것은 우리가 서로에게 전혀 좋은 자기대상으로서 기능할 수 없다는 것을 의미하지 않는다. 기독교적인 관점에서 말하자면, 우리가 성령 안에서 하나님과 서로의 관계 속에서 하나님의 형상을 자기대상으로 잘 내면화하게 될 때 우리는 그것을 통해 스스로를 잘 세워 갈 뿐 아니라 서로에게 좋은 자기대상이 될 수 있다. 다시 말하지만, 이것은 우리가 하나님과 같이 완전한 자기대상이 될 수 있다는 것을 의미하지 않는다. 하나님이 아닌 인간으로서 우리는 그처럼 완전한 자기대상이 될 수도 없고 또 될 필요도 없다. 왜냐하면 Kohut에 따르면, 사람은 적절한 좌절의 경험을 통해 성숙하게 되기 때문이다.

Kohut이 말하는 성숙은 세상에 자신의 욕구에 완전히 부응할 수 있는 대상은 없다는 것을 깨닫고 스스로가 어느 정도 자신을 위로하고 격려하는 자기대상 기능을 할 수 있게 되는 데 강조점이 있다. 반면, 기독교적 관점에서의 성숙은 그 강조점이 자신의 깊은 내적 욕구에 부응할 수 있는 대상은 오직 하나님 한 분밖에 없다는 사실을 깨닫는 데 있다. 어느 쪽이든 중요한 것은 자녀의 성숙을 위한 부모의 역할이 자녀에게 적절한 공감적 반응과 더불어 적절한 좌절의 경험도 주는 것이라는 점이다. 기독교적 관점에서 이러한 좌절이 필요한 이유는 그것을 통해 자녀가 하나님을 바라볼 수 있기 때문이다. 그러나 이것은 부모가 자녀에게 이러한 좌절을 일부러 경험하게 해야 한다는 것이 아니라 부모 자신도 현실적으로 연약하고 그래서 하나님을 필요로 하는 존재라는 것을 자녀 앞에 정직히 인정할 필요가 있다는 것이다. 이때 자녀는 부모를 자신과 같은 존재로, 다시 말해 쌍둥이 자기대상으로 동일시하고 부모가 바라보는 하나님을 함께 바라보면서 그 하나님을 자신의 하나님으로 내면화할 수 있게 될 것이다. 이러한 과정을 통해 자녀는 단순히 자기이상이나 부모상의 투영이 아닌, 진정한 하나님께로 한 발 더 나아갈 수 있게 된다.

3) 상담자의 매개적 역할

Kohut(2006)에 따르면, 사람의 심리적 문제는 대개 유아기 자기대상욕구의 외상적 좌절(traumatic fraustration)에 기인한다(홍이화, 2011, pp. 85-89 참조). 이것은 그 욕구가 충분한 수용의 단계를 거쳐 적절히 좌절되지 못하고 외상적으로 좌절되었기 때문이라는 것이다. 이러한 사람들의 진정한 문제는 그 외상적 좌절의 경험 자체보다 그러한 경험에 고착된 채 자라지 못하는 그들의 심리구조에 있다. 즉, 여전히 유아적 과대자기 환상에 매달리거나 유아기 때처럼 다른 사람들에게서 이상적 대상을 찾다가 거듭되는 좌절로 무력감에 빠지는 마음의 구조가 문제라는 것이다. 이러한 마음의 구조를 가진 사람들에게 상담자가 해야 할 일은, Kohut에 따르면, 과거 부모가 실패했던 부모로서의 역할을 다시 해 주는 것이다. 그것은 곧 상담자와의 관계 속에서 내담자의 감춰진 유아적 자기대상 욕구가 다시 활성화되도록 허용하고 그것에 대한 공감적 반응을 통해 그들의 정체되었던 자기발달이 재개되도록 돕는 것이다. 앞서 권수영의 사례로 다시 돌아가 보면, 상담자와 손을 맞잡고 기도하는 내담자 안에 감춰진 의존욕구가 일어나고 상담자는 그것에 대해 수용적 · 공감적으로 반응한다. 우리는 이러한 상담자의 반응이 부정적인 자기상과 하나님상에 매여 성장하지 못하던 내담자가 새롭게 자신과 하나님을 찾아가도록 돕는 기능을 하는 것이라 볼 수 있다. 여기서 주목할 것은 상담자가 이때 내담자에 대한 반응으로 자신 안에 일어나는 감정을 단지 자신의 마음이 아니라 하나님의 마음이라고 이해하고 있다는 것이다. 우리가 이러한 상담자의 직관적 이해를 인정한다면, 이때 하나님이 그를 통해 하고 계신 일은 곧 하나님 스스로가 내담자의 어린 시절 잃어버린 이상적 부모 역할을 하시는 것이다. 즉, 내담자의 전이욕구를 수용하고 공감함으로써 내담자의 자기대상으로 기능하시는 것이다. 그런데 이와 같은 하나님의 일은 실제로 상담자를 통해 이루어지기 때문에 이 장의 서두에서 언급한 것처럼 이것이 상담자에 대한 내담자의 지나친 의존을 초래해서 이후의 영적 성숙에 오히려 걸림돌이 될 위험성이 있다. 그러나 우리는 그럼에도 불구하고 이러한 과정이 내담자에게 잠정적으로 필요한 과정일 수 있다는 점을 인정해야 한다. 내담자가 이제까지 매여 있던 부정적인 자기상과 하나님상을 극복하고 하나님 안에서 새로운 자기를 찾아가기 위해 필요한 과정일 수 있음을 이해해야 한다는 것이다.

상담자가 내담자에게 해 주어야 할 역할은 부모의 역할과 마찬가지로 이와 같은 공감적 반응 외에 적절한 좌절을 경험하게 하는 것이다. 여기서 좌절을 경험하게 한다는 것은 부모의 경우와 마찬가지로 내담자를 일부러 좌절시킨다는 의미가 아니라 자신이 하나님의 마음으로 내담자를 바라보고 있지만 상담자 자신은 하나님이 아니라는 사실에 대해 정직해진다는 것을 뜻한다. 이렇게 할 때 내담자는 상담자를 하나님과 동일시하기보다 상담자 너머에 계신 하나님을 상담자와 함께 바라보며 그 하나님을 자기 안에 내면화하면서 성숙할 수 있게 된다. 여기서 중요한 것은 적절한 균형이다. 내담자의 공감경험도 좌절경험도 적절해야 한다. 내담자에게 이러한 두 가지 경험을 제공하는 상담자의 역할은 어느 쪽도 덜 중요하지 않고 그 어느 쪽이나 상담자 자신이 하나님과의 관계에서 바로 서 있을 때 가능한 일이다. 상담자가 하나님의 마음으로 내담자를 공감하는 일은 물론 성령의 개입이 있기 때문에 가능한 일이기도 하지만 또한 상담자 자신이 하나님 및 건강한 신앙공동체 안에서 하나님을 충분히 좋은 자기대상으로 내면화했을 때 가능한 일이다. 상담자가 내담자의 기대를 적절히 좌절시키면서 내담자가 상담자 자신이 아니라 하나님을 바라보도록 이끄는 일 역시 마찬가지이다. 이 역시 상담자가 하나님이나 다른 사람들과의 관계에서 자신의 과대자기 욕구를 충분히 객관화할 수 있을 만큼 성숙했을 때라야 가능한 일이다.

마지막으로 다시 강조할 것은 내담자의 인격적 · 영적 성숙이 계속적인 자기초월의 과정인 동시에 새로운 자기발견의 과정이라는 점이다. 그래서 이러한 내담자의 성숙을 위해서는 그들이 자신의 유아적 욕구를 스스로 충분히 통찰할 수 있도록 돕는 것도 중요하지만 그 이전에 그러한 내담자의 욕구를 하나님과 함께 충분히 수용하고 공감해 주는 과정이 중요하다. 이러한 공감적 관계 속에서 내담자는 새롭게 자신과 하나님을 발견하면서 이제까지의 미숙한 자기상과 하나님상에서 벗어날 수 있다. 다시 말해서 영적 성숙이라고 하는 것은 계속적인 자기재구성의 과정이다. 미숙한 자기를 극복하는 과정일 뿐 아니라 새롭게 자기와 하나님을 재발견하는 과정이다. Kohut이 말하는 자기구조(self structure) 속에는 비단 자기상만이 아니라 부모를 비롯한 중요한 타인들의 상과 하나님의 상이 그 자기상과 서로 연결되어 있다. 우리가 하나님과 관계를 맺는 것 역시 이러한 자기구조 밖에서가 아니라 그것 안에서 이루어지는 일이라 말할 수 있다. 따라서 영적 성숙이란 하나님과 사람들과의 관계에서 이러한 자기구조가 새롭게 재구성되어 가는 과정과 분리될 수 없는 것이다.

5. 나오는 말: 둘이 하나를 이루는 길

지금까지 필자가 주장한 것처럼 하나님의 마음과 우리가 서로를 향해 품은 마음이 상호 조응(照應)하는 것이 사실이라면 영적 식별은 동시에 심리적 식별이 될 필요가 있고 영성지도와 심리상담은 통합적으로 이루어질 필요가 있다. 이런 통합적 접근을 위해 먼저 필요하다고 여겨지는 것은 영성신학의 용어로 비아 네가티바(via negativa)의 길과 비아 포지티바(via positiva)의 길을 하나로 통합하는 방안을 찾는 것이다. 이제까지 영성지도의 전통은 자아의 현존을 넘어 진정한 하나님에게로 나아가는 비아 네가티바의 길을 우선시해 왔다고 생각된다. 이러한 전통의 영향을 심리학과의 대화를 시도한 May에게서도 찾아볼 수 있는데, 피지도자의 자기상이나 하나님상이 심지어 긍정적인 것일 때조차 하나님과의 관계 성숙에 걸림돌이 된다고 보는 시각에 나타나는 것이 그런 부정신학(negative theology)의 영향이다. 이러한 시각을 심지어 이만홍의 통합적 접근에서도 엿볼 수 있다. 즉, 심리상담의 역할이 내담자의 영적 성숙을 가로막는 심리적 걸림돌을 제거함으로 내담자가 하나님과 새로운 관계를 맺을 수 있도록 길을 여는 것이라는 주장에서 엿볼 수 있는 것이 바로 그런 것이다(이만홍, 황지연, 2007, p. 256). 이런 시각은 영성수련에서 하나님과 피조물인 우리 사이의 비유사성을 강조하면서 자기를 비움을 통해 하나님께 나아가는 무념적 방식(無念的 方式, apophatic way)에 가깝다.

한편 필자는 영성수련에도 무념적 방식만 아니라 유념적(有念的, kataphatic) 방식이 있는 것처럼 심리상담과 영성지도의 통합에 있어서도 비아 네가티바의 길과 더불어 비아 포지티바의 길이 있다고 생각한다. 관상기도의 전통에 있어 이 비아 포지티바의 방식은 하나님과 피조물 사이의 유사성을 긍정하는 접근으로 비록 불완전한 피조물이라 할지라도 그 속에 하나님의 형상이 담겨 있다고 믿으며 그러한 대상을 통해 하나님께로 나아가는 길을 모색했다(유해룡, 2002, p. 97). 이 장에서 필자는 이와 비슷하게 내담자와 상담자가 서로간에 경험하는 감정, 생각, 이미지 등을 통해 하나님을 경험할 수 있다고 주장했다. 이만홍이 말하고 있는 것처럼 내담자의 전이감정 속에 감춰진 인정과 사랑에의 갈망이 본질적으로 하나님을 찾는 갈망이라면, 그러한 갈망을 그들의 안에 두신 하나님은 단지 그것을 초월해 계신 분이 아니라 거기에 응답하시는 분이라 믿는다. 상담자는 이와 같은 하나님의 공감적 실천에 동참함으로써 내담자의 하나님과의 만남을 주선할 수 있다.

유해룡(2002)은 비아 네가티바와 비아 포지티바 둘 중 어느 한 가지만으로는 하나님과의 온전한 일치에 이를 수 없다고 주장한다. 하나님께 나아가기 위해서는 하나님과 자신에 대한 상(像)들이 계속해서 극복되어야 하지만 다시 새롭게 형성된 자신과 하나님의 상들을 통하지 않고는 우리가 영이신 하나님과 교제하는 것이 불가능하기 때문이다. 요컨대, 영적 성숙이란 하나님과 사람들과의 관계 속에서 이러한 자신의 상들에 대한 긍정과 부정의 변증법을 거쳐 참 하나님 형상을 이루어 가는 과정이라고 표현할 수 있을 것이다.

참고문헌

권수영 (2005). 기독(목회)상담에서의 공감: 성육신의 목회신학적 성찰. **한국기독교상담학회지, 10**, 107-140.

권수영 (2006). 기독(목회)상담에서의 영성: 기능과 내용의 통합을 향하여. **한국기독교신학논총, 46**, 251-275.

유해룡 (2002). **하나님 체험과 영성 수련**. 서울: 장로회신학대학교출판부.

이만홍 (2006). **영성치유**. 서울: 한국영성치유연구소.

이만홍, 김미희 (2014). 심리치료와 영성지도에 있어서의 치유관계. **상처 주는 관계, 치유하는 관계: 2014년 한국목회상담협회/학회 봄학술대회 자료집**, 110-133.

이만홍, 황지연 (2007). **역동심리치료와 영적탐구**. 서울: 학지사.

홍이화 (2010). 자기 심리학 이야기(4): 자기의 구축. **기독교사상, 622**, 246-259.

홍이화 (2011). **하인즈 코헛의 자기심리학 이야기 I**. 서울: 한국심리치료연구소.

Barth, K. (1957). *Church Dogmatics II/1* (tr. G. W. Bromiley, et al.). Edinburgh: T. & T. Clark. (originally published in 1940).

Barth, K. (1960). *Church Dogmatics II/1* (tr. G. W. Bromiley, et al.). Edinburgh: T. & T. Clark. (originally published in 1948).

Barth, K. (1961). *Church Dogmatics II/1* (tr. G. W. Bromiley, et al.). Edinburgh: T. & T. Clark. (originally published in 1951).

Hunsinger, Deborah Van Deusen (2000). **신학과 목회상담** (이재훈, 신현복 역). 서울: 한국심리치료연구소. (원저 1995년 출판).

Jang, J. E. (2016). *Religious Experience and Self-Psychology: Korean Christianity and the 1907 Revival Movement*. New York: Springer Nature.

Kohut, H. (2006). **자기의 회복** (이재훈 역). 서울: 한국심리치료연구소.

Kohut, H. (2007). **정신분석은 어떻게 치료하는가?** (이재훈 역). 서울: 한국심리치료연구소.

May, G. (2006). **영성지도와 상담** (노종문 역). 서울: IVP. (원저 1982년 출판).

Moltmann, J. (1992). **생명의 영** (김균진 역). 서울: 대한기독교서회. (원저 1991년 출판).

Moltmann, J. (2000). *Experiences in Theology: Ways and Forms of Christian Theology* (tr. Margaret Kohl). Augsburg, MN: Fortress Press.

Welker, Michael (2012). *The Theology and Science Dialogue: What can Theology Contribute: Expanded Version of the Taylor Lectures, Yale Divinity School 2009*. Neukirchen-Vluyn: Neukirchener Theologie.

기독(목회)상담과 슈퍼비전

이명진
(다움상담코칭센터 대표)

1. 들어가는 말

필자는 연세대학교 연합신학대학원을 비롯한 다양한 상담교육 기관에서 20년 가까이 기독(목회)상담 슈퍼바이저의 역할을 담당해 왔다. 그동안 기독(목회)상담자가 되고자 하여 훈련을 받는 많은 사람들의 임상을 지도할 수 있었던 것은 매우 감사하고 보람 있는 경험이었다. 이제까지 기독(목회)상담자로, 또 기독(목회)상담 슈퍼바이저로 일을 하면서 필자의 마음속에서 늘 떠나지 않고 맴돌았던 질문은 "기독(목회)상담은 과연 일반상담과 어떻게 달라야 하며, 또 기독(목회)상담 슈퍼비전은 일반상담 슈퍼비전과 어떻게 달라야 하는가?" 하는 것이었다. 이 장은 그동안 이 질문에 대한 답을 구하고자 애쓰면서 다듬어져 온 필자의 기독(목회)상담 슈퍼비전에 대한 견해이다.

이 장에서는 용어 사용에 있어 일관성을 기하기 위해서, 임상지도나 훈련은 '슈퍼비전(supervision)'으로, 임상감독은 '슈퍼바이저(supervisor)'라는 용어로 통일하여 사용하였고, 지도를 받는 실습상담자에 대해서는 '슈퍼바이지(supervisee)' 또는 '수련상담자'라는 용어를 사용하였다.

2. 슈퍼비전의 정의와 목적

슈퍼비전에 대해서는 다양한 정의가 존재하지만, 그중에서도 Bernard, Goodyear(2004/2008)는 슈퍼비전과 슈퍼바이저가 하는 역할에 대해 다음과 같이 정의하였다. 즉, 슈퍼비전은 같은 전문직에 있는 후배 회원을 위해 선배 회원에 의해 제공되는 독특한 개입으로서, 이들의 관계는 평가적이고, 시간을 두고 지속되는 훈련과정이다. 그리고 슈퍼바이저는 수련상담자의 전문가로서의 기능을 향상시키고, 내담자에게 제공되는 서비스의 질을 모니터링하며, 전문 상담 직종에 입문하고자 하는 사람들을 위해 수문장의 역할을 수행한다고 정의하였다. 슈퍼비전은 교육과 평가, 자문, 상담과 심리치료 등을 포함하는 포괄적이고도 독특한 개입이며, 따라서 슈퍼바이저는 교수, 상담자, 자문, 선배 등의 다양한 역할을 수행하게 된다(방기연, 2003).

이와 같은 정의에서 필자가 주목하게 되는 단어는 '수문장'이라는 말이다. 흔히 수문장은 문을 지키고 서서, 그리로 드나드는 사람들이 안으로 들여보내도 될 사람인지, 또 내보내도 좋을 사람인지를 검열함으로써 자신이 지키는 영역의 안보를 담당하는 기능을 한다. 필자가 특히 이 단어에 대해 언급하는 이유는, 그와 마찬가지로 기독(목회)상담 슈퍼바이저는 기독(목회)상담 영역의 수문장 역할을 해야 한다고 믿기 때문이다. 즉, 기독(목회)상담이 기독(목회)상담다워지려면 기독(목회)상담만의 독특성이 자칫 그 정체성에 혼란을 가져다줄 만한 잘못된 요인들에 의해 잠식당하지 않도록 지켜 내는 일을 기독(목회)상담 슈퍼바이저가 충실히 담당해야 한다고 생각한다.

슈퍼비전을 하는 목적은 크게 두 가지로 생각할 수 있다. 하나는 교육적이고 지지적인 기능을 통해 수련상담자의 전문가로서의 발달을 촉진하는 것이고, 다른 하나는 내담자의 복지를 위하여 상담자가 내담자를 잘 보살피고 있는지 감독하려는 것이다. Loganbill 등(1982)은 슈퍼바이저의 최고의 책임은 수련상담자가 내담자를 제대로 보살피고 있는지 여부에 대해 잘 감독하는 것이라고 주장한다. 슈퍼비전은 상담자를 유능한 전문가로 성장시키기 위한 것임에 틀림없지만 실제로는 슈퍼비전이 내담자를 미숙한 상담자로부터 보호하기 위한 안전장치라는 것을 망각해서는 안 된다. 그러므로 기독(목회)상담 슈퍼비전은 내담자의 영적 차원까지 포함하는 전인적 안녕을 보장하기 위해 기독(목회)상담자를 감독하려는 목적을 지닌다. 기독(목회)상담 슈퍼바이저는 수련 기독(목회)상담자가 내담자를 육체적 · 정신적 차원뿐 아니라 영적인 차원에 이르기까지 행여나 잘못 인도하여 실족케 하는 일이 없는지 지켜보아야 한다.

3. 기독(목회)상담의 정체성과 수월성

기독(목회)상담 슈퍼비전의 내용과 방식은 기독(목회)상담이 어떤 것인가 하는 분명한 정체성 위에서 논의되어야 한다. 기독(목회)상담이 어떤 것이고, 왜 탁월한가에 대해서는 이미 앞에서 충분히 다루어졌을 것이므로, 이 장에서는 슈퍼비전과 관련되는 내용 몇 가지만 간단히 짚고 넘어가고자 한다. 필자는 일반상담과 차별화되는 기독(목회)상담의 정체성에 대해 강의할 때 다음의 몇 가지 사항들을 중요하게 이야기해 왔다. 그중에서도 강조하고자 했던 핵심적인 내용은 기독(목회)상담이 기독(목회)상담이 되려면, 기독(목회)상담자가 기독(목회)상담자다워야 한다는 것이다.

첫째, 기독(목회)상담자는 치료의 주체가 자신이 아니고 하나님이심을 인정하는 사람이어야 한다. 치료는 하나님께서 하시며, 자신은 단지 하나님의 사랑과 위로를 전달하는 대리자이고, 치료를 위한 도구일 뿐이라는 의식을 가진다. 따라서 전문가로서의 권위를 내세우기보다는 상대적으로 겸손한 태도로 수평적 관계의 맥락에서 내담자를 대하려 한다.

둘째, 기독(목회)상담자는 내담자를 바라보는 시각에 있어서도 일반상담자와 다르다. 내담자를 문제를 지닌 병리적인 사람으로 바라보기보다는 현재 병리적인 증상으로 인해 고통을 받고 있지만 하나님의 형상으로 지음받은 존귀한 사람이며 원래의 모습으로 회복이 가능한 존재로 바라본다. 따라서 내담자를 바꿔서 그의 문제를 해결하려는 관점보다는 내담자를 있는 그대로 수용하고 존중하면서 진정한 만남을 통해 전인적인 변화가 일어나도록 돕고자 한다.

셋째, 기독(목회)상담자는 자신의 상담현장에 하나님께서 함께하신다는 임재의식을 분명하게 지니며, 자신의 치료과정에 성령께서 역사하심을 믿는다. 따라서 자신의 치료방법을 내세우고 힘을 휘두르며 내담자를 통제하려 하기보다는 하나님의 때에 성령의 역사가 일어날 수 있도록 기다리는 자세로 상담에 임한다.

기독(목회)상담의 수월성(秀越性)과 관련해서도 세 가지 측면만 간단히 언급하고자 한다. 첫째, 기독(목회)상담에서는 일반상담에서 다루기 어려운 주제들에 대해서도 궁극적인 답을 제공할 수 있다. 내담자의 삶과 죽음의 의미, 창조주 하나님과의 관계의 회복, 이웃과 사회와 환경과의 관계에서 사랑과 정의의 실천, 죄의식과 용서의 문제 등 일반상담에서는 다루기 힘든 영역까지 심도 있게 다루게 된다. Collins는 기독(목회)상담의 영역은 단순히 치유의 차원을 넘어서 개인의 인격적 · 영적 성장을 추구하는 것이라 하였다(Bernard & Goodyear, 2004/2008). 오성춘(1993)은 목회상담의 장점과 자원에 대해 다음과 같이 표현하였다.

> 목회상담은 일반상담과 같이 인간의 정서장애, 성격장애, 인간완성, 행동수정 등을 통하여 인간의 정신적인 결함을 도우려고 하지만 단지 거기에만 머물지 않는다. 목회상담은 더 나아가서 능력과 사랑의 근원이신 하나님을 만나고, 그 분과의 교제를 통해 생명과 능력과 사랑을 공급받는 삶을 회복시키려 한다. 목회상담은 내담자의 궁극적인 질문에 대답하고자 노력하며, 궁극적인 관심을 가지고 인간을 돌본다.

둘째, 기독(목회)상담이 가지는 또 하나의 수월성은 사회체계를 향한 선지자적인 기능을 수행한다는 것이다. 기독(목회)상담에서는 한 개인의 심리내적인 문제나 대인관계적 문제에만 초점을 맞추는 것이 아니라 보다 큰 체계들을 치유하는 것에 관심을 가진다. Graham(1992)은 개인을 둘러싸고 있는 잘못된 체계의 변화를 추구하지 않는다면 그것은 개인을 부조리한 현실에 적응시키는 것밖에는 안 된다고 보았다. Oates(1974)도 목회상담이 선지자적인 목소리를 내며 내담자를 돌보기 위한 구체적인 노력을 함으로써 체계가 불의에서 정의로 변화되어 갈 수 있다고 제안하며, 기독(목회)상담의 선지자적 맥락을 강조하였다. 기독(목회)상담은 내담자로 하여금 자신이 처해 있는 환경과의 상호관계성에 대해 알게 함으로써 불의, 차별, 학대, 생태학적 무질서 등에 대해 의식화하여 새로운 변화를 추구할 수 있도록 촉구한다. 기독(목회)상담은 돌봄을 필요로 하는 사람에게 더 나은 긍정적인 환경을 조성하기 위해서 공적인 규정이나 법 제정의 필요성을 위해 선지자의 목소리를 내기도 한다.

셋째, 기독(목회)상담에는 일반상담의 근거가 되는 다양한 사회과학적 지식에 더하여, 그것과는 비교도 되지 않는 막대한 영적 자원이 존재한다. 성경말씀은 우리 삶의 모든 상황에서 바른 방향을 제시해 주는 나침반이 되어 준다. 기도는 하나님의 임재와 평화를 체험하게 하는 능력이 되며, 성령의 위로는 이 세상이 주는 어떤 평안함과도 비교할 수 없다. 그 위에 선하신 하나님의 성품을 믿는 믿음은 절망과 실의에서 내담자를 지켜 낼 수 있는 마지막 보루가 된다. 또한 교회 지체들 간의 사랑의 교제와 지원도 기독(목회)상담에서 활용할 수 있는 실제적인 자원이 된다. 기독(목회)상담자가 이런 영적 자원들을 효율적으로 잘 사용하게 된다면, 기독(목회)상담은 가히 대단한 위력을 발휘하게 될 것이다.

4. 기독(목회)상담 슈퍼비전의 내용

기독(목회)상담 슈퍼비전에서 무엇을 주로 다루어야 하는가, 다시 말해 기독(목회)상담 슈퍼비전의 내용이 무엇이어야 하는가는 앞서 언급한 바와 같이 기독(목회)상담의 정체성을 지키는 문제와 직결되어 있다. 기독(목회)상담의 정체성과 수월성을 어떻게 지켜 나갈 것인가가 기독(목회)상담 슈퍼비전의 내용이 되어야 한다는 것이다. 일반상담의 영역에서 다루는 슈퍼비전의 과제는 주로 상담 개입기술 훈련, 사례개념화, 상담자의 자기 인식 확장, 전문가 역할과 윤리 의식 고취 등이며, 이는 기독(목회)상담 슈퍼비전의 영역에서도 그대로 받아들여 수행해야 할 주요한 과제들이다. 그러나 기독(목회)상담 슈퍼비전은 기독(목회)상담자를 올바로 양성하기 위한 전문적 훈련의 과정이므로 그것만으로는 부족함이 있으며 그보다 더 핵심적인 과제를 수행할 필요가 있다. 기독(목회)상담 슈퍼비전의 과제는 기독(목회)상담의 궁극적 관심이 무엇이며 기독(목회)상담자가 어떠한 사람이어야 하는가라는 상담자의 정체성 문제와 결코 분리하여 생각할 수 없다.

근래 기독(목회)상담자를 교육하는 기관에서 행해지는 슈퍼비전의 양상을 살펴보면 아직도 심리학 이론에 근거한 사례개념화에 편향되어 있고, 기독(목회)상담 슈퍼비전만의 고유한 특성을 개별화하는 단계에까지는 이르지 못하고 있는 실정이다. 그러나 필자는 상담실습을 시작한지 얼마 안 되는 초심

자를 대상으로 하는 기독(목회)상담 슈퍼비전에서 심리학 이론에 근거한 사례개념화에 치중하게 되면 그것은 오히려 그들로 하여금 기독(목회)상담자가 되는 길에서 점점 멀어지게 만들 우려가 있다고 생각한다. 말하자면 기독(목회)상담 슈퍼비전에서는 슈퍼바이저가 심리학적 지식에 입각한 사례개념화에 치중할 것이 아니라, 슈퍼바이지가 기독(목회)상담자로서 자기 자신의 정체성을 확립해 나갈 수 있도록 분명한 목표의식을 가지고 영적·신학적 주제를 슈퍼비전에서 다루어 줌으로써 수련 기독(목회)상담자의 심도 있는 자기성찰이 일어날 수 있도록 도와주어야 한다는 것이다. 신학적인 성찰과 해석은 다루어도 되고 안 다루어도 되는 주제가 아니며, 내담자와 하나님과의 관계구조, 슈퍼바이지와 하나님의 관계구조를 다루려고 하는 분명한 의지가 슈퍼바이저의 기본철학으로 정립되어 있어야 한다.

기독(목회)상담 슈퍼비전은 수련상담자로 하여금 내담자의 삶의 한가운데에서 임상신학적 성찰을 할 수 있도록 도와주는 장이어야 한다. 기독(목회)상담 슈퍼바이저는 내담자의 삶과 고통의 상황을 살아 계셔서 역사하시는 하나님과의 연관성 속에서 매시간 신학적으로 성찰하려는 자세를 수련상담자가 몸에 익힐 수 있도록 이끌어야 한다. 상담자례의 축어록은 이론적인 분석보다도 신학적 성찰과 해석적 작업에 필요한 정보를 제공해 주는 자료로 활용되어야 한다. 기독(목회)상담 슈퍼비전의 역할은 수련상담자의 상담과정 안에서 역사하는 하나님의 실재에 대해 진지한 성찰을 가질 수 있도록 돕는 것이다. 더 나아가 수련상담자 자신의 신학적 신념과 하나님 인식이 상담과정에서 내담자에게 얼마나 강한 영향력을 행사하고 있는지 깨달을 수 있도록 돕는 것이어야 한다.

5. 기독(목회)상담 슈퍼비전의 핵심 과제: 신학적 성찰과 해석

신학적 성찰과 해석은 기독(목회)상담 슈퍼비전에서 다루어져야 하는 핵심 과제이다. 이 절에서는 기독(목회)상담의 현장에서 무엇에 대한 신학적 성찰이 일어나야 하는지 그 주제들을 보다 구체적으로 살펴보고자 한다.

첫째, 수련상담자는 내담자가 상담현장에서 제시하는 삶의 단편 속에서 그의 신학적 · 영적 인식 및 신념체계가 무엇인지 발견할 수 있어야 한다. 특히 내담자의 하나님 이미지가 무엇이며, 어떻게 그런 하나님 이미지를 가지게 되었는지 수용과 공감적 이해를 통해 탐색해 나아가야 한다. 여기서 기독(목회)상담 슈퍼바이저는 그런 하나님 인식이 내담자의 자기 인식, 행동양식과 삶에의 대처방식에 어떻게 작용하고 있는지, 또한 인식과 실제 삶 사이에 불일치가 존재하고 있지는 않은지를 수련상담자가 알아차릴 수 있도록 지도해야 한다. 내담자의 신표상을 탐색하는 것은 모든 기독(목회)상담에서 가장 중요한 과제라 할 수 있다. 상담자는 자신의 하나님 이미지에 대해서도 분명히 인식하고 있어야 하며, 상담과정 중에는 괄호치기를 잘함으로써 내담자와 쓸데없는 신학적 논쟁에 휘말리는 일이 없어야 한다.

둘째, 내담자의 신학적 · 영적 인식과 만남으로 인해 대조적으로 드러나는 상담자의 신학적 · 영적 인식은 무엇인지 자각할 수 있도록 도와준다. 수련상담자가 내담자의 상황을 접하면서 어떤 성서의 구절을 떠올리게 되었고, 어떤 신학적인 갈등을 느끼게 되었는가, 내담자의 상황을 놓고 어떤 기도를 하게 되었는가, 상담자의 하나님은 이 상황을 어떻게 바라보고 계시는가에 대해 슈퍼바이저가 심도 있는 질문을 던짐으로써 수련상담자 스스로 자신의 신학적 인식체계를 점점 더 분명하게 파악할 수 있도록 도와주어야 한다.

셋째, 내담자의 신학적 신념체계와 수련상담자의 신학적 신념체계가 기독

(목회)상담의 현장에서 어떻게 만나서 작용하고 있는지를 성찰할 수 있도록 이끌어 주어야 한다. Jordan(1986/2011)은 기독(목회)상담의 현장은 내담자와 상담자의 작용적 신학이 만나는 장이라 하였고, 이때 상담자의 작용적 신과 내담자의 작용적 신은 결탁을 해서도 충돌을 해서도 안 되고, 건설적인 방식의 대면이 적절하게 일어나야 한다고 말한다. 기독(목회)상담 슈퍼바이저는 수련상담자가 이 상담경험을 통하여 두 사람의 신학적 인식과 그에 따른 삶의 대처방식이 어떻게 충돌하고, 어떻게 조화되고, 어떻게 확장되었는지를 성찰할 수 있도록 도와야 한다. 기독(목회)상담자는 자신이 원하든 원하지 않든 임상신학자로서 상담현장에 서 있다. 학문적으로 체계화되어 있지 않다 할지라도 이들이 건전하고 분명한 신학적 신념체계를 형성해 나가는 것은 중요하다. 그래야 이들이 상담현장에서 건강치 못한 내담자의 신학적 관점이나 영적 태도와 만났을 때, 치료적 관계의 형성을 전제로 지혜롭지만 단호한 방식으로 도전과 직면을 수행할 수 있게 된다.

넷째, 기독(목회)상담 슈퍼바이저는 수련상담자가 이 내담자의 사례를 다루면서 기독(목회)상담자로서 어떠한 신학적 관점의 확장을 경험했는지, 즉 기독(목회)상담자로서 어떻게 성장했는지를 스스로 성찰해 볼 수 있도록 도와주어야 한다. 때로는 이 상담의 상황 속에서 어떻게 일하시는 하나님을 만났는지, 어떠한 하나님의 마음을 느낄 수 있었는지 신앙고백적 차원의 나눔이 일어나는 기회를 제공할 수도 있다. 그리고 자신의 상담이 진정 기독교적이었다고 말할 수 있는지, 무엇을 근거로 그렇게 생각하는지 질문함으로써 자기성찰을 통해 기독(목회)상담자로서의 자질을 향상시키고, 정체성 확립에도 도움을 줄 수 있다.

다섯째, 기독(목회)상담 슈퍼바이저는 수련상담자나 그의 내담자의 영적인 발달과 성장에 대해서 관심을 가지며, 영적분별력을 가지고 그들의 영적 상태를 평가하고 처방할 수 있는 능력을 갖고 있어야 한다. 겉으로는 일반적인 증상이나 호소문제로 보이지만 그 뒤에 보이지 않는 영적 역동성이 있지는 않은지 민감하게 분별하며 진단할 수 있을 만큼의 영적 감수성을 지녀야 한다. 기독(목회)상담자는 영적인 문제점들과 눈에 보이지 않는 악한 마귀의 조종에 대한 인식, 영적 전투에 대한 이해 등에 대해서 내담자가 고민이 되서 이야기할 때 공감적으로 이해를 하며, 건전한 신학적 해석을 제공할 수 있는 능력을 갖추어야 한다. 이를 위해서는 슈퍼바이저가 수련상담자와 그의 내담자의 성장과 변화를 방해하는 어둠의 권세에 대해 성경말씀에 근거한 예리한 통찰력을 가지고 대처할 수 있어야 한다.

여섯째, 기독(목회)상담자는 상담과정에서 내담자가 신앙적인 행위를 방어기제로 사용하는 것을 인식하며 병리적인 신앙의 양상이 어떻게 나타나는지에 대해서도 민감하고 올바르게 진단하며 치료할 수 있는 능력을 갖추어야 한다. 기독(목회)상담자가 내담자의 종교적 방어기제에 효율적으로 대처하지 못하면 내담자의 핵심 문제를 놓치게 되고, 결국 건강한 영성으로의 회복과 통합은 요원해진다(이명진, 2015). 기독(목회)상담 슈퍼바이저는 수련상담자가 내담자의 종교적 방어기제와 병리적인 신앙 양태를 식별하고, 그로 인해 내담자가 치르게 되는 대가를 알 수 있게 도와주어야 한다. 방어에 내재하는 모순적이고 상충하는 행동을 명료화하고 개인의 내면을 탐색하여 잃어버린 것을 찾아 애도할 수 있게 도와주어야 한다. 내담자의 병리적인 방어기제는 그가 우상처럼 모시고 있던 왜곡된 하나님 표상과 연결되어 있으므로 내담자가 참된 하나님을 만나도록 하고 스스로 방어기제를 내려놓을 수 있게 하는 방법을 제시해 주어야 한다. Jordan(1986/2011)은 이를 위해 기독(목회)상담자는 내담자의 거짓 신들의 정체를 밝혀내고 우상숭배에 도전해야 한다고 말한다.

일곱째, 기독(목회)상담 슈퍼바이저는 슈퍼바이지가 기독(목회)상담의 자원들을 효율적으로 활용할 수 있도록 지도해야 한다. 기독(목회)상담의 자원으로는 앞서 언급했듯이 선하신 하나님의 성품에 대한 믿음, 성경 말씀이 제시해 주는 방향성, 기도의 능력, 성령의 위로, 교회공동체 지체 간의 지지 등이 있다. 기독(목회)상담자는 상담의 과정 중에 강박적으로 하나님과 성경 말씀을 선포하고 기도를 해야 하는 것은 아니지만 자유롭게 경청과 나눔의 방식으로 하나님의 좋으신 성품과 예수 그리스도의 인격과 사역, 성령의 역사하심, 성경의 위대한 인물들의 삶의 이야기를 자연스럽게 다룰 수 있어야 한다(이관직, 2007). 기독(목회)상담 슈퍼바이저는 기독(목회)상담의 자원을 적절하게 활용하는 방법을 지도함으로써 초심 수련상담자에게 유능감을 길러 줄 수 있다.

결국 기독(목회)상담은 현재 내담자가 경험하고 있는 고통스러운 삶의 정황 속에서 자신의 하나님을 재발견하고, 상담자의 하나님과의 대비 속에서 자신의 하나님에 대해 검증하고, 때로는 잘못된 하나님 인식을 버리고 새로운 하나님을 발견해서 자신의 삶의 자리로 모셔 들이도록 돕는 과정이다. 기독(목회)상담자의 인도로 냉담하고 무서운 벌주시는 하나님의 이미지를 버리고 사랑과 용서와 축복의 하나님을 만나게 되는 과정이다. 이때 두 사람의 하나님은 교육, 설교, 훈계, 강요를 통해 만나지는 것이 아니라 상담자의 내담자 관점에 대한 무조건적 수용과 공감을 통해서 만남이 가능해진다. 먼저 기독(목회)상담자는 내담자의 하나님 이미지를 공감적으로 수용해 주어야 한다. 그 수용이 상담자의 하나님을 바라보게 만들고 받아들이게 만든다. 그러므로 기독(목회)상담 슈퍼바이저는 슈퍼바이지가 그러한 수용과 기다림을 통해, 하나님 임재를 표상하는 대리자로서 하나님의 사랑을 실천하는 도구가 되어서 내담자를 감싸 안아 주고 있는지, 예수님을 닮고자 애쓰는 모습으로 내담자를 대하고 있는지 스스로를 성찰할 수 있도록 이끌어 주어야 한다. 선한 목자이신 예수님의 심정이 상담현장에서 구체적인 모습으로 발현되고 있는지 돌아볼 수 있게 도와주어야 한다.

6. 기독(목회)상담 슈퍼비전의 방식

1) 슈퍼바이저-슈퍼바이지 대상관계와 평행과정

이관직(2010)은 슈퍼비전을 슈퍼바이저와 슈퍼바이지의 대상관계 경험을 통해 슈퍼바이지가 전문가로서의 '자기 정체성'을 견고하게 형성해 나가는 과정으로 이해한다. 그는 슈퍼비전을 통하여 슈퍼바이지는 슈퍼바이저와의 대상관계 경험을 '평행과정(parallel process)'의 역동성을 통하여 내담자에게 반복함으로써 치료적인 '대상'으로서 자리매김할 수 있게 된다고 말한다. 평행과정 또는 병렬과정의 개념은 슈퍼비전 실제에 있어 핵심적인 개념들 중의 하나이다. 평행과정은 슈퍼비전의 다양한 역동성 가운데 작용하지만, 특히 슈퍼바이저와 슈퍼바이지의 관계의 역동성이 슈퍼바이지가 내담자를 만나서 상담하는 현장에서 그대로 반복될 수 있다는 측면을 강조하는 개념이다. 예컨대, 고된 시집살이를 경험한 며느리가 자신이 시어머니가 되었을 때 역시 자신이 당했던 대로 자신의 며느리에게 고된 시집살이를 시키게 되는 것과 같은 이치이다. 즉, 어떤 분위기의 슈퍼비전을 받았는가에 따라서 수련상담자는 자신의 내담자를 같은 분위기로 상담하면서 안전한 대상이 되어 주지 못하고 오히려 위협적인 대상이 될 수 있는 것이다.

슈퍼바이저는 슈퍼바이지에게 언어로 지대한 영향을 미칠 수 있는 위치와 권위를 지닌다. 슈퍼바이저의 힘과 권위를 오용하여 파괴적인 언어로 슈퍼바이지를 깎아내리고 무력화시키며, 모욕감을 느끼게 하는 행동은 하나님으로부터 정죄를 받게 될 행동임을 각성해야 한다. 슈퍼바이지에게 상처를 입혀 좌절하게 만들고 상담자의 길을 포기하게끔 만드는 것은 하나님께서 자신에게 맡긴 귀한 사명을 저버리는 일이며 하나님께서 기뻐하지 않으신다. 역기능적인 슈퍼바이저는 슈퍼바이지로 하여금 눈치를 살피며 두려워하게 만들며 마음에 상처를 입힌다. 바람직한 기독(목회)상담 슈퍼바이저는 선한 목자인신 예수님처럼 슈퍼바이지를 돌보아야 할 양으로 여기며, 수련상담자로서의 불안과 애환을 이해하고 긍휼히 여기는 마음으로 대해야 한다. 그렇게 할 때 슈퍼바이지도 자신의 내담자를 바라볼 때 똑같이 긍휼히 여기는 마음과 따뜻한 시선으로 바라보게 될 것이다.

슈퍼비전을 하거나 슈퍼비전에 대한 슈퍼비전을 하다 보면, 종종 슈퍼바이지가 지나치게 방어를 하거나, 심지어 슈퍼비전의 긴장감을 견디지 못하고 울어버렸다는 보고를 듣게 된다. 이런 현상이 슈퍼바이저의 미숙함으로 인해 발생되어서는 물론 안 된다. 그러나 이것이 초심 슈퍼바이지의 자신의 치료능력에 대한 과신과 잘해 보려는 과도한 긴장 또는 자신 없음에서 비롯된 과도한 자책과 불안에서 나온 것이라면, 이런 경우에 슈퍼바이저는 치료의 능력은 하나님께로부터 오는 것임을 다시 한 번 상기하도록 이끌어야 한다. 씨를 뿌리고 물을 주는 것은 상담자의 일이지만 기르시고 열매를 맺게 하시는 분은 하나님이시라는 사실을 기억하게 할 때 상담회기 중에 가시적인 열매가 맺히지 않았다고 해서 자신이 비효과적인 상담을 한 것으로 여겨 자책하거나 좌절하지 않도록 도울 수 있다. 이를 위해서는 슈퍼바이저 자신도 똑같은 신념을 가지고 슈퍼비전에 임하는 것이 필요하다. 자신이 앞서 깨달은 것을 수련과정 중인 슈퍼바이지에게 최선을 다해 나누고자 할 뿐 그를 택해서 기독(목회)상담자의 길로 인도하시고 훈련시키시며, 하나님의 마음에 합당한 기독(목회)상담자로 기르시는 분은 하나님이심을 믿고 겸손한 마음으로 슈퍼비전에 임해야 할 것이다.

기독(목회)상담자나 기독(목회)상담 슈퍼바이저의 진정한 겸손은 하나님의 임재의식에서 나와야 한다. 기독(목회)상담자가 자신의 상담현장에 하나님이 계신다는 것을 인정해야 하듯이, 기독(목회)상담 슈퍼바이저는 자신의 슈퍼비전 현장에 하나님께서 함께하시며 보고 듣고 계신다는 임재의식을 분명하게 가지고 있어야 한다. 그를 통해 슈퍼비전 현장에서 하나님의 임재를 의식화하는 훈련을 받은 슈퍼바이지는 평행과정으로 상담현장에서 하나님의 임재를 인식하며 상담을 이끌어 수 있게 될 것이다(이관직, 2010).

2) 문제가 아니라, 사람을 만나게 하라

기독(목회)상담의 과정에서 무엇을 문제로 보아 무슨 개입을 하는가보다 어떻게 그 사람을 만나서 어떤 마음과 태도로 그를 도우려 하는가가 매우 중요한 것처럼, 기독(목회)상담 슈퍼비전에서도 어떻게 다루는가의 '방식'은 무엇을 다루는가의 '내용'보다 훨씬 더 중요하다고 생각한다. 그리고 그 방식을 결정짓는 가장 중요한 요인은 그 슈퍼바이저가 기독(목회)상담 슈퍼바이저다운 자질을 갖추고 있는가에 의해 좌우될 수밖에 없다.

상담에서는 언제나 내담자가 당면하고 있는 호소문제를 다루어 주어야 하는 것은 당연하지만, 우선 그 사람과 진정으로 만나는 과정이 선행되지 않는다면, 그 문제를 해결하는 길에 도달할 수 없다. 그러므로 기독(목회)상담 슈퍼비전에서는 슈퍼바이지에게 문제를 파헤치려고 집중하기를 그치고 무엇보다도 사람과 진정으로 만나는 방법을 가르쳐 주어야 한다. 내담자는 자신의 삶의 자리에서 위험과 고통을 감수하고 있고, 상담자는 그것을 목도하는 증인으로서 내담자에게 안전한 사람으로 여겨져야 한다. 그렇게 되기 위해서 기독(목회)상담자는 내담자와 같은 수준의 정서적 체험을 나누어 가질 수 있어야 한다. 기독(목회)상담에서의 공감은 인간을 이해하시려 성육신하기까지 하신 예수님의 마음에 닿아 있다. 기독(목회)상담 슈퍼바이저는 수련상담자가 어두운 인생의 골짜기를 통과하고 있는 자신의 내담자와 같은 정서적 체험을 나누며 그 골짜기를 함께 걸어가고 있는지 자신을 점검할 수 있도록 도와주어야 한다.

7. 기독(목회)상담 슈퍼바이저의 역할과 자질: 영성적 삶의 모델

기독(목회)상담 슈퍼바이저는 하나님께서 자신을 슈퍼바이저로 임명하셨다는 사실을 기억하고, 그 일을 자신에게 맡겨 주신 것에 대해 감사하며 명예롭게 여겨야 한다. 이 점에 대해 이관직(2010)은 각종 상담협회에서 감독 자격증을 주지만 자신에게 최종적인 자격을 부여한 것은 기관이 아니고, 예수님께서 여전히 부족함에도 불구하고 자격을 주시고 권위도 주시고 '기름 부어 세우셨다'는 것을 분명히 인식해야 한다고 말한다. 그는 이런 인식을 하는 슈퍼바이저는 일반 슈퍼바이저와는 다른 사명 의식과 정체성을 갖고 자신에게 맡겨진 슈퍼바이지를 '주님의 양'으로 양육할 수 있다고 말한다(이관직, 2010).

Bernard(1979)는 슈퍼바이저의 역할을 교사, 상담자, 자문가로 보았고, Holloway(1995)는 슈퍼바이저의 역할을 관계를 맺기, 가르치고 조언하기, 시범 보이기, 지지하고 경험을 나누기, 자문하기, 관찰하고 평가하기로 보았다. 이러한 역할들은 기독(목회)상담 슈퍼비전에서도 슈퍼바이저가 수행해야 할 역할들이다. 그러나 여기에서 필자는 기독(목회)상담 슈퍼바이저가 수행해야 할 두 가지 중요한 역할을 특히 강조하고자 한다. 그것은 슈퍼바이지에게서 신학적인 성찰과 해석을 격려하는 것과 영성적 삶의 모델링이 되어 주는 것이다.

기독(목회)상담 슈퍼바이저는 역할 수행에 있어 일반상담 슈퍼바이저와 분명히 구별된 태도를 취해야 한다. 기독(목회)상담 슈퍼바이저는 기독(목회)상담이 일반상담과 어떻게 다르며, 기독(목회)상담자는 일반상담자와 어떻게 달라야 하는지 분명한 관점을 정립하고 있어야 할 뿐 아니라, 내담자의 유익을 구함에 있어 영적인 차원까지 깊이 있게 고려할 수 있는 사람이어야 한다.

그 차이를 단지 머리로 인식하고 기술의 차원에서 가르치는 것이 아니라 슈퍼비전 현장 속에서 기독(목회)상담적인 가치를 삶의 모습으로 구현할 수 있는 사람이어야 한다. 슈퍼바이저는 지도하는 과정에서 경청, 수용, 공감, 일관성의 자세를 보여 줌으로써 수련 기독(목회)상담자가 슈퍼비전의 경험을 통해서 내담자에게 어떻게 반응해야 하는지 본을 보여 주어야 한다. 슈퍼바이저는 상담자로서는 자신의 내담자를 잘 공감하고, 슈퍼비전을 하면서 수련 상담자에게 공감의 중요성을 힘주어 가르치지만, 교육하려는 열성이 앞서기 때문에 수련생에게 공감하는 것에 실패하기 쉽다. 자신도 그 어려운 수련의 터널을 이미 통과해 왔음을 기억하고 초심 상담자의 심정을 이해하고 있음을 보여 주어야 한다.

필자는 기독(목회)상담자가 갖추어야 할 자질이 많이 있지만 그중에서 가장 중요한 것은 고통받는 자를 긍휼히 여기는 마음이라고 생각한다. 단순히 불쌍해하며 동정하는 마음이 아니라, 길을 잃어버린 어린 양을 가엾게 여겨 찾아나서시는 선한 목자 예수님의 마음과 같은 따뜻한 마음이다. 이관직(2010)은 슈퍼바이저는 목자이고, 좋은 슈퍼바이저를 만나지 못한 슈퍼바이지들은 목자 없는 길 잃은 양과 같다고 비유하면서, 기독(목회)상담 슈퍼바이저는 하나님께서 위탁하신 슈퍼바이지를 '선한 목자'이신 예수님의 마음을 가지고 목양적인 자세로 양육해야 할 책임이 있다고 말한다. 슈퍼바이지는 슈퍼바이저에게 맡겨진 양이고, 내담자는 슈퍼바이지에게 맡겨진 양이다. 슈퍼바이저로부터 긍휼히 여기는 대우를 받은 슈퍼바이지는 자신의 내담자를 긍휼히 여기는 마음으로 대우할 것이다.

기독(목회)상담 슈퍼바이저의 인격과 신앙이 균형 있게 지속적으로 발달하게 될 때 깊은 영성의 삶을 전인적으로 살아갈 수 있고, 그렇게 할 때 수련 기독(목회)상담자에게 하나님의 임재를 표상하는 대리자로서 진정으로 돕는 관계를 형성할 수 있게 된다. 슈퍼바이지를 평가하고 교육하며, 사례와 상담의 과정을 진단하고, 신학적으로 성찰할 수 있는 능력뿐만 아니라 삶 가운데서 성경 읽기와 기도, 묵상과 성찰의 작업을 통하여 끊임없이 영적인 능력을 재충전해야 한다. 기독(목회)상담 슈퍼바이저는 자신감과 전문적 능력을 갖추고 있어야 하지만 지도감독으로서의 진정한 권위는 하나님을 경외하는 섬김의 자세로부터 오는 것임을 인식하고 겸손하게 지도에 임하게 될 때 하나님께서 허락하신 귀한 사명을 감당할 수 있을 것이다.

8. 나오는 말

기독(목회)상담 슈퍼비전은 기독(목회)상담을 과연 어떻게 기독교적이 되게 할 수 있을까를 끊임없이 성찰함으로써 기독(목회)상담자의 정체성을 확립해 나아가는 일에 기여해야 한다. 권수영(2007)은 기독(목회)상담 슈퍼비전에서 진행되는 신학적 주제들의 재성찰은 우리 시대가 이 땅에서 필요로 하는 기독교 신학의 재구성을 위하여 가장 현재적이고 현상적인 재해석의 자료들을 제시하는 공헌을 하게 된다고 말한다. 기독(목회)상담 슈퍼바이저는 내담자의 삶과 씨름하는 임상현장에서 출발하여 새로운 신학의 방향성을 제시하는 데 중요한 역할을 해야 하는 임상신학자로서의 사명을 마음속에 되새겨야 할 것이다.

슈퍼비전의 현장은 단순히 교육이 일어나는 현장이 아니라, 상담현장에서 일어난 행동에 대해서 반추하고 깊이 성찰함으로써 성장과 변화가 일어나는 장이다. 슈퍼비전에서 깨달은 것은 다시 현장에 가서 행동으로 옮겨지는 검증의 과정을 거치며 슈퍼바이지에게 실천지(實踐智)로서 자리 잡게 되는 매우 역동적이고 순환적인 훈련의 체계이다. 슈퍼바이지가 슈퍼비전을 통해 성찰하는 시간과 공간을 갖고 자신의 상담현장으로 나아가듯이, 슈퍼바이저도 자신의 슈퍼비전에 대해서 성찰하는 시간을 가질 필요가 있다. 슈퍼비전 회기를 마친 후 스스로 또는 동료들과 함께 성찰의 시간을 가질 때 자신도 모르게 행한 잘못에 대해 점검하고, 슈퍼바이저로서의 유능감을 높일 수 있다. 다른 상담학회나 협회와 달리 한국기독교상담심리학회에서 수련감독에게 슈퍼비전에 대한 슈퍼비전을 받은 후에 감독이 될 수 있도록 정하고 있는 것은 기독(목회)상담의 정체성과 수월성을 지켜 나가기 위한 매우 바람직한 조치라 생각한다.

참고문헌

권수영 (2007). 기독(목회)상담, 어떻게 다른가요. 서울: 학지사.

권수영, 김필진, 박노권, 박민수, 신명숙, 안석모, 이관직, 이정기 (2007). 목회상담입문. 서울: 도서출판 목회상담.

방기연 (2003). 상담 슈퍼비전. 서울: 학지사.

오성춘 (1993). 목회상담학. 서울: 한국장로교출판사.

이관직 (2007). 상담과정에서 성경을 어떻게 연결시킬 수 있나요. 신앙자원과 목회상담. 한국목회상담협회 창립 25주년 기념 제13차 연례학술대회 자료집, 185-200.

이관직 (2010). 성경적 슈퍼비전. 서울: 도서출판 대서.

이명진 (2015). 종교적 방어기제에 대한 기독상담적 대응. 한국기독교상담학회지, 26(1), 113-140.

Bernard, J. M. (1979). Supervisor training: A discrimanation model. *Counselor Education and Supervision, 19*, 740-748

Bernard, J. M., & Goodyear, R. K. (2008). 상담슈퍼비전의 기초 (유영권, 방기연 역). 서울: 시그마프레스. (원저 2004년 출판).

Graham, L. K. (1992). *Care of persons and care of the worlds: A psychosystems approach to pastoral care and counseling*. Nashville: Abingdon.

Holloway, E. L. (1995). *Clinical supervision: A systems approach*. Thousand Oak, CA: Sage.

Jordan, M. R. (2011). 신들과 씨름하다 (권수영 역). 서울: 학지사. (원저 1986년 출판).

Loganbill, C., Hardy, E., & Delworth, U. (1982). Supervision: A conceptual model. *Counseling Psychologist, 10*(1), 3-42.

Oates, W. (1974). *Pastoral counseling.* The Westminster Press.

제3부

기독(목회)상담, 어떻게 치유하는가

기독(목회)상담의 진단*

정희성
(이화여자대학교 기독교학과 교수)

필자가 미국에서 임상훈련을 받기 위해 목회임상 전문센터를 다닐 때의 일이다. '진단'이란 과목을 수강하게 되었다. 임상에 오랜 경력을 가진 정신과의사가 DSM-IV를 주 교재로 하여 가르쳤다. 물론 대상은 기독교 상담 혹은 목회상담에 관심하는 목회자나 신학생들이었다. 추상적이고 현학적인 신학교에서의 학습과 달리, 내담자의 문제 상황에 대한 구체적 진단방법을 배울 수 있었다. 목회임상의 상황에서 자주 부딪히는 정신과의사, 사회사업가, 상담심리학자들과 공통의 진단 언어를 갖게 된다는 만족감도 느꼈다. 그러나 한편, 이 과정에 오기에 앞서 대부분의 학생들이 고민하고 씨름한 오랜 기간의 신학훈련이 내담자 문제 진단에 거의 고려되지 않은 점은 내내 아쉬웠다.

---

* 이 장은 다음의 논문을 수정 · 편집했다.
정희성(2002). 열린 체계로서의 목회임상진단. **목회와 상담**, 2, 250-282.

기독(목회)상담에서 내담자의 문제를 규명한다는 것은 이전의 신학학습을 모두 버리고 완전히 새로운 학문의 체계에 의존해야 하는 것일까?

기독(목회)상담에 관심하는 많은 학자들 역시 바로 이 문제를 질문한다. DSM을 비롯하여 일반진단의 체계가 나름대로 오랜 기간에 걸쳐 수정과 보완을 거듭하며 발달해 왔다.[1] 그렇지만 그렇다고 해서 기독(목회)상담의 진단이 일반진단 체계에 완전히 의존하는 것은 기독(목회)상담가를 찾는 내담자의 문제 진단에 적절하지 않다는 것이다. 일반진단 체계가 병이나 무질서, 죄 혹은 탈선과 같은 인간의 병, 결점에 관심을 가지는 반면, 목회적 진단체계는 구체적인 인간, 즉 구체적인 남자와 여자, 아동의 인간 상호관계에 더 관심을 가지기 때문이다(Pruyser, 2000, p. 134). 실제 일반진단 체계를 수업한 후 학생들에게 나름대로 자신의 문제나 내담자의 문제를 진단하고 이의 의의 및 한계를 생각해 보라는 과제를 내준 적이 있다. 대부분의 학생들은 일반진단 체계에 압도되어 자신의 건강한 면보다 병리와의 연관성 속에 자신을 이해하려는 경향을 보였다.

그래서 이 장에서는 목회상담 수업에 있어 필수적인 진단의 문제를 기독교적 관점에서 접근해 보고자 한다. 일반상담의 진단체계가 기독교 내담자의 문제를 규명하는 데 좋은 도구가 되어 온 것은 사실이다. 그러나 이의 영향 속에서 목회 신학 진단을 절대적이고 획일적인 체계로 이해하거나 일반 진단에 지나치게 종속시켜 이해할 필요도 없다. 목회 신학 진단은 기독교 전통의 풍부한 자료들을 자유롭게 사용하여 내담자의 문제를 다양한 방법에서 이해하는 열린 시도라 할 수 있다. 목회 신학 진단에 유용한 자료를 주는 세 학자의 이론을 통해 이러한 견해를 살펴보자.

1. Pruyser의 목회진단

종교적 배경을 가진 내담자의 상담에 많은 관심을 표명해 온 정신의학자 P. W. Pruyser는 임상의 상황에서 목회자는 자신의 학문 분야에 기초한 용어와 개념 사용에 보다 자신감을 가져야 할 것이라 주장한다. 그는 임상의 현장에서 기독(목회)상담가가 심리학적 용어를 지나치게 선호하여 내담자의 문제진단에 자신의 전공을 제대로 활용하지 못하는 경향이 있음을 지적한다. 그래서 심리학 역시 인간 경험에 대한 오용 가능성이 있는 하나의 학문적 접근임을 인식하고 기독(목회)상담가 자신의 전문성과 특성에 대한 자각을 해야 할 것이라고 한다(Pruyser, 2000, pp. 11-18). 다음의 주장처럼 신학 역시 심리학이나 정신의학과 마찬가지로 임상의 문제에 있어서도 나름대로 고유한 관점을 가지기 때문이다.

> 모든 학문은 각자의 독특한 실재를 다룬다. …… 여러 학문과 다양한 치유전문 분야들은 문제를 이해하는 데 여러 가지 다른 전문적인 관점을 제시하기 때문에 각 분야의 관점은 부분적이며 제한적이고 특별한 것이다. 어떤 관점도 다른 관점보다 더욱 실제적인 것은 아니다(Pruyser, 2000, p. 14).

이와 같은 주장은 역사 속에서 신학이 내담자의 문제를 진단하는 역할을 해 왔음을 Pruyser가 파악했기 때문이다. Pruyser는 교회 전통의 여러 글들이 목회진단에 유용한 자료였다고 본다. 예를 들면 1480년 도미니카 수도사들에 의해 쓰인 『Malleus Maleficarum』이 목회진단의 방법과 기술을 교육하려고 쓰였다고 본다(Pruyser, 2000, p. 30). 1746년 Edwards의 『종교적 감정에 관한 소고』 역시 영혼을 치료하기 위해 면밀한 신학적 분별력과 심리학적 분석이 필요하며 좋은 진단과 나쁜 진단에 대한 구별을 논한다(Edwards, 1746). 특별히 키르케고르(Kierkegaard)의 글들은 고도로 훈련된 신학적 수고는 세심한 자기진단의 과정과 매우 유사하다는 것을 보여 준다(Kierkegaard, 1974a, 1974b, 1981). Pruyser는 이러한 신학적 저작들이 교리적 확신에 의존하기 때문에 개인의 문제에 적용할 때 무리가 있기는 하지만, 신학적 관점과 진단의 깊은 연관성을 보여 주는 좋은 예임에는 틀림없다고 한다.

한편, Pruyser가 목회적 진단에 관심하는 주요한 이유는 그는 진단이 치료와 필수불가결한 관계에 있다고 보기 때문이다. 사려 깊은 치료작업이란 초기 진단을 보강하거나 보다 적절한 것으로 바꾸는 과정이다. 내담자의 문제는 이 같은 효과적 진단이나 평가를 통해 더욱 해결 가능한 방법에 접근할 수 있게 되므로 평가 자체가 치료의 효과를 가지기도 한다. 그러나 대부분의 기독(목회)상담가들은 자신들의 학문적 토대를 정신의학적 체계에 두어 목회진단의 상황에 아무런 영향을 미칠 수 없다고 생각한다. 이에 Pruyser는 기독(목회)상담가의 도움을 받으려는 내담자들의 경우, 자신의 문제를 보다 신학적 관점에서 이해하려 한다는 점을 지적한다. 따라서 목회자는 진단이 의학적 특권이라는 생각을 수정하고 보다 신학적이고 목회적인 언어로 진단에 참여하여 내담자의 문제해결을 적극 추구하라고 주장한다(Pruyser, 2000, p. 39).

내담자의 경험을 충분히 반영하면서도 신학적 진단으로서 사용될 수 있는 평가 기준은 거룩함, 섭리, 믿음, 은혜, 회개, 친교, 소명감이라고 Pruyser는 주장한다(Pruyser, 2000, pp. 57-78). 그런데 진단기준으로서 이 일곱 가지는 추상적이고 교리적 관점에서가 아니라 개인의 경험에 의미를 부여하는, 특히 인간의 경험과 구체적으로 연관하여 이해하는 것이 좋다. 가령, 거룩함을 진단기준으로 본다는 것은 내담자가 자기 스스로에 사로잡혀 있는 사람인가 아닌가, 혹은 내담자가 자신의 피조물성을 어느 정도 인정하느냐에 관한 질문이다. 섭리 역시 내담자가 왜 자신에게 이런 일이 일어나는 것인가와 같은 질문을 묻는 것과 연관되어 있다. 자신을 향한 하나님의 목적을 어떻게 받아들이느냐, 자신의 인생 속에 드러나는 선악의 혼합 비율을 어떻게 이해하는가, 얼마나 자신 혹은 상담가를 신뢰하는가, 얼마나 자신의 미래에 대해 낙관적인가와 같은 것이다. 진단 기준으로서 믿음 역시 자신의 삶에 대해 어떤 태도를 가지냐에 관한 것이다. 내담자가 이상과 현실에 대해 긍정적인 사람인지, 아니면 비판적이고 조심성이 많고 부정적 경향의 사람인지와 연관된다.

진단기준으로서 은혜 혹은 감사는 어떤 것을 무료로 얻게 되는 것에 관계된다. 즉, '누구의 용서도 나는 필요 없다.' 혹은 '누가 내게 신세를 졌으면 졌지 나는 부탁해 본 적이 없다.'와 같은 표현으로 자존심이라는 이름 아래 숨어 있는 자기부정, 강력한 자기 도취의 문제를 다룬다. 진단 기준으로서 회개는 불만족이나 고뇌의 상태를 넘어서서 보다 큰 행복의 상태에 도달하려는 자기주도성에 관한 문제이다. 이는 문제 상황에 대한 자신의 책임성 여부를 질문하는 것과 관련되어 자신이 전적으로 희생자인지, 환경에 책임이 없는지, 과잉 회개를 하고 있는지의 여부와 관련된다.

진단기준으로서 친교란 주변 인간과 친밀한 관계를 형성하려는 감정을 비롯하여 세계와 이웃에 대해 얼마나 개방되어 있느냐에 관련된다. 내담자가 자신이 속한 가족이나 공동체 속에서 소속감이나 소외감을 느끼는가, 혹은 자신의 주변 세계에 대해 폐쇄적인지, 고립되어 있는지, 또는 분리감을 느끼는지 아닌지의 여부를 평가하는 것이다. 마지막으로, 진단으로서의 소명감이란 내담자가 자신의 삶에 있어 창조의 섭리에 얼마나 기꺼이 참여하고자 하는 가의 여부이다. 이는 열정이나, 활력, 생동감과 같은 단어와 연관된 것으로 현재 내담자가 처한 문제나 위기 상황에 얼마나 적극적이며 건설적으로 참여하고자 하는가의 여부를 의미한다.

그럼 이와 같은 Pruyser의 진단체계가 실제 사례에 어떻게 적용될 수 있는지 다음의 사례를 통해 살펴보자. 내담자 A는 22세로 대학 3학년에 재학 중인 여학생이다. A는 끊임없이 자신을 사로잡는 이상한 생각에서 벗어나고 싶어 상담가를 찾아왔다. 가령, A는 수업을 하다가 교실에서 갑자기 소리를 크게 지르고 싶다고 생각하거나, TV에서 잔인한 장면을 보면 그 일이 자신에게도 일어날 것 같다고 반복하여 생각한다. 또한 문을 잘 잠갔는지, 가스를 잘 잠갔는지 같은 생각에 끊임없이 사로잡혀 있다. 누가 자신의 앞에 있으면 자기가 그를 때리거나 목을 조르거나 죽일 것만 같은 생각, 미친 할아버지가 길거리에서 설교하는 것을 보면 "막 소리 지르고 팍 때리고" 싶은 생각이 난다. 자살이나 살인, 정신질환과 같은 관계되는 이야기를 보거나 읽으면 더욱 그런 생각이 충동적으로 일어난다. 고등학교 2학년에 다닐 때에도 속옷을 입고 잠든 어머니의 목을 보고 뾰족한 칼로 찌를 것 같다는 생각을 하기도 했고, 오빠나 여동생을 보며 이들의 성기가 어떻게 생겼을까와 같은 추잡한 생각을 하기도 하였다(이장호, 최윤미, 1992, pp. 100-125).

일반 심리학의 접근을 통해 A는 다면적 심리검사, 면접, 가족 상황에 대한 조사를 받은 후 불안장애, 우울, 특히 강박장애라고 진단받았다. 그래서 A에게는 불안으로 인한 긴장 경감을 위한 이완훈련, 객관적 진단을 위한 MMPI, 또 어머니의 완벽함의 기대를 채울 수 없는 것에 대한 A의 감정 분석 등이 시도되었다. 또한 내담자의 단점보다 장점을 인지하고, 대인관계의 집단을 구체화하는 것, 대학교 3학년인 현재 상황에서 이 문제가 더욱 악화된 이유 및 촉발요인, 내담자의 성적 내용에 대한 의미를 추후 탐구하도록 하였다.

그러나 만약 A가 Pruyser를 찾아왔거나 Pruyser의 관점에서 기독교 상담에 관심하는 기독(목회)상담가를 찾아왔다면 다른 진단과정을 거칠 것이다. 먼저 기독(목회)상담가는 Pruyser의 이론에 근거하여 〈표 9-1〉과 같이 간단한 진단 체크리스트를 만들고 이에 기초하여 A의 상황을 체크할 수 있다.

〈표 9-1〉 Pruyser에 따른 목회진단 체크리스트: 내담자 A 사례

정도 / 진단	문제 정도 약함 1	2	중간 3	4	문제 정도 심함 5
거룩함					V
섭리					
믿음					
은혜					
회개					
친교					
소명감					

〈표 9-1〉의 Pruyser의 목회진단 체크리스트를 통해 보면, A에 가장 부각되는 문제는 거룩함의 문제이다. 진단으로서의 거룩함이란 앞서 간략히 살펴본 대로 내담자가 누구에게 사로잡혀 있는가의 문제이다. A의 경우, A의 삶을 최종적으로 통제하는 것은 'A를 사로잡고 있는 생각'이라 할 수 있다. Pruyser는 이를 '우상화'라는 말로 표현하는데, A는 어머니의 목을 찌르고 싶은 생각, 성에 대한 생각, TV나 지나가는 사람, 연극 등을 통해 드는 부정적이고 엽기적인 생각이 생각에 그치지 않고 자신을 사로잡아 이 강박적 사고를 거의 우상화하고 그에 수반된 공포를 거의 신성화하는 상태에 이르렀다.

따라서 Pruyser의 관점에서 A의 문제에 접근한다면, A의 치유를 위해 먼저 하나님의 거룩함과 현존이 강조될 것이다. 이는 구체적으로 여러 하나님의 이미지 중 모든 거짓된 신들 위에 있는 하나님을 상기시키고, A의 삶을 통제하는 여러 강박적 생각들은 하나님 앞에서 무너질 운명의 우상이라는 것을 상상케 하는 것이다. Pruyser는 하나님은 자유, 우상은 노예 같은 삶을 향하게 한다고 하였다(Pruyser, 2000, p. 123). 따라서 평화와 자유로운 하나님의 현존의 능력을 A가 명상하고 몸으로 느끼게 함으로써 강박적 사고에 대한 A

의 집착이 하나님의 능력으로 자연스럽게 사라지도록 도울 수 있다. A의 불안감 경감을 위해 긴장 이완훈련을 하거나, A의 어머니에 대한 복잡한 감정, 성욕, 기괴한 생각을 A가 자유스러운 분위기에서 표현하도록 돕고, 이의 실제 의미의 탐구 또한 시도해도 좋다. Pruyser 방식으로 진단한 후 A를 사로잡는 두려운 경험의 비우상화를 위해 제안된 기술이 앞서 간단히 살펴본 일반 심리학적 접근의 기술과 유사함을 볼 수 있다.

2. Capps의 목회진단

Pruyser가 자신의 임상경험을 기초로 목회진단의 주요 문제를 일곱 가지로 체계화하였다면, 목회신학자인 D. E. Capps는 성서와 신학, 교회 전통에 관심을 두며 목회진단의 범주를 탐색한다. Capps는 심리학자 에릭슨(Erikson), 성서의 산상수훈, 그리고 구약의 이야기를 통전적으로 꿰뚫으며 내담자 문제의 이해를 돕는 목회진단 체계가 어떻게 구현될 수 있는지에 관심한다. 특별히 기독교 전통 속에 전해져 온 일곱 가지 '치명적인 죄(the Deadly Sins)'라는 개념을 이용하여 이의 발굴을 시도한다(Capps, 1987, p. 12).[2)]

Capps에 따르면, 죄는 무엇보다도 삶에 대한 태도이며 경향이다. Capps는 K. Menninger가 현대 사회에서는 죄라는 용어를 사용하지 않는다고 지적한 점에 주의한다(Menninger, 1973). 과거 죄 혹은 죄책이라 불렸던 것들이 현대 사회에서는 '행동상의 문제' 혹은 '정서적인 곤란'으로 불리며, 죄라는 용어는 '증상'이라는 언어로 대치되었다는 것이다(Capps, 1987, p. 13). 그래서 Capps는 죄에 대해 신학적 접근을 시도하여 죄란 사람과 공동체에 해가 되는 삶에 대한 태도(orientation to life)라고 정의한다. 다시 말하자면, 죄란 인간 공동체에 해가 될 뿐 아니라 세상을 향한 하나님의 의도를 곤란하게 하는 것이며 개인의 본질적 안녕을 파괴한다. 그러나 죄는 특정 행동의 문제라기보다 관계적이며 영속적인 특질이다. 삶에 비교적 짧게 영향 미치는 것에서부터 비교적 항구적으로 영향을 미치는 것까지 다양하다. 특별히 기독교에서 '치명적 죄'로 분류된 것들은 그들이 본질적으로 인간의 삶의 방식을 죄로 향하게 하는 경향이 보다 강하다는 것을 의미한다(Capps, 1987, pp. 1-2).

그런데 죄가 삶에 대한 태도이며 경향이라는 것은 죄란 본질적으로 발달과정에 있다는 것이다. 심리학자 에릭슨은 출생부터 죽음에 걸치는 인간의 발달과정에는 각 단계마다 위기가 있으며 각 단계는 한 단계에서 다음 단계로 발전하며 넘어간다고 한다. 또한 각 위기는 삶에 대한 우리의 태도를 재고하게 하기도 하고, 주의 세계를 새롭고 다른 방식으로 관계시키기도 한다고 말한다.[3] 에릭슨과 유사하게 Capps는 치명적인 죄의 근본 성향은 인간의 생애 주기와 밀접하게 연관이 있다고 한다. 그리하여 어떤 죄는 우리 존재의 초기부터 내포된 것일 수 있고 다른 죄는 삶의 특별한 단계에서 발생한다. 또한 인간이 자라듯이 죄 역시 자라며 유아기, 아동기, 성인기를 거쳐 발달한다고 한다. 특정 생애 주기는 특정한 치명적 죄와 연결되며 죄의 본질은 각 삶의 시기에 따라 변화하는 성향이 있다고 한다(Capps, 1987, pp. 2-4).

죄에 대한 심리학적 정의가 시도되고, 죄에 대한 성차별적 인식이 강조되는 현대 사회 속에서 기독교 전통의 치명적 죄에 대한 논의는 어떤 의미를 지니는가? Shklar(1984)는 일상의 악은 전체 사회의 반영이라고 한다. 또한 교회 전통의 일곱 가지 죄 중 교만을 가장 치명적으로 보는 것이 현대 사회에서 적당하지 않다고 본다. 그보다 현대 사회에서는 잔인함이 더 강조되어야 한다고 한다. 따라서 선이나 악에 대한 목록을 단순하게 작성하는 것은 무의미하다고 한다(Shklar, 1984, p. 248). 한편 Mary Daly는 전통적인 죄의 나열이나 이해가 남성중심적이었다는 비판을 한다. 즉, 기독교 전통에서 죄의 이해는 주로 남성이 빠지기 쉬운 죄에 집중하였으며, 남성의 죄가 여성에게는 미덕으로 강조되는 경우 또한 많았다고 한다. 죄란 주로 남성의 관점에서 이해된 남성 편견의 산물이기 때문이라는 것이다(Daly, 1978, pp. 30-31). 이에 대해 Capps는 전통적인 죄의 목록이 남성 지배 사회의 반영이라는 비판에 동의한다. 그러나 그렇다고 해서 전통의 죄 목록을 다 거절할 필요 또한 없다고 본다. 왜냐하면 왜곡된 죄 목록이라 할지라도 이 목록이 현대 사회에 만연한 죄를 지적하도록 자극하기 때문이다. 또한 남성이 힘을 가지고 있는 사회에서 남성의 지배 현실이 초래한 문제적 상황을 더욱 많이 드러내기 때문이다. Capps는 치명적인 죄의 전통 목록을 통해 어떻게 개인이 희생되고 진리가 왜곡되었는지를 노출시킬 수 있다면 우리의 도덕적이고 영적 상황에 대한 정확한 진단에 매우 긍정적 역할을 할 것이라고 본다(Capps, 1987, p. 19).

한편, Capps가 기독교 전통의 치명적 죄의 개념에 관심하는 이유는 이 같은 관점의 이해를 통해 죄란 기적적인 치유를 통해서가 아니라 선을 계발하고 고취함으로써 극복될 수 있음을 제시하기 때문이다. Capps에 따르면, 치명적 죄와 대립되는 선은 모든 인간이 소유할 수 있는 본래적이며 자연적인 장점이다(Capps, 1987, p. 4). 다시 말하면, 영적 선각자들에게만 부여된 특별한 능력이 아니라 인간 모두에게 주어진 하나님의 능력이다. 따라서 선의 성취란 인간에게 약속된 하나님의 계획의 일부로 인간이 창조하거나 만들려고 애써 노력해야 하는 것이 아니다. 그보다 죄의 극복이란 하나님이 우리를 위해 우리 인간 안에 이미 있게 하신 것으로 이에 대한 효과적인 계발이 우리의 과제일 뿐이다.

이와 같은 이해에 기초하여 Capps는 치명적 죄를 에릭슨의 발달단계와 연관하여 정의한다(Capps, 1987, pp. 21-72). 먼저, 에릭슨 발단단계의 유아기와 초기 아동기에 해당하는 치명적 죄는 탐욕과 분노이다. 유아기의 치명적인 죄인 탐욕은 간단히 말하자면, 자신이 필요로 하는 것보다 더 많은 것을 원하는 욕구로 음식뿐 아니라 이와 같은 행동 및 성향에 대한 은유적 표현이다. 탐욕은 지나치게 먹고 마시는 문제가 아니다. 그보다는 신뢰와 불신 사이의 갈등 속에서 무차별적으로 지나치게 신뢰하여 인간의 동반자됨에 대한 파괴적 태도, 인생과 아름다운에 대한 부적절한 태도를 보이는 것이다. 그리하여 인생의 여러 문제에 대해 부주의하거나 삶의 아름다움에 감사할 줄 모르게 된다. 한편, 초기 아동기에 해당하는 인간의 치명적 죄는 분노이다. 분노는 상해, 부당한 대우 혹은 적대감에서 유래하며 누군가를 때리고 싶은 욕구이며 복수하고 싶은 감정이다. Capps는 분노의 문제성은 복수에 대한 고집이 아니라, 후원과 사랑을 제공하려는 인간의 진정한 노력에 대한 거부, 즉 다른 인간에 대한 거부는 곧 자기-거부, 자기 존중의 거부이기 때문이고 한다.

에릭슨의 놀이기와 학령기에 해당하는 치명적인 죄는 욕심과 시기이다. 놀이기는 아동이 보다 자유롭게 움직일 수 있으며 언어력과 상상력이 증가하는 때이다. 이 시기의 치명적 죄는 욕심이다. 욕심이란 자기 자만 속에서 자신을 위해 어떤 한계도 없이 과도하게 원하고 소유하는 것 그 자체이다. 부와 소유에 대한 과도한 추구는 우리로 하여금 인생에서 중요한 것, 인간 본질의 영적 차원을 추구하지 못하게 한다. 한편, 학령기에는 근면의 문제를 가진다. 이 시기의 경우 치명적인 죄는 시기이다. 시기는 다른 사람의 소유나 이익 때문에 불만족하거나 나쁘게 생각하는 감정으로, 그 대상이 사람이다. 인생의 부정의에 대해 저항하는 근거가 되기도 하지만, 시기가 가득할 때 진정한 노력이나, 생산적인 상황에 기꺼이 참여할 수 없게 된다.

에릭슨의 사춘기와 젊은 성인기에 해당하는 치명적 죄는 교만과 고립이다. 에릭슨에게 있어 사춘기란 정체성(identity)의 위기를 겪는 시기이다. 이때의 치명적 죄인 교만이다. 교만이란 자신에 대한 지나친 자만심, 과장된 자기 존중, 오만한 행동으로 개인의 가치나 존중감, 혹은 자신의 소유에 대한 만족감과 관련되어 있다. 자신과 자신의 성취에 대한 과도한 견해, 다른 사람에 의해 지나치게 인정받고자 하는 허영심, 극도의 오만감을 의미한다. 한편, 젊은 성인기는 친밀감의 시기이다. 진정한 친밀감은 정체성의 형성이 잘 진행되었을 때 가능한데, 이 시기의 치명적 죄는 정욕이다. 정욕이란 감각을 만족시키려는 욕구, 혹은 힘 권력이나 성의 문제를 통제 없이 과도하게 원하는 것이다. 이는 개인적인 죄가 아니라 사회적인 죄이다. 인간이 사회적 역할을 수행하고 사회적 책임감을 수행하는 능력을 저하시키기 때문이다.

에릭슨의 중년기와 보다 성숙한 성인기의 죄는 냉담과 우울이다. 중년기는 보다 생산성 있고 창조적인 작업을 하는 시기이다. 냉담이란 게으름 혹은 태만과 유사하며 풀이 죽어 있거나 공허함을 말한다. 살아 있지만 죽어 있는 듯한 감정으로 희망 없음, 절망에 이르는 영속적 지체 등을 말한다. 한편, 보다 성숙한 성인기는 통합의 시기이다. 이 시기는 인생 전체를 통해 질서와 의미를 찾는 시기이다. 이 시기의 치명적 죄인 우울은 삶에 대해 정열이 없음을 의미한다. 애도가 대상에 대한 흥미 상실을 의미하는 것이라면, 우울은 사랑하는 사람이나 대상이 떠남으로 야기된 대상에 대한 자학적 사고와 감정이다. 대상을 사랑하는 마음과 해치고 싶은 마음이 함께 공존한다.

Capps의 이와 같은 분류가 어떻게 목회진단에 사용될 수 있는지 성경의 인물인 사울을 예로 들어 살펴보자. 일반 심리학의 인격장애의 측면에서 볼 때 사울은 정신의학에서 분류하는 여러 유형의 인격장애를 복합적으로 가지고 있는 것으로 보인다(이관직, 1996a, 1996b). 먼저, 사울은 수동적-저돌적(공격적) 인격장애의 증후를 보인다. 그 예로, 사울은 자신이 왕으로 제비 뽑혔을 때 가방 속에 숨어 있는 수동적 모습을 보인다. 또한 40일 이상 대치하는 적 골리앗의 모욕에도 아무런 대책 없이 임하였다. 그러나 이와 대조적으로 블레셋과의 싸움을 앞두고 사무엘의 영역을 침범하여 번제를 집례한 것, 여러 번에 걸쳐 정도가 지나친 맹세를 하는 것 등의 비정상적으로 공격적인 면모를 보인다. 사울은 또한 편집적 인격장애를 드러낸다. 다윗은 골리앗과의 전투에서 승리하여 자신을 도운 공신이었으나 사울은 그를 끊임없이 자신의 정치적인 적으로 간주하였다. 그리하여 여러 번 군대를 동원하여 죽이려 하는 등 다윗에 대한 끊임없이 분노하고 경쟁심과 열등의식으로 꽉 차 자신의 경쟁 상대를 제거하려는 병리적 모습을 보인다. 그는 만성적이며 지속적으로 죄의식이 결여된 행동을 자행했던 것이다.

그러나 Capps의 이론은 사울의 문제를 다른 관점에서 바라볼 수 있음을

〈표 9-2〉 Capps의 이론에 따른 목회진단 체크리스트

진단 \ 정도	문제 정도 약함 1	2	중간 3	4	문제 정도 심각 5
탐욕					
분노			V		
욕심					
시기					V
교만					
정욕					
냉담					
우울		V			

시사한다. Capps의 이론에 따른 〈표 9-2〉의 목회진단 체크리스트를 만들고 사울의 증상을 체크해 보자.

〈표 9-2〉에서 보듯 Capps는 사울이 특히 시기의 죄에 몰두해 있다고 진단한다. 특히 사울은 다윗에 대해 시기하였다. 사울은 다윗이 군사들의 영웅이 되었을 때 시기심에 가득 차 다윗을 죽일 방법만 찾았으며, 그로 인해 불행히도 다윗 못지않게 훌륭한 전사였으며 왕인 자신의 능력을 간과하였다. 이런 시기심 때문에 사울은 다윗이 자신보다 더 능력 있고 훌륭하다는 점을 받아들일 수 없었고, 다윗에 대한 분노에 휩싸여 실성할 정도가 되었다(Capps, 1987, pp. 94-95). Capps는 사울이 시기심을 느끼는 것 자체를 죄로 보지는 않는다. 그보다 시기심이 사울의 삶에 치명적이었다는 이유는 사울이 시기심 속에서 자신의 삶의 이유와 목적에 대해 보다 영적이며 자신감 있게 바라보지 못한 데 있다. 즉, 사울은 왕으로 하나님의 기름 부음을 받을 자였다. 따라서 뛰어난 능력을 가진 다윗과 힘을 합쳐 어떻게 이스라엘을 승리로 이끌까, 혹은 다윗의 뛰어난 재능에 도전받으며 어떻게 자신의 부족한 점

을 단련시켜 보다 충실한 왕이 될 것인가를 고민해야 했다. 그러나 시기심은 그의 삶을 지속적으로 갉아먹으며 그와 반대되는 삶의 방향으로 사울을 몰고 갔다.

앞서 Capps는 기독교의 치명적인 죄의 진단은 선을 또한 제시하기 때문에 도움이 된다고 하였다. 사울처럼 시기라고 진단된다면, 어떻게 이의 치유를 도울 수 있을까? 일반적으로 시기의 반대는 시기하지 않는 것, 혹은 시기의 대상인 적에 대한 사랑이라고 이해하였다. 그러나 Capps는 이러한 대립적인 접근은 우리를 시기의 문제 상황에서 빠져나오게 하는 데 충분하지 않다고 본다. 그보다 에릭슨의 발달이론에 대한 통찰에 근거하여 시기의 특정 대상 혹은 특정 인물이 가지고 있는 것보다 더 나은 자신의 훈련과 능력 계발을 통해 극복해야 할 것이라고 주장한다(Capps, 1987, p. 95). 사울이 부대낀 시기의 문제도 바로 이와 같은 관점에서 극복되었어야 한다는 것이다. 마찬가지로 Capps는 다른 죄의 항목의 극복 역시 전통적 접근과는 다른 방식의 이해를 시도한다. Capps는 죄의 극복은 죄를 없애는 것, 예컨대 탐욕의 죄에 대해 탐욕을 가지지 않는 것, 분노에 대해 분노하지 않는 것, 교만에 대해 교만하지 않는 것과 같은 방식으로 접근하는 것이 아니다. 그보다는 보다 근원적인 이유를 규명하여 선한 삶의 방식 혹은 태도를 고양시키는 것이 중요하다(Capps, 1987, pp. 73-118). 다시 말하면, 눈앞의 것에 탐을 내는 시기에 보다 먼 미래를 바라볼 수 있게 하는 것(희망), 분노의 시기에 용기를 가지는 것, 시기(猜忌)의 시기에 능력을 배양하는 것, 교만의 시기에 신실함을 훈련하는 것, 육체의 정욕의 시기에 진정한 사랑의 의미를 깨닫고 사는 것, 냉담의 시기에 보살핌의 능력을 계발하는 것, 우울의 시기에 인생의 지혜를 알고 살아가는 것으로 제시한다.

3. Gerkin과 목회진단

Pruyser와 Capps가 임상과 성서에 각기 관심하며 목회진단을 시도하였다면, Charles V. Gerkin은 목회적 진단을 하는 데 있어 자신의 경험, 신학과 철학전통 그리고 심리학에 고루 비중을 두며 이 세 가지를 관통하는 해석학적 관점을 임상 목회진단의 기본 축으로 삼는다. Gerkin은 목회신학 기독교의 한 학문 영역으로 형성된 이후 여러 학자의 공헌이 있었지만, 여전히 문제로 남는 것은 신학과 심리학의 간격을 어떻게 메워야 하는가에 관한 것이라고 한다. 목회신학의 선구자인 시워드 힐트너(Seward Hiltner)는 목회상담의 표준화작업에 공헌하였다. 그는 목회상담을 교회와 일반 목회 안에 둘 것을 심각하게 고려하고, 과정사상을 통해 심리학과 신학의 연결 가능성을 모색하였다(Hiltner, 1968). 하워드 클라인벨(Howard Clinebell)도 심리학적 용어인 성장을 신학의 해방이란 용어와 연결시켰다(Clinebell, 1966). Oates(1961, 1962)는 목회자 상담 사역의 구조화와 영성에 관심하며 심리치료 방식과 히브리-기독교 전통과의 연관성에 관심하였다고 Gerkin은 이해한다. Wise(1951)와 Johnson(1953)도 로저스(Rogers) 이론에 입각하여 신학적 인격주의를 주창하며 목회 심리치료라는 용어를 채택하였다고 한다(Gerkin, 1998, pp. 12-13). Gerkin은 목회신학에 있어 이들의 공헌을 인정하면서도 이러한 목회신학적 움직임이 심리학적 지식이나 심리치료 기술뿐 아니라 성서적이며 신학적인 목회상을 통합하는지 질문한다(Gerkin, 1998, p. 16). 즉, Wise와 Johnson은 심리학에 지나치게 강조를 두었으며, 클라인벨 역시 신학적 문제나 질문을 깊이 탐구하는 것 없이 심리학의 성장과 신학의 해방을 연결시켰다고 비판한다. 그래서 Gerkin은 임상목회 전통에서 심리학이나 고전을 지나치게 강조하는 극단적인 부류들의 틈을 조직적이며 심도 있게 연결시킬 수 있는 대안 모색에 고민한다.

목회신학이 어떻게 진정으로 신학적이며 심리학적일 수 있는가? Gerkin은 목회상담을 인간경험에 대한 해석과 재해석으로 보면 현대의 심리학적 해석 방식들과 교류하면서도 기독교적 해석으로 나아갈 수 있는 근본적 방향을 찾을 수 있다고 한다. 그리고 이에 대한 근저로 자신의 경험, 신학과 철학의 경향 그리고 심리학의 해석학적 특징을 내세운다. 먼저, 목회상담을 해석학으로 접근할 수 있는 첫 번째 근거는 Gerkin 자신의 경험에 기초한 다음의 이해이다. 그는 자신의 경험으로 볼 때, 목회상담은 내담자가 제공하는 독특한 언어, 이미지, 상징을 이해하는 작업이며, 자신 역시 나름대로의 해석의 틀을 가지고 참여한다는 것을 알 수 있었다고 한다. 그래서 결국 "목회상담이란, 상담자와 내담자 모두 참여하며 두 사람의 언어세계를 넘나들며 교류하는 대화의 해석학적 과정이다."(Gerkin, 1998, p. 31)라고 한다. Gerkin은 목사였던 자기 아버지의 상담경험을 또한 회고하며 내담자의 문제해결은 내담자의 삶의 이야기 해석과 상담자 해석의 경계에 있다고 본다. 다시 말하면, 대부분의 위기와 문제들은 내담자가 자신의 인생에 있어 통일성의 감각을 상실하여 미래를 향해 희망과 믿음을 가지고 나아갈 수 없기 때문에 발생한다. 따라서 이때 상담가와 내담가의 협동 작업 속에서 내려지는 해석학적 시각은 내담자의 삶에 여러 가지 판단을 내릴 수 있게 하는 수단이 되기도 하며, 기독교적 용어로 말하는 영혼의 삶을 볼 수 있게 하는 수단이라고 한다. 그래서 Gerkin은 자기와 영혼의 삶이란 우선적으로 경험을 해석하는 삶이며, 경험된 사건과 해석된 의미가 함께 어울릴 때 영혼의 삶이 발생하게 된다고 이야기한다.

두 번째로, Gerkin은 19세기 이후 철학 전통 역시 목회신학의 해석학적 측면을 강조하는 근거가 된다고 본다. Gerkin은 목회신학의 선구자인 Anton Boisen이 인간의 내적 세계의 이해는 내적 경험의 세계와 외적 사건을 연결하는 이해에 달려 있는, 즉 해석학적 과제라고 주장한 점에 관심한다(Boisen, 1952, p. 11: Gerkin, 1998, pp. 45-48 재인용). 그런데 슐라이어마허(Schleiermacher)도 이와 유사하게, 평범한 대화에는 화자와 청자가 공유하는 언어가 있는데 이것은 일반적 약속과 규칙을 적용할 수 있는 보편적인 요소를 갖는다고 하였다. 화자와 청자는 이를 통해 언어세계의 힘과 구조의 영향 속에 놓인다. 그러나 대화에는 개인적인 메시지 혹은 특수한 요소로 불리는 것도 있다. 슐라이어마허는 이 특수한 의미를 이해하기 위해서는 해석의 다른 층위, 즉 심리적이며 직관적인 해석이 필요하다고 하였다(Palmer, 1988, pp. 129-147). 빌헬름 딜타이(Wilhelm Dilthey) 역시 자연과학은 힘에 의한 해석이지만, 인간은 의미에 기초한 해석으로 인간을 이해해야 한다고 하였다(Palmer, 1988, p. 158). 또한 Gadamer는 우리 인간은 언제나 역사적 과정 안에 있기 때문에 주객용어로 해석학적 과제를 고찰하는 것은 잘못이라고 한다. Gadamer는 해석을 일종의 대화적 과정으로 보고 그 안에서 의미와 이해의 지평융합이 일어난다고 보았다. 따라서 변화란 내담자와 상담자가 개방적이며 상호 존중의 태도 속에서 일어나는 일종의 게임에서 발생한다고 본다. 이 상호주관적 놀이는 다시 말해 해석학적 만남으로 이 속에서 양자를 초월하는 새로운 변화가 생긴다고 본다(Gadamer, 1975, pp. 269-274). 이들의 이론에 기초하며 Gerkin은 목회상담이란 역사 안에 묻혀 있던 자기 해석학이 자신의 생애 속에 하나님이 역사하고 계심을 깨닫게 하는 영의 능력을 통해 일어나는 해석학적 변화라고 주장한다.

세 번째로, Gerkin은 심리학, 특히 자아심리학과 대상관계이론이 이런 해석학적 측면을 강조한다고 본다. 지그문트 프로이트(Sigmund Freud)에게 있어 자아란 한 개인의 삶을 여러 힘들 사이에서 조정하는 중심적 중재자이다. 이후 프로이트의 계승자들에게 있어 자아의 의미는 보다 심화되었는데, 안나 프로이트(Anna Freud)는 심층역동적 체험과 관념을 연결시키는 능력이 사람에게 있으며 이것이 자아의 가장 중요한 역할로 보았다(Freud, 1958, p. 178). Hartmann 역시 갈등 부재의 영역이 자아의 기능 중 존재하며 갈등의 관계없이 성장문제를 처리할 수 있다고 보았다(Hartmann, 1958, pp. 8-10). 대상관계이론가인 Donald W. Winnicott은 중심적 자기는 어머니와 분리되어 형성되며 자신의 체험을 해석하는 해석자로서 자신의 과정을 이야기한다고 Gerkin은 본다(Winnicott, 1965, p. 46: Gerkin, 1998, p. 102 재인용). Kernberg 역시 신생아가 맞닥뜨리는 인간 상황은 선, 악, 쾌와 고통이 가득하며 이런 상황에 대면하여 하나의 의미 있는 이야기로 자신을 엮어 가는 것을 과제로 제시하였다(Kernberg, 1976). Kohut 역시 한 사람의 생을 하나의 해석, 즉 자기의 해석학이라 하였다(Kohut, 1977, pp. 132-133, p. 271). Gerkin은 이와 같은 심리학의 입장은 Boisen이 강조한 해석학적 이미지를 강조한다고 본다. 즉, 심리학 역시 인간의 인생은 하나의 해석이며 동시에 긴 이야기임을 지지한다는 것이다.

그럼 해석학의 관점에서 영혼의 삶을 진단하는 접근은 무엇인가? 첫 번째 방법으로, Gerkin은 자기 해석의 변증법을 주장한다. 자기 해석학의 변증법이란 몇 개의 힘/의미가 만나 변증법적 관계와 긴장 속에서 자기 해석의 과제를 갖고 있는 것을 말한다(Gerkin, 1998, pp. 127-133). 특별히 세 가지 방향의 힘이 있는데, 먼저 자기/자아 안에 있는 양극적 긴장이라 할 수 있다. 이는 Kernberg가 강조하는 선하거나 악한 자기 및 대상 이미지와 어린 시절부터 누적된 갈등, 혹은 에릭슨의 주장하는 자아의 갈등 축적 부분을 포함한다. 이런 자기/자아의 힘/요소는 내적이고 사적인 문제로 나타나기도 하고, 외부 세계나 관계를 맺고 사는 삶에 충동적인 욕구로 작용하기도 한다. 다음으로, 사회적 상황에서 영혼의 삶으로 흘러나오는 세트를 말할 수 있다. 이 사회적 상황은 중산층 백인사회 혹은 흑인사회와 같은 광범한 사회문화적 맥락을 지칭하지 않는다. 그보다는 한 개인이 속한 직접적인 공동체, 직업의 맥락, 또는 확대된 가족 맥락 및 그와 친밀한 대인관계적 맥락을 포함한다. 이를 통해 개인은 주요 정체성을 부여받으며, 집단 안에서 행동규범이나 압박감이나 야망/이상을 형성한다. 마지막으로, 힘/의미 조합은 신앙과 문화의 해석이다. 전통이나 신화적이고 상징적인 해석 패턴인 이 세트는 한 개인이 자기의 세계를 어떻게 지각할 수 있는가 하는 것에 관한 힘을 제공한다. 가령, 어떤 행동이나 생각은 비난이나 죄의식을 갖게 될 것이며, 또 어떤 행동은 칭찬을 받을 것이라 말해 준다. 또한 관계가 어떠해야 하는지도 이 신앙과 문화를 통해 알게 된다. 이 각각의 세 가지 힘/의미는 계속적으로 상호작용하며 한 개인의 영혼의 삶에 뿌리 내린다.

영혼의 삶을 진단하는 두 번째 방법은 세 가지 차원의 시간과 관련된 개인의 경험이다. 인간의 삶이 이 세 차원에 시간 안에 동시적으로 살아지고 해석되는데, ① 인간 삶의 주기 안에서의 시간, ② 인류의 역사 과정 안에 있는 시간, ③ 창조와 관련된 하나님의 삶의 구조 안에서의 시간(종말론적 시간)을 말한다(Gerkin, 1998, pp. 133-142). 생애 주기적 시간은 나이에 따라 주어진 것을 구조화하고 동시에 자기 앞으로 다가올 생애 주기 안의 시간에 유의하도록 한다. 인간은 이 시간의 회고 속에서 항상성이나 자기 동일성을 획득하는가 하면 미래를 예상함을 통해 변화나 자기 활성화를 경험하기도 한다. 과거에 죄의식이나 분노, 미래의 불안과 걱정 사이에 연결 고리를 형성하여 자기 초월적 인간의 가능성과 소망이 생애 주기적 시간과 해석과 어떤 관련이 있는지 살필 수 있다. 한편, 사회문화적 혹은 역사적 시간 이해를 통해 인간과 역사가 불가분의 관계가 있음을 알 수 있다. 20세기 후반을 살아가는 사람과, 1세기 혹은 15세기를 살아가는 사람은 각기 다른 해석적 과제와 가능성을 갖는다. 다시 말하면, 특정 사회적 시간과 장소가 부여하는 사회적 역동성은 개인의 자아 및 자기의 진행과정에 미세하면서도 강한 충격을 준다. 영혼의 삶의 세 번째 시간은 종말론적 시간이다. 종말론적 시간이란 각 인간 개인의 삶과 공동의 역사를 내포하지만 신의 약속과 목적 속에 있음을 바라보는 것이다. 따라서 과거와 현재와 미래의 단순한 접촉이 아니라, 그리스도 예수의 사건 안에서 이루어지는 과거와 현재와 미래의 보다 근본적이며 통합적인 연관을 포함한다. 아직 아님과 이미 이루어진 것에 역동 속에서 인간의 삶은 모든 창조와 연관되어 하나님의 생명의 생태학 속에 있음을 말해 준다.

영혼의 삶에 세 번째 방법인 자기 해석학은 환경(분위기), 플롯, 인물, 톤을 포함하는 이야기적 구조를 가진다(Gerkin, 1998, pp. 142-149). 환경(분위기)이란 이야기 상황을 구성하는 힘이나 가능성, 상태를 총체적으로 일컫는 어쩔 수 없이 주어진 상황이라고 할 수도 있다. 인간에 의한 변화 가능성을 초월하여 존재하는 기존 구조, 특정한 힘, 특정 가치 등을 말한다. 플롯이란 경험에 대한 자기 해석의 누적이라 할 수 있다. 특정 이야기나 이미지를 과거의 사건과 연결시켜 단순하게 일어난 사건을 일련의 방향이나 의미를 지닌 사건으로 구성한다. 한 사람의 인생 속에게 플롯 감각을 상실하는 것은 자기 존재의 상실을 의미한다. 인물 혹은 인물 묘사란 개인의 자기 묘사뿐 아니라 자신의 삶에 주요한 인물들에게 부여한 인물 묘사를 포함한다. 자기가 가장 활발하게 해석기능을 수행하는 곳이 바로 인물 묘사이다. 이 묘사를 통해 의미 있는 타자와 신화적 이미지들이 상호 연관 속에서 경쟁하고 대안적 틀을 형성하기도 한다. 하나님에 대한 이미지 역시 이상적인 대상에 대한 궁극적인 자기 해석의 결과이다. 마지막으로 톤이란 재료와 언어의 선택, 이야기를 하는 태도 및 그 관점의 질을 말한다. 인생경험에 관해 반복되는 특정 언어와 특정 스타일에 대한 주의로, 특정 경험이 선택되고 배제되는 이유, 선택된 특정 언어가 비난의 언어인지, 희생자의 언어인지, 승리의 결의를 포함한 언어인지 등에 대한 탐구이다. 적의 혹은 수치와 자기 멸시의 태도에서 말해지는가에 관한 감정적이고 지적인 톤에 대한 관찰도 포함한다.

그러면 Gerkin의 목회진단을 실제 임상에 어떻게 적용할 수 있는지 살펴보자. 다음의 사례는 중보기도 모임에 참석하는 이 집사의 자기 이야기 및 자기에 관한 글에 기초한다(이미영, 2001, pp. 47-50). 이 집사는 47세의 여성으로 20세의 딸, 고3 아들과 함께 살고 있다. 대학 졸업 후 IMF가 시작되어 명예퇴직을 하기 4년 전까지 줄곧 이 집사는 교사로 일하였다. 이 집사의 어린 시절은 그런대로 평탄하였다. 이 집사는 다섯 남매 중 두 번째 딸로 태어났다. 부모님이 간절히 아들이길 원했으나 딸이었던 이 집사는 부모로부터 서운한 대접을 받기도 하였다. 그러나 본인 스스로 욕심도 많고 노력형이어서 열심히 공부하였고, 가족들로부터 인정을 받았다. 스스로도 학교와 직장 모두가 남들이 부러워하는 단계를 밟았으므로, '이 정도면 괜찮다.'라고 생각했다. 결혼 전까지 이와 같은 삶이 지속되었다.

그러나 이 집사의 말에 따르면 결혼이 이 모든 것을 바꾸어 놓았다. 동료 교사의 소개로 만나 결혼한 남편은 씀씀이가 컸고, 이 집사가 직장을 다닌다는 이유로 월급도 가져다주지 않기 일쑤였다. 또한 사업을 한다며 친정 부모에게서 돈을 가져다 쓰기도 했다. 남편은 착하고 온유한 사람이었지만, 매일 술을 마셨고, 책임감도 없고, 무능력한 사람이었다. 결혼 기간 내내 남편은 "성공만 하면 갚는다."라는 말로 힘들여 번 돈을 여러 가지 감언이설로 갖다 썼으며, 현재까지 생활비를 가져다준 적이 없다. 친정 부모가 반대를 한 결혼이고 자녀들 때문에 참고 또 참았지만, 이제는 다 내려놓고 싶은 심정이다.

그래서 현재 이 집사는 자신의 인생은 '깨진 쪽박과 같다.'라고 생각한다. 남들보다 더 공부하고 더 열심히 산 자신의 현재가 이렇게 초라하고 볼품이 없을 수 있는가라고 생각하며 남편뿐 아니라 자기 자신한테도 매우 화가 난다고 한다. 끊임없이 잘 살고 싶다고 생각하면서도 길은 보이지 않고 자꾸만 모두에게서 고립되어 가는 느낌이라고 한다. 친정 부모에게도 면목이 없고, 형제들보기도 민망하고, 경제적으로 어려워 친구들도 자연히 안 만나게 되는 상황이라고 한다. 자녀들에게도 풍족히 해 주지 못해 미안한 마음뿐이라고 한다. '그때 결혼만 안 했더라면 이렇게 살지 않았을 텐데…….'라는 생각도 하고, '살고 싶지 않다' '초라하다' '자신감이 없다' '자꾸 움츠러든다, 억울하다'고 하였다.

Gerkin의 관점에서 이 집사의 사례를 진단할 때 먼저 간략하나마 〈표 9-3〉과 같은 목회진단 체크리스트를 만들어 표시할 수 있다.

Gerkin의 첫째 분류인 자아해석학의 변증법에서 보면, 이 집사의 자아/자기는 심한 갈등 속에 있는 것으로 보인다. 이 집사는 끊임없이 자기 내면으로부터 "살고 싶다, 아니 잘 살고 싶다."고 외치는 소리를 듣는다고 한다. 그러

〈표 9-3〉 Gerkin의 목회진단 체크리스트: 이 집사 사례

<table>
<tr><th></th><th colspan="12">영혼의 삶의 진단/세부 사항</th></tr>
<tr><td rowspan="2">1.
자기 해석학의
변증법</td><td colspan="4">자기/자아</td><td colspan="4">사회적 상황</td><td colspan="4">신앙과 문화의 해석</td></tr>
<tr><td colspan="4">–내면의 요구: '잘살고 싶다' vs. 그렇지 못한 현실
→갈등, 괴로움</td><td colspan="4">–가족, 친척 등 다른 식구들과 고립
–남편과 정서적 교류 전혀 없는 듯
→고립되어 가는 느낌
→자식들과의 관계: 추후 탐색</td><td colspan="4">–한국전쟁 이후 경쟁을 거쳐 들어간 여중, 여고 세대
–이 시기 우리나라 중산층 여성의 남성에 대한 기대
→이 집사 비교 · 경쟁 의식 강함</td></tr>
<tr><td rowspan="2">2.
세 차원의 시간과
관련된 자기 해석학</td><td colspan="4">개인적 삶의 주기</td><td colspan="4">사회적 · 문화적 · 역사적 시간</td><td colspan="4">종말론적 시간</td></tr>
<tr><td colspan="4">–결혼 전까지의 경험에 근거하여 형성된 신념으로 현재 이해
→현재 상황 도저히 이해할 수 없음. 자기 해석의 변화가 불가피한 상황</td><td colspan="4">–한국전쟁 전후 세대의 핵가족의 이데올로기
–이 집사 가족 경제의 유일한 책임자
→경제적 궁핍, 자녀교육에 충분한 지원을 해 주지 못한 것에 대한 미안함
–성에 대한 보수적 입장
–폐경기의 위기?
→추후 탐구</td><td colspan="4">–종교적 자기 해석 텅 비어 있음
→추후 탐색 필요</td></tr>
<tr><td rowspan="2">3.
자기 해석학의
이야기적 특성</td><td colspan="3">환경/분위기</td><td colspan="3">플롯</td><td colspan="3">인물 묘사</td><td colspan="3">톤</td></tr>
<tr><td colspan="3">–반대에도 불구하고 한 결혼이라 참음
–자녀들 때문에 참은 결혼생활
→원하지 않음에도 벗어날 수 없는 환경</td><td colspan="3">–어린 시절: 희극
–현재: 비극</td><td colspan="3">–이 집사: 희생자
–남편: 전적인 가해자</td><td colspan="3">–어두움, 허무, 억울함, 고립, "깨진 쪽박 같은 내 인생"</td></tr>
</table>

나 현재의 삶은 남편으로 인한 좌절로 꽉 차 있어 지나간 세월이 원망스럽고, 친척들을 보기도 민망하고, 자신감이 없는 자신이 밉기까지 한 상황이다. 또한 이 집사는 최선을 다했음에도 불구하고 별 가능성 없는 현재의 결혼생활이 무척 괴롭게 느껴진다. 가족이나 시집 식구, 남편에게 최선을 다했음에도 불구하고 벌어 놓은 재산을 다 날리고 남편 몰래 모아 둔 약간의 적금과 간단한 부업으로 살아가고 있는 자신의 처지가 초라하기 그지없을 뿐이다.

이 집사의 사회적 상황은 또한 이 집사의 가족, 친척 혹은 다른 이들로부터 현재 경제적인 지원은 물론 정서적인 지원을 받지 못하고 있는 상황이다. 이전에 친정 부모로부터 남편의 사업 자금을 지원받았으나 현재는 그렇지 못한 상황으로 보인다. 또한 그 일로 인해 부모, 형제들과 소원해지고, 돈에 쪼들려 친구들도 자주 만나지 못해 혼자 고립되어 있는 느낌이라고 한다. 물론 남편으로부터는 어떤 정서적 지원도 받지 못하는 것으로 보인다. 자녀들과의 관계는 어떠한지 알 수 없지만 이들과도 깊은 교류와 지원이 이루어지지 않고 있는 상황으로 보인다.

신앙과 문화의 측면에서 이 집사는 현재 자신의 상황을 받아들이기 어려울 수 있다. 현재 47세이라면 한국전쟁 이후 태어난 베이비붐 세대의 후손으로, 여중, 여고가 입시 체제일 때이었을 것으로 추정된다. 이 시기의 유달리 강한 학벌의식과 동창의식은 이 집사가 현재 자기의 모습을 더욱 받아들이기 힘든 상황을 야기할 법도 하다. 이 집사의 진술을 보면 유난히 '지고 싶지 않아서' '남들이 부러워하는 단계를 밟았다'거나 '남들보다 더 많이 공부한 내가 왜 이렇게 살아야 하는가' 하는 등의 비교의식이 많다. 남들과의 경쟁 속에서 이기는 삶을 주요 가치로 여기는 삶의 배경 속에서 남들보다 못사는 현재 자신의 모습을 그대로 인정하기 더욱 어려울 것이다. 한편, 이런 배경의 중년 여성이 기대하는 남편이란 번듯한 직장에서 일하는 남편일 것이다. 이에 비해 착하고 온유하지만, 무능력하고 책임감 없는 이 집사의 남편은 자존심 강한 이 집사가 받아들이기 어려운 남성상이라고 생각한 욕구가 이 집사를 그나마 기도 모임에 나오게 하고 다른 사람에게 자신의 문제를 이야기하게 하는 것 같다.

인물 묘사에 있어 이 집사는 자신을 남편에 의한 전적인 희생자이며 남편은 자신의 불행을 초래한 전적인 가해자로 묘사하고 있다. 자신은 어릴 적부터 열심히 노력해 왔고 비교적 성공적으로 인생을 살아가던 사람이었으나 무능력하고 책임감 없는 남편을 만나 자신의 인생이 완전히 망가졌다고 본다. 이 집사의 경우 아들, 딸을 포함하여 다른 가족 구성원에 대한 묘사가 전혀 없다. 이 집사는 현재 남편과의 관계에 너무 과도하게 몰두하고 있는 것은 아닌가 생각된다. 한편 이 집사 이야기에서 반복되는 톤은 '깨진 쪽박 같은 내 인생'이라는 표현에 집중되어 있다. 초라하고 억울하고 허무한 인생의 반복인 것이다. 그런데 앞서 보았듯이 이 집사의 '깨진 쪽박 같은 인생'이란 자기 이해는 전적으로 남편과의 관계 때문이라 해석된다. 오랜 기간에 걸친 교사로서의 자기 생활, 그로 인한 성취감, 자녀들과의 관계 속에서의 감정 등이 이 집사의 자기 이해에서 왜 배제된 것일까? 직장과 자녀관계는 이 집사의 이와 같은 자기 이해에 어떤 영향을 미치는가? 이 집사는 지나친 우울을 경험하며 자신의 삶에서 최악인 사건, 즉 남편이 가져온 불행으로 그렇지 않은 삶의 영역까지 채색하고 있는 것은 아닌가? 또한 IMF로 인한 실직은 이 집사의 자기 이해에 왜 배제된 것인가? 이런 문제를 추후에 탐구해 볼 수 있다.

이와 같은 진단을 통해 얻을 수 있는 것은 이 집사는 현재 심한 위기 속에 있다는 것이다. 자아의 갈등, 사회적 고립, 종말론적 정체성의 부재, 자기 삶을 관통해 온 사고 패러다임의 위기, 중년 여성으로서의 위기, 남편의 무능함으로 인한 자기 삶에 대한 심한 좌절 속에 빠져 있다. 그러나 그럼에도 불구하고 이 집사는 또한 과거의 경험 속에서 어려움을 극복한 전례가 꽤 오랜 기간 지속되어 왔으며 현재도 잘 살아 보고 싶다는 내면의 욕구가 강렬하게 일고 있다. 기도모임에의 참석은 아마도 그러한 바람의 표현일 것이다. 자아지지 상담을 통해 이와 같은 이 집사의 강점이 계속 후원되어야 할 것이다. 또한 이 집사의 경우, 지지집단을 통한 놀이 공간의 경험이 절대적으로 필요해 보인다. 정서적 지지 기반을 넓히는 것뿐 아니라 다양한 사람들과의 만남과 놀이를 통해 결혼 전까지의 경험을 기초로 한 유일한 자기 해석의 패러다임을 넘어설 수 있는 가능성을 발견할 수 있는 계기가 될 수도 있기 때문이다. 한편 이 집사는 자신의 현재 위기를 해석하는 데 있어 그 에너지가 남편에게만 집중되어 있다. 이 집사의 직장에서의 성취 경험, 자녀들과의 교류 등 그녀의 전체 삶에 대한 객관적 이해보다 남편에게 집중된 삶의 해석이 어떤 다른 외적 요인과 연관되는지 살펴보아야 할 것이다. 4년 전 실직 경험이 어떤 영향을 미쳤는지 이 집사가 혹시 폐경기에 있는지 혹은 폐경기 여성으로서 심리적·신체적 경험이 어떠한지에 대한 탐구를 해야 한다. 후에 필요하다면 폐경기 여성에게 필요한 생리적인 도움을 의학자들과 협의하에 제공할 수도 있을 것이다.

4. 나오는 말

기독교인의 시각에서 살펴본 목회임상진단은 매우 다양하였다. 기독교인 상담에 관심하는 정신의학자 Pruyser는 신학의 독자성을 강조하며 기독교인에 대한 세심한 관찰과 통찰을 통해 진단의 영역을 구체화하였다. 목회신학자인 Capps는 에릭슨과 교회의 죄 개념을 중심으로 진단 체크리스트를 구성하였다. 성서에 기초한 사례와 이해가 Capps 목회진단의 주요 특성이라 할 수 있다. 반면, Gerkin은 자기 경험, 심리학, 목회신학의 자료를 고루 사용하여 풍요롭고 다양한 목회진단의 접근을 추구하였다. 특별히 그는 신학의 해석학적이고 철학적인 자료들을 많이 사용하였다. 이들은 모두 그 접근이 각자의 관점에서 조금씩 다르지만, 그럼에도 불구하고 기독교인 내담자의 문제를 진단하는 데 있어 기독교의 풍부한 전통에 근거하여 보다 인간적이고 상대를 존중하는 입장에서의 접근을 강조하는 점에서는 서로 유사하다고 할 것이다. 또한 일반 학문과 심리학, 정신의학의 통찰을 충분히 활용하면서도 인간의 삶에 내재한 가능성으로서의 치유를 인간을 향한 하나님의 선한 계획으로 바라보는 점도 비슷하다. 따라서 인간의 문제점이나 병리만큼이나 인간의 건강, 가능성, 순례로서의 삶을 강조한다고 하겠다.

임상에서 어떤 목회진단 체계를 사용하는가는 각 연구소 혹은 각 상담가의 특성에 따라 다양하게 사용될 수 있을 것이다. 일반 심리학자들과 같은 방법을 사용할 수도 있으며, 앞서 간략히 그려진 목회진단 체크리스트를 사용하여 진단할 수도 있을 것이다. 그러나 어찌하였건 이 장에서 살펴본 목회진단이란 어떤 하나의 방식으로 규정될 수 없으며 새로운 해석과 이해를 위해 열린 영역임을 드러낸다. 앞으로의 과제는 목회신학의 이런 입장에 지속적으로 대화하면서, 우리의 한국 기독교 상황에 보다 적절한 임상진단에 대한 창의적 연구의 시도라 할 것이다.

후주

1) 미국에서 정신장애에 관한 최초의 공식적이고 통계적인 접근은 1840년에 시작되었다. 인구통계조사를 통해 1840년 백치/정신이상에 대한 연구가 수행되었다. 1880년에는 조증, 멜랑콜리아, 단일조증, 부전마비, 주기성 음주광, 간질이 추가되어 7개의 정신장애 범주로 분리하였다. 이후 국가수준에서 수용할 수 있는 정신의학적 진단 분류체계에 대한 논의가 진행되어 오며 1952년 DSM-I이 출판되었다. DSM-I은 정신장애가 심리적 · 사회적 · 생물학적 요인에 대한 성격적 반응이라는 심리생물학적 견해를 포함한 Adolf Meyer의 견해를 반영하였다. DSM-II는 반응이란 용어를 제외하고 다시 구성되었다. DSM-III는 1980년 출판되었는데, 명백한 진단기준, 다축체계, 원인론 등에 대해 종합적 입장을 취하는 혁신적 방법론을 소개하였다. 그러나 이를 사용해 본 결과 진단기준이 명백하지 않고, 진단체계가 불일치한다는 점이 드러나, 이후 지속적으로 수정해 오고 있다.

2) 교회 전통에서 죄는 원래 여덟 개였다. 그러나 4세기에 이 중 하나가 삭제되어 일곱

개가 되었다. 7은 교회에 성스러운 숫자이고, 또한 매일 하나씩 일주일 동안 나누어 기도할 수 있기 때문에 여덟 개에서 일곱 개로 줄어들었다고 한다(Capps, 1987, p. 12).

3) 프로이트와 달리 에릭슨은 전 인생에 걸친 인간발달이론을 주장하였다. Capps는 특별히 에릭슨의 다음의 글을 중심으로 에릭슨의 유아기에서 노인기 혹은 성숙한 성인기의 발달에 관한 이론과 연관된 자신의 이론을 전개한다(Erikson, 1958, 1963, 1964, 1968, 1979).

참고문헌

박두병 (1996). 알기 쉬운 일반정신의학. 서울: 하나의학사.

박두병 외 (1997). 정신장애증례집. 서울: 하나의학사.

이관직 (1996a). 사울은 수동적 저돌적 인경장애자. 빛과 소금, 130, 148-150.

이관직 (1996b). 일그러져 갔던 영웅 사울. 빛과 소금, 139, 140-141.

이장호, 최윤미 (1992). 상담사례 연구집. 서울: 박영사.

이미영 (2001). 이야기하기를 통한 중년 여성 상담. 이화여자대학교 대학원 석사학위 논문.

American Psychiatric Association(APA) (1994). 정신장애의 진단 및 통계편람, 제4판 (DSM-IV) [Diagnostic and statistical manual of mental disorders, 4th edition: DSM-IV] (이근후 외 역). 서울: 하나의학사.

Boisen, A. (1952). *The exploration of the inner world.* New York: Harper Torchbooks.

Capps, D. E. (1987). *Deadly sins and saving virtues.* Philadelphia: Fortress Press.

Capps, D. E. (1990). *Reframing.* Philadelphia: Fortress Press.

Ciarrocchi, J. W. (1993). *A minister's handbook of mental disorders.* New York: Paulist Press.

Clinebell, H. (1966). *Basic types of pastoral counseling.* Nashville: Abingdon Press.

Daly, M. (1978). *Gyn/Ecology: The metaethics of radical feminism.* Boston: Beacon Press.

Edwards, J. (1746). A treatise concerning religious affections. In P. Miller (Ed.), *The works of Jonathan Edwards* (Vol. 2). New Haven: Yale University Press.

Erikson, E. (1958). *Young man Luther.* New York: W. W. Norton & Co.

Erikson, E. (1963). *Childhood and society* (2nd rev. ed.). New York: W. W. Norton & Co.

Erikson, E. (1964). *Insight and responsibility.* New York: W. W. Norton & Co.

Erikson, E. (1968). *Identity: Youth and crisis.* New York: W. W. Norton & Co.

Erikson, E. (1979). *Identity and life cycle.* Notre Dame, IN: University of Notre Dame Press.

Freud, A. (1958). *The ego and the mechanisms of defense.* New York: International University Press.

Gadamer, H.-G. (1975). *Truth and method.* New York: Seabury Press.

Gadamer, H.-G. (1976). *Philosophical hermeneutics* D. Linge (Tr. & Ed.). Berkely: University of California Press.

Gaw, A. C. (Ed.). (1993). *Culture, ethnicity and mental illness.* Washington, DC: American Psychiatric Press.

Gerkin, C. V. (1998). **살아있는 인간문서** [The living human document] (안석모 역). 서울: 한국심리치료연구소.

Hartmann, H. (1958). *Ego psychology and the problem of adaptation.* New York: International University Press.

Hiltner, S. (1968). **목회신학원론** (민경배 역). 서울: 대한기독교서회.

Johnson, P. E. (1953). *The psychology of pastoral care.* Nashville/New York: Abingdon-Cokesbury Press.

Kernberg, O. (1976). *Object relations theory and clinical psychoanalysis.* New York: Jason Aronson.

Kierkegaard, S. A. (1974a). **불안의 개념** (김윤섭 역). 서울: 청산문화사.

Kierkegaard, S. A. (1974b). **죽음에 이르는 병** (김윤섭 역). 서울: 청산문화사.

Kierkegaard, S. A. (1981). **이것이냐 저것이냐** (임춘갑 역). 서울: 종로서적.

Kohut, H. (1977). *The restoration of the self.* New York: International University

Press.

Menninger, K. (1973). *Whatever became of sin?* New York: Hawthorn Books.

Oates, W. (1961). *Christ and selfhood.* New York: Association Press.

Oates, W. (1962). *Protestant pastoral counseling.* Philadelphia: Westminster Press.

Palmer, R. E. (1988). **해석학이란 무엇인가** [Hermeneutics] (이한우 역). 서울: 문예출판사.

Pruyser, P. W. (2000). **생의 진단자로서 목회자** (이은규 역). 서울: 도서출판 동서남북.

Shklar, J. N. (1984). *Ordinary vices.* Cambridge: Belknap Press of Harvard University Press.

Winnicott, D. W. (1965). *The maturational processes and the facilitating environment.* London: Hogarth Press.

Wise, C. A. (1951). *Pastoral counseling: Its theory and practice.* New York: Harper and Brothers.

제 10 장

기독(목회)상담의 상담적 개입과 사례개념화

유재성
(침례신학대학교 상담심리학과 교수)

1. 들어가는 말

상담은 곤경에 처한 개인, 가족 혹은 집단을 돕는 전문적인 행위이다. 상담은 내담자가 경험하는 갈등이나 혼란, 고통을 생애발달적 · 심리사회적 맥락에서 공감하고 이해하며, 문제해결 혹은 치유와 회복을 추구하는 관계적 활동이라고 할 수 있다. 기독(목회)상담은 많은 면에서 심리학적 상담의 요소들을 포함하지만, 궁극적으로 사람을 창조하시고 이끌어 가시는 하나님과의 관계 및 영적 현실을 핵심적으로 고려한다는 점에서 일반상담과 차이가 있다. 하나님께서 사람을 몸과 마음을 가진 영적인, 즉 '전인적 존재'(창 2:7)로 만드시고 돌보시는 것처럼 기독(목회)상담자 또한 내담자를 전인적으로 돌보는 상담을 실시할 필요가 있다. 하나님을 모르는 내담자의 경우 그들의 언어와 이해의 차원에서 상담하되 인간실존의 현장에서 지혜롭게 전인적인 상담개입을 하는 것이 내담자의 유익을 추구하는 전문상담윤리에도 부합된다.

이를 위해 기독(목회)상담자는 자신의 정체성과 역할을 분명히 인식하고, 심리학뿐만 아니라 성서적이고 신앙공동체적 자원을 통합하는 상담을 할 수 있어야 한다. 인간의 심리적 차원을 도외시하고 영적 접근만 강조하는 것도 문제이지만 영적인 차원을 배제하고 심리학적 상담만 실시하는 환원주의적 접근도 바람직하지 않다. 인간은 서로 긴밀히 연결된 '영'과 '혼'과 '육신'을 가진 전인적 존재이기 때문이다.

전통적으로 심리학자들이나 일반 심리상담자들은 영적인 요소와 가치, 신앙적 차원에 대해 부정적으로 생각하거나 배제하는 경향을 보였다. 상담치료에 부적절하거나 비전문적인 것으로 평가하고, 기독(목회)상담자들도 이러한 입장을 그대로 수용하거나 자신의 정체성을 상실하면서까지 심리주의에 빠지는 경우들이 많았다(Bergin, 1980; Bergin & Jensen, 1990; Ellis, 1980; Oden, 1984, 1988; Stone, 2001). 그리고 이러한 주장을 하거나 유사한 태도를 보이는 기독(목회)상담자들을 지금도 주변에서 어렵지 않게 볼 수 있다.

많은 현대인들이 치열한 경쟁사회에서 지치고 상처를 받으며 무기력과 좌절, 삶의 의미 상실 및 그로 인한 각종 증상들을 드러내고 있다. 종교를 갖지 않은 사람들도 영적인 공허감을 호소하는 경우가 많다. 그 어느 때보다 전인적인 상담이 필요한 시대이다. 물질과 과학, 심리적인 것에 집중하는 시대는 기독(목회)상담에 있어서 위기 상황이지만 동시에 실존적 좌절과 박탈감, 공허감을 느끼는 사람들이 증가하는 현 시점에서 기회가 되기도 하다. 따라서 기독(목회)상담은 생리적 · 심리사회적 차원의 관심 및 접근과 함께 영적인 차원을 통합적으로 다룸으로써 보다 전인적이고도 전문적인 상담을 실천할 필요가 있다.

이러한 현실적 필요와 함께 전문적인 상담개입을 위해 강조되고 있는 '사례개념화'는 기독(목회)상담자에게 매우 중요한 상담능력이 아닐 수 없다. 상담은 막연히 내담자의 문제를 질문하고 듣는 것만으론 이루어질 수 없다. 생각나는 대로 이것저것 시도하거나 배운 것을 미리 계획하여 한 번씩 해 보는 것도 아니다. 내담자와 문제 상황에 관한 정보들을 면밀하게 탐색 및 분석하여 효과적인 상담개입을 실시해야 한다. 그럴 때 상담이슈에 대한 설명력과 상담과정 및 결과에 대한 예측력 또한 높아질 수 있다. 이것을 가능하게 하는 것이 사례개념화이다. Len Sperry와 Jonathan Sperry(2014)는 사례개념화를 "내담자에 대한 정보를 모아 조직하고, 내담자의 상황과 부적응적 패턴을 이해하고 설명하며, 상담을 안내하고 초점을 맞추고, 도전과 장애를 예상하고, 성공적인 종결을 준비하기 위한 방법 및 임상적 전략"이라고 정의하였다. 즉, 상담자는 내담자 사례에 대한 전문적인 이해 혹은 분석을 하고, 이를 바탕으로 어떻게 상담개입을 하고 진행할지를 판단해야 한다.

사례개념화는 1990년대에 들어 상담자의 핵심적인 능력으로 인식되며 관심을 받기 시작했다. 이는 상담 비용과 시간, 보험 등과 연계하여 상담자가 효과적이고 전문적인 상담을 해야 할 필요 내지는 책임성과 무관하지 않다. 막연하게 상담하기보다 전문적인 진단 혹은 평가를 통해 상담개입을 하는 근거기반 상담접근이 중시되는 분위기와도 관련이 있다. Sperry와 Sperry (2014)는 상담개입에 필요한 사례개념화의 구성요소를 '진단적 · 임상적 공식화' '문화적 공식화' '상담개입 공식화'로 구분하면서 이를 통해 내담자의 문제가 명료하게 설명되고 효과적인 상담개입 및 목표성취 가능성을 높일 수 있다고 보았다. 〈표 10-1〉은 그들이 제시한 17가지 개념화 요소들이다.

현대 기독(목회)상담자는 이러한 요소들을 포함하는 사례개념화 능력을 키우고, 실제 상담개입을 통해 그 분석에 근거한 상담접근이 효과가 있었는지, 수정 혹은 변화가 필요하다면 어떤 것이 그러한지, 그리고 그렇게 했을 때 상담이 효과적으로 전개되었는지 등의 과정을 통합적으로 점검하고 익히는 훈련과정이 필요하다. 이런 훈련의 기회를 상담수련 및 사례발표회 등을 통해 얻을 수 있다. 자신의 사례와 타인의 사례를 다양하게 접하면서 사례개

〈표 10-1〉 사례개념화의 구성요소

구 성	개념화 요소들	내 용	비고
진단적 · 임상적 공식화	호소 문제	호소하는 문제, 촉발 요인에 대한 특징적인 반응	-무슨 일이, 왜 발생했는가? -패턴 -진단(DSM)
	촉발 요인	패턴을 활성화하여 호소 문제를 일으키는 자극	
	부적응 패턴	지각, 사고, 행동의 경직되고 효과가 없는 방식	
	유발 요인	적응적 혹은 부적응적 기능을 촉진하는 요인	
	유지 요인	패턴을 활성화하여 호소 문제를 경험하게 하는 자극	
문화적 공식화	문화적 정체성	특정 민족집단에 대한 소속감, 정체성	
	적응/스트레스	문화에 대한 적응 수준과 스트레스	
	문화적 설명	고통, 질환, 장애 원인에 대한 신념	
	문화 대 성격	문화와 성격 역동 간의 상호작용 정도	
	적응적 패턴	지각, 사고, 행동의 유연하고 효과적인 방식	
상담 개입 공식화	상담목표	단기 · 장기 상담의 성과	어떻게 변화시킬 것인가?
	상담초점	적응패턴 구축을 위한 상담 방향성 제공, 치료 강조점	
	상담전략	적응적 패턴을 달성하기 위한 실행 계획 및 방법	
	상담개입	목표와 변화 달성을 위한 상담전략 관련 세부 실행방안	
	상담 장애물	상담과정에서 예상되는 부적응적 패턴과 도전	
	문화적 개입	문화적으로 민감한 상담, 개입의 구체화	
	상담의 예후	문제 상황의 경과, 기간, 결과 등에 대한 예측	

출처: Sperry & Sperry(2014).

념화와 효과적인 상담개입 능력을 갖추는 것이 중요하다. 필자는 이 장을 통해 사례개념화를 포함한 기독(목회)상담의 개입과정을 살펴보고자 한다.

2. 상담개입 1단계: 상담관계 형성

상담은 기본적으로 관계적인 활동이다. 상담자와 내담자, 혹은 그 가족, 집단원들과의 만남(encounter)을 통해 시작된다(Benner, 1992). 그 관계적 만남 안에서 대화 혹은 드라마나 미술 등 매체를 통해 상담적 역동을 형성한다. 효과적인 치료적 상담관계를 형성하기 위해서는 막연히 대화를 시작하기보다는 공식적이고 조직적인 접근을 하는 것이 좋다(유재성, 2015). 상담 오리엔테이션을 통해 상담자의 훈련 배경과 주된 상담접근, 상담시간과 진행과정, 역할, 관계 경계선, 비밀보장과 한계, 상담비 등에 대해 다루는 것이 필요하다. 상담자는 내담자가 상담을 시작하기 전에 이러한 요소들을 살펴보고(informed) 상담 여부를 결정하도록 돕고, 관련 서류들을 행정적으로 잘 분류·보관할 수 있어야 한다.

내담자가 상담에 관한 행정적 요소들만 아니라 상담이 어떻게 전개할지, 장기적일지 단기적일지 알고 상담에 임하는 것은 마음가짐에서부터 상담관계 형성 및 전체 상담과정에 중요한 영향을 준다. 연구결과에도 나타난 바이지만, 내담자들은 대개 10회기 이내의 단기적인 상담을 선호한다. 내담자나 문제 상황에 따라 장기상담을 선호하거나 필요한 경우가 있지만, 대개의 경우 장기적 상담이 필요한 것은 아니며 단기적인 접근으로 상황 개선이 시작될 수 있다(Stone, 1994). 그리고 유료 상담일수록 내담자들은 짧은 기간에 문제가 해결되기를 원하는 경향이 있다.

목회자로서 상담을 하거나, 교회 내에서 상담을 한다면 한두 명의 개인에게 장기적으로 집중하는 상담관계는 현실적으로 가능하지도 바람직하지도 않다. 그래서 Stone(1994, 2001)은 신뢰기반 상담관계를 통해 단기적 상담을 하는 것이 기독(목회)상담의 일차적인 상담접근이 될 필요가 있다고 보았다. 그 이유는 첫째, 단기상담이 장기상담 못지않게 효과적이며 유용한 접근이라는 것이 이미 여러 연구들을 통해 확인되었기 때문이다. 모든 가능성을 열어 놓고 내담자의 문제를 오랫동안 탐색하기보다 전략적으로 내담자가 필요로 하는 문제의 해결을 실질적으로 경험하기 시작하도록 돕는 것이 상담효과를 높이는 것으로 나타났다.

둘째, 많은 내담자들이 장기적인 상담을 어려워하고, 또한 끝까지 상담에 참여하는 경우가 드물기 때문이다. 삶이 복잡다단하고 빠른 변화와 성장의 문화에 익숙한 우리나라 사람들에게는 더욱 그러한 측면이 있다. 문제의 원인을 오랫동안 탐색하다가 실질적인 변화를 경험하지도 못하고 중단하는 사례들이 많다. 첫 회기에 어떤 개선의 가능성이 보이거나 희망이 생기지 않으면 더 이상 상담현장에 나타나지 않는 내담자들이 많이 있다. 상담자가 창의적이고 전략적인 상담접근을 고려해야 하는 이유이다(Collins, 1986; Lester, 1995).

셋째, 기독(목회)상담은, 교회 맥락의 경우에 다중관계의 윤리적 이슈들을 주의해야 하지만, 이미 확보된 신뢰관계나 유사한 신앙적 가치관, 기도, 공동체적 자원들이 있기 때문이다. 일반상담과 달리 단기적인 상담을 통해 상황 개선이 시작되면 아버지 학교나 어머니 학교, 가정행복학교, 의사소통 워크숍, 예배와 기도, 성도의 교제 등 다양한 공동체적 자원들과 연계할 수 있다. 기독(목회)돌봄과 사역의 차원에서 일반상담과 비교할 수 없는 지속적인 변화와 성장의 기회를 가질 수 있다(Benner, 1992; 유재성, 2015).

넷째, 기독(목회)상담은 궁극적으로 삼위 하나님께서 내담자의 삶 속에서 이미 역사하고 계시며(마 28:20), 십자가와 부활을 통해 믿음으로 새로운 삶을 살 수 있다는 사실에 근거하기 때문이다. 상담을 하나님께서 책임지시는 '성령의 프락시스'로 보기 때문에 공동체적 상담관계를 통해 단기에 치유와 회복을 이끌어 내고자 한다(유재성, 2015). 장기적인 심리분석과 상담개입이 필요한 경우가 있을 수 있지만, 그럼에도 불구하고 하나님의 사랑의 언약과 인도하심 안에서 아주 조그만 것일지라도 변화된 생각과 행동의 가능성을 찾아내고 믿음으로 실천함으로써 단기적 상담접근의 효과를 이끌어 낼 수 있다.

기독(목회)상담자는 상담개입을 시작할 때 이러한 인식을 갖고 반영적 경청과 공감을 통해 내담자와 그의 상황 및 심정을 충분히 듣고 이해하며 신뢰(rapport) 관계를 형성하기 위해 노력해야 한다. 이는 정신역동적 상담을 비롯하여 대부분의 상담접근에서 공통적으로 강조하는 것이다. '공감적 경청(傾聽)'이란 그냥 듣는 것이 아니라 상대방이 전달하려는 말의 내용은 물론 그 내면에 담긴 동기나 정서 혹은 의도에 귀를 기울여 듣고 마음을 연결하는 적극적이고도 전문적인 행위이다. 내담자의 아픔과 고난, 상처의 자리에 임재하시는 주님의 심정으로 귀를 기울이는 것이다. 한자 '청(聽)'을 분해하면 '귀(耳)를 기울여 최고로(王) 잘 듣되, 이모저모 열 번(十)을 헤아려 보고(目), 마음(心)을 하나(一)로 연결한다.'는 뜻을 담고 있다.

이처럼 상담자는 자신의 생각이나 선입견 혹은 주관적 판단을 내려놓고 내담자와 그가 처한 상황을 적극적으로 경청하고 이해하며 공감하는 것이 중요하다. 이를 위해 상담자는 수련과정을 통해 자신의 과거경험이나 이슈들을 충분히 성찰하고 다룸으로써 내담자와 이슈를 투명하게 대할 수 있어야 한다. 서둘러 자격증을 받고 상담활동을 하기 위해 이런 과정을 소홀히 하는 경우 상담과정에서 정서적 '전이(轉移)'를 비롯한 다양한 역기능적 심리현상을 경험하며 상담에 악영향을 끼칠 수 있으므로 주의해야 한다.

상담은 대개 내담자나 의뢰인의 요청을 통해 시작된다. 이것은 기독(목회)상담에서도 크게 다르지 않다. 하지만 교회 목회자나 상담자역자의 경우 어떤 위기나 어려움에 처한 성도에게 심방을 가거나 교회 복도에서 예기치 않게 만나 대화를 하는 중에 상담을 먼저 제안 혹은 요청받을 수도 있다(Gorsuch, 1999; Switzer, 1986). 그럴 경우, 일반적인 기독(목회) 사역이나 돌봄 혹은 교제 차원의 만남이 아닌 특별한 조력관계에 들어간다는 사실을 분명히 하고, 상담 시간과 장소, 비밀보장, 관계의 경계선 윤리 등에 주의를 기울여야 한다.

기독(목회)상담자는 일반상담자와 달리 동일한 교회에 다니는 내담자들을 만나는 경우들이 있다. 따라서 유사한 신앙적 가치관이나 세계관을 공유하고 이미 형성된 신뢰관계가 상담에 도움이 될 수 있지만, 동시에 다중관계 이슈나 비밀보장 등의 상담윤리에 더욱 주의할 필요가 있다. 아울러 상담에 대해 동료상담자의 조언이나 슈퍼바이저의 자문 혹은 사례발표회 등을 시도할 때도 내담자의 기록된 동의를 받는 것이 좋다. 목회자나 상담자가 같은 교회 성도를 상담할 때 비밀보장이 되지 않으면 그것이 미칠 수 있는 잠재적 영향이 매우 크기 때문에 민감한 관심을 기울여야 한다.

물론 상담관계에 있는 내담자의 모든 비밀이 지켜지거나 보장되어야 하는 것은 아니다. 노인이나 아동 학대, 성적 혹은 가정 폭력, 자신이나 타인을 해롭게 하거나 자살과 같은 의도를 가진 내담자의 경우는 비밀보장의 대상이 아니다. 이런 증상이 드러날 경우 상담자는 관련 기관의 책임자나 슈퍼바이저에게 이 사실을 즉각 보고하고 대처해야 한다. 아울러 내담자나 상담 관련 정보를 소속 기관이나 교회, 혹은 법적인 상황과 관련하여 외부 기관에서 요구할 경우가 있으므로 상담관계를 시작할 때 비밀보장 예외 상황과 정보공유의 대상 및 범위 등을 내담자에게 명료하게 고지(告知)하고 기록된 형태의 동의서를 받아 두는 것이 좋다. 내담자가 미성년자이거나 심신 노약자인 경우 부모나 법적인 보호자에게서 동의 서류를 받는 것이 필요하다.

3. 상담개입 2단계: 문제이슈 이해

이 단계는 사례탐색 및 분석을 하는 과정이다. 엄밀한 의미에서 사례개념화의 단계라고 할 수 있다. 내담자에 대한 정보를 수집하고 분석하면서 '어떤 일이 일어났는가'를 알아 가는, 즉 사례를 파악하고 평가하는 단계이다. Sperry와 Sperry(2014)는 이를 '진단적 공식화'로 명명하였다. 상담자는 내담자의 연령, 교육 정도, 직업 등과 관련된 기본적인 정보와 생활환경을 탐색하면서 내담자의 외모나 인상 등을 통해 전해지는 어떤 직관이나 느낌, 생각을 주의 깊게 확인하고 기록을 남기게 된다. 내담자의 호소 문제나 문제 증상의 유형 및 심각도, 건강상태와 생활태도 등에 관한 정보를 탐색한다. 아울러 가족 구성원들의 나이나 직장, 주거환경, 관계 패턴, 정서적 분화나 융합과 관련하여 기능적 · 역기능적 경험이 있었는지를 알아볼 필요가 있다. 세대를 넘어 전수되는 가족의 비밀이나 반복되는 관계체계적 이슈의 존재 여부도 관심사이다. 상담자는 이와 같은 다양한 정보를 수집하고 조직 및 진단하여 상담개입으로 이어지는 잠재적 가설을 수립하려고 한다. 이러한 가설은 내담자의 현재 및 과거와 연결된 부정적 패턴들을 탐색하여 종합적인 평가를 내리고, 나아가 상담개입을 실제로 진행되면서 지속적으로 점검 및 검증하고 보완할 필요가 있다.

상담자는 내담자의 관계나 감정, 언행, 인지 관련 부적응적 증상이나 반응에 대한 정보들을 모아 문제를 진단하려고 한다. 이때『정신질환의 진단 및 통계 편람』(American Psychiatric Association, 2013)을 비롯한 다양한 심리검사들을 활용할 수 있다. 이러한 도구들은 내담자의 상황과 문제를 파악하는 데 많은 도움을 준다. 내담자가 미처 인식하지 못하거나 예상되는 문제 증상들을 제시해 주어 실제 상담개입을 할 때 요긴한 참고 혹은 보완 자료가 될 수 있다. 하지만 이러한 진단도구가 내담자와 문제 상황에 대한 객관적인 평가나 심층적인 이해를 확정적으로 제공하는 것은 아니다. 문제가 언제, 어떻게 일어났는지, 누구와 어떤 맥락에서 일어났으며, 무엇이 증상들을 촉발하고 지속되게 하는지 등 다양한 관계 상황과 내면의 심리역동 등을 다 담아낼 수는 없다.

그래서 사례를 명확히 이해하고 효과적인 상담개입을 위해 임상적 평가를 실시하고, 이러한 과정을 통합한 '임상적 공식화'를 통하여 '문제가 왜 일어났는가'를 파악하는 것이 중요하다. 이 단계의 핵심은 문제 유발요인이 무엇이며, 그것을 유지 혹은 강화시키는 요인이 있는지, 있다면 무엇인지 등을 찾아내는 것이다. 인간이해와 문제에 대한 구성주의적 관점과 긍정심리학 등의 등장 이후에는 문제나 증상의 발생 및 그 영향을 상쇄하거나, 어려움 속에서도 내담자를 버티고 성장하게 하는 요소들을 찾아 상담개입에 적용하려고 하는 노력 또한 확산되고 있다.

임상적 평가는 생리적 · 심리적 · 사회문화적 · 관계적 평가를 넘어 영성적 차원을 포함할 필요가 있다. 인간은 이 모든 차원을 포함하는 다차원적인 존재이기 때문이다. 하나님은 사람을 몸과 마음, 영혼을 가진 존재로 창조하시되 이 세 가지 차원이 상호 긴밀한 영향을 주고받는 분리불가의 존재로 만드셨다. 그리고 사회문화적 환경 속에서 관계적 존재로 상호작용하며 살아가게 하셨다. 인간은 각종 심리적 욕구와 동기, 기대, 자기성취의 추동을 가진 육신적 존재이면서 동시에 이 땅에 임한 하나님 나라의 현실 및 하나님과의 언약관계 속에서 영성적 존재로 살아가도록 의도된 존재인 것이다(유재성, 2015).

하나님을 모르는 사람은 육체적 · 심리적 차원에서 현실세계에 발을 딛고 살아가는 사람들이다. 하지만, 그렇다고 해서, 그들이 영적인 차원이나 초월적인 측면과 관계가 없는 것은 아니다. 다만 하나님과의 영적인 관계가 막혀 있거나 초월적인 현실을 인식하지 못하는 것일 뿐 그들에게도 인간적 차원의 '영성'은 존재한다. 이와 달리, 그리스도인은 수직적 · 초월적 차원의 '영성'이 회복되고 내주하시는 삼위 하나님을 따라 살아가는 존재이다. 그렇지만 육체적 · 심리적 역동에 끌려가는 가변적 존재이기도 하다(유재성, 2016). 이러한 영성적 차원 및 육체적 · 심리적 차원과의 상호작용을 과학적으로 평가하기는 어려운 일이다. 그렇지만 영성은 인간 실존의 핵심을 이루는 부분이기 때문에 기독(목회)상담자는 그 영향을 평가하고 상담개입에 통합하는 노력을 더욱 지속 및 강화할 필요가 있다.

임상적 평가는 기본적으로 내담자의 문제와 증상, 상황 관련 정보들을 분석하고 상담개입으로 연결하는 치료적 가설을 세우기 위한 전문적인 과정이다. 내담자와 그가 처한 상황을 정확하게 설명하고 진행을 예측할 수 있을 때 보다 효과적인 개입이 가능하다. 이를 위해 상담자는 내담자의 상황 및 문제이슈를 적합하게 설명해 주는 한 가지 상담이론을 선택하거나 여러 이론들을 통합적으로 적용하여 근거기반 사례개념화를 하게 된다. 기독(목회)상담자는 이를 위해 다양한 상담이론 및 접근들을 학습하고 수련하되 자신의 정체성과 인간에 대한 이해, 문제의 발생과 전개, 상담의 목표와 기법 등에 있어서 성서적 가치관과 확신, 자신의 성격과 인생경험 등을 반영하는 상담접근들을 습득하고 유연하게 적용할 수 있어야 한다.

필자의 경우, 고전적 상담 패러다임에서 하나님의 말씀에 근거하여 문제를 분석하고 평가하는 것에 매력을 느꼈다(유재성, 2015). 이것은 하나님의 자녀로서 성경을 삶의 기준이요 지표로 삼으려고 한 개인적 결단 및 삶의 방식과 잘 맞았다. 인간이 죄로 말미암아 하나님과 분리되었고 인간관계나 개인내적으로 다양한 문제들을 경험하게 되었지만, 그리스도 안에서 다시 하나님과 연결되고, 하나님 나라의 백성으로 산다는 것의 의미를 상담에 적용하는 것이 좋았다. 하지만 일부 경직된 인간이해나 성경 적용, 인간 문제의 구체적인 현실과 상황을 피상적으로 이해하고 평가하는 현상은 주의할 필요가 있다고 보았다.

심리학이 발전하면서 형성된 임상적 상담 패러다임은 기본적으로 과거의 경험과 내면세계의 역동성, 정서적 욕구추동과 억압, 미해결 이슈 등의 영향에 초점을 맞춘다. 예를 들어, 정신분석에 기반을 둔 상담자들은 문제를 해결하려면 문제 원인 혹은 어린 시절에 시작된 문제의 뿌리를 찾아 무의식을 의식화해야 한다고 보았다. 그래서 어린 시절의 불안이나 억압된 기억, 갈등 등을 드러내고 그것이 현재의 부적응적 감정이나 사고, 성격구조에 어떤 영향을 미치고 있는지를 평가하려고 한다. 그리고 이에 근거하여 자유연상이나 꿈, 저항이나 전이 감정을 해석하는 등의 상담개입을 시도한다.

교류분석상담의 경우는 프로이트(Freud)의 구분과 유사한 자아(ego)의 세 가지 상태를 전제한다. 내담자의 상태를 이 자아구조로 설명하고 자아기능에 어떤 장애가 있는지, 의사 교류에 어떤 문제가 있는지를 탐색하려고 한다. 성장과정에서 인정욕구가 충족되었는지, 금지령의 영향이 있었는지, 그렇다면 그러한 것들이 현재 어떻게 나타나고 있는지 등을 평가하려고 한다. 그리고 이런 평가에 따라 인생각본이나 게임분석을 다루는 상담개입을 시도한다.

게슈탈트상담에선 신체와 감각, 욕구, 생각, 감정, 행동 등이 하나의 의미 있는 전체로서 유기적인 관계에 있다고 본다. 건강한 사람은 자신의 욕구나 감정, 진정으로 하고 싶은 것을 인식하고 구분할 수 있다. 하지만 이것에 혼동을 느끼는 사람들이 있다. 자기 내면의 정서적 필요나 심리적 관심의 초점이 되는 '전경'과 관심 밖으로 물러나는 '배경'의 교체가 유연하게 기능적으로 진행되지 않기 때문이다. 게슈탈트 상담자는 이런 인식을 갖고 내담자에게 충족되지 않은 욕구가 있어서 내면의 전경에 지속적으로 영향을 미치는 '미해결 과제'가 있는지 그것이 현재의 삶에 부적응적인 영향을 주는 것은 무엇인지를 평가하려고 한다.

인지행동상담은 내담자의 성장과정에서 학습되고 조건화된 부적응적인 행동이나 관련된 어떤 패턴이 있어서 문제가 발생했는지, 그러한 것들이 어떻게 증상으로 나타나는지를 찾는 것에 관심이 있다. 인지적인 측면에서 내담자에게 문제를 야기하는 어떤 역기능적인 자동적 사고가 있거나 인지적 오류가 있는지, 그래서 어떤 역기능적인 인지도식이 작동하고 있는지를 보려고 한다. 그리고 이러한 내용을 명료화하고 적응적인 사고나 행동으로 연결하여 변화를 경험하게 하려고 한다.

이 외에도 언급하지 않은 다양한 상담접근들이 있는데, 많은 경우, 어린 시절의 개인적 혹은 관계적 경험에 의해 현재의 '나'가 형성되거나 영향을 받는다는 결정론적 입장을 수용하고 있다. 아울러 문제중심의 내면적 정서나 감정, 사고 등의 심리적 · 관계적 역동에 집중하는 환원주의적 심리주의의 양상을 띠고 있다. 그리고 놀랍게도 많은 기독(목회)상담자들이 이러한 인간이해와 임상적 접근을 그대로 따르고 있다(Oden, 1984; Stone, 2001).

하지만 이와 같은 프로이트의 정신분석적 입장은, 흥미롭게도, 같은 시기에 같은 오스트리아 빈(Vienna)에서 활동을 한 아들러(Adler)에 의해 처음에는 적극적인 지지를 받았지만 이내 비판을 받고 두 사람은 결별하고 말았다. 아들러는 인간이 단순히 과거에 의해 결정되는 존재가 아니라 자신의 욕구충족 및 실현을 향해 용기 있게 나아가는 목적론적 존재라고 보았다. 인간은 자율적이고 자유로우며 자신의 성취를 이룰 수 있는 심리내적인 '힘'이 있고 그것을 추구하는 존재로 본 것이다. 인간에 대한 이러한 긍정적이고 성취지향적인 인식은 과거중심적인 문제 초점을 넘어 현재 '지금-여기'를 강조하며 관계정서적 소통과 체계를 중시하는 다양한 상담접근으로 발전하였다. 나아가 기적질문과 같은 미래 비전을 강조하고 내담자의 결핍보다는 강점과 자원들에 초점을 맞추는 인간이해와 평가의 패러다임 전환에 이르렀다.

한편, 오스트리아 빈 출신으로서 '제3의 심리학'을 제시했다고 평가받는 빅터 프랭클(Victor Frankl, 2005)은 아들러처럼 처음에는 프로이트의 '정신역동 모형'에 매료되었으나, 이내 아들러의 '성장적 모형'과 매슬로(Maslow)와 같은 심리학자들의 자기실현 및 인생의 의미에 관심을 갖게 되었다. 그리고 결국에는 아들러의 자기욕구 · 자기실현보다 인생이 주는 자기초월적 의미 발견과 추구가 중요하다고 강조하였다. 자기초점의 욕구나 목적보다 자기초월적 의미와 목적 추구가 더 본질적이고 핵심적인 것이며, 이것이 억압되거나 상실될 때 삶의 공허와 문제가 발생한다고 보았던 것이다.

이러한 자기초월적 인간이해와 실존적 문제이해는 결국 인간적 차원의 수평적 영성초점을 넘어 기독(목회)상담의 초월적 · 수직적 영성초점을 포함하는 '전인적' 이해를 향해 나아가고 있다. 사도 바울은 이러한 영성초점의 전인적 접근을 가리켜 세상의 학문이 유익한 듯 보이지만 궁극적으로 그리스도인들에게는 그리스도의 십자가와 부활이 진정한 능력이라고 강조하였다(골

2:8, 20-23). 사람의 내면적 고뇌와 갈등을 일반적 심리주의를 넘어 십자가 보혈과 부활을 통해 해결하고 성령 안에서 새로운 삶을 살 수 있다고 선포한 것이다(롬 7:24-8:2; 갈 5:24-26; 고후 5:17).

그리스도인의 삶의 원리는 '몸과 마음과 정성을 다해 하나님을 사랑하고 이웃을 내 몸처럼 사랑'하는 공동체적 삶에 담겨 있다(마 22:37-39). 사도 바울은 이러한 삶의 원리를 예수 그리스도를 머리로 모신 '몸'의 지체 관계, 즉 삼위 하나님 안에서 서로 돌아보아 사랑과 선행을 격려하며 인생의 어려움과 짐을 나누어지는 삶으로 제시하였다(히 10:24-25; 갈 6:2; 고전 12:26). 이러한 전인적이며 공동체적인 삶의 원리와 영성적 성찰은 기독(목회)상담자의 임상적 평가와 상담개입에 핵심적으로 적용되어야 한다(Clinebell, 1997; Pruyser, 2002). 상담을 종교적으로 접근하는 것은 문제가 있을 수 있지만, 초월적 영성 차원을 포함한 전인적 삶의 원리가 상담현장에서 배제되어서는 안 된다. 영성적 차원을 알지 못하는 비신자의 경우 그들의 언어와 이해의 맥락에서 상담하되 하나님이 사람을 창조하시고 이끄신다는 사실을 믿는다면 궁극적으로 전인적 · 공동체적인 성경적 삶의 원리에 기반을 둔 유연한 상담을 할 때 '내담자의 유익 원리'에 부합되는 상담이 될 수 있기 때문이다.

임상적 평가는 내담자의 문제와 적응적 · 부적응적 반응, 혹은 그런 패턴을 분석하고, 이를 근거로 상담개입 방안을 수립하기 위한 전문적 과정이다. 그런데 인간은 개인적 존재이지만 동시에 사회적 존재이기 때문에 주변 사람들과의 관계경험이나 사회문화적 환경의 영향에서 자유로울 수 없다. 따라서 '내담자의 문제에 사회문화적 영향이 있는가'를 탐색하는 것이 필요한데 이를 '문화적 공식화'라고 한다. 우리나라는 이미 다문화 사회이고, 그 어떤 사회보다 가치관이나 세계관에 있어서 세대 및 계층 간 간극이 크고 갈등 또한 깊다. 한 예로, '이혼' 이슈의 경우, 남녀 성별과 세대에 따라, 가족 내 이혼자의 존재 여부나 종교적 신념, 지역적 · 사회문화적 가치관에 따라 이혼 상황을 대하는 사람들의 느낌이나 생각 및 감정 반응이 저마다 다를 수 있다. 따라서 상담자는 내담자의 문제를 대할 때 사회문화적 요소들이 어떻게 영향을 미치는지 면밀히 점검할 필요가 있다.

지금까지 살펴본 바와 같이 사례개념화의 핵심은 내담자의 문제 상황을 임상적 · 문화적으로 평가하고, 그것을 근거로 실제 상담개입 방안을 이끌어 내는, 즉 '상담개입 공식화'를 하기 위한 것이다. 사례에 대한 진단 및 종합적 평가를 하고, '사례에 대해 무엇을 할 것인가'를 다루는 것이다. 이러한 사례개념화 과정은 상담 첫 회기부터 정보가 확보되는 대로 가설을 세우고 상담을 진행하되 회기가 거듭되면서 추가적으로 밝혀지는 사례정보 및 상담회기 결과들을 통합하며 지속되어야 한다. 사례분석이 잘 되면 상담의 초점과 목표, 개입전략이 명료하게 드러나고, 결국에는 효과적인 치료적 동맹관계를 통해 어려움들을 극복하며 종결을 향해 나아갈 수 있다. 〈표 10-2〉는 필자가 사례개념화와 상담개입을 포함한 사례자료 구성요소를 도표로 작성한 것이다. 각 요소들은 상담이 진행되면서 추가 및 보완된다. 상담자는 회기들을 축적적으로 정리하고 도식화함으로써 이전 및 이후 회기들을 객관적으로 비교하며 보다 효과적인 근거기반 상담개입 및 결과를 도출하도록 한다.

〈표 10-2〉 사례개념화와 상담개입을 포함한 사례자료 구성요소

사례탐색	내담자 소개, 호소문제, 가족(관계)정보, 가계도 등	
사례분석 (개념화)	문제 증상 진단	심리검사, DSM-5 등
	임상적 평가 (생리 · 심리 · 사회 · 영성)	문제 · 반응 패턴: 촉발 · 유지 요인, 긍정 · 부정의 반응 · 패턴 · 강점 · 자원
		사회문화적 요인
	종합	진단 · 평가 종합 및 상담개입 방안
		회기별 요약: 목표 · 개입 · 결과 · 도식
사례개입	상담회기 분석을 위한 축어록과 상담평가	
사례성찰	전인적 성찰	

4. 상담개입 3단계: 상담회기 개입

상담자는 내담자와 호소 문제를 이해 및 평가하면서 구체적인 상담개입을 계획하고 실천해야 한다. 6개월 혹은 1년 이상 장기적 상담을 한다면 처음에 내담자와 신뢰관계를 구축하고 내담자 상황을 이해하는 데 어느 정도 시간적 여유를 갖고 상담에 임할 수 있다. 하지만 5~10회기 전후의 단기적 상담접근을 한다면 그렇게 할 수 없다. 내담자를 만나 상담을 진행하면서 문제 이슈가 무엇인지 탐색하고, 문제해결의 '물꼬'를 트기 위한 구체적이고도 전략적인 상담개입을 동시에 실행해야 한다. 상담 시작 단계부터 내담자 이해뿐 아니라 잠정적인 상담목표를 형성하고 그것을 점차 구체화하면서 종결을 염두에 둔 상담개입을 하는 것이다. 그리고 상담이 진행되면서 추가적으로 제기되는 정보들이나 문제 혹은 변화의 양상들을 '축적적'으로 사례개념화에 통합하고, 이를 근거로 다시 다음 단계의 상담개입 방안을 구축하는 등 상호보완적으로 상담을 진행할 필요가 있다.

필자는 대학원에서 4학기 동안 상담이론들을 공부한 후 3학기를 상담센터에서 임상수련을 하면서 나머지 이론과정 학습을 마칠 수 있었다. 그 후에는 박사과정을 마치기까지 지역의 병원에서 추가적으로 수련활동을 하였다. 이때 사례개념화와 상담개입의 중요성과 어려움을 많이 경험하였지만 동시에 교실에서 배울 수 없는 많은 통찰과 성장을 이룰 수 있었다. 상담이론을 충실히 익혔고 심리검사나 임상적 평가를 할 수 있다고 생각했지만, 막상 상담 현장에 직면하니 어디에 어떤 이론을 적용하여 분석하고 어떻게 상담개입을 해야 할지 난감한 순간들이 많았다. 나름 사례분석을 잘 하고 그것에 근거한 상담개입을 했다고 생각했는데, 예상치 못한 어려움이나 장애물에 걸려 당황했던 상황들이 꾸준히 발생했다.

예를 들면, 동성애자로 살다가 에이즈에 걸려 의식을 잃고 죽어 가는 아들을 둔 노모가 자기 내면의 슬픔과 상처, 분노감정을 억압한 채 "아들이 천국에 가게 해 달라."고 막무가내로 조를 때 어떤 상담이론과 기법을 동원하여 개입을 해야 할지 참 난감하였다. 위암 말기 판정을 받고 불안에 가득 찬 60대 은퇴자가 아내와 가족을 향해 난폭한 말과 행동을 퍼붓고, "나는 교회도 열심히 다니고 헌금도 꼬박꼬박 했는데 내가 왜 이 나이에 죽어야 하는가? 하나님이 정말 있는 거냐?"며 분노감정을 표출할 때 당황하여 어쩔 줄 몰랐던 경우도 있었다.

이럴 때 어떻게 상담이슈들을 명료화하고, 어떤 방식으로 상담구조화를 해야 하는지 도움이 되었던 것이 사례축어록 작성과 슈퍼비전이었다. 따라서 서둘러 수련 조건들을 채워 자격증을 받고 현장에서 전문상담자로 활동하는 것도 좋지만 그 전에 상담실습과 사례분석 및 슈퍼비전을 받는 시간을 충분히 갖는 것이 중요하다. 그 중요성은 아무리 강조해도 지나침이 없다. 또한 자격증을 받은 후라도 지속적으로 사례발표회에 참석하고, 사례 축어록을 쓰는 훈련을 유지하는 것이 '천하보다 귀한 한 영혼'을 상담하고 치유하는 기독(목회)상담자에게 꼭 필요한 과정이라 할 수 있다.

상담은 기본적으로 만남-개입-종결의 단계로 구분된다(Benner, 1992). 상담자와 내담자가 만나 상담이슈를 점검하고 평가한 후 상담목표 설정 및 개입 그리고 종결로 이어진다. 가족상담이나 집단상담도 기본적으로 이와 유사한 과정을 거친다. Crabb은 문제가 되는 감정과 행동, 사고를 확인하고 성서적 사고와 헌신, 성서적 행동실행 및 성령께서 주도하시는 감정확인 등의 상담개입 7단계를 제시하였다(Crabb, 1977). 기독(목회)상담의 '고전적 패러다임' 상담자로 분류할 수 있는 Adams(1986)는 Crabb이 성경보다 엘리스나 아들러, 로저스의 접근과 같은 '심리학적 패러다임'을 더 많이 의존한다고 비판하며 성경적 교육과 확신, 교정, 의로운 삶을 위한 훈련으로 구성된 '교화적 상담' 개입과정을 제시하였다. 유학 시절에 필자에게 임상현장에 관한 많은 통찰과 도움을 주었던 Stone(2001)은 기존의 심리학적 상담개입의 효과를 부인하지 않으면서도, 기독(목회)상담이 지나치게, 때로는 크리스천의 정체성을 상실할 정도까지, '심리학적 패러다임'에 치우쳤다는 연구결과를 제시하며, 성서신학적 이해를 바탕으로 교회공동체적인 돌봄과 상담을 제공해야 한다고 강조하였다.

필자는, Stone이 주장한 바와 같이, 기독(목회)상담은 심리학적 통찰과 발견들을 도외시하지 않되 교회공동체적 맥락에서 그리스도인의 정체성과 부르심에 기반을 둔 돌봄과 상담을 교회 성도는 물론 주변 지역주민에게 제공할 수 있어야 한다고 본다. 기독(목회)상담의 대상은 영성적 · 신앙적 차원은 물론 각종 관계적 · 심리적 문제로 힘들어하는 사람들이다. 접근방식에서 달라질 수 있지만 교회 내 성도나 교회 밖 지역주민을 구분하지 않는다. 기독(목회)상담의 내용은 교회의 사역 초점과 다르지 않다. 교회는 곤경에 처한 사람들을 성서적 진리가 통합되지 않은 일반 심리학적 상담에 맡기기보다 세상의 '빛과 소금'으로서 '구원의 복음' 전파와 함께 돌봄과 상담을 포함한 '이웃 사랑'의 사명을 감당할 책임이 있기 때문이다(Brister, 1978).

이런 맥락에서 기독(목회)상담자의 개입은, 먼저, 내담자와 신뢰관계를 형성하면서 문제 상황이나 이슈를 파악하고 명료화하는 것으로 시작된다. 이때, 필요하다면 적절한 심리검사를 선택하여 진행할 수 있다. 예를 들면, 부부간 갈등으로 찾아온 내담자의 경우, 결혼만족도 검사가 내담자의 상황 이해와 상담개입에 도움이 될 수 있다. 하지만 심리검사는 내담자와 이슈를 이해하는 보완적 정보로 활용하기 위한 것이다. 내담자가 찾아오면 다양한 심리검사들을 패키지로 묶어 무조건 심리검사부터 실행하는 경우들이 있는데 이것은 지양되어야 한다. 심리검사 결과를 한 번 해석해 준 후 다시 언급하지 않는 경우들이 많은데, 진단 결과는 상담개입 과정에서 지속적으로 점검되고 활용될 필요가 있다. 내담자와 상담을 진행하면서 상호적으로 비교 및 점검하는 것이 바람직하다.

상담자는 내담자의 상황과 문제를 미리 조사하고 상담개입을 할 경우가 있지만, 많은 경우에 내담자를 만나 바로 기본적인 개인정보와 문제증상, 상담을 통해 기대하는 것이 무엇인지 탐색하며 상담개입에 들어간다(유재성, 2015). 이때 '척도질문'과 같은 방법을 사용하면 문제 상황이나 심각성에 대한 내담자의 현재 인식을 파악하는 데 도움이 된다. 그리고 과거의 상태와 미래에 대한 생각, 상담목표 및 종결 시점의 기대 지표까지 수립하는 데 도움이 된다. 상담자는 다음과 같이 척도질문을 사용하여 사례탐색을 할 수 있다.

상담자: 오늘 무엇이 달라질 필요가 있어서 오셨나요?

내담자: 대학생 아들과 고등학생 딸이 있는데, 요즘 아이들과 자주 싸우고 짜증만 나요. 아들은 늘 밖으로 나다니고, 딸은 학교에서 왕따를 당한 후 적응을 잘 못하고, 집에 오면 방에 틀어박혀 나오려고 하지를 않아요. 저도 요즘 부쩍 몸도 아프고, 남편은 늘 자기 일에 바쁘고……. 정말 살고 싶지 않아요. 우울하기만 하고…….

상담자: 아……. 자녀들에게 그런 일이 있었군요. 자기 일에 바쁜 남편과도 별로 교류가 없으신 것 같고요. 마음이 많이 힘드신 것 같아요.
[공감적 경청과 침묵]
내 상황이 최악일 때를 0점, 가장 좋을 때를 10점으로 본다면, 지금은 몇 점 상태에 있다고 할 수 있을까요?

이와 같은 대화를 통해 상담자는 내담자가 힘들어하는 관계대상(Relationship)과 이슈, 문제를 촉발하는 정서적 상황(Emotion), 그리고 이와 연관되어 발생하는 감정과 생각(Perception), 언어나 행동적 반응(Act) 및 그로 인한 결과나 느낌(Spirituality) 등을 탐색하도록 한다. 이런 요소들은 특정한 상황에 따라 다르게 나타나는 것처럼 보이지만 그 이면에 이전부터 반복되는 어떤 패턴들이 내재되어 있을 수 있다. 과거로부터 형성된 미해결 이슈나 미충족 정서 혹은 감정적 억압으로 인하여 나타나는 것일 수 있는데, 이것을 '준거틀(frames of reference)'이라고 한다. 육신적 욕구나 정서(RE)가 감정적 사고와 행동을 자극하고(AP) 부정적인 결과(S)를 초래하는 것이다.

사람들은 자신이 처한 상황이 무난하고 특별한 문제가 없다면 대체로 이성적이고 안정된 익숙한 생활태도를 유지한다. 하지만 지속적으로 스트레스를 받거나 위기적인 혹은 원치 않는 억울한 상황 등이 발생하면 자기중심적인 정서적 사고와 행동반응을 보이기 쉽다. 이때 인간 내면의 육신적 욕구나 정서가 강하게 작용하여 예수 그리스도를 영접한 그리스도인이라 할지라도 한 순간에 실수하거나 부적응적 사고 혹은 감정반응을 일으킬 수 있다. 사도 바울도 자신의 문제로 깊이 고민하며 좌절할 정도였다(롬 7:1-25).

그런데 기독(목회)상담을 한다고 주장하는 사람들 중에 예수만 믿으면, 기도만 하면, '모든 것이 해결되고 안 될 것이 없다.'는 등의 소위 '영적주의'에 빠진 상담을 하는 경우들이 있다. 어떤 면에서 그런 주장 자체가 틀린 것은 아니지만, 경직된 인간이해와 문제인식 혹은 교조적이고 피상적인 접근으로 인해 의도하지 않은 부정적 결과를 가져올 수 있으므로 주의할 필요가 있다. 이런 경우들로 인해 기독(목회)상담이 비전문적이고 효과가 없다는 정반대의 오해와 비판을 받기도 한다.

기독(목회)상담자는, 이처럼 내담자의 문제 상황 혹은 그 이면에 내재되어 반복되는 준거틀이 있는지 관심을 가지면서, 두 번째 단계로, 내담자에게 필요한 구체적인 상담목표를 함께 구축하도록 한다. 막연한 상담목표는 상담개입 과정을 모호하게 하고 상담의 방향을 산만하게 만들며, 상담개입이 피상적으로 진행될 수 있다. 따라서 구체적이고(Specific), 평가 가능하며(Measurable), 행동지향적이고(Action-oriented), 현실적이며(Realistic), 시간제한을 두고(Time-limited) 그 성취여부를 점검할 수 있는 '스마트한 목표(SMART goals)'가 좋다. 그럴 때 목표 초점의 일관성 있고 깊이가 있는 개입이 이루어질 수 있다.

내담자 중에는 자신의 상담목표를 명확하게 알고 제시하는 경우가 없지 않다. 하지만 문제감정이나 사고에 빠져 정작 자신의 문제가 무엇인지, 상담을 통해 원하는 것이 무엇인지 한 번도 생각해 보지 못한 경우가 많다. 그러한 것을 생각해 보라고 권면해도 찾아내기 힘들어하는 사람들이 많다. 따라서 상담자는 내담자가 기대하는 목표를 명료하게 설정하고, 상담회기에 집중할 수 있는 구체적인 목표를 세우도록 지원해야 한다. 그 목표가 육신적 감정과 '소욕'에 이끌린 부정적 · 파괴적인 것이라면 상담자의 가치관이나 판단을 강요하지 않으면서도 궁극적으로 내담자에게 유익하고 건강한 목표를 찾아내도록 안내하는 전문성을 갖추어야 한다. 내담자의 목표가 무엇이든 원하는 대로 행동하도록 상담하는 것이 '내담자 중심의 상담'도 아닐뿐더러 '내담자에게 가장 유익한 상담을 해야 한다.'는 전문상담의 윤리와도 상충될 수 있기 때문이다.

상담자: 오늘 상담을 통해 얻기를 원하는 것, 즉 목표가 무엇인가요?

내담자: 자녀들과의 문제도 해결하고 싶지만, 무엇보다 남편과 더 이상 함께 살고 싶지 않아요. 남편과 이혼하고 '나'만의 삶을 찾고 싶어요. 내가 가족을 위해 희생한들 누가 알아줘요? 나는 이제 '나'만을 위해 살 거예요.

상담자: 아, 그러시군요. 그 동안 마음에 맺힌 것이 많이 있으신 것 같군요. 그럼, 남편과 이혼하시면 당신의 삶에 무엇이 달라질까요? 당신이 궁극적으로 원하시는 것은 무엇입니까?

기독(목회)상담자 중에는 이런 내담자를 만날 때 '이혼'은 '안 된다'고 말하고 싶은 충동을 느끼는 사람들이 있을 것이다. 성경적으로 맞지 않으며 교회나 사회에서도 바람직하지 않으므로 '믿음을 갖고 더 노력해라.' '기도해라.'와 같은 '필요하지만 막연한 조언'을 하고 싶을 수 있다. 필자도 동의한다. 하지만, 그럼에도 불구하고, '지금-여기'에 오기까지 내담자가 어떤 과정을 거쳤는지, 그 과정에 어떤 심정을 겪었을지 탐색하며 적절한 수용적 반응과 공감적 경청을 하는 것이 좋다. 그리고 앞서 제시한 질문을 통해 내담자의 속마음에 감추어진 혹은 은폐된 진짜 필요를 이끌어 내도록 한다. 내담자가 정말 원하는 것이 이혼인지, 아니면 사랑하며 자녀와 함께 행복하게 살고자 하는 내면의 '소망'이 충족되지 않아서 그런 것인지 탐색해야 한다. 육신적 감정 추동에 의해 좌우되기보다 자신이 진정으로 원하는 속마음을 이끌어 내고 구체적인 변화를 향해 나아가도록 안내하는 것이 필요하다.

이를 위해 기독(목회)상담자는 기적비전 질문을 활용할 수 있다. 그리스도인의 삶의 현실은 눈에 보이는 것이 다가 아니다. 지금 '나'의 생각이나 느낌도 중요하지만 보다 더 핵심적인 것이 있다. 바로 하나님 나라가 이 땅에, '내 안'에 임하였으며, 이제 그리스도의 십자가 보혈과 부활로 인해 하나님 자녀라는 '정체성'을 갖고 '새로운 삶'을 살 수 있게 되었다는 사실이다(고후 5:17). 이러한 전인적(wholistic) 현실을 인지하고, '이미' 임하였지만 '아직' 온전히 임하지는 않은 하나님 나라의 삶을 '지금' '여기'에서 믿음으로 살도록 생각과 행동의 전환을 도와야 한다. 이것은 인지행동상담 접근과 유사하지만 기독(목회)상담에선 내담자 안에 내재하시는 삼위 하나님의 임재와 역사, '하나님 나라'의 영적현실을 전제한다는 점에서 궁극적인 차이가 있다.

상담자: 자녀와의 관계가 좋아지고 당신이 궁극적으로 행복해하는 삶의 모습은 무엇일까요?

상담자: 오늘밤, 주무시는 동안 기적이 일어나 문제가 해결된다면 내일 아침 무엇이 달라져 있을까요? 무엇으로 '내 문제가 해결되었다.'라고 말할 수 있을까요?

필자는 유학 시절, 이와 같은 해결중심상담의 '기적질문'을 접했을 때 "아,

일반상담이 하나님 나라의 영적현실을 반영한 접근을 하네."라며 탄복한 바 있다. 기독(목회)상담은 기본적으로 성서적 원리에 따른 전문상담 접근을 구축함과 동시에, 심리학적 자원들 또한 성서적 진리와 통합하여 내담자의 유익을 위한 전문상담으로 발전시켜야 할 과제가 있다. 상담자는 이와 같은 방식으로 육신적 관계정서에 끌려가는 부정적 '언행심사'가 아닌 말씀과 성령께서 공동체와 함께 이끌어가는 영성적 '심사언행'을 믿음으로 실천하고, 그로 인한 변화와 성장을 경험하도록 안내하는 전문상담을 추구해야 한다(유재성, 2015).

기독(목회)상담자는 목표를 중심으로 한 미래 변화뿐 아니라 과거의 경험과 그 과정에 함께하신 하나님의 역사를 탐색하며 효과적인 상담을 전개할 수 있다. 하나님은 결코 그 자녀들을 떠나지 않고 지켜 주실 것이며, 예수 그리스도는 세상 끝 날까지 항상 함께 하며 인도하겠다고 약속하셨기 때문이다(마 28:20). 내담자가 삼위 하나님의 임재를 실제로 인식했든 인식하지 못했든 이 사실이 내담자에게 미치는 의미와 영향을 부정할 수는 없다. 기독(목회)상담자는 단순히 과거로부터 이어져 온 심리적 차원의 문제 증상을 탐색하고 평가하는 것을 넘어 내담자와 함께 영적인 실재를 찾아내고 삶 속에 함께하신 삼위 하나님을 만나게 하는 것이 중요하다(유재성, 2015).

상담자는 자신의 훈련 내용이나 경험에 따라 선호하는 상담접근이 있고, 대개의 경우 그것을 선택하여 상담개입을 한다. 하지만, 그것이 무엇이든, 문제의 원인탐색을 하든 강점중심의 상담을 하든, 삶 속에서 '말할 수 없는 탄식'으로 함께하시는 하나님을 도외시하고 일반 심리학적 상담접근에 몰두하는 '환원주의적 심리주의'에 빠지지 않도록 유의할 필요가 있다. 따라서 기독(목회)상담자는 자신이 어떤 상담이론과 접근을 훈련받고 실시하는지, 그것이 성서적이고 자신의 정체성 및 사명과 잘 부합하는지 점검할 필요가 있다. 그리고 내담자와 함께하시는 하나님의 '은혜사건'들을 탐색하며, 내담자가 어떻게 어려움을 대처해 왔는지, 주께서 내담자의 삶에 임재하시면서 어떻게 무엇을 하셨고 앞으로 인도하시기를 원하시는지 주목하며 효율적이고 전문적인 상담을 할 수 있도록 노력하는 것이 좋다.

상담회기의 마지막 단계는 상담한 내용을 정리하고 내담자와 함께 공동체적인 실천계획을 작성하는 것이다. 많은 경우, 회기 구조화 및 시간 배분이 잘 이루어지지 않아 여러 종류의 문제 상황을 펼쳐 놓고 이야기하다가 급하게 상담자가 과제를 주고 회기를 종료한다. 이것은 내담자의 문제해결에 도움이 안 되며, 비전문적인 상담을 한다는 인상만 줄 우려가 있다. 따라서 상담자는 회기를 끝내기 전 약 10분 전후의 시간을 확보하여 내담자의 협력을 치하하고, 회기 내 상담개입을 통해 어떤 것들이 다루어졌는지를 긍정적으로 정리 혹은 명료화하는 것이 좋다. 그리고 그 내용과 관련된 실천과제를 이끌어 내고 공동체적 자원을 활용하여 실천할 수 있는 구체적인 계획을 세우도록 한다.

상담자: 우리는 오늘 '나' 자신을 좀 더 사랑하고 소중히 여기는 삶을 사는 것에 대한 이야기를 나누었습니다. 건강도 예전 같지 않고 우울함도 있다고 하셨습니다. 이 외에도 …… 내용들을 다루었습니다. 저는 이러한 대화를 하면서 내담자께선 이미 자기를 소중히 여기고 자기 인생을 책임지는 삶을 살겠다는 의지를 읽을 수 있어서 좋았습니다. 당신에게 이런 측면이 있다는 것을 그 동안 알고 계셨나요?

[중략]

우리가 다음 주 이 시간에 만날 때 당신의 상황이 현재보다 1점 정도 나아져 있다면 이 한 주간 동안 어떤 일이 일어날까요?

내담자: 먼저 그 동안 중단했던 운동을 다시 시작해야 할 것 같아요. 그동안 몸이 불어나니까 제 자신에 대해 더 자신이 없고 우울감도 늘었던 것 같아요. 오늘 집에 가면서 집 동네에 있는 '커브스(여성들을 위한 운동 프로그램)'에 등록해야겠어요. 전부터 봐 두었지만 생각만

하고 못했는데 오늘 바로 행동에 옮겨야겠어요.
그리고 남편이 미워서 이혼할 생각만 했는데 나 자신이 먼저 지금 나를 행복하게 하는 생각과 행동을 해야겠어요. 그 첫 번째 과제로, 아까 언급하신 대로, 경건책을 사서 매일 성경묵상하고 적용하는 생활을 해야겠어요. 전에 열심히 할 때는 경건생활이 큰 힘이 되었는데 요즘 모든 것이 불만스럽고 힘들다 보니 그만 그것을 놓치고 있었어요.
아이들을 대할 때 제 어린 시절에 부모님이 이혼하신 것이 현재의 제게 영향을 주었을 수 있다고 하셨는데 그때의 경험을 써 오는 숙제도 이번 주에 열심히 할게요.

상담자: 네, 좋아요. 저도 기도로 돕겠습니다. 아울러 목요일 오후에 이것들을 잘 실행하고 계신지 확인 문자를 보내 격려하도록 하겠습니다. 우리 교회 목장모임에서 매주 경건의 삶을 나누고 하루하루 감사일기 쓰는 것을 서로 점검해 주니까 참여하시면 실천에 더 도움이 되실 것입니다. 어린 시절의 경험이 현재 남편이나 자녀와의 관계에 어떤 영향을 주는지는 많이 다루지 못했는데 괜찮으시면 다음 주에 좀 더 탐색하도록 하겠습니다.

상담은 하나의 연속 드라마와 같다. 어떤 정신분석가는 상담이 효과가 있으려면 3개월에서 6개월은 워밍업을 하며 내담자를 알아가야 한다고 말했다. 그 후로도 문제와 그 원인을 깊이 파악하려면 1년에서 2년이 걸린다고 한다. 이것이 도움될 수 있지만, 많은 경우, 내담자를 알아 가다가 지쳐서 상담이 중단될 가능성이 크다.

그리고 많은 상담자들이 전후 회기의 연결성이나 점검 없이 상담을 지속한다. 각 회기가 서로 구분된 다른 단막극처럼 진행된다. 상담자가 상담시간에 무엇을 할지 미리 리스트를 정해 놓고, 내담자에게 어떤 변화가 일어나는지 상관없이, 매 회기마다 서로 연관성 없는 상담접근을 시도한 것을 사례발표회 자료에서 흔히 보게 된다. 그보다는 매 회기가 상담목표를 중심으로 이어지고, 점진적으로 내담자의 반응과 변화를 이끌어 내는 연속 드라마처럼 역동적으로 진행될 필요가 있다.

따라서 전문상담을 하고자 하는 사람들은 가능하면 자신의 상담회기 개입과정들을 녹음하거나 녹취하여 각 회기가 어떻게 연결성 있게 전개되는지, 어떻게 내담자의 상황에 민감하게 반응하며 유연하게 상담개입이 이루어지는지 점검하는 훈련을 하는 것이 좋다. 이전 회기에 다루고 변화를 시도한 것들은 후속 회기들을 진행하면서 어떻게 달라지는지 추적 점검할 때 상담효과가 증대된다.

이러한 방식으로 상담자는 새로운 회기를 시작하기 전에 이전 회기의 실천과제와 결과를 점검하여 긍정적인 결과로 나타난 것은 더 강화시키고, 실천되지 않았거나 효과가 없었던 것은 창의적으로 재구성하여 다시 시도하는 것이 좋다. 그리고 내담자의 이슈를 추가적으로 다루는 '축적적'인 상담진행을 하도록 한다. 오랫동안 몸과 마음에 밴 생각이나 행동, 감정의 패턴은 쉽게 달라지지 않고, 상담자가 그렇게 축적적으로 점검하고 지속적으로 작업하게 하지 않으면 내담자는 금방 예전의 생활방식(system)으로 돌아갈 가능성이 크기 때문이다. 필자는 첫 번째 상담회기개입 이후 두 번째 혹은 그 이후의 상담회기는 대개 다음과 같은 방식으로 이전 회기의 상담과제 수행결과를 점검하는 것으로 시작한다. 그리고 이 상황에서부터 이전 회기 작업 내용의 보완 혹은 추가적인 상담작업을 연계하여 전개한다.

상담자: 안녕하세요, 지난 한 주간 동안 무엇이 조금 달라졌나요?

내담자: 네, ……을 하기로 했는데 ……면에서 상황이 조금 나아졌어요.

상담자: 아, 잘 하셨어요. 어떻게 무엇이 조금 나아졌나요?

(혹은)

그렇게 하는 것이 쉽지 않았을 텐데 어떻게 그리 하실 수 있었어요? [실천결과를 긍정적으로 점검 및 치하하며, 연결된 이슈를 추가적으로 다룬다.]

5. 상담개입 4단계: 종결

상담회기 종결은 상담자와 내담자가 함께 상담한 내용을 정리하고, 실질적인 실천계획을 세우고 격려하는 과정이다. 그런데 많은 문제들을 이끌어내어 탐색작업을 하다가 시간이 다 되어 서둘러 상담을 끝내는 경우가 많기 때문에 상담 내용의 구조화뿐 아니라 상담 시간의 구조화에도 신경을 써야 한다. 정해진 시간에 상담을 시작하는 것도 중요하지만 주어진 시간에 상담 이슈에 대한 충분한 상담작업을 한 후 예정된 시간에 구체적인 실천계획과 실천의욕을 고취하며 마무리하는 것은 전문상담자가 갖춰야 할 중요한 자질의 하나이다.

상담회기 중에 다룬 내용과 상관없는 실천과제를 상담자가 임의로 제시하고 종결하는 경우도 많은데 이러한 회기 종결 방식은 상담효과를 저해하는 요소가 된다. 따라서 가급적 회기 중에 작업한 내용 중에서 실천과제를 뽑아내고 내담자가 그것을 상담실 밖 삶의 현장에서 실천하고 성공경험을 확대해 가도록 돕는 것이 좋다. 상담회기 중에 감정의 정화나 부적응적 사고 혹은 언행에 대한 인식 및 변화를 향한 결단이 있을 수 있지만, 아직 내담자에게 문제가 된 관계 상황이나 일상의 생활방식은 바뀌지 않았기 때문이다.

일상의 정서적 관계방식은 매우 강력하게 현상을 유지하려고 한다. 그렇기 때문에 상담장면에선 개인적으로 변화를 다짐해도 막상 현실로 돌아가면 잘 바뀌지 않는다. 변화를 다짐해도 예전의 문제패턴을 반복하는 경우가 많다. 설교를 들으며 감동을 받고 변화를 결단하지만 교회 문을 나서는 순간 이전의 모습으로 돌아가는 것과 마찬가지이다. 하나님의 역사와 말씀을 직접 보고 들은 사람들도 믿음으로 실천하지 않을 때 소용이 없었다면(히 4:2; 딤후 3:7) 상담 또한 그러한 현상을 넘어서기란 어려운 일이다. 그러므로 상담자는 매 회기 말에 상담내용을 실천과제로 연결하고, 다음 회기를 시작하면서 실천결과를 점검하고 변할 때까지 지속적으로 확인하는 것이 좋다.

이렇게 하면서 상담은 점점 최종적인 종결을 향해 나아가게 된다. 상담개입을 언제까지 할지, 상담관계를 어떻게 종결할지 아는 것은 전문 상담자의 매우 중요한 역량 중 하나이다. 상담관계를 시작할 때 몇 회기를 언제까지 할지 정하고 시간이 되면 그 계약에 따라 종결하는 것이 일반적이다. 상황에 따라 약간의 변동이 있을 수 있지만, 상담자의 어떤 '촉'이나 '감'으로 혹은 필요에 따라 종결을 앞당기거나 늘리는 것은 바람직하지 않다. 내담자가 갑자기 상담을 중단하거나 상담약속을 지키지 않아 상담이 종결되는 경우도 있지만, 가급적 상담자와 내담자가 함께 상담목표가 달성되었는지, 문제나 증상이 개선 혹은 해결되었는지, 위기적인 상황을 넘어 이제 내담자 스스로 문제를 다룰 수 있을지 등을 판단하여 결정하는 것이 좋다.

이러한 맥락에서, 해결중심 상담에서는 처음 상담을 시작할 때부터 종결을 염두에 두고 무엇이 달라지면 상담목적이 달성되었다고 판단할 수 있을지를 명료하게 탐색하여 종결평가의 가이드로 삼는다. 그리고 종결할 때는 최소한 한두 회기 전에 상담자와 내담자가 함께 종결에 대해 논의하고, 그 동안의 상담과정을 평가한 후 성취 혹은 아직 다루지 못한 부분들을 정리하고 지속적 성장을 위한 대책을 마련하는 것이 필요하다. 그리고 일정 기간 후에 상담효과가 유지 혹은 변화가 지속되는지 점검하기 위한 '후속회기(follow-up session)'를 설정하는 것도 좋다.

상담이 종결된 후에도 문제는 다시 발생할 수 있다. 따라서 상담자는 내담자 스스로 감당하기 어려운 상황이 발생하면 언제라도 다시 돌아올 수 있음을 명료하게 언급하는 것이 필요하다. 이를 통해 상담종결로 인해 내담자가 느낄 수 있는 불안감이나 단절감, 고립감 등을 예방할 수 있기 때문이다. 그리고 상담계약서를 비롯하여 관련 서류들을 최종 정리하여 일정한 기간 동안 보관하도록 한다. 그 기간은 상담자 개인이나 소속 기관의 정책에 따라 달라질 수 있다. 이러한 자료들은 외부의 요청에 의해 다시 점검될 필요가 있거나 상담이 재개될 때 참고자료로 활용될 수 있다.

상담자는 늘 상담목표를 성취하는 성공적인 상담을 원하지만, 상담개입이 도움되지 않거나, 상담이 의도치 않게 중단 혹은 종결될 수도 있다. 누구에게나 발생할 수 있는 현상이다. 상담자의 미숙함 때문일 수 있지만, 더 많은 경우는 내담자의 이슈나 어떤 사정 때문일 수 있다. 따라서 이런 상황이 발생한다면 상담자는 섣불리 자괴감에 빠지거나 그 상황에 집착하기보다 내담자의 유익을 위해 당사자의 동의하에 다른 상담자에게 위탁하거나 적절한 상담자원과 연결을 시도할 수 있다.

교회에서 상담이 이루어진 경우 기독(목회)상담자는 상담종결 후 자신과 내담자 및 관련자들이 상담과 무관한 교우관계로 돌아가도록 생각과 행동을 재구성(disengagement)하는 과정을 갖는 것이 좋다. 상담이 종결된 후에도 계속 상담맥락에서 형성된 관계적 언어와 사고, 행동을 반복하지 않고, 더 성장된 모습으로 상담실 밖의 인간관계로 복귀하도록 서로를 돕고 지원하는 의식화 및 실천 과정을 거치는 것이다.

필자는 비신자와 상담할 경우 먼저 종교적 접근을 하지 않는다. 하지만, 그리스도인으로서의 정체성과 사명을 자각하는 가운데, 내담자가 인생의 의미, 삶과 죽음의 실존적 이슈나 영성 관련 요소들을 제기하면 "때를 얻든지 못 얻든지"(딤후 4:2) 영성적 차원의 삶과 그것이 내담자의 상담목표와 유익에 어떤 연관성이 있는지를 탐색하려고 한다. 그리고 상담관계를 종결하면서, 내담자의 이슈나 상황에 적절하다면, 건강한 교회를 추천함으로써 내담자의 지속적 성장을 위한 지역사회의 자원과 연결시키려고 한다. 이것이 내담자를 심리적으로만 아니라 영성적 차원을 포함하여 전인적으로 돕는 기독

(목회)상담의 전문성이고 경쟁력이며 강점이라고 믿기 때문이다.

6. 나오는 말

기독(목회)상담은 많은 부분에서 일반상담과 유사한 요소들을 공유한다. 필자가 이 장에서 제시하였듯이, 상담할 때 내담자와 가족 혹은 의미 타자들에 대한 기본 정보 및 관계패턴, 경험들을 탐색하는 것은 매우 중요하며, 이러한 접근에 거의 차이가 없다. 용어 사용이나 방식은 다를 수 있지만 내담자와 문제 이슈에 대한 이해 혹은 사례개념화를 통해 보다 효과적인 상담개입을 추구하는 것 또한 기본적으로 다르지 않다. 상담회기 개입의 과정 또한 내담자와의 신뢰관계 안에서 부적응적 문제 상황이나 패턴을 탐색하여 적응적으로 인지구조나 감정 혹은 행동반응을 일으켜 상담목표를 달성하려고 한다는 점에서 유사하다. 심리학적 개념이나 접근방식을 배제하고 오직 성경 내용을 제시 혹은 교육하고 기도함으로써 상담목표를 달성한다는 일부 주장도 있지만, 대개의 경우, 일반상담과 많은 공통점들을 유지하고 있는 것이 사실이다.

하지만 이런 유사성에도 불구하고, 내담자와 문제를 보는 관점이나 접근에 차이 또한 분명히 있다(권수영, 2007). 내담자를 진단하고 문제 상황을 평가함에 있어서 어떤 상담이론과 접근방식을 채택하느냐에 따라 사례개념화 및 상담개입에 커다란 차이가 발생한다. 똑같은 내담자를 상담하더라도 인간의 욕구와 부정적 과거경험, 및 문제에 초점을 맞추는가 하면, 과거보다는 '지금-여기'에서 문제패턴을 탐색하고 개입하는 것을 선호할 수 있다. 문제의 원인을 찾기보다는 강점과 자원을 찾아 현재와 미래를 향해 나아갈 수 있는 실마리를 찾으려할 수도 있다(Corey, 2016).

이런 맥락에서 필자는 이 장을 통해 기독(목회)상담자는 어떤 상담이론과 접근으로 내담자를 평가하고 상담하든지 그리스도인으로서의 자기 정체성과 영적인 현실인식이 통합된 사례개념화와 상담개입을 할 것을 강조하였다. 사람은 하나님께서 육신적이고 심리적이며 사회적인 존재이자 영적인 존재로 창조하셨으며, 이 땅에 이미 임했지만 아직 온전히 임하지는 않은 하나님 나라의 현존 속에서 살아가는 존재이기 때문이다. 과학적 학문으로서의 상담은 인간의 영적 차원을 담아내기 어려울 수 있지만, 사람을 치유하는 임상 현장으로서의 상담은 인간의 영적 현실을 배제할 수 없기 때문이다. 따라서 기독(목회)상담자는 환원주의적 '심리주의'도 배타적 '영적주의'도 아닌 전인적인 사례분석을 하고 이에 근거한 상담개입을 할 수 있어야 한다.

내담자가 상담실에 올 때는 목적이 있기 때문이다. 상담자는 이를 위해 내담자와 상황을 분석하고, 모든 지식과 경험, 자원들을 동원하여 상담개입을 한다. 하지만, Frankl(2006)의 관점을 빌리자면, 내담자의 목표는 육신적 · 심리적인 자기초점을 넘어 인생이 자신에게 요구하는 삶의 의미와 목표, 즉 궁극적으로 하나님 안에서 발견되는 인생의 목적을 향해 나아가는 것으로 연결되어야 한다. 그럴 때 당면한 문제의 치유와 회복을 포함한 진정한 삶의 의미와 목적의 실현이 가능해진다. 그리고 이것을 실제 삶의 이야기로 경험하게 하는 것이 기독(목회)상담의 고유한 전문성이며 경쟁력이다.

참고문헌

권수영 (2007). 기독(목회)상담, 어떻게 다른가요: 심리학과 신학의 만남. 서울: 학지사.

유재성 (2015). 현대 크리스천 상담의 이해와 실제. 대전: 하기서원.

유재성 (2016). 크리스천 상담에서의 인간이해와 영성초점. 복음과 실천, 57, 333-358.

Adams, J. (1986). *How to help people change*. Grand Rapids: Zondervan Publishing House.

American Psychiatric Association(APA) (2013). *Diagnostic and statistical manual of mental disorders*-V. Washington, DC: American Psychiatric Publishing.

Benner, D. (1992). *Strategic pastoral counseling*. Grand Rapids: Baker Books.

Bergin, A. (1980). Psychotherapy and religious values. *Journal of Consulting and Clinical Psychology, 48*, 95-105.

Bergin, A., & Jensen, J. (1990). Religiosity of psychotherapists: A national survey. *Psychotherapy*, 27, 3-7.

Brister, C. (1978). *The promise of counseling*. San Francisco: Harper & Row Publishers.

Clinebell, H. (1997). *Anchoring your well being: Christian wholeness in a fractured world*. Nashville: Upper Room Books.

Collins, G. (1986). *Innovative approaches to counseling*. Waco: Word Books.

Corey, G. (2016). *Theory and practice of counseling and psychotherapy* (10th ed.). Pacific Grove: Brooks Cole.

Crabb, L. (1977). *Effective biblical counseling*. Grand Rapids: Zondervan Publishing House.

Ellis, A. (1980). Psychotherapy and atheistic values: A response to A. E. Bergin's 'psychotherapy and religious values.' *Journal of Consulting and Clinical Psychology, 48*, 635-639.

Frankl, V. (2006). *Man's search for meaning: An introduction to logotherapy*. Boston: Beacon Press.

Gorsuch, N. (1999). *Pastoral visitation*. Minneapolis: Fortress Press.

Lester, A. (1997). **희망의 목회상담** (신현복 역). 서울: 한국심리치료연구소. (원저 1995년 출판).

Oden, T. (1984). *Care of souls in the classical tradition*. Philadelphia: Fortress Press.

Oden, T. (1988). Recovering pastoral care's lost identity. In LeRoy Aden & J. Harold Ellens (Eds.), *The church and pastoral care* (pp. 17-31). Grand Rapids: Baker Books.

Pruyser, P. (2002). **진단자로서의 목사** (유희동 역). 서울: 기독교문사. (원저 1976년 출판).

Sperry, L., & Sperry, J. (2014). **상담실무자를 위한 사례개념화 이해와 실제** (이명우 역).

서울: 학지사. (원저 2012년 출판).

Stone, H. (1994). *Brief pastoral counseling*. Minneapolis: Fortress Press.

Stone, H. (2001). Theory out of context: The congregational settings of pastoral counseling. In Howard Stone (Ed.), *Strategies for brief pastoral counseling* (pp. 181-207). Minneapolis: Fortress Press.

Switzer, D. (1986). *The minister as crisis counselor*. Nashville: Abingdon Press.

제 11 장

기독(목회)상담의 치유모형*

권수영
(연세대학교 신과대학/연합신학대학원 목회신학 교수)

1. 들어가는 말

1940년대 미국에서 처음으로 상담(counseling)이라는 새로운 서비스를 소개한 칼 로저스(Carl Rogers)는 정신의학 전문의가 진행하는 심리치료/정신치료(psychotherapy)와는 구별되는 모형으로 상담 서비스를 자리매김하고자 했다. 그가 맨 먼저 정의한 상담의 정의는 '내담자 중심 치료(client-centered therapy)'였다(Rogers, 1998). 그는 상담에 찾아오는 이들을 환자(patient)가 아닌 고객, 즉 내담자(client)로 고쳐 부르는 일부터 시작했다.

이런 상담운동은 결국 동시대 Chicago 대학교에서 목회신학을 교수했던

* 이 장은 필자의 다음 저서 중 제4장 '변화는 어떻게 이루어지나–회심과 회개'를 수정 · 편집했다. 권수영(2007). 기독(목회)상담, 어떻게 다른가요: 심리학과 신학의 만남. 서울: 학지사, pp. 135-170.

시워드 힐트너(Seward Hiltner)에게도 영향을 주었고, 1940년대 중후반부터는 목회상담(pastoral counseling)이 태동되는 기초가 되었다. 이들이 전개한 상담운동은 치료자 중심의 의료모형(medical model)을 탈피하고자 하는 이론적이고 실제적인 시도였다. 의료모형에서는 심리치료의 주체는 의료인, 즉 정신의학 전문의가 되고, 서비스의 피동적인 수혜자는 환자가 되기 마련이다. 이들의 문제 증상을 진단하고 병인을 찾아 병을 치료하는 방식이 바로 의료모형이다.

상담에서는 이러한 의료모형, 혹은 치료자 모형을 뒤로 하고 내담자 중심의 모형, 즉 내담자를 수동적인 환자로 보지 않고 변화와 성장의 잠재적인 동력을 가진 이로 보는 관점을 견지하게 된다. 기독(목회)상담도 마찬가지다. 기독(목회)상담을 찾아오는 이들을 심리적인 장애 혹은 질병을 가진 이로 보지 않는다. 인간은 모두 하나님의 형상을 따라 지음받은 존재요, 하나님과 연합할 때 온전한 인간성을 회복한다는 신학적인 전제는 기독(목회)상담의 중요한 출발점이 된다.

초기 기독(목회)상담 연구자들은 기독(목회)상담을 의료모형으로서의 치료(therapy) 방식으로 보기보다는 인간의 온전성을 회복시키기 위한 치유(healing) 과정으로 이해했다(Hiltner, 1968). 그리고 기독(목회)상담 전문가들이 상담 서비스에서도 의료모형에 의거하여 임상 사례(clinical case)라는 용어를 차용하는 대신 하나님께서 상담사와 내담자 사이에 임하시는 '목회적 사건(pastoral event)'으로 바꿔 부르기를 제안하기도 했다(Patton, 1986, p. 130). 결국 목회상담의 치유과정은 상담자와 내담자 사이의 하나님의 역사하심으로 변화와 회복을 경험하는 일이다.

이 장은 기독(목회)상담에서의 치유 모형, 즉 내담자의 변화 및 회복 과정을 어떻게 이해할 수 있을지 고찰하려고 한다. 기독(목회)상담의 임상현장에서 '목회적 사건' 안에 있는 상담사는 내담자의 변화에 대하여 어떻게 신학적이고 심리학적인 통합적 시도를 진행하는가? 이 장에서는 인간 변화에 대한 신학적 개념인 '회개'와 종교심리학의 오랜 연구주제인 '회심'을 상관적으로 고찰하면서, 기독(목회)상담의 치유모형에서 회개의 신학과 회심의 심리학이 어떻게 통합되는지에 대하여 살펴보고자 한다.

2. 회심의 심리학과 회개의 신학의 만남

회심(回心)은 마음을 돌리는 일이다. 영어 'conversion'의 라틴어 어원인 'conversio'도 마음이 돌아오는 현상(turning around)을 지칭한다. 상담 서비스가 마음에 상처를 입었거나 마음의 평화를 잃은 사람이 마음을 치유하고 마음의 평정을 회복하도록 돕는 것이 목적이라면 일맥상통하는 개념일 수도 있다.

그러나 일반적으로 회심이라는 단어는 인간의 특정한 종교적 체험을 지칭할 때 주로 쓰이는 단어이다. 마음을 바꾸는 일이 일반적으로 '변심(變心)'이라면, 일반인이 종교에 귀의하는 사건이 '회심(回心)'이다. 그렇다면, 회심은 신학적 개념일진데, 회심을 연구한 신학자는 얼마나 될까? 오히려 회심은 학문의 태동기부터 신학자보다 심리학자나 사회학자와 같은 사회과학자들의 관심을 집중시켜 왔다.

미국심리학회(American Psychological Association)의 초대 회장이었던 G. Stanley Hall은 1881년 Havard 대학교에서 유명한 연속강좌를 개최하였는데, 이 강좌의 주제는 '종교적 회심'이었다. 그의 연속강좌는 후에 2권의 청소년에 대한 종합 연구서에 수록되었다(Hall, 1904). 또한 초창기 사회학자들도 회심에 깊이 관심하였는데, 대표적인 학자로는 George Jackson이 1908년 Vanderbilt 대학교의 Cole lecture에서 종교적 회심을 다루었다. 그의 유명한 이 강연은 곧 출판되었다(Jackson, 1908).

현대 심리학의 역사에 있어서, William James, Edwin Starbuck, James

Leuba와 같은 최초의 미국의 심리학자들이 공히 '회심'이라는 종교적인 주제에 집중하였던 것은 크게 주목할 만하다(James, 1902; Leuba, 1896; Starbuck, 1897). 신학자들에게 회심보다 훨씬 친숙한 개념은 '회개(repentance)'이다. 성서에도 "회개하라"는 말씀은 쉽게 대할 수 있지만, "회심하라"는 말은 등장하지 않는다. 그 이유는 무엇일까?

회개는 인간의 죄 고백, 용서 간구 등의 능동적 차원의 인간 행동과 결단을 동반하는 사건인 반면, 회심은 다분히 수동적인 측면이 강하다. 회심이라는 용어는 신약성서 사도행전 15장 3절에서 딱 한 번 사용되고 있으나, 한글 개역성서에는 "이방인들이 주께 돌아온 일"로 번역하고 있다. 즉, 한글 성서에는 회심이라는 용어 자체를 발견할 수 없다(강희천, 2000).

이렇게 회심이라는 개념은 역사적으로 성서적 개념으로 인식하지 않았기 때문인지 신학자의 관심을 끄는 주요 개념이 아니었다. 그러나 회심이라는 개념은 신학의 영역과는 다소 거리를 두면서도 하나님에 의한 수동적 차원의 다소 신비적인 종교경험을 의미하면서, 초기 심리학의 연구 관심의 대상으로 자리 잡아 오게 된 개념이었다. 어쩌면 회개와 회심이라는 두 개념은 반대 개념처럼 인식될 수도 있다. 회개에 있어서는 인간이 주체이고, 회심에 있어서는 하나님이 주체가 된다면 말이다. 그리고 회개 없는 회심이 가능하고, 회개와 회심은 인과론적으로 연결되어 있지 않다. 두 개념은 비슷한 듯하지만, 서로 통합하기에는 왠지 먼 느낌을 견지한다.

이렇게 회개와 회심이라는 다소 유사한 두 개념이 신학과 심리학의 두 학문 사이에서 자리 잡은 역사는 기독(목회)상담의 치유모형에서 매우 중요한 발견법적인(heuristic) 의미를 가진다. 상담사례를 하나의 '목회적 사건'으로 이해한다면, 내담자가 하나님 안에서 어떻게 변화하는지 그 과정을 추적하는 것은 기독(목회)상담의 치유모형에 대한 심리학적인 이해를 도모함에 있어서 매우 중요한 부분을 차지하게 된다. 만약 회심이 수동적 차원의 종교현상이라면 왜 신학적인 접근이 아닌, 심리학과 같은 사회과학적 접근을 시도했을까? 오히려 심리학적 연구는 하나님이 회심을 일으키는 주체임을 정면도전하는 것이 아닌가?

현상학적으로 회심이 수동적으로 혹은 신비적으로 보이는 인간의 종교경험이기에 오히려 심리학자들의 현상학적인 관심을 자극한다. 사실 심리학자들은 하나님이 회심의 주체라고 믿는 종교인들의 '신학'에는 아무런 관심이 없다. 심리학자들은 회심에 있어서 인간의 심리 이외에 하나님의 역할이나 기능에 대해서는 애초부터 아무런 관심을 갖지 않는다. 초창기 심리학자들은 종교인들에게 나타나는 수동적인 것처럼 보이는 회심 경험의 다양한 유형에 일차적인 관심을 두었다. 초창기 심리학자들이 다양한 회심의 유형에 대하여 연구하였으나, 많은 회심 심리학자들이 점진적 회심(gradual conversion)보다는 갑작스러운 회심(sudden conversion) 혹은 위기 회심(crisis conversion)을 더욱 흥미롭게 연구하였던 것을 알 수 있다(김동기, 2013). 애초부터 종교적 현상 배후에 있는 하나님의 하시는 일에 대해서는 그들이 논의할 입장이 아니었다.

그러나 심리학적으로 회심자의 내면적인 과정과 주변 상황에 대해 현상학적인 관심을 가지면서 그것들이 회심자의 회심과 어떠한 연관관계가 있는지에 관심을 갖는 것은 회심 사건 그 자체의 원인을 제공하는 주체를 묻는 신학적인 질문과는 근본적으로 다르다. 회심의 현상을 연구한 초창기 심리학자들의 공통적인 결론은 회심의 유형은 다양하다는 것이다. 그간 이러한 심리학자들의 현상학적인 분류를 통해 회심에 대한 다양성을 점검하는 것이 회심이라는 인간의 종교적 변화에 대한 신비적이고 단편적인 이해를 벗어날 수 있도록 도왔다.

이에 비해, 기독교 신학은 회심이라는 다소 수동적인 종교 현상에 대한 관심 대신, 인간의 다소 능동적인 결단의 과정인 회개라는 교리에 훨씬 큰 비중을 두어 왔다. 회개라는 개념은 객관적으로 관찰이 가능한 종교적인 현상이기보다는 개인이 주관적으로 가지게 되는 종교적 신념이나 감정 혹은 의지적 결단에 가까운 것으로 심리학자들의 연구 영역에 들어가는 일은 전무하였다. 어쩌면 회개의 신학과 회심의 심리학은 상호적인 대화 가능성에는 전혀 관심을 가지지 아니하고 100년이 넘도록 각자의 길을 달려 왔는지도 모른다. 그렇다면, 기독(목회)상담의 치유모형에서 회개의 신학과 회심의 심리학은 어떻게 만날 수 있을까?

회개와 회심의 공통 주제는 변화이다. 복음서를 보면 변화를 촉구하신 "회개하라."는 외침이 예수 그리스도의 목회의 시작이었고, 인간의 변화무쌍한 종교경험의 다양성을 연구한 William James의 연구가 종교심리학의 시작을 알렸다. 예수 그리스도가 선포한 회개는 단순히 죄를 뉘우치고 죄를 고백하라는 것 이상의 것이다. 고해성사나 주일예배 중에 드리는 참회의 기도와 같은 의례적인 종교 행위를 의미하지 않고, 전적인 변화를 의미한다. 회개는 단순히 죄를 깨닫는 인지적 기능이나 죄를 자복하고 통회하는 감정적 기능을 넘어서는 것이며, 의지의 변화를 가지고 새로운 행동을 가지게 되는 통전적인 인간의 변화를 내포한다는 것이다.

필자는 이러한 통전적인 인간 변화를 의미하는 회개와 대화할 수 있는 종교심리학자 Lewis R. Rambo의 회심모형을 가지고 기독(목회)상담의 현장에서 치유의 과정을 살펴보려고 한다. Rambo의 회심에 대한 보다 상호 학문적인 이해가 기독(목회)상담자들에게 필요한 내담자의 변화에 대한 통합적 이해를 위해 매우 적절한 이론적 틀을 제시하여 주기 때문이다. 필자는 그의 이론의 틀에서 회개와 회심이 '변화(transformation)'의 목회신학 아래 통합되는 기독(목회)상담의 치유모형을 모색할 것이다.

3. 기독(목회)상담의 회개 모형: 인간 변화 이해의 제한점

전통적으로 철학자들은 인간의 정신적인 기능을 세 가지 다른 기능의 종합으로 이해하였다. 앎(intellect), 느낌(emotion)과 의지(will)를 나타내는 '지정의(知情意)'적인 인간 이해가 바로 그것이다. 인간은 생각하고 분석하고 조직하는 기능을 하는 지능이 있고, 느끼고 공감할 수 있는 감정이 있으며, 또한 결정하고 행동하도록 동기를 부여하는 의지력이 중요한 인간의 정신적인 기능이라는 것이다.

이러한 인간의 정신적 기능들이 서로 대별하여 구분할 수 있는 듯 보이지만, 실제의 삶에서 이러한 기능들의 활동영역과 활동시간을 서로 구별하는 일은 불가능하다. 예를 들어서, 생각이 먼저인가? 느낌이 먼저인가? 설교를 준비하는 목회자의 경우를 생각해 본다면, 성서를 묵상하고 깊이 고찰하고 생각하는 일과 말씀을 들을 교인들을 염두에 두고 묵상한 말씀으로부터 나오는 깊은 마음의 울림을 느끼는 일이 서로 시간차를 가지고 생겨난다고 보는 것이 가능한가? 정확히 무엇이 먼저인지를 판별하는 것 자체가 불가능하다. 마치 동시다발적으로 일어나는 것처럼 이러한 정신적인 기능들은 서로 밀접하게 연결되어 있다. 하지만, 서로 간의 인과관계를 명확히 확정할 수 없다는 점이 중요하다.

혹자는 생각이 바뀌면 행동이 변한다고 주장한다. 그와 같이 보일 때도 있지만, 어떤 이들은 행동이 바뀌면서 생각이 바뀌는 경우도 적지 않다. 어쩌면 이 세 가지 기능은 서로 선형적인 인과관계(linear causation)에 있다고 보기보다는 체계적인(systemic) 관계, 즉 거미줄(web)과 같은 '상호적인 인과관계(mutual causation)'가 있다고 볼 수 있다. 그리고 이러한 상호적인 인과관계마저도 개인마다 모두 전혀 다른 양상을 가지게 된다.

이러한 인과관계에 대한 체계적 이해는 상담학의 연구사와도 깊은 연관성을 가지고 발전해 왔다. 1948년 미국 MIT의 수학과 교수인 Norbert Wiener(1948)가 『Cybernetics』을 출판하면서 유기체와 기계의 제어(control)와 전달(communication)의 상호적인 인과관계를 비교 연구하는 '인공지능학'이 태동했다. '상호적인 인과관계'에 대한 관심은 본격적으로 공학과 자연과학은 물론 인문사회과학 분야에도 상호학문적인 재편성을 가능케 했다. 1942년 생물학자, 컴퓨터공학자, 인류학자, 철학자들로 구성된 다학제간(interdisciplinary) 학회인 Macy Conference의 연구가 시작되었고, 1951년까지 매년 진행된 이 모임에는 Wiener를 비롯하여 저명한 인류학자 Margaret Mead, 과학철학과 정신의학의 분야에서 체계적 사고를 소개한 Gregory Bateson, 컴퓨터 과학의 창시자 중의 하나인 John von Neumann, AI(Artificial Intelligence) 분야의 선구자인 Warren McCulloch 등이 참석하였다. 이후에 경영학, 교육학, 사회학, 가족치료학 등 다양한 학문 분야에 있어서 사고의 전환이 일어났다(Heims, 1991).

사실, 모든 상담 및 심리치료의 이론들이 가지는 공통적인 과제는 '인간은 어떻게 변화하는가?'이다. 이러한 공통된 질문에 다양한 대답을 가지는 이론들이 등장한다. 다양한 의료 행위나 심리치료 및 상담에 있어서의 공통적인 주제인 '변화'에 대한 공통분모를 찾기란 쉽지 않다. 다양한 방법론적 차이에도 불구하고 인간이 변화하는 과정에 대한 공통적인 요소를 찾아서 개별 이론을 넘어선 변화의 공통모형(transtheoretical model)을 모색하기도 하지만, 합의점을 찾기란 쉽지 않다(Hubble, Duncan, & Miller, 1999). 결국 어떤 특정한 이론에 의하면 인간은 생각이 변하여야 감정이 변한다고 본다. 혹은 행동이 바뀌면 생각이 변하고 감정도 변한다고 보는 이론도 제기된다. 아니면, 인간관계나 인간의 감정이 먼저 바뀌어야 생각도 변하고 행동도 변화하게 된다고 보는 임상가들도 있다. 어쩌면 대부분의 임상가들은 이 세상에 모든 이들에게 공통적으로 적용되는 치유모형은 존재하지 않는다고 말할지도 모른다. 그래서 사람에 따라 다양한 상담학적인 적용이 필요하다고 본다. 사람에 따라 변화에 대한 과정도 다르기 때문에 어떤 이들은 비합리적인 신념체계를 바꾸는 것이 감정과 행동의 변화를 가져오기도 하고, 어떤 이들은 숙제기법을 통하여 행동을 의도적으로 변화시키는 것이 자신의 감정과 생각 전반을 바꾸는 계기를 가져오기도 한다. 그러므로 치유모형은 획일화할 수 없고, 어떤 이들에게는 인지치료가 적절한 반면, 또 어떤 이들에게는 행동치료가 주효하다고 여길 수 있다.

필자에게는 이러한 관점이 인간의 세 가지 정신적 기능에 대한 다양한 인과관계를 인정하는 '복합적인 인과관계(multiple causations)'라고 보인다. 사실 복합적인 인과관계도 자세히 들여다보면 다양한 인과관계 중에서 가장 보편적인, 혹은 가장 타당한 것을 찾고자 하는 선형적 인과관계 중 하나에 불과하다. 하나의 원인이 아니라 여러 원인들을 인정하지만, 결국은 선형적인 인과관계에 기초하고 있다는 말이다. 한 인간의 지정의적인 기능들이 마치 거미줄과 같은 망 구조, 즉 서로 '상호적인 인과관계'를 이루고 있다면, 선형적인 인과관계를 기초로 한 치유 모형들이 과연 타당한 것일까?

목회신학자 Taylor(2002)는 자신의 목회상담 방법론을 '회개모형'이라고 부르면서, 내담자를 돕는 기술들과 신학적인 평가와 종교적 자원을 사용하여 목회적인 대화와 상담을 진행하고자 제안한다. Taylor(2002)는 다음과 같이 회개를 상담의 모형으로 삼는 이유를 밝힌다.

> 회개모델(the metanoia model)은 그 이름을 희랍어 단어인 메타노이아에 그 기원을 두고 있는데, 그 뜻은 '자신의 마음 혹은 자세를 변화시키다 혹은 고치다.'이다. 이 단어는 모델의 기본적인 논제를 반영한다. 즉, 사람들로 하여금 자신들의 문제를 다루는 것을 도와주는 방법은 그들로 하여금 그들의 고통스러운 감정이나 행동들에 영향을 주는 좋지 않은 믿음들을 변화시키는 것을 도와주는 것이다. 이 모델의 목표는 복음을 듣고 반응함으로써 사람이 변화하는 것을 도와주는 것이다(p. 259).

Taylor의 방법론은 신학적인 틀을 가지고 상담의 과정을 구성하는 방식에서 적절한 기독(목회)상담의 치유모형을 제시하였다고 평가받는다. 하지만, 그 역시 인간이 변화하는 과정에 있어서 선형적인 인과관계에 매여 있는 것을 발견한다. "고통스러운 감정이나 행동들에 영향을 주는 좋지 않은 믿음들을 변화시키는 것"(Taylor, 2002)이 가장 중요한 변화의 동인이 된다고 전제한다. 과연 모든 인간이 믿음과 신념체계를 변화시키는 일로 변화할 수 있을까? 그것이 불가능하다면, 그의 회개모형은 결국 일부의 사람들만이 그들의 비합리적인 믿음을 바꿈으로 감정과 행동이 변화할 수 있다는 제한적인 모형이라고 이야기할 수밖에 없지 않은가?

Taylor는 자신의 목회신학적인 상담방법론에 일반상담에서 가장 많이 활용되는 합리적 정서행동치료(Rational Emotive Behavior Therapy: REBT)를 임상적인 틀로서 사용하고 있다. 다른 심리치료와는 달리 REBT는 '평가적 신념(evaluative belief)'에 임상적인 초점을 맞추는 대표적인 인지치료이다(Ellis, 1994; Walen, DiGiuseppe, & Dryden, 1992). 즉, 내담자가 경험하는 감정, 사고나 행위의 배후에는 바로 이 평가적 신념이 도사리고 있다는 것이다. 이 평가적 신념은 약간은 의식적이지만, 대부분 무의식적인 경향을 가진 신념으로서, 바로 이 "절대적이고 견고한 평가적 신념이 자기패배적 정서"(Nielson, Johnson, & Ellis, 2003, p. 118)를 일으킨다고 보는 것이다. 이 때 '신념'은 단순히 인지적이고 의식적 차원에서의 앎과는 질적으로 다르다. 인지적 차원이라고 하여 그저 의식의 표면에 드러난 생각으로만 단정해서는 안 된다. 오히려 의식 배후에 깊숙이 숨겨져 있는 평가적 신념은 인간의 심리 영역에 있는 내용들 중에서 가장 역동적이라는 점을 명심하여야 한다. Taylor의 방법론은 아쉽게도 이러한 사실을 간과했다.

사실 내담자의 비합리적인 신념은 그의 무의식 심층에 구성되어 있는 그의 과거의 생각과 느낌과 행동이 인과관계의 기원을 찾을 수 없을 정도로 상호연관적으로 망(web)처럼 얽히어 만들어진 체계적인 부산물이다.

필자가 만난 한 내담자와의 '목회적 사건'을 예로 들어 설명하려고 한다. 필자가 미국의 한 목회상담 기관에서 일할 때의 일이다. 흑인인 동료 여성 임상사회복지사의 의뢰로 한 흑인 내담자를 상담하기 시작하였다. 흑인 내담자 Natalie는 32세의 독신 여성으로 캘리포니아 주의 한 교도소의 간수로 일하고 있었다. 의뢰해 준 사회복지사는 이 내담자가 가지고 있는 비합리적인 신념체계가 그녀를 분노조절 장애로 몰아가고 있다고 알려 주었다. 그리고 성과 인종이 다른 필자와의 상담이 내담자에게 새로운 변화를 가져올 것이라고 기대감을 전했다. 나는 곧 내담자가 특별히 백인 상담자 대신 타 인종 상담자를 찾았던 것을 알게 되었다.

사회복지사는 특별히 이 내담자가 자신의 가족사에 대해서는 자세한 설명을 회피하는 것으로 미루어 보아, 무슨 가족 비밀이 있을 수 있다는 내용도 전달했다. 이 내담자는 처음에는 아주 모범적으로 간수직을 수행하였으나, 언제부터인가 때때로 재소자나 동료 간수들에게도 신경질적이고 간혹 폭력적인 행동을 하다가 교도소 측으로부터 개인상담을 받도록 요청받기에 이르렀다. 자신의 책상에 놓여 있는 공책에 뭔가를 엎지른 동료 간수에게 갑작스런 폭력을 행사한 것이다.

이 내담자 Natalie는 평소에 강박적인 청결에 대한 신념을 드러냈다고 한다. 늘 그녀의 분노의 단추를 누르는 것은 자신을 혹은 자신의 것을 더럽히는 사람들이었다. 자신을 쳐다보면서 땅에다 침을 뱉은 죄수에게 폭력을 행사하여 전치 2주의 중상을 입힌 적도 있었다. Natalie는 자신에게 침을 뱉지 않았지만, 마치 그 죄수가 자신을 더럽다고 여겨 그런 행동을 했다고 인식하였다. Natalie가 가진 정결에 대한 신념은 실로 대단한 것이어서, 자신의 분노와 돌발행동을 도저히 추스를 시간을 주지 않을 만큼 신속하게 진행되는 인과관계를 가지고 있었다. 다시 말해, 누군가가 Natalie의 물건을 더럽히면, 그 이후에 Natalie의 감정과 행동은 반자동적으로 난폭해졌다. 이 내담자를 의뢰한 임상복지사는 Natalie의 신념을 바꾸기 위한 인지치료에 중점을 두었으나 별 효과를 거두지 못하였다고 전하였다. 이제 Natalie도 치료에 대한 자신감을 상실하고, 자신의 분노를 촉발할 어떠한 대인관계도 기피하는 사회공포증 증세까지 나타내기 시작하였다는 것이다.

그녀의 삶 전체에 절대적인 힘을 발휘하는 Natalie의 신념은 사실 그저 의식 표면에 드러나 있는 인지체계 이상의 것이었다. 그녀의 무의식 심층에 있는 신념은 사실은 그가 경험한 과거 경험에 대한 지정의적인 정신기능들이 서로 복잡하게 얽혀 있었다. 가족에 대한 정보는 어렸을 때 부모가 교통사고로 죽었고, 언니는 결혼하여 다른 지역에 살고 있었으며, Natalie는 어릴 적 부모와 함께 살던 집에서 홀로 살고 있다는 것이 전부였다.

가족에 대한 다른 어떠한 정보에 대해서도 함구하던 Natalie는 필자의 요청으로 처음으로 어렸을 적 가족이 함께 찍은 사진들을 상담시간에 가져왔다. 3~4장의 사진을 보고 필자는 조금 이상한 점을 발견하기 시작하였다. 가족 모두가 하얀 계통의 옷을 입고 있었고, 가족 사진 중에 거실이 나타난 사진에도 유난히 흰색 계통의 가구들이 눈에 들어 왔다. 후에 알게 된 것은 지금도 Natalie의 집은 온통 하얀색 가구들로 채워져 있다는 사실이었다. Natalie가 가장 좋아하는 색깔 역시 흰색이고, 제복을 입어야 하는 근무시간을 빼놓고는 흰색 옷을 즐겨 입는다. 흰색 옷을 입는 까닭에 더럽혀질까 봐 유난히 신경을 쓰게 되는 것은 물론이고, 흰옷이 더럽혀지는 날에는 감정과 행동의 조절이 불가능해지기도 한다. 그녀가 가족관계 가운데 경험한 '정결 강박증'은 어디에서부터 왔을까?

늘 온 가족과 함께 시각적으로 경험한 흰색은 정결의 상징이었다. Natalie가 16세에 부모가 사고로 죽기 전까지 그녀의 아버지는 늘 종교적 정결과 함께 혈통적 정결을 강조하는 개신교 목사였다. 아버지는 Natalie에게 흑인정신을 가르치고, 흑인의 인권을 위해 필요한 사람이 되라고 가르쳤다. 그리고 늘 흑인은 백인과는 다르며, 혈통적으로 더 우수하다고 가르쳤다. 그리고 어머니는 늘 하얀 옷을 다려 입히곤 하였다. 깨끗하게 입으라는 주문과 함께. Natalie에게 부모는 늘 자랑스러운 흑인이었다.

사춘기가 시작할 무렵, 그녀가 흰색에서 느끼는 감정과 그녀가 아버지로부터 배운 생각들과 그녀 자신이 스스로 터득한 생각들 사이에는 괴리감이 생겨나고 충돌하기에 이른다. 왜 백인보다 흑인이 우수하다고 하면서, 백색의 옷을 입어야만 하는가? Natalie는 더러운 흑인이라고 백인 친구들이 자신의 옷을 더럽히고, 집에 가면 흰옷을 더럽혔다고 야단치는 자신의 부모가 모두 미워지기 시작했다. 언제부터인가 Natalie는 흰색만 보면 현기증을 느끼고, 백인에 대한 그리고 부모에 대한 미움이 밀려와 이상한 돌발행동을 하기 시작했다. 그는 부모가 골라 준 흰옷을 입기 거부하기 시작하고, 반항하는 청소년기를 맞는다.

Natalie는 15세에 남자친구와 성관계를 맺고 임신을 하게 된다. 부모의 실망과 좌절은 극에 달하고, Natalie는 묘한 쾌감마저 느끼면서 부모의 반대에도 불구하고 아이를 낳으려고 시도한다. 그러던 어느 날, 갑자기 교통사고로 Natalie의 부모가 세상을 떠나게 되었던 것이다.

결국 Natalie는 아이를 유산하고, 부모의 갑작스러운 죽음에 대해 그녀 나름대로의 애도를 시작한다. 그녀는 그녀의 옷장에서 묵은 흰옷을 꺼내 입기 시작하였다. 그리고는 부모가 남긴 하얀 가구가 그득한 집에서 그렇게 결혼도 가지 않고 홀로 살고 있었던 것이다.

필자에게 이 Natalie를 의뢰해 준 사회복지사가 파악한 내담자의 비합리적인 신념은 '나는 깨끗한 사람이다. 고로 반드시 정결을 유지해야만 한다.'였다. 이 신념이 과연 인간의 세 가지 지정의적인 정신기능 중 생각이나 사고의 한 가지 기능만을 의미하는 것일까? Natalie의 비합리적인 신념은 무의식 세계에서 다양한 기능들이 거미줄처럼 얽혀 있는 상호 연관적인 망(網)을 형성하고 있다. 다시 말해, Natalie가 과거 경험한 가족관계 안에서 다양한 감정과 생각과 의지가 서로 얽혀 만들어진 상호 연관적인 부산물로서의 신념이다. 이 신념이 상담자의 지적과 논박(disputation)으로 쉽게 바뀌어져 그가 감정과 행동의 변화를 가져온다고 보는 것은 무의식의 세계에서 여러 해 동안 구성된 신념을 너무 인지적 관점에서 보아 지나치게 단순화한 인과론적인 오류이다.

4. 지정의적인 회개: 체계적인 재구성

Natalie의 정결에 대한 혹은 흰색에 대한 집착은 그녀의 죄의식과 관련이 있다. 그녀는 부모의 죽음이 사춘기 이후 흰색에 대한 자신의 감정의 변화와 자신의 행동의 변화에 대한 처벌적인 요소가 있다고 믿고 있었다. 자신이 부모를 죽였다고 죄의식을 느끼면서, 사실은 흰색을 거부한 자신의 감정과 의지가 부모를 죽였다고 몰아가고 있었다. 결국 흰색에 대한 퇴행적 고착만이 그녀의 죄의식을 보상할 수 있는 방어기제처럼 느꼈는지도 모른다.

이와 같이 그녀가 가진 흰색이라는 이미지 혹은 표상은 부모와의 관계적이고 정서적 요소들과 의지적 요소들과 상호 연관적으로 묶여 있다. 그녀가 가진 부모와의 정서적 경험은 지속적인 변천을 경험하였고, 그에 따른 의지적 변화와 행동이 뒤따랐다. 자랑스러운 부모에서 이해할 수 없는 부모로 변화하기도 하고, 어떨 때는 비겁하기도 하고 수치스럽기도 한 부모였다. 부모에 대한 미움과 원망은 흰색에 대한 현기증으로 이어졌고, 그는 흰색을 거부하기로 결단하면서 파행적인 삶으로 자신을 내던지는 행동을 불사하였던 것이다. 부모의 죽음 이후에 그녀는 부모에 대한 감정적인 회고를 의도적으로 차단하고 있었다. 상담에서도 부모에 대한 고찰을 회피하는 이유도 그러한 이유에서였다. Natalie는 부모에 대한 감정적 기능을 중단하면서, 그의 생각과 의지와 행동의 급격한 변화를 감행한다. 흰색을 입어야 하고, 정결한 삶을 살아야 한다는 생각과 결단이 그녀의 삶의 궁극적 목적이 된다.

사실, 이 정결에 대한 집착은 그녀 자신이 죽였다고 믿는 부모의 이미지의 재현이다. 그 집착은 Natalie의 내면 안에서 부모의 이미지로 변하여 정결을 강요하고, 정결에 해를 끼치는 이를 응징한다. 때때로 그녀가 저지르는 폭력은 사실 그녀 자신에 대한 응징이다. 그녀의 폭력 속에는 아직도 스스로 용서하지 못한 자신의 죄스러운 옛 모습에 대한 보복의 측면이 있다. 그녀의 폭력 속에 잠입한 부모의 표상에는 사실 그녀를 응징하기 원하는 하나님의 폭력이 숨어 있다.

흰색을 더럽히는 사람에 대한 Natalie의 분노는 사실 그녀 자신에 대한 자신의 분노이고 부모의 분노이자, 하나님의 분노였다. 흰색에 대한 집착은 그녀 자신을 향한, 버림받아 마땅한 자신의 한 가닥 희망이요, 부모와 하나님에 대한 애절한 구애작전이다. 그러한 Natalie에게 "좀 더러워지면 어떠냐?" 혹은 "흰색을 입지 말아 보라."는 임상복지사의 논박과 상담적인 개입은 오히려 그녀에게 상담에 극심한 저항만을 가져왔던 것이다.

Taylor의 회개모형에서 '고통스러운 감정이나 행동들에 영향을 주는 좋지 않은 믿음들을 변화시키는 것'이 지나치게 인지적 측면만을 강조한 것이라면, 진정한 기독(목회)상담의 치유모형은 내담자의 지정의인 변화를 상호 연관적으로 도모하는 것이어야 할 것이다. 필자는 먼저 Natalie의 "고통스러운 감정이나 행동들에 영향을 주는 좋지 않은 믿음들"이 과거의 경험들과 이미지에서 비롯된 상호 연관적 부산물임을 주지하면서, Natalie의 죄의식에 대한 새로운 고찰이 새로운 치유 모형을 위한 필수요건이라고 여겼다.

Taylor의 회개모형에서 죄는 인지적 동인에 의해서 감정적이고 행위적으로 저질러지는 그 무엇으로 이해되고 있다. 그러므로 Taylor는 믿음을 변화시키면 고통스러운 감정과 행동이 변화하여 회개가 완성된다고 본다. 그러나 Natalie의 죄는 그녀의 잘못된 믿음 때문에 생긴 감정과 행위가 아니다. 그녀가 흰색을 우습게 생각하고 입지 않고 반항한 것이 그녀의 죄인가? 그래서 그녀가 부모에게 미움과 원망을 나타내고 일탈적인 행동을 한 것이 그녀의 죄인가? 만약 회개모형에서 이것이 Natalie의 죄라고 보고 회개를 상담의 과정과 목적이라고 한다면, 그녀가 가지고 있는 건강치 못한 방어기제와 다른 점이 무엇인가? 그녀의 방어기제의 이면에는 결국 부모를 죽인 살인죄가 도사리고 있는 데, 상담자도 이러한 내담자의 죄를 공조 수사하는 꼴이 된다. Taylor의 회개모형은 결국 내담자가 가진 '죄-징벌'이라는 도식을 크게 벗어나지 못한다.

내담자가 가지는 '죄-징벌' 도식은 또한 지극히 선형적인(linear) 인과관계의 틀의 제약을 받는다. 죄를 지은 자는 징벌을 피할 길이 없다. 죄인이면 무조건 가해자이다. 죄인이면서 피해자일 수는 없다. 죄인이면서 의인은 물론 말도 안 되는 것이다. 이러한 선형적인 인과관계의 틀이 기독(목회)상담에서 신학적으로 문제가 되는 것은 차치하고라도, 임상적으로도 쉽게 그 한계를 드러낸다. 왜냐하면, 우리가 만나는 대부분의 내담자들은 죄의식을 가진 가해자처럼 보이지만 실상은 피해자일 때가 많다. 아니, 가해자이면서 동시에 피해자인 경우가 대부분이다. 피해가 먼저인가, 가해가 먼저인가를 묻는 것은 물론 불가능한 질문이며, 이 역시 망처럼 연결되어 있는 '상호적 인과관계'인 것이다.

피해와 가해 사이에 꼭 사람만이 있는 것이 아니다. 제도와 문화, 사회 전반적인 영향과 힘이 그 사이에 도사리고 있다. Natalie가 겪은 마음의 피해와 자신이 부모에게 행사했다고 믿는 가해 사이에는 Natalie와 그녀의 부모만이 존재하는 것이 결코 아니다. 피해자와 가해자처럼 보이는 이들 사이에는 미국사회가 가지고 있는 전반적인 인종차별적인 문화의 힘이 무섭게 드리워 있다. 결국 이 가해자와 피해자는 이 독소적인 문화의 피해자들이다(권수영, 2006).

Natalie의 부모와 Natalie 자신이 모두 피해자이며 또한 가해자이기도 한 것은 체계적으로 보면 모두 밀접하게 상호 연관되어 있으면서도, 서로 적대하고 있는 복잡성을 갖고 있다. 체계적으로 보면 어느 누구도 완벽하게 피해자일 수도 가해자일 수도 없다고 보지만, 상담현장에서 내담자들은 늘 자신을 가해자로 혹은 피해자로 절대화한다. 이러한 절대화하는 자신의 관계적 위상이 그들을 죄인으로 만든다. 여기서 죄인은 '죄-징벌' 도식에서의 죄인과는 질적으로 다른 것이다. 여기서 죄인은 체계(system)에서 '벗어난 자,' 즉 '분리된 자'이다. 이러한 죄인은 상호 연관된 자신과 타인을 보지 못한다. Natalie가 자신을 가해자로 절대화하면서 겪는 자신과의, 부모와의 그리고 하나님과의 분리가 바로 그것이다.

이러한 죄의 임상적인 이해를 가장 극명하게 설명한 신학자가 바로 폴 틸리히(Paul Tillich)이다. 그는 죄에 대한 현대적 동의어가 다름 아닌 '분리(separation)'라고 밝히고 있다(1948, p. 154). 물론 신학적으로 틸리히는 창세기 3장에 나타난 인간의 소외와 분리의 원형을 보면서 인간의 죄성을 타인과, 자연과 그리고 하나님과 분리되는 인간의 현실로서 파악해 낸 것이었다. 그러나 이러한 정의는 체계적인 관점에서 인간의 죄와 인간의 회개를 재해석하는 데 중요한 신학적 틀을 제공한다. 죄인은 결국 분리된 자요 잃어버린 자이다. 신약성서 누가복음의 저자가 탕자의 비유 등에서 죄인 대신 '잃어버린 자'라는 표현을 쓰는 것은 임상적으로 중요한 의미를 가진다. 죄인에 대한 감정적인 반응은 늘 미움과 멸시인 반면, 잃어버린 자에 대한 정서적인 반응은 아쉬움과 동정, 그리고 탕자의 아버지와 같은 애타게 기다리는 마음이다. 이는 분명히 이전에 신학적으로 제시되었던 '죄-징벌'의 도식과는 다른 것이다.

신학적으로 신약성서에서 예수의 선포 바로 직전에 매우 유사하게 회개를 선포한 세례 요한의 회개는 여전히 '죄-징벌'의 도식에 머물러 있다. 즉, 세례요한은 "그러므로 회개에 합당한 열매를 맺고 속으로 아브라함이 우리 조상이라 말하지 말라. 내가 너희에게 이르노니 하나님이 능히 이 돌들로도 아브라함의 자손이 되게 하시리라. 이미 도끼가 나무뿌리에 놓였으니 좋은 열매 맺지 아니하는 나무마다 찍혀 불에 던져지리라."(눅 3:8-9)라고 하면서, 의인은 구원받되 죄인은 찍혀 던져지리라는 도덕적 관점에서의 회개, 즉 의인 중심의 회개를 말하고 있다. 이제 비해 예수의 선포는 '죄인' 중심, 즉 '잃어버린 자' 중심이었다. 다시 말해, 예수의 회개 선포는 '죄-징벌'의 도식에서 '분리(멀리 떠남)-기다리심'의 도식으로 바뀐다. 이러한 예수의 회개 선포야말로 임상적인 치유와 회복의 원형(archetype)이 된다.

결국 기독(목회)상담의 치유모형에서 회개란 체계에서 분리된 자가 체계 안으로 회복되는 것이다. 신학적으로 내담자가 자신과, 타인과 그리고 하나님과 다시 연합하는 것은 사실 그가 원래부터 상호 연관을 맺고 있던 체계 안으로 재구성되는 것이다. 이때의 회개는 한 내담자의 지적인 변화나 감정적인 혹은 행위적인 변화를 단독적으로 의미하는 것이 아니다. 회개는 새로운 체계를 경험한 내담자의 지정의적인 온전한 변화이다.

새로운 체계를 경험하는 일에 가장 중요한 열쇠는 하나님에 대한 새로운 경험이다. 죄인인 내담자를 향해 징벌의 매를 들고 계신 하나님이 선형적인 인과관계에서 사라지고, 멀리 떠난 내담자를 애타게 기다리고 계신 하나님을 만나는 경험이 새로운 체계를 구성하도록 촉발한다.

Natalie는 다시금 상담을 통해 새로운 애도작업을 시작할 수 있었다. 오랫동안 스스로 금기시하여 왔던 부모와의 감정적인 대면을 시작하였다. 본인 스스로 얼어붙게 하였던 감정을 녹이기 시작하자, 그녀가 품고 있던 미움과 분노와 상실감이 터져 나왔다. 여러 달에 거쳐 진행된 상담에서 그녀는 한 번도 죄의식을 드러내지 않았다. 처음으로 그녀는 부모를 죽인 가해자가 아니라, 얼떨결에 부모를 잃은 불쌍한 피해자로 자신을 바로 볼 수 있었다.

이때 Natalie는 같은 피해자로서의 부모와 자신을 만났다. 필자의 도움으로 Natalie는 심상작업 중에 오랜만에 어린 시절 세상을 떠난 부모와 얼싸 안았다. 한동안 울음을 그치지 않던 Natalie는 실로 오랜만에 가해자가 사라지는 순간을 맞는다. 그토록 오랫동안 가해자인 자신을 또 다시 자신을 무의식 중에 가해하던 하나님이 사라지고, 자신이 얼싸안은 부모를 위해 함께 눈물 흘리시는 하나님을 느끼고 있었다. 그녀는 그 순간 필자에게 자신이 지금 '코페르니쿠스적인 회심(Copernican conversion)'을 하였노라고 전하였다.

상담 중에 새로운 하나님을 만나는 순간, 그녀는 그동안 자신이 입은 흰옷은 죄수복이었다고 말하면서, 결국 이 옷을 입도록 무언의 압력을 준 사람이 바로 하나님이란 것을 깨닫게 되었다(知)고 했다. 이제는 그런 하나님은 사라지고, 더 이상 마음을 누르는 그 무거운 느낌이 사라지고, 아무런 옷이 필요 없을 것 같은 솜털처럼 가벼운 느낌(情)이라고 말했다. 그리고 그녀는 그

날 이후 흰옷을 입을 필요가 없다고 하면서, 좀 더 예쁜 옷을 사겠다는(意) 다짐을 내게 전했다. 이것이 바로 내담자에게 온전한 변화, 즉 치유가 완성되는 순간이 아닐까?

여기서 그녀의 생각이나 감정 혹은 행위 중의 무엇이 이러한 변화를 촉발하였는지 상세히 살펴보자. 그녀가 상담 중 가지게 된 새로운 하나님 경험이 상호 연관적으로 지정의의 상호적인 변화를 가져왔다. 그녀가 분리의 죄된 상태에서 자기 자신과 부모와 하나님과의 새로운 체계를 재구성하는 순간이다.

얼마 후 상담이 종료되고, Natalie는 간수 일을 그만두었다. 그녀는 흑인 인권단체에서 흑인을 위해 자원봉사를 하기 시작하였고 다양한 봉사활동을 하면서 많은 흑인들과 백인 자원봉사자들을 만났다. Natalie는 마침내 부모가 원하는 흑인을 위해 사는 헌신의 삶을 살게 되었다. 1년 후에 필자를 만난 Natalie는 많은 백인 친구를 가지게 되었고, 결혼을 전제로 한 남성과 교제 중이었다. 일이 힘들기도 하고 재미있기도 하지만, 최근 가장 보람 있는 일은 상담을 통해 세상에 괜찮은 백인도 많다는 사실을 알게 된 일이라고 환하게 웃었다.

5. Lewis Rambo의 회심모델: 체계적 단계이론

Natalie가 치유의 순간에 언급했던 '회심'이란 자신이 수동적으로 경험한 하나님의 현존을 의미하는 것이었다. 심리학자들이 보는 회심 현상의 특징들 중의 하나는 회심경험은 심리적 갈등으로부터 시작한다는 것이다. 물론 갈등의 내용분석은 심리학자들마다 의견차가 있을 것이다. 예를 들면, 발달심리학자들은 인간 발달단계상의 갈등을 의미할 수도 있고, 정신분석학자들은 아버지나 어머니 등의 초기 대상과의 갈등을 의미할 수도 있을 것이다. Natalie의 회심을 어떻게 이해할 수 있을까? 심리적 갈등을 해소하기 위하여 상담적인 도움을 구하는 종교인의 경우는 무종교적인 상태에서 종교를 가지게 되는 회심이기보다는 좀 더 심화된 혹은 새로운 신앙의 경지로 접어드는 '강화(intensification)' 유형의 회심이라고 분류할 수 있을 것이다(Rambo, 1993, p. 13).

Natalie의 경우, 그녀의 회개가 분리에서 회복하고 재구성하는 체계적인 변화이고, 그녀의 지정의적인 변화를 촉발한 것이 그녀의 하나님 경험, 즉 그녀의 회심이라면 회심에 대한 보다 구체적인 학문적인 고찰이 요망된다. 특히나 회개의 신학과 회심의 심리학은 임상의 현장에서 반대 개념이 아니라 상보 개념이기 때문이다.

여기에서 필자는 세계적인 회심연구가인 Lewis R. Rambo의 체계적 단계모형(systemic stage model)을 소개하면서 기독(목회)상담자에게 필요한 체계적인 치유 단계의 임상적 이해를 논하고자 한다. 30년이 넘는 회심연구를 통해서 종교심리학자 Rambo는 한 사람에게 단 한 번의 회심이 주어진다는 것은 잘못된 생각이며, 다양한 회심이 계속적으로 일어날 수도 있고, 다양한 회심의 단계가 상호 연관적으로 진행된다는 결론을 가지게 된다. 그래서 그는 회심(conversion)이라는 명사형보다 회심하는 중(converting)이라는 동명사형이 더 적절하다고 보고, 회심에 대한 과정 중심적(process-oriented) 접근을 시도한다.

Rambo의 오랜 회심 연구의 결과인 그의 회심이론은 그 방법론적 구성 면에서 독특성을 지닌다. 그의 단계모델은 [그림 11-1]에 나타난 것과 같이 연속적 단계(sequential stage)모형이 아니라 [그림 11-2]에서 나타난 바와 같은 체계적 단계(systemic stage)모형이라는 점이다. 연속적 단계모형은 일반적인 발달이론과 같이 보편적이거나 불변하는 단계를 상정하지만, 그의 체계적 단계는 이와는 질적으로 다르다. 1단계에서 7단계로 이어지는 성숙한 회심도 없고, 보편적이거나 순수한 회심도 없다. 개인마다의 회심은 7가지 단계를 독특한 방식으로 조합하는 방식으로 진행된다. 7가지 단계는 서로 상호 연관

1단계	2단계	3단계	4단계	5단계	6단계	7단계
정황	위기	추구	만남	상호작용	헌신	귀결

[그림 11-1] 연속적 단계모델

출처: Rambo(1993), p. 17.

되어 연결되어 있는 입체형인 망(網) 구조이다.

주로 회심의 유형을 연구하는 학자들은 '양자택일(either-or)'의 태도로 연구할 때가 많았다. 예를 들면, 바울의 회심을 갑작스러운 회심으로 볼 것인

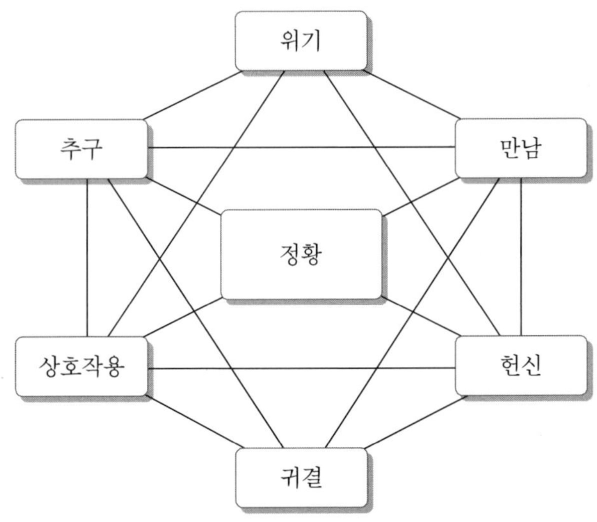

[그림 11-2] 체계적 단계 모델

출처: Rambo(1993), p. 18.

지, 점진적인 회심으로 볼 것인지의 문제처럼 말이다. Rambo는 이러한 양자택일의 구조로는 회심을 전체적으로 조망할 수 없다고 본다. 한 개인의 독특한 회심 경험은 7가지의 단계 중 어디에 강조점이 있는가의 문제라는 것이다. [그림 11-2]에서와 같이 한 단계가 다음의 하나의 단계와의 선형적인 인과관계로 연결되어 있지 않고, 7가지 단계가 서로 상호적인 인과관계로 얽혀 있는 구조이다.

회심은 절대로 진공 상태에서 생기지 않는다. 그래서 1단계인 정황(context)에서 시작한다. 신약성서 사도행전 9장에 나타난 사울의 드라마틱한 장면만으로 그의 회심을 유형론적으로 분석할 때, 흔히 위기 회심(crisis conversion)이나 급격한 회심(sudden conversion)으로 볼 수 있다. 사도 바울의 회심을 가지고 Rambo의 7단계를 소개하면 다음과 같다.

- 1단계 정황(context): 사울의 회심의 정황은 결코 무가 아니다. 의식적이거나 무의식적이거나 어느 정도 관심과 앎이 있는 곳에서 회심이 시작한다. 유대교에 엄청난 충성심과 이미 기독교에 대한 많은 관심과 호기심, 그리고 "살기가 등등하여" 있었다는 점이 중요한 정황이다.
- 2단계 위기(crisis): 회심 전에 주로 위기가 찾아든다. 위기가 회심을 위한 촉매가 된다고 볼 때 사울의 경우, 그가 기독교 집단에 느꼈던 위기의식을 들 수 있다. 만약 기독교집단이 미미한 집단이라면 죽이려고 대제사장에게 구속영장을 받아 내어 기독교인 소탕작전에 나서지 않았을 것이다. 그의 위협과 불안감이 그의 살기와 공격심을 자극한 것으로 볼 수 있다.
- 3단계 추구(quest): 사울의 기독교인 소탕이 그의 종교(유대교)를 위한 그 나름대로의 종교적 추구 방식이었다. 그 소탕작전과 사울의 심리 배후에는 사울이 그의 삶의 과정과 목표에 새로운 '의미'를 묻기 시작하는 노력이 숨어 있다고 볼 수 있다.

- 4단계 만남(encounter): 다메섹 사건 자체가 사울에게는 새로운 저항과 도전을 주는 만남의 사건이다.
- 5단계 상호작용(interaction): 어떻게 사울이 기독교를 이해하고 해석하고, 이전 것을 해체하고 재통합하였는가가 바로 그가 예수의 사랑의 정신과의 상호작용의 결과로 나타나는 것이다. 상호작용이 중요한 회심의 단계라고 보는 이유는 사울의 회심의 경우, 사울이 회심하여 바울이 된 이후 왜 이전에 속해 있던 집단에 대한 적개심을 나타내지 않았는가 하는 의문점에 대한 성찰이다. 바울은 상호작용의 단계를 통하여서 '나와 하나님' 그리고 '나와 타인'의 관계를 재해석하였던 것이다. 그가 이해한 복음은 예수 그리스도의 사랑의 범주 안에 유대인을 제외시킬 수는 없었다. 이제는 적개심보다 그리스도의 사랑이 더 강하게 작용하여 적개심을 무력하게 만든 것이다. 사회학적으로 단순히 사울이 바울이 되면서 그가 충성의 대상, 소속 집단을 바꾸었던 것만이 아니었다는 것이다. 이 상호작용의 단계를 거치면서, 회심자의 회심은 새로운 종교집단 내에서의 단순한 '모방(imitation)'과는 질적으로 다른 국면을 맞는다. 바울의 상호작용을 통하여 바울은 기독교의 복음과 기독교인들 사이에 존재하는 간격을 발견하고 조율하기 시작한다. 다시 말해, 유대인을 구원의 대상에서 제외시키려는 기독교인들과의 상호작용을 통하여 그리스도의 방식을 재해석해 냄으로써 그는 구원의 범주에 유대인까지를 포함시키는 최초의 사도가 된 것이다.
- 6단계 헌신(commitment): 헌신의 단계는 주로 회심 이후에 진행되는 변화된 종교적 삶을 의미한다. 여기서 Rambo는 회심자가 변화와 희생, 즉 옛 자기를 버리는 새로운 삶을 향한 진행과정 중에 늘 갈등을 포함한다는 점을 지적한다. 로마서 7장 22-24절에 나타나는 바울의 유명한 고백을 예로 들 수 있다. "내 속사람으로는 하나님의 법을 즐거워하되, 내 지체 속에서 한 다른 법이 내 마음의 법과 싸워 내 지체 속에 있는 죄의 법

아래로 나를 사로잡아 오는 것을 보는도다." 이 바울의 끊임없는 내적 갈등이 바로 중요한 헌신의 단계의 과정 중의 하나라는 것이다. 회심 후 바울의 전도여행만이 헌신의 전부로 보는 시각은 오히려 회심을 일시적인 사건으로 몰아붙이고 헌신은 회심의 필연적 결과라고 보는 지나치게 단순화된 인과론적 오류를 가지게 된다. 내적 투쟁과 번민 가운데 회심은 하나님의 뜻을 따르는 가장 강력하고 원형적인 주춧돌이 된다. 다음 단계가 이러한 과정을 반영한다.

- 7단계 귀결(consequences): 내적 갈등 후에 바울이 자신의 헌신적인 삶을 어디로 귀결시키는가를 주목할 필요가 있다. "오호라 나는 곤고한 사람이로다. 이 사망의 몸에서 누가 나를 건져 내랴?"(롬 7:24) 사울이 회심하여 그 결과로 바울이 된 것이 아니라, 바울이 된 이후에는 그의 회심은 계속되었다. 바울의 회심은 회심케 하신 하나님의 뜻을 받아들이게 하는 기회로서의 회심이었다. 사울의 회심 이후 바울의 삶, 목회 그리고 전도여행을 통한 헌신의 삶은 오히려 이전의 삶보다 더 힘들고 어려웠지만, 이 회심의 경험이 바울을 계속적으로 하나님께로 귀의하게 하는 주춧돌 역할을 하고 있는 것이다.

6. 기독(목회)상담자를 위한 회심 이해: 체계적 치유모형

앞서 Natalie의 경우에서와 같이, 기독(목회)상담에서 내담자가 새롭게 하나님을 경험하는 목회적 사건, 즉 회심을 어떻게 이해할 것인가는 중요한 치유모형을 제공한다. Natalie의 목회적 사건(사례)에서도 상담 중에 나타난 그녀의 치유과정은 체계적인 변화를 향한 회심의 과정으로 진행되고 있었음을 알 수 있다.

Natalie의 정황(1단계)은 그녀가 처한 독특한 삶의 방식에서 찾아볼 수 있다. 그녀가 독신으로 살게 된 배경, 그녀가 부모가 남긴 집을 지키는 이유, 그곳에 남겨진 흰색의 가구들과 그녀가 흰옷과 청결에 가지는 집착, 그리고 재소자를 돌보는 직업을 가지게 된 배경 등이 그녀만의 정황을 구성하고 있다.

Natalie의 위기(2단계)는 물론 계속되는 돌발행동, 주변 사람들이 자신을 정결할 수 있도록 도와주지 않는다는 생각, 다른 사람에 대한 가중되는 분노는 자신에 대한 분노로 치닫고 있었다. 인지치료를 중심으로 한 자신의 상담을 통해서 자신의 돌발행동에 대한 의문은 더더욱 가중되어 사람을 기피하는 회피성 행동을 시작하고 있었다. 물론 어느 정도의 우울 증세를 보이기도 하였다.

Natalie의 추구(3단계)는 상담에 대한 의지에서 볼 수 있었다. 그녀는 다른 상담자에게 의뢰된 후 상담과정에 적응하면서 다소 저항하는 태도를 보였으나, 필자는 그녀가 결코 이대로는 살 수 없다는 말없는 메시지를 보내고 있음을 감지할 수 있었다. 추구의 단계에서 나타나는 '의미'를 추구하는 방식은 바로 그녀의 무의식이 추구하고 있는 '흰색'과 '정결'의 의미였는지도 모른다. 그러나 그녀가 보여 준 상담에의 추구는 '흰색'과 '정결'에 대한 새로운 의미를 처절하게 갈구하는 것으로 보였다.

Natalie의 만남(4단계)은 여러 가지 측면에서 지적할 수 있겠으나, 필자의 관점에서 그녀가 궁극적으로 하나님을 새롭게 만나도록 해 준 터전을 제공한 가장 큰 만남의 사건은 그녀가 오랫동안 감정적으로 차단하였던 부모와의 감정적인 대면이다. 그녀는 자신을 '흰색'과 '정결' 강박증 안으로 몰아가면 갈수록 그녀를 옥죄는 부모의 힘을 느꼈다. 그녀의 무의식은 그녀의 강박증에서 그녀가 부모에게 복종하는 방식을 주문했지만, 실지로 그녀는 그 복종을 통하여서 오히려 부모와의 감정적 거리를 한없이 벌려 놓았고, 그녀의 말없는 분노는 분출될 통로를 찾지 못하고 있었다.

Natalie의 상호작용(5단계)은 실로 그녀의 상담의 전환점을 가지고 오는 과정이었다. 먼저 부모와의 상호작용은 15년이 넘게 그녀를 가두어 온 그녀의 감옥에서 그녀를 구출하였다. 그녀의 양극적인 분노와 죄의식은 상담의 심상작업을 통해 부모와의 진지한 상호작용을 시작하면서 적극적으로 대처할 수 있었다. 물론 중요했던 것은 부모와 Natalie의 관계를 선형적인 인과관계로 보지 않는 상담적인 배려였다. Natalie는 부모를 자신을 버린 가해자가 아닌, 자신을 홀로 두고 가서 한없이 고통스러워하는 자신과 같은 피해자임을 처음으로 고백하였다. 또한 이 모든 이별과 분리를 조장하고, 자신의 불효를 처벌하였다고 표상해 왔던 하나님과의 새로운 만남과 상호작용은 그녀를 다시금 새로운 체계 안으로 재편성시키고 있었다. 하나님에 대한 새로운 신념을 갖도록 인지치료에서 사용하는 논박(disputation)은 사실 내담자와 하나님과의 심층적인 상호작용을 지나치게 단순화하는 것이다. 심상작업을 통한 Natalie의 깊은 상호작용은 약 10회기에 걸쳐 진행되었다. 상담이 종료된 후에도 그녀의 상호작용은 계속되었다. 그녀는 상담 이후 그녀의 새로운 일을 통해서 예전에 가졌던 백인과의 관계가 개선되고 있음이 발견되었다. 늘 그녀를 더럽다고 여긴다고 믿었던 '모든' 백인 중에서 일부를 자신의 체계 안으로 재구성하는 놀라운 변화를 가져온다. 이는 자신과 하나님과의 관계에 대한 새로운 상호작용이 가져온 새로운 변화였다고 본다. 그녀는 이제 자신과 인종을 넘어선 상호작용을 지속적으로 감당할 수 있는 지정의적인 정신적인 능력을 가지게 되었던 것이다.

Natalie의 헌신(6단계)은 그녀의 새로운 결단과 함께 시작되었다. 흰옷이 아닌 옷을 입게 되고, 교도소 간수직을 사임하고 선택한 새로운 자원봉사의 삶을 시작하였다. 그녀의 헌신의 삶 가운데 갈등은 계속될 것으로 본다. 상담 종료 후 1년여가 지나서 필자는 Natalie를 다시 만났다. 새로운 변화에 대해 자랑하는 Natalie는 결코 경제적으로 예전보다 쉽지 않은 삶이어서 계속적인 심적인 갈등도 있음을 알 수 있었다.

Natalie의 귀결(7단계)은 그녀가 갈등과 삶의 곡절이 있을 때 다시금 자신이 체계 밖으로 이탈하려고 할 때마다, 과거 상담 중 만난 새로운 하나님 경험을 '코페르니쿠스적인 회심'으로 기억하면서 평안을 찾는다고 Natalie는 고백한다. 사실 이제 Natalie를 지탱하도록 돕는 것은 그녀의 상담이 아니라, 그녀의 상담에서의 회심경험을 새롭게 체계 안에서 지탱하도록 돕는 그녀의 지원체계(support system)이다. 그녀의 새로운 하나님과 함께, 자원봉사 현장에서 만나는 수많은 동료 흑인들, 가까운 백인 동료들, 그리고 그녀의 새로운 남자친구와의 새로운 관계 체계는 그녀가 선형적인 '죄-징벌'의 인과관계의 틀에서 보던 예전의 인간관계와는 확연한 차이를 가지고 있는 상호적 인간관계이다.

7. 나오는 말

Charles Taylor가 제안하는 내담자의 변화를 도모하는 기독(목회)상담의 회개모형은 치유모형으로 한계를 지닌다. 주로 선형적인 인과관계의 틀 안에서 진행되기 때문이다. 즉, 내담자가 자신의 비합리적인 믿음을 변화시키도록 돕는 것이 내담자의 감정과 행동을 바꿀 수 있는 동인이 된다는 전제가 있어야 가능한 치유모형이다. 행동치료나 정서중심 치료를 선호하는 다른 임상가들은 변화의 원인을 제공하는 동인을 달리 볼 수도 있을 것이다. 예를 들면, 행위를 변화시키도록 도와야 감정과 생각이 변화한다든지, 혹은 인간의 감정을 중점적으로 바꾸어야 생각과 행동이 바뀐다고 볼 수 있다. 이 장에서는 기독(목회)상담의 치유모형을 재구성하기 위해 가장 먼저 다양한 정신적인 기능의 독립적인 분립을 전제로 한 이러한 인과론적인 틀은 인간의 지정의적인 기능들의 상호 연관적 인과관계를 지나치게 단순화한 오류임을 지적하였다.

이 장에서 강조한 '상호적인 인과관계'는 문제의 원인이 없다고 보는(no cause) 견해와는 다르다. 추적이 가능한 원인의 명확한 기원을 찾기란 불가능하다고 보는 관점으로, 원인은 늘 다양한 동인들의 상호 연관적 망처럼 얽혀 있다고 본다. 상담 전문가들이 사례를 개념화할 때 관찰되는 내담자의 생각이나 감정, 그리고 행동들이 개별적으로 존재하는 지정의적인 정신기능 중 어느 하나의 기능만을 의미하는 것으로 보아서는 안 된다. 앞서 제시한 목회적 사건(사례)에서 Natalie의 생각, 즉 '나는 정결해야만 한다.'는 신념은 단순한 그의 인지적 사고구조인 것으로만 볼 수 없다. 그 신념은 사실 오랫동안 그녀가 경험하여 온 다양한 감정과 생각과 의지의 상호 연관적 망처럼 구성되어 있는 체계적인 산물이다. 이 체계 안에는 다양한 대상과의 관계적 경험이 망처럼 얽혀 있다. 종교인들이 가지는 체계적인 대상관계에는 늘 하나님과의 대상관계가 중요한 구성요소로 연관 지어져 있다.

병리적인 죄의식에 시달리는 내담자의 방어기제 안에서 내담자를 변화시키는 기독(목회)상담의 치유 모형은 무엇일까? 필자는 이러한 내담자의 죄를 '분리(separation)'로 이해하면서, 이는 체계에서의 이탈(deviation)을 의미한다고 본다. 내담자의 방어기제는 체계적인 사고를 거부하게 만들고, 선형적인 인과관계의 틀에서 내담자를 일방적인 가해자로 옥죄는 역할을 한다.

체계적인 관점에서 내담자의 회개는 다시금 상호 연관적인 대상관계를 회복하여 내담자의 체계를 재구성하도록 돕는 일이다. 필자는 기독(목회)상담에서 내담자가 체계를 재구성하도록 그에게 지정의적인 변화를 촉진하는 가장 큰 동인은 그의 하나님 경험이라고 주장한다. 다시 말해, 내담자의 회심경험은 바로 내담자의 체계 재구성의 중요한 기능을 담당한다. 필자는 여기서 내담자의 회심이 단순히 상담 중에 경험되는 급격한 회심이나 위기 중에 감정적으로 경험되는 위기 회심과는 대비되는 회심의 체계적인 과정(process)을 강조하기 위하여 Lewis Rambo의 체계적 단계모형을 소개하였다.

Rambo의 7단계의 특징들은 기독(목회)상담자가 치유를 촉진하면서 내담자의 회심과정을 지속적으로 도울 수 있는 이론적 틀을 제공하여 주리라고 본다. Rambo가 제시하는 연속적인 단계모형이 아닌, 체계적인 단계모형은 내담자의 회심의 과정이 내담자의 체계적인 변화가 일회성이거나 진보 아니면 퇴행하는 선형적 사건이 아님을 우리에게 알려 준다. 이러한 회심에 대한 이해는 기독(목회)상담자가 도와야 할 내담자의 변화가 일회적인 사건이 아니라, 지속적으로 체계적인 재구성을 진행하는 평생의 거친 과정임을 우리에게 알려 준다. 기독(목회)상담자가 가져야 할 변화에 대한 목회신학은 내담자의 지정의적인 변화를 동반하는 회개 사건이 그가 경험하는 회심 사건과 체계적으로 연관되어 있다는 것을 명심하여야 할 것이다.

정신건강 전문인의 치료 모형과 확연히 구별되는 기독(목회)상담에서의 치유모형에서는 회개의 신학과 회심의 심리학이 함께 상호적으로 연관되어 있어야 한다. 기독(목회)상담에서 치유의 과정은 내담자의 회심이라는 체계적인 변화의 과정과 함께 완성된다. 체계적 관점에서 내담자의 온전한 변화, 즉 회개와 통전적인 회심은 기독(목회)상담의 치유모형의 중요한 두 날개다. 기독(목회)상담에서의 치유를 통한 변화는 결국 하나님 없이는 분리될 수밖에 없는 체계 안으로의 온전한 회복인 것이다.

참고문헌

강희천 (2000). 종교심리와 기독교교육. 서울: 대한기독교서회.

권수영 (2006). 자기, 문화 그리고 하나님 경험. 서울: 크리스천헤럴드.

김동기 (2013). 종교행동의 심리학적 이해. 서울: 학지사.

Ellis, A. (1994). *Reason and emotion in psychotherapy.* New York: Birch Lane Press.

Hall, G. S. (1904). *Adolescence: Its psychology and relations to physiology, anthropology, sociology, sex, crime, religion and education* (2 vols). New York: Appleton.

Heims, S. (1991). *The cybernetics group.* MA: MIT Press.

Hiltner, S. (1968). 목회신학원론 (민경배 역). 서울: 대한기독교서회.

Hubble, M., Duncan, B., & Miller, S. (1999). *The heart & soul of change: What works in therapy*. Washington, DC: American Psychological Association.

Jackson, G. (1908). *The fact of conversion: The Cole Lectures for 1908*. New York: Revell.

James, W. (2000). 종교적 경험의 다양성 (김재영 역). 서울: 한길사.

Leuba, J. H. (1896). A study in the psychology of religious phenomena. *American Journal of Psychology, 7*, 309-385.

Nielsen, S., Johnson, W. B., & Ellis, A. (2003). 종교를 가진 내담자를 위한 상담 및 심리치료 (서경현, 김나미 역). 서울: 학지사.

Patton, J. (1986). Toward a theology of pastoral event: Reflections on the work of Seward Hiltner. *The Journal of Pastoral Care, 40*, 129-141.

Rambo, L. (1993). *Understanding religious conversion*. New Haven: Yale University Press.

Rogers, C. (1998). 카운슬링의 이론과 실제 (한승호 외 역). 서울: 학지사.

Starbuck, E. (1897). A study of conversion. *American Journal of Psychology, 8*, 268-308.

Taylor, C. W. (2002). 합리적 정서요법과 목회상담 (황영훈 역). 서울: 한국장로교출판사.

Tillich, P. (1948). *The shaking of the foundations*. New York: Charles Scribner's Sons.

Walen, S., DiGiuseppe, R., & Dryden, W. (1992). *A practitioner's guide to rational-emotive therapy*. New York: Oxford University Press.

제4부

기독(목회)상담, 어디로 갈 것인가

제12장

기독(목회)상담과 한국교회

유재성
(침례신학대학교 상담심리학과 교수)

1. 들어가는 말

당신과 같은 동네에 사는 주민이 이혼하고 우울증에 시달리고 있다면 어떻게 하겠는가? 당신과 같은 교회에 다니는 성도의 고등학생 자녀가 임신을 하여 부모가 당신에게 도움을 요청한다면 어떻게 하겠는가? 당신이 다니는 교회의 난방시설이 고장 나서 한 겨울에 꽁꽁 얼어붙은 성전에서 어린 자녀와 예배를 드려야 한다면 어떻게 하겠는가?

첫 번째 질문은, 조금 과장해서 말하면, 이제 이혼이 결혼만큼 흔해지다 못해 자기 인생을 소중하게 생각하는 사람들의 '쿨(cool)'한 결정으로 인식되고, 우울증이 누구나 한 번쯤 걸리는 감기처럼 흔한 것이 된 현대 우리 한국 사회에 사는 사람이라면 누구에게나 해당되는 질문일 것이다. 당신이 그런 사람을 알고 있다면 그리스도인으로서 어떤 반응을 보일 것인가? 이런 문제를 잘

도와주는 교회를 수소문해서 그곳으로 안내할 것인가? 기독(목회)상담자에게 상담을 받도록 적극적으로 권할 것인가? 어쩌다 한두 번 위로와 격려를 건네거나 아니면 '괜히 남의 일에 끼어들지 말자.'며 아무런 반응도 보이지 않을 것인가? 요즘 사회에 제시되는 각종 지표들을 보면 적어도 첫 두 반응은 별로 없는 것 같다. 심지어 교회 안에서 이런 상황이 발생해도 성도들 간의 반응은 크게 다르지 않은 것 같다.

두 번째 질문은 교회의 정체성과 역할을 고민했던 Hauerwas와 Willimon(2008)이 제기한 것이다. 당신은 미성년자의 성(sex) 활동을 질타하면서 동시에 딸에게 그런 일이 일어나지 않도록 단속을 못했던 부모의 허술한 자녀양육 문제를 비판할 것인가? 상담자가 같은 교회 성도를 상담하면 '다중관계'에 해당하므로 "나는 상담윤리 때문에 당신(들)을 도와줄 수 없으니 시내에 있는 심리치료센터로 가서 상담 받고 오세요."라고 친절하게 안내할 것인가?

세 번째 질문은 건강한 교회의 정서적 관계문제를 다룬 기독(목회)상담자 Richardson(2008)이 제시한 것이다. 당신은 추위에 떨며 예배를 드려야 하는 불편함 때문에 화가 나서 예배시간 내내 교회에 대한 불만을 품고 있을 것인가? 어린 자녀가 추위에 떨며 고생할 것이 속상해서 담당 교역자에게 항의할 것인가? 거룩하게 예배를 드리도록 미리 준비하고 점검하지 못한 교회 목회자나 시설 담당자의 무책임과 무능을 질타하며 대책을 세우라고 교회에 따질 것인가?

이러한 질문들과 이에 대한 가능한 여러 반응들은 현대인이 생각하는 교회와 기독(목회)상담의 관계를 보여 주고 있는 몇 가지 사례들이 될 수 있을 것이다. 오늘날 사람들은 고도로 발달한 현대 문명의 이기들로 무장하고 손에 쥔 스마트폰으로 전 세계에서 벌어지고 있는 일들을 실시간으로 확인하며 소통할 수 있는 시대에 살고 있다.

하지만 그 어느 때보다도 단절되고 분리된 관계 속에서 서로 상처를 주고받으며 실망과 좌절, 공허함 속에서 살고 있는 사람들이 많다. 육아에 지쳐

잠시 커피 한 잔 마시다가 갑자기 낯선 사람에게서 '맘충'이라며 벌레 취급을 당할 수 있다. 독서실 앞에서 이야기하는 중학생은 '급식충'이 되고, 지하철 노약자석에 앉은 할머니나 할아버지는 '틀딱(틀니 딱딱)충'이 되는 세상이다. 거친 말로 상대를 규정하고 편을 가르며 폭력을 가하는 시대이자 가해자와 피해자를 구분하기 힘든 혼란스러운 위기사회가 되어 버렸다. 삶이 고단하고 불안할수록 다른 사람을 배려하고 함께 살아갈 여력이 없어진다. 그래서 '나' 외에는 사랑도, 결혼도, 자녀도 포기하는 '나 홀로 세대' 'N포세대'가 도래하였다. 음악소리가 시끄럽다고 15층 아파트에 매달려 외벽 작업을 하는 사람의 생명줄을 끊어 죽게 하는 시대가 되었다.

이러한 현대 우리 사회를 바라보며 교회는 어떤 반응을 보이며 대책을 제시하고 있는가? '내' 일에 바빠서, '내' 안위가 '우선'이어서 보고도 못 본 척 외면하거나 눈 감고 살아가는 것은 아닐까? 현대 한국 사회의 각종 문제들은 교회 내 성도들에게도 일상으로 일어날 수 있고, 또 실제로 일어나고 있는 것들이다. 이에 대해 교회와 기독(목회)상담자들은 어떠한 관심을 갖고 어떻게 반응하고 있는지 성찰할 필요가 있다.

한 번뿐인 인생이니 지금 당장 '나'의 만족과 즐거움을 위해 살려는 '욜로(You Only Live Once: YOLO)'적 사고방식과 가치가 자랑스럽게 회자되고, 힐링을 외치는 소리가 많다는 것은 그만큼 사회에 피곤함과 스트레스, 상처와 좌절, 공허함이 많다는 사실을 반증한다. 삶이 팍팍하고 상처가 많으면 자기밖에 관심을 둘 여력이 없기 때문이다. 교회가 그러한 사람들과 세상에 삶의 이유와 의미, 방향을 제시하지 못할 뿐 아니라 안식과 회복, 치유를 제공하지 못하고 있음을 의미하는 것이기도 하다.

한국교회는 전통적으로 구원의 복음과 전도에 힘쓰며 성도들을 위한 돌봄과 기도, 위로와 격려에 힘쓰고, 어려운 이웃들을 돕는 '세상의 빛과 소금'의 역할을 감당해 왔다. 21세기에는 이러한 역할을 창의적으로 지속하면서도 특별히 급변하는 자기중심적 개인주의 사회에서 마음이 아프고 상처가 깊은 이웃들을 돌보고 치유하는 기독(목회)상담 사역에 관심을 갖고 주도적인 역할을 할 필요가 있다. 이 장을 통해 교회의 정체성과 역할을 살펴보고, 현대 교회와 기독(목회)상담이 함께 나아갈 길을 탐색하고자 한다.

2. 돌봄 공동체로서의 교회

1) 교회에 대한 이해

성경은 '교회'를 말할 때 '에클레시아(ecclesia)'라는 단어를 사용한다. 이 단어는 'ek(밖으로)'와 'caleo(부르다)'의 합성어로 '어떤 목적을 위해 따로 불러내진 사람들'을 의미한다. 눈에 보이는 가시적 건물을 지칭하기도 하지만, 기본적으로는 사람들의 모임을 가리킨다. 사람들의 모임은 과거나 현재나 늘 있어 왔는데, 교회는 단순히 사람들의 모임을 넘어 예수 그리스도를 '구원자(Savior)'와 '주(Lord)'로 믿고 따르는 성도들의 '신앙공동체'를 의미한다(엡 1:22-23; 히2:12). 그래서 '그리스도의 교회'(마 16:18; 롬 16:16)라고 부른다. 나아가 '하나님의 교회(살전 2:14; 갈 1:22)'라고도 한다. 교회는 '삼위 하나님의 작품'이다. 성부 하나님께서 창세 전부터 교회를 계획하셨고, 성자 예수께서 그 기반을 닦아 놓으셨으며, 성령 하나님께서 그 교회를 이루어 가신다(장동수, 2001).

이러한 맥락에서 성경에 나타난 교회의 이미지는 크게 세 가지로 구분할 수 있다(장동수, 2001). 첫째, '하나님의 백성' 이미지이다. 하나님은 구약의 이스라엘 백성들과 언약을 맺으시고 그들의 하나님이 되셨으며, 이스라엘 회중은 하나님을 따르는 하나님의 백성이 되었다(신 4:10; 9:10; 대하 6:3, 12; 시 107:32). 이 이미지는 신약성경에서도 계속 이어지고 있다(마 1:21; 고후 6:16; 히 4:9; 11:25; 계 21:3), 특히 베드로는 하나님이 '택하신 족속' '왕 같은 제사장'

'거룩한 나라', 하나님의 '소유된 백성'이라고 묘사하였다(벧전 2:9-10). 교회는 하나님의 언약백성으로서 세상에 하나님의 덕을 드러내며 순종하는 사명의 삶을 살도록 부름받은 하나님의 백성인 것이다(고후 6:16).

둘째, '그리스도의 몸' 이미지이다. 사도 바울은 고린도 교회에 보내는 서신을 통해 "너희는 그리스도의 몸이요 지체의 각 부분이라."(고전 12:27)는 말로 교회를 명료하게 표현하였다. 여기에서 강조되는 것은 유기적인 생명의 관계이다. 교회는 예수님의 '피로 세운 새 언약'을 통해 그리스도와 '한 몸 공동체'(고전 11:25)가 된다. 그리스도가 '머리'되시고, 성도는 그리스도의 '몸'이 된다. 한 몸에는 여러 지체들이 있지만 서로 한 몸으로 연결되어 있고, 각자의 기능을 하되 다 가치가 있으며 소중한 유기적 관계에 있다. 서로를 돌보고 지원하며 함께 생명의 교류를 이어 간다(고전 12:14-26).

셋째, '성령의 전' 이미지이다. 교회는 성령께서 거하시는 곳이다(고전 3:16-17; 6:19; 고후 6:16-18). 그분은 '진리의 영'으로서 그리스도께서 말씀하신 것들을 생각나게 하시고 모든 것을 가르치신다(요 14:17, 26). 교회를 주 안에서 '한 몸' 되어 기능하게 하시고, 궁극적으로 세상에 그리스도의 충만을 드러내는 몸으로 함께 성장하게 하신다(고전 12:13; 엡 2:21-22). 그리고 교회 안에, 필요한 대로, 다양한 은사들을 주셔서 각양 은사를 따라 서로를 돌보고 지원하는 가운데 궁극적으로 그리스도의 몸이 건강하게 기능하도록 역사하신다(고전 12:4-11).

이처럼 교회는 삼위 하나님이 함께 하시며 인도하시는 '하나님의 백성'이며 그리스도를 머리로 모신 '몸'이다. 그리고 '성령의 전'으로서 상호적 지원과 돌봄, 성장을 함께 하는 사람들의 모임이다. 이 교회를 하나님께서 '목자'가 양을 돌보듯 지켜 주신다. 전인적으로 몸과 마음과 영혼을 돌보신다(시 23: 사 40:1-11). 예수 그리스도 또한 자신을 '목자'로 비유하셨다. 하나님이 주신 양들을 돌보며, 상처받고 잃은 양들을 찾아 나서는 선한 목자가 되셨다(요 10:11, 14; 히 13:20). 그리고 성령께서는 하나님의 사람들을 '작은 목자

(undershepherd)'로 세워 양떼를 돌보는 사명을 감당하도록 도우신다(렘 23:2-4; 겔 34:2-10; 벧전 5:2).

삼위 하나님의 인도하심을 통해 교회는 서로를 지원하고 생명의 교류를 나누는 유기적인(systemic) 기능을 할 수 있다. 살아있는 건강한 교회는, Mansell Pattison(1977)이 지적한 대로, 각 지체들이 연합하여 하나의 독특한 정체성을 구축하며 각각의 합 이상의 역할과 기능을 감당한다(holism). 각 지체들은 서로를 지원하고 강화하며 전체가 하나로 기능하며 균형을 이룬다(open synergy). 아울러 각 지체들은 서로 다르지만 전체 '몸'의 가치와 목표를 나누며 이 과정을 통해 서로를 형성해 간다(isomorphism).

사회가 안정되지 못하고, 성서적 가치관과 다른 각종 이방의 문화와 삶의 태도들이 넘쳐나고, 무엇보다 예수 그리스도에 대한 신앙을 지키기 어려운 적대적인 상황에서 교회는 함께 모여 기도하고 말씀을 나누며 서로를 지원하지 않을 수 없었다. 사도 바울은 에베소 교회, 데살로니가 교회, 빌립보 교회 등 각 교회들이 삼위 하나님 안에서 흔들리지 말고 견고하게 세워져 갈 것을 권고하였다(살전 5:11, 17; 딤전 5:16). 고린도 교회를 향해서는 그들이 '성도(聖徒)'로 구별되었음에도 불구하고 주변의 하나님을 모르는 사람들이 행하는 사고방식과 풍습을 가지고 살아가는 것을 지적하며 주 안에서 서로를 돕고 지원하는 '돌봄 공동체(caring community)'가 될 것을 강조하였다. 이러한 돌봄과 지원은 1세기 교회만 아니라 사회가 고도로 복잡하고 급변하여 혼란과 문제가 끊이지 않는 21세기 교회에도 필요불가결한 교회공동체의 사명이요 과제이다.

2) 교회의 돌봄사역

교회는 하나님의 집이며 함께 형제자매요 자녀가 된 존재로서 서로를 사랑하고 돌보며 세워 주는 영적인 가족이다(엡 1:5; 2:19; 갈 6:10; 딤전 3:15; 히

2:10). 서로를 지원하고 돌보는 것은 교회공동체 전체의 사명이며 실천과제이다. 교회 내 성도들만 아니라 교회 밖에 있는, 즉 그리스도께서 위하여 죽으신 모든 세상 사람을 포함하는 교회의 사역이다. 이것은 교회에서 특정한 직임을 가진 사람만 하는 것이 아니었다. '서로 돌아보아 사랑과 선행을 격려하고' 서로의 짐을 나누어지도록 부름받은 모든 그리스도인이 감당해야 할 만인 제사장적인 사명이다. 각자에게 주어진 사명과 은사, 재능과 교육, 능력을 따라 함께 감당해야 할 공동체적 과제인 것이다(Brister, 1992).

Clebsch와 Jaekle(1964)은 이러한 교회의 돌봄사역을 역사적인 관점에서 네 가지로 구분하였다. 첫째, '화해(reconciliation)'이다. 교회는 예수 그리스도의 십자가를 통해 사람들로 하여금 하나님과의 막힌 '관계의 담'을 헐고 '화해'의 관계를 열도록 돕는 것에 힘써 왔다(고후 5:18-20; 엡 2:16; 골 1:20); 히 2:17). 하나님과의 화해는 그 자체로 끝나지 않는다. 자신 및 타인들과의 새로운 차원의 관계로 연결되어야 한다. 교회는 자신에 대해 실망하고 좌절할 뿐만 아니라 삶의 의미를 상실하고 공허감 속에 있는 사람들, 깨어진 가족관계나 이웃과의 상처 관계로 인해 고통스러운 사람들로 하여금 하나님 나라의 현실 속에서 관계의 화해를 향해 나아가도록 도울 수 있어야 한다.

둘째, '안내(guidance)'이다. 사람은 누구나 삶의 현실 속에서 경험하는 어려움이나 혼란 속에서 어떤 선택을 하고, 어떤 길로 가야 할지 방향을 잡지 못하고 갈등에 빠질 때가 있다. 이럴 때 자신의 현재와 미래에 영향을 줄 수 있는 다양한 선택 방안들을 탐색하고 가장 적절하면서도 합당한 결정을 내리도록 안내하는 것은 매우 중요한 교회의 돌봄사역 중 하나이다. 교회는 그 어느 때보다 빠르고 복잡하게 변모하는 사회에 살고 있는 현대인을 위해 다방면에서 구체적인 '안내' 사역을 전개할 필요가 있다.

셋째, '유지(sustain)'이다. 사람들에게 닥치는 삶의 위기나 어려움들이 관계의 화해나 안내를 통해 해결되기도 하지만 어떤 방법을 동원해도 개선되거나 상황이 변하지 않는 경우들이 있다. 이럴 때는 그 상황을 견디거나 지탱하며 지나갈 수 있도록 돕는 것이 필요하다. 사랑하는 사람이 세상을 떠났을 때 그 상황을 변화시킬 수 없고, 그 상실감을 무엇으로 대체하기도 어려운 일이다. 군 입대를 앞둔 청년이 두려움과 불안에 떨 때, 혹은 '사망의 음침한 골짜기'를 지나는 순간이 올지라도 하나님께서 함께하실 것을 확신하도록 도움으로써 그 상황을 지탱하며 믿음으로 대처할 수 있도록 돕는 것이 필요하다.

넷째, '치유(healing)'이다. 개인적인 실패나 좌절, 관계의 상처로 고통 가운데 있는 사람으로 하여금 자신의 상황과 반응을 돌아보게 하고, 영적인 통찰과 새로운 생각으로 변화된 행동 반응을 함으로써 그 상황을 극복하도록 돕는 것이다. 이것은 현재 당면한 문제를 가시적으로 해결하는 것만을 의미하지 않는다. 삶의 문제는 여전히 진행되고 있지만, 하나님 안에서 위로와 확신을 얻고, 믿음의 공동체가 내미는 '도움의 손'을 붙잡고 다시 일어날 힘과 용기를 얻을 때 그는 치유의 여정에 있는 것이다.

이러한 전통적인 교회의 네 가지 돌봄사역들은 기본적으로 어떤 문제나 어려움이 있는 상황을 전제로 한다. 심각한 질병이 생기거나 대학시험에 떨어졌을 때, 취직이 되지 않을 때, 결혼에 실패하거나 인간관계의 배신을 경험할 때 등 각종 시련이 발생할 때 위로와 격려를 해 주고 그 상황을 극복하도록 돕는 것은 중요한 사역이다. 하지만 모든 그리스도인은 삶의 곤경을 유지, 지탱, 안내 혹은 치유를 넘어 그리스도의 장성한 분량까지 성장해야 한다(엡 4:13). 자신의 필요나 감정, 욕구의 충족을 넘어 가족과 이웃을 배려하며 사회의 안녕을 향해 변화된 생각과 행동을 할 수 있어야 한다. 이러한 차원을 Clinebell(1984)은 하나님께서 주신 잠재력과 가능성을 찾아 강화하는 '양육(nurture)'을 교회의 돌봄 기능으로 추가하였다.

3) 현대 교회가 처한 여섯 가지 위협

사람의 몸과 마음과 영혼을 포함하는 전인적 차원들을 돌보는 것은 '참된 기독 공동체의 표지'라고 할 수 있다(Brister, 1992). 하나님 앞에서 인간 실존의 현장을 돌아보고 하나님께서 행하시는 역사를 성찰하는 것은 '모든 신자들의 특권이요 사명'이다. 삶의 현실을 성찰하고 다룰 때 하나님께서 성령님을 통해 인간의 제한된 이해와 능력을 넘어 '모든 진리'로 안내하신다(요 16:13).

하지만, 그럼에도 불구하고, 곤경에 처한 사람들을 돌보고 상담활동을 실시한다는 것은 결코 용이한 일이 아니다. 그 어려움은 과거 1세기 교회나 현대 21세기 교회나 별로 차이가 없다. 교회는 매 순간 다양한 차원에서 끊임없는 도전과 어려움에 직면해 왔기 때문이다. Brister(1992)는 교회가 돌봄 공동체로서 기능하기 어려운 이유를 현대 교회가 처한 다섯 가지 위협들로 정리했다.

첫째, 모호한 정체성의 위협이다. 사람들은 자신이 어떤 사람인지 명료하지 않을 때 무엇을 해야 할지, 어떤 역할을 할 수 있을지 혼란스러워한다. 자신의 정체성과 경계선이 불분명할 때 아무것도 하지 않거나 과다기능 혹은 과소기능을 하게 된다. 이러한 사실이 교회로 하여금 그리스도의 몸으로서 상호 유기적으로 지원하고 돌보는 기능을 하기보다 서로 무관심하거나 상처를 주고받는 세상 수준의 모습과 크게 다르지 않게 만든다.

그리스도인의 참된 정체성은 '나는 누구인가?'라는 질문에 스스로 답하기보다 '나는 누구에게 속했는가?'에 대한 인식에서 찾을 수 있다. 전자는 자신이 생각하는 '나'에서 온다. 자신의 성장 배경이나 사회문화적 환경 혹은 교과서나 학교에서 배운 '나'일 수 있다. 과거의 미해결 이슈와 미충족된 정서적 방어기제나 보상심리와z된 '나'의 모습일 수 있다. 이와 달리, 후자는 자신이 하나님께 속한 존재이며 하나님의 부르심을 받은 사명자라는 자각에서 온다. 이때 자신이 어떤 목표를 갖고 어떤 방식으로 활동할지 명료해진다. 사도 바울은 자신이 '그리스도의 종'(롬 1:1)이며, '하나님의 뜻을 따라 그리스도의 사도로 부르심(고전 1:1; 고후 1:1; 갈 1:1; 엡 1:1; 빌 1:1; 골 1:1; 딤전 1:1; 딤후

1:1)'을 받은 사람이라는 자기 정체성을 늘 자각하며 그 사실을 대내외적으로 명료하게 천명하였다. 그렇게 자기 정체성이 명료할 때 그의 목표와 역할이 명료해졌다. 자기중심적 개인주의가 강한 시대에 무엇보다 성경적인 자기성찰을 통한 명료한 정체성 확립이 중요한 이유이다.

Gerkin(1986)은 돌봄 사역자나 상담자의 정체성을 하나님과 성도들의 관계에 대한 '해석자'요 '안내자'로 보았다. Brister 또한 신앙공동체에서의 '희망의 담지자'요, 전인적 인간 실존에서의 '해석자'로 묘사하였다. 인생의 비극과 갈등, 좌절, 출구가 보이지 않는 절망의 상태에서도 하나님으로부터 오는 희망의 메시지를 선포하며, 부조리한 삶의 현실을 '해석'하고 다시 일어나게 하는 희망의 메신저로 보았다. 이러한 맥락에서 기독(목회)상담자는 자신이 생각하는 자기 인식 이전에 자신이 누구에게 속했는지, 자기 인생이 자신에게 요구하는 사명이 무엇인지 명료하게 확인하고 전문가로서의 활동에 임해야 할 것이다.

둘째, 권위 상실의 위협이다. 전통적으로 사람들은 자신보다 높은 수준의 교육이나 경력, 인격 혹은 힘을 가진 인물에게 권위를 부여했다. 여기에 각종 자격증과 외국어 능력 등 우수한 '스펙'이 있으면 더 좋다. 하지만 21세기 한국 사회에선 어느 분야에서도 그러한 것들로 권위를 존중받기 어렵다. 이것은 교회의 사역이나 돌봄상담 분야에서도 마찬가지이다. 이제 '목회자'나 '전문가'라고 하는 타이틀에 맹목적으로 권위를 부여하던 시대는 지났다.

권위에 대한 도전이나 상실의 위협은 예수 그리스도도 예외가 아니었다. 수많은 사람이 권위가 있는 말씀에 놀라고, 그 행하시는 '표적'을 통해 메시아이심을 알아가고 있었지만, 여전히 "당신이 무슨 권위로 이런 일을 하느냐"(막 1:22, 27; 눅 20:2)고 도전하는 사람들 또한 많았다. 예수 그리스도의 권위는 궁극적으로 하나님께로부터 왔다(마 21:23-25). 모든 궁극적인 권위는 하나님께 속한 것이며, 하나님께서 주시는 것이다. 목회자나 기독(목회)상담자 역시 많은 지식과 학문적 · 임상적 성취가 중요하지만 그것이 궁극적인 권위를 보장해 주지 않는다. 돌봄사역자의 진정한 힘은 하나님과의 관계에서 자신을 발견하고 말씀을 실천하는 데에서 온다. 사람들을 살아 계신 하나님과 만나고 경험하게 하는 데에서 권위가 주어진다. 권위는 '주장'하는 것이 아니라 '주어지는' 것이다.

셋째, 전문적 능력의 위협이다. 포스트모던 사회에서 현대인은 '전문성'의 실종으로 인한 혼란에 빠져 있다. 개인주의적 자기중심성이 강해진 한국 사회에서 어떤 전문가가 자신의 전문 영역에 대한 설명이나 발표를 해도 그대로 받아들이거나 믿는 사람이 별로 없다. 우리나라를 뒤흔들었던 광우병 사태나 천안함 사건, 사드 미사일 배치 논란 등 국가적 이슈는 물론 학교나 직장, 개인의 일상 구석구석까지 전문성에 대한 불신의 정서가 팽배해 있다.

현대인은 제반 분야의 지식이 급속도로 팽창되고 변화되어 어제까지 인정되었던 이론이나 사실이 오늘 갑자기 부정될 수 있고, 내일 또 다시 바뀔 수 있는 시대에 살고 있다. 이것은 사람의 마음을 이해하고 돌보는 사역에도 동일하다. 저마다 자기중심적이고 예측하기 어려운 의식적 · 무의식적 관계역동에 영향을 받는 현대인을 이해하고 공감하며 치유와 회복으로 안내한다는 것은 불가능에 가까운 과제가 아닐 수 없다. 전문성을 인정받으며 이런 역할을 감당하기란 정말 어려운 일이다.

넷째, 인간 실존의 위협이다. 사람은 인생 여정에서 누구나 어려움과 곤경을 경험하게 된다. 자신의 잘못이나 문제로 어려움을 겪기도 하지만 타인과의 관계나 상황적 한계로 인해 좌절하거나 고통스러워할 때도 있다. 행복의 절정을 맛보다가도 예기치 않은 일로 모든 것을 상실할 때가 있다. 삶과 죽음의 갈림길에서 인생의 허무와 공허감, 무의미감, 불안과 두려움에 떠는 실존적인 상황에 직면할 때도 있다.

목회 사역자나 기독(목회)상담자 또한 명료한 정체성을 갖고, 하나님이 주시는 권위를 경험하고, 전문성을 갖추었다고 해도 인간으로서의 한계로 인한 아픔이나 제한에서 자유로울 수 없다. 삶의 의미를 느끼지 못하거나 공허한 심경을 겪을 수도 있다. 주님의 마음으로 사람을 치유하고 회복하는 거룩한 사명을 받았을지라도 결국은 '질그릇' 같은 인간존재에게 귀한 '보배'를 주신 것이다(고후 4:6). 그래서 인간의 나약함과 두려움 속에서 상처받고 실패하며 뒤로 물러나 '침륜'에 빠지는 순간들이 있을 수 있다. 그럴 때마다 그리스도인은 그리스도께서 자신을 비우시고 하나님 앞에서 다시 회복하신 것처럼 '때를 따라 돕는 은혜'(히 4:16; 10:39) 속에서 자신을 돌아보고 믿음의 성장을 경험해야 한다.

다섯째, 유산 상실의 위협이다. 모든 인간은 하나님의 형상을 따라 창조된 전인적 존재이다(창 1:26-27). 하지만 아담과 하와의 범죄 이후 각종 문제와 갈등을 겪으며 살게 되었다. 하나님은 이런 삶의 현실을 지켜보시며 사람을 사랑하시되 끝까지 사랑하고 돌보신다. 이런 면에서 사람을 돌보고 치유하는 것은 본래적으로 하나님과 믿음의 공동체에 속한 '유산'이었다. 그런데 Oden(1988)과 Stone(2001)의 연구에서 드러났듯이, 근대 사회에 심리학이 등장한 이후 돌봄사역의 초점이 신속하게 심리학적 혹은 행동과학적 접근으로 이동하였다. 인간의 영적 · 실존적 곤경은 '질병'으로 인식되거나 아예 고려되지 않았고, 치료적 개입은 심리치료로 대체되면서 기독(목회)상담의 정체성과 유산을 상실할 지경에까지 이르렀다.

필자가 현 시대의 위협 한 가지를 더 추가한다면, 여섯째는 본능적이고 자기중심적이고 이기적인, 즉 '본자이' 개인주의의 위협이다(유재성, 2013). 전통적 가치나 신앙적 삶의 추구보다도 '나' 중심의 '지금-여기'에서의 감각적 만족을 추구하는 사회문화적 현상이 그 어느 때보다 더 강렬하게 현대인을 사로잡고 있다. 불안정한 현재와 보장되지 않은 미래의 삶에 대한 불안과 불만으로 강박 신경증적인 증상을 보이는 사람들이 증가하고, 다른 어떤 것보다도 '나'가 가장 중요하다며 일탈을 시도하는 것이 문화 현상처럼 되었다. 전통적으로 억압과 희생을 강조해 온 사회 분위기 속에서 이제 자신의 소중함을 자각하고 정서적 필요를 축구한다는 면에서 긍정적인 측면이 없지 않다.

하지만 그것이 지나쳐 삶의 중심이 감각적 자기만족과 욕구추동을 따라가는 것이라면 하나님과의 언약관계 속에서 공동체적 믿음의 삶을 살도록 안내하는 사역은 그 어느 때보다 어려운 위협과 도전에 직면해 있다고 할 수 있다.

3. 교회 맥락의 기독(목회)상담 이해와 그 가능성

한국교계에서는 한때 심리학과 기독교의 관계에 관한 논의가 크게 대두되었던 적이 있었다. 그중의 하나는 교회가 지나치게 심리학에 물들어 그 영향을 무방비적으로 수용하고 있다는 주장이었다(옥성호, 2007). 실제로 서양에서는 심리학이 기독신앙과 전통을 압도하여 많은 기독(목회)상담 및 돌봄 사역자들이 자신들의 신앙 정체성을 상실할 지경에까지 이르기도 했었다(Oden, 1988; Stone, 2001). 그렇다면 한국의 기독(목회)상담자들의 현실은 어떠한가? 이에 대한 체계적인 조사와 연구가 필요하다. 크리스천으로서 당신의 상담현장에 나타나는 교회 혹은 기독신앙과 심리학의 관계중심은 어디에 있는가?

1) 심리학을 대하는 다양한 입장들

사람을 돌보고 상담하는 데에 있어서 기독신앙적 접근과 심리학적 접근의 관계는 그 동안 '신학과 심리학'의 관점에서 많은 사람들의 관심을 끌었고 연구의 대상이 되어왔다(Carter & Narramore, 1979; Coe & Hall, 2010). 필자는 기독(목회)상담자의 입장에서 이러한 연구들을 대략 다섯 가지로 정리하였다. 기독신앙과 심리학 초점을 양쪽 끝에 놓고 그 사이를 일직선 척도로 연결하였을 때, 좌측 첫 번째에 오는 것은 '부정 · 분리(negative · separated)'의 입장이다. 이러한 입장을 취하는 사람들은 하나님 중심의 기독교와 인간중심의 심리학은 상호 부정적이어서 양립할 수 없으며 함께 할 수 없다고 본다. 기독교에선 심리학을 위험하게 보고, 심리학은 종교가 치유에 방해된다고 인식한다. 상담현장에서 상호 배타적이다.

두 번째는 '부정 · 편향(negative · inclined)'의 입장이다. 기독교와 심리학이 어느 정도 병존할 순 있지만 기본적으로는 기독교에 편향되고 심리학에 대해 부정적인 인식을 갖고 있다. 인간의 자아구조나 심리적 역동에 대한 인식이 사람을 이해하고 돌보는 데 도움이 될 수도 있다고 본다. 하지만 죄로 오염된 인간 내면과 관계의 문제를 심리학으로는 해결할 수 없으며 기독교적 자원과 접근을 통해 나아질 수 있다고 믿는다.

세 번째는 '순환 · 통합(circular · integrated)'의 입장이다. 교회와 기독신앙적 접근이 심리학적 접근과 통합되어 상호 긍정적인 영향을 줄 수 있다고 본다. 사람은 몸과 마음과 영혼(body-mind-spirit)을 가진 '전인적인 존재'이기 때문에 곤경에 처한 사람을 도울 때 몸과 마음의 상태를 점검하되 영적인 차원까지 종합적으로 접근해야 보다 온전하고 전문적인 상담과 돌봄이 가능하다고 믿는다. 동시에 그 존재의 중심에 영성이 있는 '영적인 존재'이기 때문에 개인의 육신적 욕구추동을 존중하고 공감하되 본질적으로 성서적 가치와 목적이 이끌어가는 삶으로 안내해야 한다고 본다(유재성, 2015). 그럴 때 영혼이 잘됨 같이 몸과 마음이 범사에 잘 되고 강건하게 될 것을 믿는다(요 3:2).

네 번째는 '긍정 · 편향(positive · inclined)'의 입장이다. 기독신앙과 심리학의 긍정적 병존을 인정하되 심리학적 이해와 접근에 더 가깝고 익숙한 사람들이다. 하나님과의 관계나 신앙생활이 문제상황에 있는 내담자에게 도움이 될 수 있다고 인식하지만 실제 돌봄이나 상담활동을 할 땐 심리학적 이해와 접근에 더 몰두한다. 많은 기독(목회)상담자들이 이 범주에 해당한다.

다섯 번째는 '긍정 · 의존(positive · fused)'의 입장이다. 기독신앙과 심리학의 긍정적 병존을 넘어 심리학에 융합된 사람들의 모습이다. 기독신앙을 갖고 있지만 모든 상황을 심리학적 이해와 관점으로 접근하는 '환원주의적 심

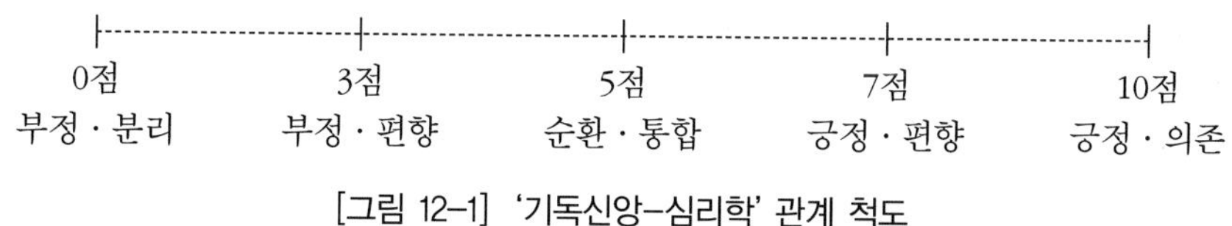

[그림 12-1] '기독신앙-심리학' 관계 척도

리주의'를 따른다. Oden(1988)과 Stone(2001)의 연구에서 드러난 것처럼 그리스도인으로서의 자기 정체성까지 상실할 정도로 심리학 위주의 상담접근에 의존하는 기독(목회)상담자들이 매우 많다.

이와 같은 다섯 가지 입장을 일직선상의 척도로 정리하면 [그림 12-1]과 같다. 가장 왼쪽에 있는 '부정 · 분리' 입장을 0점, 가장 오른쪽에 있는 '긍정 · 의존' 입장을 10점이라고 한다면 기독(목회)로서 당신의 상담현장은 현재 척도의 몇 점 상태에 있다고 보는가? 당신의 내담자는 당신에게 몇 점을 줄 것으로 생각하는가? 그러한 선택 혹은 점수를 주는 이유는 무엇이겠는가? 당신이 나아가야 할 지점은 어디라고 보는가? 현재의 상황에서 1점씩 그 지점을 향해 나아간다면 지금과 무엇이 조금씩 달라질 것인가? 언제, 어떻게 그것을 실행해 갈 수 있을 것인가?

2) 기독(목회)상담의 이해와 특성

그렇다면 기독(목회)상담이란 무엇인가? 크리스천이나 목회자가 하면 기독(목회)상담인가? 상담할 때 기도하고 시작하면 기독(목회)상담이고, 기도하지 않고 상담하면 기독(목회)상담이 아닌가? 교회에서 상담하면 기독(목회)상담이고, 교회 밖에서 상담하면 기독(목회)상담이 아닌가? 성경 위주로 상담하면 기독(목회)상담이고, 심리학 위주로 상담하면 기독(목회)상담이 아닌가? 크리스천 내담자와 상담하면 기독(목회)상담이고, 크리스천이 아닌 내담자와 상담하면 기독(목회)상담이 아닌가? 기독(목회)상담과 일반상담을 구분하는 것은 무엇인가?

엄밀히 말하면, 기독(목회)상담은 많은 면에서 일반상담과 유사한 부분들을 공유하고 있다. 내담자의 사연에 귀를 기울여 경청하고 공감적 반응을 하는 것은 공통적으로 중요한 요소이다. 신뢰관계를 기반으로 상담목표를 정하고 실천과제를 설정하여 변화를 시도하는 것도 다르지 않다. 필자의 지도교수였던 Brister(1978)는 일반적인 상담의 기술이나 방법 또한 둘 사이를 구분하는 요소가 될 수 없다고 보았다. 근본적으로 중요한 것은 상담에 대한 성서적 관점 혹은 가치와 철학이 그 접근에 배어 있느냐에 있다고 보았다. 상담할 때 어디에서 누가 하는가, 기도를 하고 시작하는가 아닌가의 문제 이전에 상담의 초점이, 그리고 상담개입의 내용이 성서적 원리와 메시지를 반영하고 있는가 아닌가가 중요하다는 것이다.

이러한 맥락에서 필자는 기독(목회)상담자의 상담접근을 기독(목회)상담으로 만드는 기본 특성들을 몇 가지로 제시하였다(유재성, 2015). 첫째, 성령의 프락시스(Praxis)이다. 기독(목회)상담자는 가능한 한 최고의 상담지식과 기술 및 경험을 통해 내담자의 상황을 이해하고 명료한 목표를 세워 그것을 달성하도록 도우려고 한다. 하지만 그 모든 과정에서 사람을 진정으로 자유하게 하는 진리와 온전한 치유 및 성숙으로 이끌어 가는 주체는 자신(counselor)이 아니라 '보혜사(the Counselor)' 성령님이심을 믿는다(요 14:16, 26). 자기가 상담하기 이전부터 내담자의 삶을 이끌어 오신 성령님의 임재를 의식하며 매순간 성령께서 상담과정을 이끄시고 그 결과에까지 능동적으로 역사하실 것을 기대한다.

둘째, 상담의 목표이다. 상담자는 내담자가 가져오는 각종 문제와 갈등, 아픔, 억울한 심정 등을 경청하고 개입을 함으로써 내담자가 곤경에서 회복되고 보다 '안녕'한 상태로 나아갈 수 있도록 도모한다. 내담자의 사정을 이해하고 목표를 세워 필요를 충족하는 것은 대단히 중요하다. 하지만 기독(목회)상담의 목표는 단순히 심리적 혹은 관계적 차원의 목표에 머물지 않는다. 내담자의 이슈 이면에 내재된 실존적이고 영적인 요소에까지 관심을 기울인다.

대개의 경우 심리학적 문제 이면에는 영적인 이슈들이 상호 긴밀히 연결되어 있기 때문이다.

셋째, 상담의 맥락(context)이다. 상담은 다양한 장소에서 실시된다. 심리 전문가의 개인 상담실에서 할 수 있고, 복지기관이나 학교 등에서도 이루어진다. 직장이나 병원, 심지어 공항에서도 상담이 이루어질 수 있다. 하지만 기독(목회)상담이 본질적으로 성령의 프락시스이고, 목표가 문제의 표면적인 해결을 넘어 그 이면에 내재된 영적인 차원까지 고려하는 것이라면 이 사역의 핵심적인 맥락은 바로 교회이며 신앙공동체이다. 교회는 전통적으로 신앙의 유무를 떠나 사랑과 희망, 치유와 회복의 장소로 인식되어 왔다. 비록 현대 사회에서 그 이미지가 많이 퇴색되긴 했지만, 교회는 여전히 어떤 심리치료보다 더 치유적인 상담현장이다. 그러므로 기독(목회)상담자는 자신의 상담지식이나 경험에 의존하여 상담하기보다 교회와 신앙공동체의 다양한 특성과 자원들을 활용하여 치료적 역동을 활성화시키는 접근을 할 필요가 있다.

넷째, 상담자의 정체성과 역할이다. 기독(목회)상담과 일반상담을 구분하는 요소의 하나는 바로 상담자 자신에 대한 이해와 역할인식이다. 일반상담자는 자신의 가치관이나 목적, 선호에 따라 상담접근이나 기법을 선택하고 상담을 진행한다. 기독(목회)상담자는 일반적으로 심리전문가이지만 동시에 성서적 이해와 전통, 가치를 대변하는 하나님의 사람이다. 이혼이나 동성애 등 사회문화적 현상이나 가치관을 그대로 답습하거나, 특정한 상담입장 혹은 자신의 생각과 경험을 의지하기보다 성경과 교회공동체적 맥락에서 관련 이슈에 대한 하나님의 말씀을 성찰하고 그 말씀의 '해석자'요 '안내자'로서의 역할을 감당하려고 한다.

다섯째, 상담자 훈련이다. 전문상담자가 되기 위해서는 수년 동안의 이론적 학습과 그 기간 못지않은 시간의 임상훈련과 경험을 쌓아야 한다. 사람의 마음을 이해하고 공감하며 문제 상황에서 변화와 해결을 향해 나아가도록 돕는다는 것은 그만큼 용이한 작업이 아니기 때문이다. 하지만 기독(목회)상담자의 훈련은 심리학적 이해와 상담 기법의 습득에 머물지 않는다. 인간의 한계와 문제, 가능성에 대한 성서적이고도 영적인 관점을 갖도록 고안된 훈련을 통해 전인적으로 상담개입을 할 수 있어야 한다. 교회공동체에서 가능한 말씀과 기도, 성도의 교제, 경배와 찬양, 각종 소집단 모임 등은 유용한 치료적 자원으로 활용될 수 있다. 이러한 전통적인 자원들이 현대 사회에 들어와 심리학적 이해와 접근으로 신속하게 대체되고 외면받는 것은 안타까운 일이다. 기독(목회)상담자는 성경적 이해와 토대 위에 검증된 상담이론을 구축하고 공동체적 자원을 활용하는 실천적 접근을 할 수 있어야 한다(Stone, 1996).

3) 기독(목회)상담의 세 가지 접근 범주

그러면 교회공동체는 어떠한 방식으로 기독(목회)상담을 실시할 수 있을까? 첫째, '비공식적, 즉각적' 접근이다. 유학 시절, 필자가 인상 깊게 본 미국 교회 중 하나는 시카고 근교에 위치한 '윌로우크릭 교회(Willow Creek Community Church)'였다. 아름답게 꾸며진 예배당과 주변 환경도 시선을 끌었지만, 무엇보다 '한 영혼'을 구하고 돌보기 위해 모든 역량을 결집하는 모습이 감동적으로 다가왔다. Bill Hybels 담임목회자는 교회 화장실이나 주차장에서 만난 성도가 질병에 걸렸거나 직장을 잃을 위기에 처했음을 알게 되면 당장 급한 일정이 있지 않는 한 바로 그 자리에서 관심과 돌봄의 시간 갖는 것을 사역의 우선순위로 꼽는다. 10여 분 동안 요즘 심정이 어떤지, 어떻게 대처하고 있는지, 앞으로 어떻게 할 것인지, 어떤 것이 도움이 되고 있는지, 자신이 어떻게 도울 수 있을지 등을 대화하며 함께 기도한다. 성도들 또한 넓은 교회의 구석구석에서 서로의 안부를 물으며 삶의 어려움과 함께 그리스도 안에서의 '소망'을 나눈다.

이러한 비공식적이고 즉각적인 돌봄대화를 Oates(1982)는 '친구차원의 상담'이라고 정의하였다. 미리 계획된 공식적인 만남은 아니지만 정말 필요할 때에 성령님의 인도하심을 따라 나누는 '한 마디'가 어떠한 치유적 효과를 낼 수 있을지 아무도 판단할 수 없다. Clinebell(1984)을 비롯한 많은 기독(목회) 상담자들은 교회의 위기상담이나 돌봄이 이러한 비공식적이며 즉각적인 방법으로 진행되며 그 효과 또한 매우 크다고 주장하였다. 유학 시절에 이러한 사실을 접한 후 필자는 교회에서 '일' 혹은 '과제'를 수행하느라 너무 바빠 성도들과 진지한 '마음의 대화'를 나누지 않고 있다는 사실을 깨닫고 바쁘게 지나가는 관심 성도의 손을 잡고 교회 구석에서 쪼그리고 앉아 Oates의 '친구차원의 상담'을 시도하곤 한다. 그리고 클라인벨의 주장에 체험적으로 동의하게 되었다.

이러한 '비공식적, 즉각적' 돌봄상담이나 교회사역을 통해 성도들의 곤경이나 문제를 충분히 해결하고 도울 수 있다고 생각하는 사람은, 앞에서 언급된, '기독신앙-심리학' 입장 척도의 좌측에 있을 가능성이 크다. 미국 웨스트민스터 신학교에서 강의했던 Jay Adams의 '권면적 상담'과 같은 고전적 상담 패러다임에 속하는 입장으로 필자도 이러한 성서적 · 교회적 접근에 동의한다. 다만 내담자의 아픈 현실과 내면 고통에 대한 충분한 공감이나 이해가 없는 경직된 조언이나 성급한 주장은 주의해야 한다. 세월호 사건으로 자식을 잃은 한 어머니에게 가장 고통스러웠던 말은 그 사건이 '하나님의 뜻일 수 있다'는 누군가의 한 마디였다는 것을 새겨들을 필요가 있다.

둘째, '비공식적, 조직적' 접근이다. 미국 캘리포니아에 있는 '새들백 교회(Saddleback Community Church)'의 한 성도가 병원에 입원했을 때였다. Rick Warren 담임목회자가 그의 병실에 들어가기 전에 복도에 있는 간호사에게 자신이 누구인지를 밝히고 성도의 상태에 대해 질문하였다. 그러자 간호사는 의아한 표정을 지으며, "새들백 교회 목사님은 이미 다녀가셨는데요"라고 말했다. 교회의 돌봄 체계가 이미 가동된 것이었다. 장소나 시간, 돌봄 관계의 성격상 현대적인 의미의 공식적인 상담의 범주에 해당되지는 않지만 체계적 조직을 통해 심리적이고도 영적인 관심과 도움이 실행된 것이다.

사람들은 어떤 어려움이나 문제가 있을 때 대부분 일단 자기가 해결하려고 하지 즉각 목회자나 상담자를 찾아가지는 않는다. 그러다 문제가 더 커지는 경우가 많다. 그럴 때 이러한 상황을 가장 빨리 알아차리고 도움을 줄 수 있는 사람이 가족이나 주변의 이웃, 동료들이다. 기본적인 상담 소양이 있는 경우면 더욱 그렇다. 따라서 교회는 평소에 성도들이나 가족, 이웃을 사전에 교육하고 훈련하여 예방적인 돌봄상담 사역을 효과적으로 진행할 수 있다. 그리고 '비공식적, 조직적' 접근을 통해 어떤 심리치료 못지않은, 나아가 그것을 능가하는 치유적 효과를 이끌어 낼 수 있다. 심방상담자 훈련이나 성도들에 대한 의사소통 훈련, 나아가 기본적인 상담훈련을 통해 문제 현장에 머물러 있는 상처자나 전문상담을 주저하는 사람들에게 필요한 치유와 회복 사역을 전개할 수 있다.

하지만 많은 교회들이 가정사역이나 상담 관련 프로그램들을 도입한다고 해도 전문적인 조직이나 체계를 갖추고 하는 경우는 드물다. 문제를 가진 성도나 지역주민에게 기본적인 위로나 돌봄접근 시도, 방임, 혹은 지역의 심리치료센터에 일임하는 것처럼 보이는 교회들이 많다. 교회에서 일정 부분 돌봄상담을 제공하고 보다 전문적인 도움은 외부 상담전문가에게 맡기는 경우도 많이 생긴다. '기독신앙-심리학' 척도의 우측에 가까운 입장이다.

한편, 21세기 들어 기독(목회)상담 차원에서 한국교회에 생긴 긍정적인 변화 중 하나는 '공식적, 조직적' 차원의 접근이 증가하기 시작했다는 것이다. 교회가 공식적으로 전문상담자를 임명하고 상담자역을 하거나 아예 전문상담센터를 세워 교회 내 성도는 물론 교회 밖 지역주민에게까지 전문적인 상담 서비스를 제공하는 것이다. 일반상담에선 전문가가 곤경에 처한 사람을 먼저 찾아가지 않는다. 내담자가 찾아올 때까지 기다린다. 그러나 교회는 도움이 필요한 사람들이 정기적으로 교회에 찾아온다. 그들의 삶의 현장으로 직접 그리고 먼저 찾아갈 수도 있다. 나아가 지역사회를 위해 예방적 돌봄상담을 제공하고, 필요하면 교회의 전문상담센터로 안내할 수 있다. 이러한 통합적이고 능동적인 돌봄상담을 제공할 수 있는 곳이 바로 교회공동체이며, 기독(목회)상담의 가능성 및 강점이라고 할 수 있다.

그런데 '공식적, 조직적'인 전문상담을 시도하는 기독(목회)상담 전문가들이 심리학적 상담이론과 접근을 그대로 사용하는 경우가 많다. '기독신앙–심리학' 입장 척도의 우측에 있는 경우이다. 비신자를 상담할 때에도, 그들의 말과 이해의 차원에서 상담하되, 성서적 가치관과 관점에 근거를 둔 상담개입을 해야 할 텐데, 신앙을 가진 내담자와 상담을 하면서도 심리학적 상담에 제한된다면 인간의 핵심적인 영적차원을 도외시한 부분적이고 비전문적인 상담이라고 아니할 수 없다. 전인적인 기독(목회)상담 접근의 강점과 공동체적 자원을 낭비하지 않고 더 강화할 수 있는 연구와 실천이 필요하다.

Crabb과 Allender(1999)는 이러한 현실을 목도하며 현대 교회와 기독(목회)상담이 여러 도전에 처해 있고 위협도 받고 있지만, 그럼에도 불구하고, 교회가 세상의 어떤 상담접근보다 강력한 치유 공동체가 될 수 있다고 확신하였다. 그리고 그 이유를 세 가지로 제시하였다. 첫째, '문제의 본질'에 대한 이해이다. 사람은 '심리치료가 필요한 고장 난 존재'이기 전에 복음을 통해 단절된 관계를 회복하고 재구축해야 하는 존재이기 때문에 교회와 기독(목회)상담이 이것을 다룰 수 있다고 본다. 인간은 단순히 어떤 정서장애를 치료하면 되는 심리적 자아만이 아니라 영적인 자아를 갖고 영적 세계와 연결된 존재이기 때문이다(유재성, 2015). 따라서 필자는 기독(목회)상담자로서 문제의 원인이나 상황을 탐색할 때 인간적 차원의 '부정'과 '긍정' 요소만 아니라 그 영역을 넘어 영적 차원의 '부정'과 '긍정' 요소가 직간접적으로 강력한 영향을 줄 수 있음을 늘 염두에 두어야 한다고 믿는다(갈 5:16-24; 벧전 5:8, [그림 12-2] 참고). 사람들의 일상에는 질서와 무질서, 건강과 질병, 빛과 어두움, 깨끗함과 더러움, 진실과 거짓, 생명과 사망으로 나아가게 하는 다양한 요소들이 있는데 이는 각 개개인의 성격이나 생활패턴으로 인한 것일 수 있지만 동시

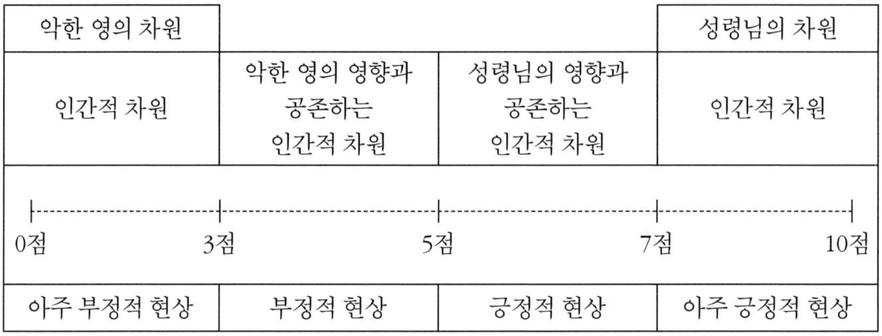

악한 영의 차원			성령님의 차원
인간적 차원	악한 영의 영향과 공존하는 인간적 차원	성령님의 영향과 공존하는 인간적 차원	인간적 차원
0점	3점	5점	7점 10점
아주 부정적 현상	부정적 현상	긍정적 현상	아주 긍정적 현상

[그림 12-2] 인간적 · 영적 차원의 영향과 현상

에 성령님의 역사 혹은 사탄의 영향으로 나타나는 것일 수 있기 때문이다.

둘째, 공동체의 힘이다. 하나님은 사람을 창조하실 때 자신의 형상을 따라 관계적인 존재로 만드셨다. 각 개인은 개별적인 존재이지만 동시에 공동체적 맥락에서 살아가도록 의도하신 것이다. 따라서 개인에 초점을 맞춘 자기 욕구나 감정 중심의 '충족추구' 모형은 한계가 있으며 궁극적인 해결책이 될 수 없다. 하나님께서 삼위일체 관계에서 보여 주신 것과 같은 연합된 공동체적 관계를 가질 때 치유적 힘이 극대화될 수 있다(요 17:21-23).

셋째, 하나님의 열심이다. 자기 자녀를 향한 하나님의 언약적 사랑과 관심은 어떠한 상황에서도 결코 끝나지 않는다. 목자 되신 하나님은 졸지도 않고 주무시지도 않으시며 끝까지 자기 백성들과 함께하시며 지켜 주신다(시 23; 121:4). 예수 그리스도 또한 자기 양들을 이름으로 아실 뿐만 아니라 자기 양들을 위해 목숨까지 내어놓는 '선한 목자'가 되신다(요 10:3, 11). 이 하나님의 열심은 지금도 성령님의 역동을 통해 그리고 교회 공동체 안에 내재하시는 삼위 하나님의 임재사역으로 계속되고 있다. 이 하나님의 열심히 온전한 치유를 가능하게 한다.

4. 현대 교회와 기독(목회)상담의 동행

1) 불편한 질문들

이 장의 서두에서 필자는 세 가지 질문들을 제시하면서 시작하였다. 어떤 사람들은 이 질문들을 접하면서 불편한 감정을 느꼈을 수 있다. 이것이 '나와 무슨 상관이 있나?'라며 외면하거나, '그래서 나보고 어쩌라고?' 하는 마음으로 서둘러 마음의 시선을 돌렸을 수도 있다. 필자는 그럼에도 불구하고 현대 한국교회와 기독(목회)상담자가 할 수 있는 것이 무엇일까를 함께 생각해 보고 싶었다. 당신은 그 질문들에 어떤 대답을 하였는가?

첫째 질문은 현대인이 언제라도 경험할 수 있는 실제 상황에서 비롯된 것이다. 동네 주민이 가정폭력, 이혼, 자녀문제, 우울증, 자살충동 등 각종 문제에 시달리고 있다면 당연히 먼저 다가가 도움의 손을 내밀어야 할 것이다. 그러나 많은 현대인들은 서로 자기 문제를 노출하지 않으려 하고, 상대방의 어려움을 알게 되어도 자신은 전문가가 아니어서 도울 능력이 없다고 생각하거나, '사려 깊은 침묵' 혹은 적당한 '관계의 거리'를 두려고 하는 경향이 있다. 이러한 현상은 교회 안에서도 크게 다르지 않은 것이 오늘의 현실이다.

하지만 현대 교회와 기독(목회)상담은 앞에서 언급한 세 가지 접근 범주를 통해 이러한 상황에 처한 이웃을 효과적으로 도울 수 있다. 이 질문은 실제로 모 교회에서 발생한 사례이다. 기독(목회)상담을 한다고 모든 이혼이나 우울증, 자살을 예방할 수 있는 보장은 없지만 교회는 마음의 아픔을 붙잡고 영혼의 어두운 밤을 지나는 사람들의 손을 잡아 주며 함께 아파하고 하나님을 향하는 시간을 갖도록 체계적인 돌봄과 치유를 실천하는 공동체가 되어야 한다. 그들이 교회 내 성도이든, 교회 밖 지역주민이든 하나님이 창조하시고 예수 그리스도께서 위하여 죽으신 사람들을 위해 주님의 심정으로 사역 체계를 구축하고 도움의 손을 내밀 수 있어야 한다. 현재 수많은 기독(목회)상담자가 활동하고 있다. 한 교회가 할 수 없으면 지역의 교회들이 연합하여 교회와 지역에 꼭 필요한 돌봄과 치유, 회복과 성장을 지원할 수 있다. 이미 그렇게 하는 교회들이 나타나고 있으며, 이것은 21세기 교회의 선택이 아닌 필수적인 사역이다.

두 번째 질문은 Hauerwas와 Willimon(2008)이 제기한 것으로, 이러한 상황이 발생하면 '기독신앙-심리학' 척도의 좌측에 있는 전통적인 교회는 기본적인 위로와 함께 성경적 조언들을 하거나 교육, 기도, 심방 등의 전통적 방식을 취하는 경향이 있다. 우측의 입장에 있는 교회나 성도들은 심리치료 센터의 명함을 주며 찾아가라고 할 수도 있다. 하지만 건강한 교회 공동체는 그 문제를 '그들'만의 문제가 아니라 '우리' 문제로, 나아가 '나'의 아픔으로 인식하고, 머리되신 그리스도를 따라 그분의 몸으로서의 기능을 하려고 한다. 외부의 전문적인 도움을 도외시하지 않으면서도 교회와 성도들이 저마다 자기에게 있는 자원을 통해 어려움에 처한 개인과 가족의 필요를 도우며 함께 효과적인 치유 공동체로 기능할 수 있다(고전 10:25-27; 갈 6:2).

세 번째 질문은 Richardson(2008)이 제시한 상황으로서 정서적으로 건강한 교회와 그렇지 못한 교회의 모습을 볼 수 있다. 건강한 교회는 개개인의 생각이나 판단, 감정을 존중하지만 동시에 관계적 맥락에서 서로를 돌아보고 사랑과 선행을 격려하는 사람들의 유기적 집합체이다. 문제 상황 속에서도 하나님의 말씀에 근거하여 자신의 생각과 감정을 '분화'시켜 말하고 행동하며 문제해결과 성숙을 향해 나아가는 관계 공동체이다. 그러나 정서적으로 건강하지 못한 교회는 문제 상황이 발생하면 자기주장과 불평, 분열과 갈등, 회피, 침묵, 혹은 비난 등의 부정적인 반응을 보인다. 말씀과 삶의 반응이 일치하지 않는다. 교회 밖 세상의 모습과 그리 다르지 않다. 이미 오래 전에 Nouwen(1979)이 "신앙인들의 공동체가 개인적 관심을 나누는 사람들의 모임 차원을 넘어서지 못한다."고 탄식한 상황이 지속된다. 교회가 세상에서

'그리스도의 몸'으로 존재하고 기능하려면 교회가 먼저 치유되고 하나된, 그리고 건강한 돌봄 공동체가 되어야 한다.

2) 교회, 현대인을 위한 강력한 치유와 회복의 자원

앞서 제기한 질문들에는 한 사람의 개개인이 감당하기에는 복잡하고 다양한 이슈들이 내포되어 있다. 현대인의 관계방식과 사회문화에 자기중심적이고 정서융합적인 사고방식이 활성화되었기 때문이다. 하지만 필자는, 그럼에도 불구하고, '교회가 공동체적으로 할 수 있다.'는 확신과 메시지를 이 논의에 담아내고 싶었다. 교회들이 처한 현실과 상황이 저마다 다르고 어려움들이 없지 않지만 교회는 역사를 통해 한 사람 한 사람의 결단과 헌신을 통해 놀라운 일들을 이룰 수 있다는 사실을 증명해 왔다. Crabb(1999)이 지적한 대로, 하나님의 열심이 교회 공동체 안에서 이러한 일들을 가능하게 하시기 때문이다.

그러한 맥락에서 필자는 『21세기 교회와 상담의 동행』(2016)에서 교회 안이나 밖에 있는 사람들의 아픔을 돌보고 치유적 활동을 하는 것은 현대 교회의 필수불가결한 공동체적 사명이자 기능의 하나라는 전제하에 그 실제적 사례들을 제시하였다. 교회 공동체는 현대인을 위한 강력한 치유와 회복의 자원이며, 현대인의 곤경을 해결할 유일하고도 궁극적인 하나님의 전략이라는 확신에서다.

그 한 예로, 미국 중남부 지역의 한 교회는 '공동체 홈'을 만들어 그 곳에서 교회의 헌신자들이 도심지 노숙자, 알코올 · 마약 중독자, 성매매 종사자 등과 함께 공동체 생활을 하며 그들이 놀랍게 변하는 것을 목도할 수 있었다. 경상남도 창원의 교회에 다니는 한 판사와 은퇴 부부는 의기투합하여 청소년 대안 가정공동체를 만들어 가정이 해체되거나 역기능 가족 출신 아동들에게 따뜻한 가족을 경험하게 하였다. 이곳을 거쳐 간 아동들의 경우 주관적인 치유의 경험은 물론 재범률에서도 다른 소년범 출신들과 비교하여 압도적으로 낮은 통계수준을 보였다.

춘천의 H 교회에서는 건강한 공동체 모임과 교회사역을 통해 전문상담자도 상담하기 힘든 문제를 가진 사람들이 치유되고 회복되는 사례들이 속출한다. 나아가 지역의 학교나 기관들에 상담 및 관련 프로그램들을 제공하기도 한다. 서울에 위치한 M 교회는 교회 성도들과는 별도로 지역주민을 위한 각종 상담 관련 교육과 돌봄 프로그램들을 제공한다. 부부관계, 부모-자녀 관계, 정서코칭 등 일상에 필요한 도움과 정보들을 전한다. 모임 때 기도커녕 기독교에 대한 이야기를 전혀 하지 않는데 매 학기 말이 되면 상당수의 참가주민들이 변화를 경험하고 교회에 등록한다. 경기도에 소재한 S 교회는 교회 지하실의 한 구석방에서 상담자역을 시작하여 이제는 그 지역에서 가장 많은 상담과 관련 프로그램들을 실시하는 최고의 전문상담센터를 구축하였다. 교회이기 때문에 가능한 방식으로 주변의 신뢰와 인정을 받으며 교회 내 성도는 물론 교회 밖 지역주민을 위한 다양한 전문상담 서비스를 제공하고 있다.

교회공동체는 기독(목회)상담과 함께 이 외에도 많은 창의적인 방식으로 곤경에 처한 현대인을 돌보며 도울 수 있다. 자기중심적 개인주의 시대에 공동체적인 치유와 회복, 성장을 위한 기독(목회)상담자역을 한다는 것이 결코 용이한 일은 아니다. 하지만, 현 시대가 그렇기 때문에, 문제의 본질을 알고 있고, 하나님의 열심과 공동체적 역동이 작용하고 있는 교회공동체가 다양한 사역들을 구축하고 전개할 필요가 있다.

그런 면에서 교회와 기독(목회)상담자는 교회사역과 돌봄, 상담의 세 차원을 통합하는 공동체적 방식으로 교회공동체와 지역사회의 변화를 시도하는 것이 좋다(유재성, 2015). 필자는 기독(목회)상담자로서 지난 20여 년 이상 학교는 물론 교회와 지역사회 기관들에서 개인적으로 상담하고 강의하며, 가족상담 및 집단 프로그램들을 실시하여 왔다. 이러한 개인적인 방식으로 나름 유익한 결과들을 얻을 수 있었지만, 그 파급효과나 치유적 역동에 있어서는 공동체 전체의 관심과 참여를 고취하고 상호 간의 관계정서적 체계를 통합적으로 다루는 접근방식과는 비교하기 어렵다(김정효, 2017; Pattison, 1977).

교회는 돌봄상담 사역과 관련하여, 대개의 경우, 설교나 교육, 캠페인 등 전체적인 교회사역을 통해 성도들의 안녕과 삶의 변화를 강조하거나(공동체적 개입), 관심 참가자 대상의 세미나 · 워크숍 · 부부의사소통 같은 집단 프로그램들을 제시해 왔다(집단적 개입). 교회와 성도들의 상황에 따라 개인상담이나 코칭 혹은 멘토링을 제공하기도 한다(개별적 개입). 이러한 시도를 전혀 하지 않는 교회도 있겠지만, 점차 많은 교회들이 가정사역 프로그램이나 개별적 상담개입 등 특정한 방식을 선택적으로 실시한다([그림 12-3] 참조).

이러한 세 가지 접근들을 통합적으로 균형 있게 그리고 정기적으로 변화효과를 점검하며 조직적으로 전개하는 경우는 드물다. 목회자를 포함하여 기독(목회)상담자와 교회 리더들이 함께 교회 전체 혹은 특정 부서나 연령대별 이슈를 위해 구체적인 성장 목표들을 설정하고, 이의 실현을 위해 공동체적으로 환경을 조성하고 관계체계를 조정하는 등의 과정은 찾아보기 힘들다. 하나님은 '서로 연결되어 사랑하고 돌보며 짐을 나누라.'고 하시지만 한 개인의 치유적 공동체가 될 수 있는 가족, 긴밀한 관계의 의미타자들, 교회 부서

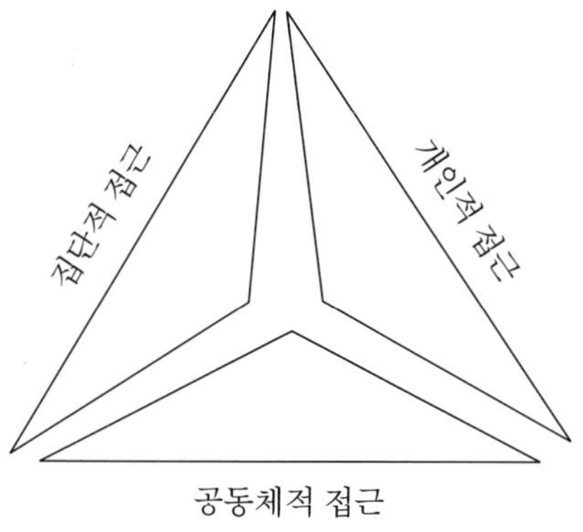

[그림 12-3] 교회와 기독(목회)상담의 비대칭적 불균형 접근

원, 나아가 교회 전체가 함께 참여하여 '그리스도 몸'의 기능을 하는 교회는 많지 않다.

사람은 막연히 '사랑하라' '성장하라'고 강조하는 것으로는 변화되기 어렵다. 예외적인 경우들이 없지 않지만 개인을 둘러싼 관계체계는 그대로 두면서 개인에게만 '변화'를 요구하거나 시도하는 것은 비효과적이며 성서적인 방식도 아니다. 명료한 공동체적 목표와 실천 방안들을 설정하고 함께 노력하는 '체계적(systemic)' 접근을 통해 건강한 '그리스도 몸'의 관계가 구축되고 기능할 때 공동체적 치유 역동이 활성화되며 보다 실질적인 변화가 일어날 수 있다. 일부 관심 있는 참가자만 참여하거나 개인적 변화를 요구하는 개별적 행사 접근으로는 일상의 고착된 관계체계 속에서 어떤 변화를 이끌어 내기가 매우 어렵다. 사람들이 항상 듣고 배워도 변화가 일어나기 힘든 이유의 하나가 바로 여기에 있다.

간음 현장에서 잡힌 여인의 사례나 선한 사마리아인의 비유(요 8:3-11; 눅 10:25-37)는 궁극적으로 문제 상황에서 개인이 변화되고 회복되어야 하지만 그를 둘러싼 공동체의 반응 또한 매우 중요함을 시사한다. 한 사람의 관계 공동체는 문제를 악화시킬 수도 있고 치유 공동체의 기능을 할 수도 있다. 따라서 한 개인의 효과적인 치유와 회복, 변화와 성장을 위해서는 한 개인의 변화만 아니라 개인을 둘러싼 공동체적 관계체계와 환경(net)을 적응적이며 기능적으로 재구성하고(working) 연결하는 '체계적 네트워킹(systemic networking)'을 할 필요가 있다([그림 12-4] 참조).

교회와 기독(목회)상담자는 이처럼 한 사람의 관계체계가 그리스도의 몸으로서 기능하도록 '공동체적 개입'을 함과 동시에 가족상담 혹은 집단 프로그램을 활용한 '집단적 개입'을 할 수 있다. 그리고 그러한 과정에 잘 적응하지 못하거나 지원이 필요한 개인들을 멘토링이나 코칭, 혹은 개인상담을 통해 돕는 '개별적 개입'을 통합적으로 시도할 수 있다. 이를 통해, 각 참가자들은 자신의 역기능적인 관계정서, 감정, '언행심사' 및 영적 상태 등을 점검하고,

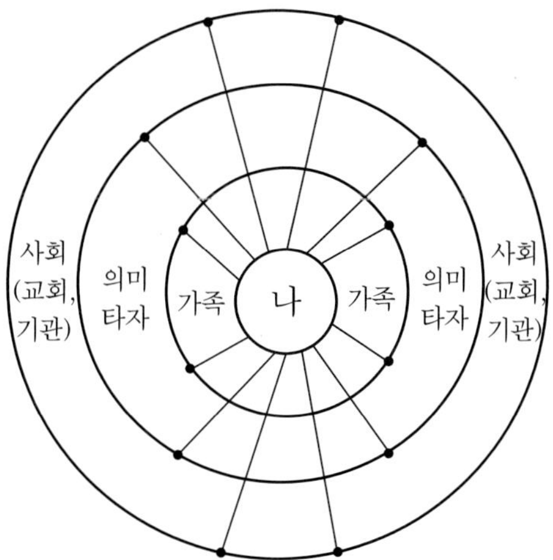

[그림 12-4] 한 개인을 둘러싼 관계체계 연결망

성서적이며 건강한 '심사언행'을 믿음으로 실천함으로써 변화된 내면과 관계를 구축할 수 있다(유재성, 2015). 문제 상황에 처한 사람만 변화를 시도하거나 혹은 그런 사람에게만 '변화하라'고 요구하기보다 주변의 관계 공동체가 함께 혹은 먼저 변화되는 하나님 나라의 관계원리를 실천함으로써(마 7:12) 개인의 변화를 촉진할 수 있다. 그리고 이러한 개별적 개입의 효과는 다시 집단적 · 공동체적 개입을 상호 순환적으로 강화 및 확장(circular process)하는 공동체적 역동을 활성화할 수 있다(Pattison, 1978; [그림 12-5] 참조).

필자는 이처럼 개별적 · 집단적 · 공동체적 통합 접근을 통해 문제 상황에 있거나 변화와 성장을 추구하는 사람들의 '삶의 지표(Indicators of life)'를 성장(Growth)시키는, 특히 약점이나 문제에 초점을 맞추기보다 강점과 자원에 근거하여(Strength-based) 관계체계(Net)를 분석하고 평가하고 재구축하는(working) 공동체적 기독(목회)상담 작업을 '싸인(SIGN) 프로젝트'라고 한다. 이것은 필자가 새롭게 창안한 것이 아니라 교회와 기독(목회)상담이 이미 실천해 온 것들을 공동체적인 통합작업으로 제시한 것뿐이다.

필자는 Hauerwas와 Willimon(2008)이 제시한 공동체적 교회의 정체성과

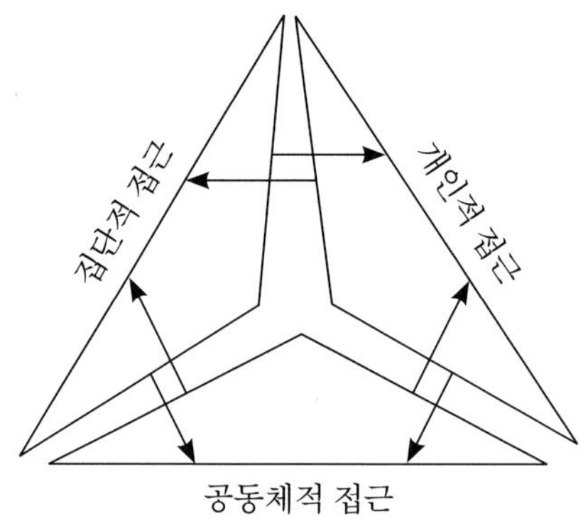

[그림 12-5] 교회와 기독(목회)상담의 대칭적 균형 접근

역할, 치유적 기능과 역동에 대한 주장에 동의하며, 어려운 상황에 처한 사람이 생겼을 때 교회 공동체가 각자의 가진 것으로 지혜롭게 치유와 회복, 성장으로 나아갈 수 있다는 사실에 깊은 감명을 받았다. 그런데 현대 교회와 기독(목회)상담자가 어떻게 그러한 '사실'을 가능성이 아니라 '실제 이야기'로 경험할 수 있을까를 고민하였다. 그리고 그동안의 다양한 연구 검토와 임상현장 경험에 근거하여, 진흙탕 같은 삶의 현장에 있는 어떠한 사람도 인생의 패배자가 아니라 '하나님께서 주시는 힘'으로 새로운 '삶의 지표'들을 회복하고 '성장'하는 '공동체적 작업(SIGN)'을 통해 궁극적으로 그리스도의 참된 제자요 치유적 공동체가 될 수 있음을 확신하게 되었다.

5. 나오는 말

필자는 『21세기 교회와 상담의 동행』(유재성, 2016)에서 일반 심리학적 상담과 기독(목회)상담의 차이를 '보는 것이 다르다.'는 말로 정리하며 다음과 같이 썼다.

전자는 문제를 본다. 후자는 문제를 넘어 하나님을 본다. 전자는 심리적 역동을 본다. 후자는 심리적 역동을 넘어 하나님의 역사를 본다. 전자는 사람의 욕구와 감정, 동기와 의지를 본다. 후자는 사람의 내면을 넘어 치유하시는 하나님의 말씀과 성령님의 역동을 본다.

교회는 인간의 곤경을 치유하기 위한 하나님의 궁극적인 대안이며 전략이다. 따라서 교회는 현대인이 경험하는 각종 인간성의 파괴와 갈등, 상처, 가정해체, 우울증, 자살 등의 문제 현실에 눈감을 수 없다. 그리고 현대인의 각종 문제와 아픔을 치유하고자 하는 기독(목회)상담자는 하나님의 전략으로서의 교회공동체가 가진 치유적 가능성과 역동을 외면해선 안 된다. 현대 교회와 기독(목회)상담이 동행해야 할 이유이다. 교회의 돌봄상담 사역의 사명과 기독(목회)상담의 대상 및 이슈들이 서로 다르지 않기 때문이기도 하다.

필자는 이러한 전제하에, 이 장에서 교회의 정체성과 돌봄상담의 공동체적 사명을 살펴보았다. 그리고 현대 교회가 처한 어려움과 도전에도 불구하고 교회공동체 안에 각종 문제의 본질에 대한 이해, 자기 백성을 끝까지 지켜보시며 치유하시는 하나님의 열심, 및 공동체적 치유의 역동이 내재하고 있음을 확인하였다. 아울러 21세기 교회공동체와 기독(목회)상담이 어떻게 실제로 동행할 수 있는지를 살펴보았다. 이러한 공동체적 동행 사례들을 창의적으로 확장·발전시키고 그 결과들을 보다 객관화하여 교회와 사회에 제공할 과제가 남아 있다.

21세기 교회와 기독(목회)상담의 역동적 동행을 꿈꾸며 필자는 다음의 소망으로 마무리하고자 한다(유재성, 2016, p. 9).

당신은 지금 무엇을 보고 있는가? 당신의 교회는 어떠한가? 다른 사람의 아픔을 '나'의 그리고 '우리'의 아픔으로 공감하며 손 내밀어 함께 주님께 나아가는 치유와 회복의 공동체인가? 나는 등불을 들고 다니며 이런 상담자를, 이런 교회를 찾고 싶다. 아니 함께 이런 교회가 되고 싶다. 거기에 나의 벽돌도 한 개씩 올리면서!

참고문헌

김정효 (2017). 특수학교차원의 긍정적 행동지원: 성베드로학교 이야기. 서울: 학지사.

옥성호 (2007). 심리학에 물든 부족한 기독교. 서울: 부흥과개혁사.

유재성 (2013). 홈빌더스. 서울: 요단출판사.

유재성 (2015). 현대 크리스천 상담의 이해와 실제. 대전: 하기서원.

유재성 (2016). 21세기 교회와 상담의 동행: 기독(목회)상담의 약속 (유재성 외 저, pp. 6-9, 17-41). 서울: 학지사.

장동수 (2001). 미래교회의 성서적 기초. 미래 · 교회 · 목회 (침례교신학연구소 편, pp. 7-59). 대전: 침례신학대학교 출판부.

Brister, C. W. (1978). *The Promise of Counseling*, New York: Harper.

Brister, C. W. (1992). *Pastoral care in the Church* (3rd ed.). San Francisco: HarperSanFrancisco.

Carter, J., & Narramore, B. (1979). *The Integration of psychology and theology*. Grand Rapids: Zondervan.

Clebsch, W., & Jaekle, C. (1964). *Pastoral care in historical perspective*. New York: Jason Aronson.

Clinebell, H. (1984). *Basic types of pastoral care and counseling*. Nashville: Abingdon Press.

Coe, J., & Hall, T. (2010). *Psychology in the Spirit*. Downers Grove: Inter Varsity Press.

Crabb, L., & Allender, D. (1999). 상담과 치유공동체 (정동섭 역). 서울: 요단출판사. (원저 1996년 출판).

Gerkin, C. (1986). *Widening the horizons: Pastoral responses to a fragmented society*. Philadelphia: Westminster Press.

Hauerwas, S., & Willimon, W. (2008). **하나님의 나그네 된 백성: 이 땅에서 그 분의 교회로 살아가는 길** (김기철 역). 서울: 복있는사람. (원저 1989년 출판).

Nouwen, H. (1979). *Clowning in Rome*, Garden City: Image.

Oates, W. (1982). *The Christian pastor* (3rd ed.). Philadelphia: Westminster Press.

Oden, T. (1988). Recovering pastoral care's lost identity. In LeRoy Aden & J. Harold Ellens (Eds.), *The Church and pastoral care* (pp. 17-31). Grand Rapids: Baker Books.

Pattison, M. (1977). *Pastor and parish-A systems approach*. Philadelphia: Fortress Press.

Richardson, R. (2008). **교회는 관계 시스템이다** (유재성 역). 서울: 국제제자훈련원. (원저 1996년 출판).

Stone, H. (1996). *Theological context for pastoral caregiving*, New York: Haworth Press.

Stone, H. (2001). Theory out of context: The congregational settings of pastoral counseling. In Howard Stone (Ed.), *Strategies for brief pastoral counseling* (pp. 181-207). Minneapolis: Fortress Press.

제 13 장

기독(목회)상담과 한국 사회*

김희선
(이화여자대학교 기독교학과 강사)

1. 들어가는 말: 통계와 키워드로 본 한국 사회

한국 사회는 참 많은 수식어를 가지고 있다. '헬조선' '위험사회' '혐오사회' '피로사회' '분노 유발사회' 등의 수식어들이 한국 사회를 다 표현한다고 할 수는 없지만 일부를 반영하고 있다는 전제를 가지고 우리가 살고 있는 현재 한국 사회의 여러 모습들을 살펴보고자 한다.

2017년 경제협력개발기구(OECD) 발표 결과, '삶의 만족도'의 경우 우리나라는 통계가 집계된 국가들 중 중 가장 낮았다. '삶의 질'이라는 인간의 주관적 경험을 단지 수치로만으로 가늠할 수는 없지만, 통계가 사람들이 평가하

---

* 이 장은 다음의 논문을 수정 · 편집했다.
김희선(2013). 한국사회와 목회상담–불안과 분노 앞에 선 목회 상담가. 신학과 실천, 59.

는 자신의 삶의 질을 어느 정도 반영하고 있다는 것을 부인할 수는 없을 것이다. 한국인의 삶의 만족도가 10점 만점 중 5.9점으로 OECD 회원 국가들 중 가장 저조한 것으로 나타났으며, 어려울 때 기댈 수 있는 친구나 친척이 있다고 대답한 응답자 비율도 가장 낮았다.

이 외에도 우리나라는 자랑스럽지 않은 통계 1위를 여러 개 보유하고 있다. OECD 회원 국가들 중 11년 연속 자살률 1위, 노인 빈곤율 1위, 출산율 최하위, 국민총생산(GDP) 대비 복지율 최하위, 저임금 근로자 비율 2위, 임금 불평등 비율 3위 등이다. 이러한 통계결과 외에도 소위 '세계 10위권의 경제대국'이라고 하는 한국 사회의 단면을 보여 주는 키워드들은 대략 다음과 같다.

갑질공화국 / 헬조선 / 수저계급론(금수저, 흙수저) / 혐오담론과 폭력/ 비정규직 / 1인 가족시대 / 빈곤 / 고령화 / 경력단절여성(경단녀) / 저출산(고령화와 최저출산으로 인해 예상되는) 인구절벽 / 성추행 / 성폭력 / 아동학대

통계와 키워드로 본 우리 한국 사회의 단면들을 잠시 살펴보는 것만으로도 가슴이 무거워진다. 이 장의 목적은 현 한국 사회가 처한 현실을 면밀히 살핀 후 그에 따른 적절한 목회적 돌봄의 형태를 제안하는 것이다. 한국 사회에 대한 진단을 위해서 앞서 나열한 키워드를 중심으로 각 세대별로 직면한 삶의 문제들을 짚어 보고 그 안에서 한국인이 느끼는 공통의 감정을 분석하고자 한다. 그 다음으로, 필자가 '불안'과 '분노'라고 진단한 공통의 감정에 대한 효과적인 돌봄을 제공하기 위해 요구되는 기독(목회)상담가의 역할에 대한 대안을 제시한다.

2. 한국 사회 진단과 분석

1) 한국 사회 진단: 전 세대가 느끼는 '불평등'

많은 한국인들은 자신들이 살고 있는 사회가 '공정하지 않다'고 인식하고 있다. 2017년 한 글로벌 정보분석 그룹이 한국 사회의 공정성에 대한 인식을 조사한 결과, 한국인 10명 중 8명은 한국 사회가 '공정하지 않다'고 인식하고 있는 것으로 드러났다. 우리 사회가 공정하지 않다고 보는 인식은 특히 19~29세 청년층에게서 가장 높게(83.8%) 나타났다. 개인의 성공을 위한 가장 중요한 요소는 '부모의 재력'이며, 개인의 사회경제적 지위가 자신의 가정환경에 의해 결정된다는 '수저 계급론'이 대두되고 있다. 공정한 노력을 통해 타고난 사회경제적 계층을 역전할 가능성에 대한 질문에는 응답자의 절반이 '10% 이하'라고 응답했고 '수저 계급론'에 빗대어 자신의 주관적인 사회경제적 계층이 어디에 속하는지 질문한 결과, 자신을 금수저라 응답한 1.1%의 소수를 제외한 응답자 대부분은 스스로를 '흙수저(41.3%)나 '동수저(46.9%)'라고 생각한다고 답했다. 즉, 과반수 이상의 응답자가 한국 사회를 '개인의 노력으로 성취를 이룰 수 있는 가능성이 낮은 불공정한 사회'로 인식하는 것으로 나타났다. 부모의 재력을 타고나지 않은 대다수의 사람들이 자신의 속한 사회를 불평등하다고 생각한다면 생존을 위해 극도의 경쟁구도 속에서 살아가게 되는 것이 불가피하다. 공정하지 않는 사회라는 표현이 암시하는 불평등은 다양한 연령대의 사회 구성원들의 삶의 많은 측면에 영향을 줄 수 있다. 각 세대별로 처한 현실을 구체적으로 살펴보면 다음과 같다.

(1) 청년실업과 빈곤

청년들이 처한 어려움은 숫자로 드러난다. 통계청 가계동향조사(2013)에 따르면, 2013년 기준 청년 빈곤율은 19.7%로써 60대 노인빈곤율(20.3%) 다음으로 높다. 청년실업률은 매년 증가하고 있다. 아예 구직을 포기하고 전문직 시험을 준비하거나, 대학원 진학 등 실업률 통계에서 제외되고 있는 경우를 포함하면 실제 체감 실업률은 이보다 훨씬 높다. 좁은 취업 관문을 통과한다 해도 고용구조는 불안하고 한국 사회에서 '정규직'이라는 말은 고용의 안정적인 형태라기보다는 하나의 높은 계급, 신분에 가깝게 들린다. 노동시장의 불안정한 구조 속에서 무언가를 포기하고 살아가는 청년세대를 표현하는 말로 연애 · 결혼 · 출산을 포기한 '3포세대'에 이어 내 집 마련과 인간관계까지 포기한 '5포세대'란 말이 등장하더니 거기에 추가로 '꿈'과 '희망'까지 놓아버린 '7포세대'라는 말이 등장했다.

20대와 30대 남성의 경우 결혼과 꿈을, 여성의 경우 출산과 결혼을 '포기항목' 1 · 2순위로 꼽았다. 포기하는 이유로는 '지금 사회에서 이루기 힘들기 때문에'라는 답변이 33.2%로 가장 높았고, '갈수록 어려워지는 취업 때문에'(29.2%), '포기하는 게 마음이 편해서'(15.4%)란 답이 뒤를 이었다 최근 청년들은 이러한 항목 외에 다른 것도 다 포기해야 할 상황이란 뜻에서 스스로를 'N포세대'라고 부르기 시작했다. 졸업을 앞두고는 취직이 문제이고, 취직하면 결혼을 걱정, 결혼 후에는 내 집 마련을 고민한다. 삶의 과정에서 각각 다를 수 있지만 뭐가를 포기하도록 내몰리는 N포세대가 등장하게 된 원인은 무엇일까. 응답자의 절반에 달하는 47%는 가장 큰 원인이 '사회구조'에 있다고 답했으며 이로부터 벗어나기 위한 해결책으로도 역시 '사회구조의 변화'를 꼽았다(이소아, 2015. 4. 30.). 고용시장의 불안정성 속에서 꿈과 희망, 그리고 미지의 N을 포기하게끔 내몰린 청년세대이다. 꿈과 희망을 포기했는데 뭘 더 포기할 게 있다고 그래도 남겨 놓은 부분이 있는지 필자에게 저 'N'은 현재 살고 있는 사회보다 미래의 삶이 더 어려워질 것이라 생각하는 젊은 세대의 불안의 상징으로 읽힌다.

(2) 혼자 사는 시대

혼자 사는 1인 가구가 크게 증가하면서 1인 가구 수는 어느덧 네 가구 중 한 가구 꼴로 늘어났다. 2016년 통계청 조사에 따르면, 2000년만 해도 226만 가구(15.6%)였던 1인 가구가 2015년에는 511만 가구로 2배 가까이 늘어 전체 가구의 27.2%를 차지했다. 2035년에는 34.3%에 달할 것으로 전망된다. 즉, 1인 가구가 가장 많은 가족의 형태가 되는 것이다.

결혼을 하지 않거나 늦게 하는 사람들이 많아지고 있는 것도 1인 가구 증가의 이유이다. 1990년 평균 초혼 연령은 남자 27.8세, 여자 24.8세였으나 2015년 남자 평균 32.6세, 여자 30.0세로 늦춰졌다. 또한 결혼하지 않은 채 혼자 사는 1인 가구는 2000년부터 연평균 6.8%씩 증가하고 있다. 많은 청년층들이 1인 가구가 되는 이유는 그들의 사회경제적 여건 때문이다. 경제난의 시대에 사회에 진입해야 하는 오늘날의 젊은이들이 마주하는 것은, 높은 실업률 및 비정규직의 증가로 인한 소득 부족, 그리고 주택 가격의 상승이다. 안정적인 직업과 내 집 마련이라는 넘기 힘든 벽 앞에서 많은 청년들이 '가족 만들기' 내지 '부모되기'를 포기하고 혼자서 버티는 삶을 선택하게 된다. 자발적 선택이든 상황에 떠밀린 비자발적 선택이든 결과는 만혼 및 비혼 경향으로 나타난다.

혼자만의 독립된 공간에서 취사와 취침 등의 생계를 유지하는 가구를 1인 가구로 정의하지만 1인 가구는 한 마디로 요약될 수 있을 만큼 동질적인 범주는 아니다. 1인 가구가 처한 상황이 연령 및 계층별로 다양하기 때문이다. 개개인의 삶의 양식 변화에 따라 1인 가구 가 증가하는 것은 현대 사회의 자연스러운 현상이지만 우려하는 점은 우리 사회에서 실업 등의 경제적 여건과 이혼 및 사별 등으로 인한 비자발적 1인 가구가 상당한 비율로 증가하고 있다는 것이다. 다시 말하면, 1인 가구는 싱글의 자유로움을 누리려는 자발적 선택의 결과일 수도 있지만 비자발적으로 내몰린 결과일 수도 있다. 이여봉(2017)은 1인 가구의 증가라는 현실에서 정작 사회적으로 주목해야 하는 것은 '화려한 싱글'보다는 임시직이나 실업 등으로 인해 비자발적으로 내몰린 청년층과 노년층 1인 가구임을 강조한다.

부모세대보다 더 가난한 시대를 살고 있는 자식들에게 더 이상 노후부양을 기대할 수 없어진 노년층의 홀로서기가 많아진 것 또한 1인 가구의 증가 이유이다. 배우자와 사별한 이후 자녀와 함께 살지 않고 혼자 살아가는 노인 단독 가구 수가 증가하고 있다. 70~74세 1인 가구의 78.3%와 75세 이상 고령층1인 가구의 91.3%가 배우자와의 사별로 인한 1인 가구이다. 여성 노인이 배우자와 사별한 후 1인 가구로 살아가는 비율이 특히 높기 때문에 홀로 남은 여성의 빈곤은 주거 환경 및 안전성 취약, 고립 및 단절 가능성으로 이어질 수 있다.

(3) 고령화 사회

2018년에는 65세 이상 고령인구가 14.3%로 고령사회로 접어들게 되며, 2025년에는 20.0%로 초고령화 사회로 진입하게 될 것이라고 한다(통계청, 2016). 기대수명이 81.4세인데 건강수명이 73세이니 노인은 8년 이상 신체적으로 건강하지 못한 노년을 보내게 될 확률이 많다. 그러므로 기대 수명의 증가가 노년층의 행복을 보장할 수는 없는 것처럼 보인다.

고령화 사회에 접어든 한국 사회에 사는 65세 이상 고령자의 46.9%는 빈곤한 것으로 나타난다(2016 통계청가계금융 · 복지조사). 또한 65세 이상 노인 자살률은 2009년부터 OECD 국가 중 1위를 차지하고 있다. 노인이 극단적인 선택을 하는 주요 원인은 경제적 빈곤과 건강이다. 만 60세 이상 노인 대상으로 노인자살에 대한 이유가 무엇일지 물어보니 절반에 가까운 노인들이 경제적 어려움(40.3%)을 들었고, 건강문제(24.3%), 외로움(13.3%) 등도 이유로 꼽았다(위용성, 2017. 9. 9.).

고령화 진행에 따라 노인학대를 경험하는 노인의 수도 증가하는 추세이다. 정경희(2017)는 고령화 사회에서 발생하는 노인학대의 주요 대상이 신체적 · 경제적 약자인 여자 노인(71.4%)이며, 학대행위자가 60세 이상인 노인에 의한 노인학대도 41.7%로 매년 증가하고 있다고 보고했다. 그 이유로 노년기가 확대되면서 청장년기의 발생했던 가정 폭력이 노년기까지 지속되는 측면과, 자신이 노인이면서도 노인을 부양해야 하는 상황에서 발생하는 복합적인 요인이 작용하기 때문일 것이라고 분석했다. 노인 빈곤과 노인자살률 OECD 1위의 나라, 즉 가난한 노인과 스스로 목숨을 끊는 노인이 많은 나라인 것이 우리나라가 처한 고령화 사회의 어두운 단면이라면 100세시대가 과연 축복인지 의구심이 든다.

(4) 여성의 삶

전 세계 144개국을 대상으로 발표한 2017년 세계 성 격차지수 보고서(The Global Gender Gap Report)에서 우리나라는 118위를 기록하였다. 성 격차지수(GGI)는 각국의 정치적 · 경제적 · 사회적 수준에 관계없이, 그 나라 안에서 발생하는 남녀 격차(gap)만을 평가하기 때문에, 여성의 지위가 상대적으로 높은 나라도 점수가 낮게 나올 수 있다. 바로 이러한 이유로, 다른 나라들과 비교해 낮은 점수보다 더 주목해야 할 것은 이 지표가 한국 사회 내 남성과 여성의 격차 수준을 보여 준다는 점이다. 우리나라가 특별히 낮은 지수를 받은 이유는 '경제 참여 · 기회' 부문에서의 남녀 차이, 특히 남녀 간 임금 격차가 크기 때문이다. '유사업무 임금평등' 항목에서 121위를 기록했는데, 한국 남성 대비 여성의 임금 수준은 51.0%로 조사되었다. 평균적으로 여성의 임금이 남성의 절반 수준으로 떨어지는 것이다. 첫 취업부터 남녀 간 임금 격차가 이러한 숫자처럼 두드러진 차이를 보이지 않기 때문에 임금 격차 이유는 출산 후 직업을 포기하는 경력단절 여성의 현실에서도 찾아볼 수 있다.

과열경쟁 사회에서 N포 시대를 살고 있는 일하는 한국 여성들이 포기하게 되는 것은 결혼이거나 출산이다. 본인이 원하든 원하지 않았든, 출산 후 양육의 어려움으로 인해 여성이 직업을 포기하고 전업주부로서 육아에 전념하는 경우가 많은 것이 현실이다. 2017년 통계청 발표에 따르면, 국내 기혼여성 10명 가운데 2명은 경력단절 여성이고, 10년 이상 경력이 단절된 여성의 비율이 38%를 차지하는 것으로 나타났다. 30~34세 미혼여성의 경우 고용률이 79.9%에 달하지만, 기혼여성은 47.3%에 불과해 기혼여성의 경력단절 현상이 뚜렷하게 나타났다. 비취업여성의 경력단절 사유는 '결혼'이 34.5%로 가장 많고, 이어서 '육아' 32.1%, '임신,출산' 24.9%, 순으로 나타났다. 경력단절 사유로는 30~39세는 육아(34.8%)가 가장 많고, 나머지 연령대는 결혼이 상대적으로 가장 높게 나타났다. 주목할 만한 점은 '결혼'으로 경력이 단절되는 비율은 계속 감소하는 반면, '육아'로 인한 경력단절 비율은 증가하는 추세이다.

한 번 경력이 단절되면 회복이 쉽지 않다. 현재 출산을 경험한 여성의 경우 평균적으로 약 9.7년이 지나야 노동시장에 복귀하는 것으로 나타났다. 자녀가 어느 정도 성장해서 단절되었던 경력을 가지고 후에 다시 직업 전선으로 뛰어든 많은 여성들은 상대적으로 파트타임, 비정규직, 저임금 형태로 노동시장에 투입되게 되는 경우가 많고, 이것이 전체적으로 유사업무 남녀 간 임금 차이를 가져오는 요인이라고 볼 수 있다. 경력단절 후 재취업하는 여성의 연간 급여가 낮은 것은 여성의 재취업을 어렵게 만드는 이유가 되기도 한다. 급여가 낮을 경우, 여성이 직장에 있는 동안 발생할 수 있는 추가 육아비용이나 혹은 자녀의 교육 등을 이유로 "차라리 내가 더 벌 테니 집안일과 양육에 온전히 힘써 달라."는 남편의 말에 취업을 포기했다는 이야기도 주위에서 종종 들을 수 있다.

또한 한국 남성들의 가사분담 시간은 하루 45분에 불과해 OECD 회원 국가들 중 최하위 수준인 것으로 나타났다. 통계 대상 국가들 가운데 유일하게 1시간이 채 안 됐다. 남녀 응답자 모두 '집안일은 부부가 공평히 해야 한다.'고 답했지만 여전히 집안일은 여성에게 편중된 모양새이다(임재희, 2017. 7. 3.). 이것은 사회의 변화에 따라 가사노동에 대한 남녀의 인식은 변했지만,

이것이 실제 가정에서의 가사노동시간에 변화를 가져오지는 않았다는 것이다. 결국 여성의 경력단절로 인한 임금 격차와 남녀의 가사분담 격차가, 자녀를 둔 여성의 경제활동 참여를 가로막는 현상으로 이어졌다는 것으로 볼 수 있다. 이러한 현실을 직시한 젊은 여성들의 일부는 결혼 혹은 출산을 포기할 것을 결심할 수도 있으며, 이것은 1인 가구 증가와 저출산 현상으로 파장을 일으킬 수 있다.

2) 불평등한 사회를 사는 사람들의 감정: 불안과 분노

앞서 살펴본 내용을 간단히 정리하자면, 우리나라 사람들은 우리 사회가 정의롭지 못하다고 생각하고 그 이유로 '불평등'을 꼽는다. 전 세대에 걸쳐 드러나는 불평등의 현실은 과다한 경쟁구조를 양산하게 된다. 어느 한 세대도 이 격화된 경쟁 속에서 자유롭지 못하다. 그래서 경쟁사회를 살아가는 사람들의 마음은 불안하다. 한시라도 마음을 놓을 수가 없기 때문이다.

10대는 입시전쟁, 20대는 취업을 위한 스펙 쌓기, 직장을 갖게 된 30대는 언제까지 이 직장을 다닐 수 있을까 전전 긍긍하게 된다. 40대는 자녀의 사교육비와 집값 걱정, 50대가 되면 노령화 시대를 걱정하며 노후를 걱정해야 하는 것이다. 젊은 시절 안정된 직장, 정규직이라는 신분계급에 속하기 위해 불나방처럼 자신의 청춘을 바치게 되지만 대부분의 사람들이 직장에 머무는 시기는 대개 20~30년이다. 100세 시대를 맞아 평범한 한국인은 그토록 원하는 안정된 직업을 가지고 경제활동을 창출하는 시기보다 경제활동으로부터 은퇴한 후 보내게 될 시기가 더 길 수도 있다고 추측한다. 그럼에도 불구하고 어릴 때부터 나이들 때까지 어쩔 수 없이 속하게 되는 이 경쟁 구도가 낳는 것은 불안이다. 한국인의 삶은 "생애주기별로 유형을 달리하는 불안의 연속체"(김문조, 박형준, 2012, p. 637)로 보이기도 한다. 그렇기 때문에 많은 경우 그 불안은 '나는 열심히 살고 있는데 왜 내 삶은 나아지지 않는가?'라는 분노로 이어지기 쉽다. 김문조와 박형준(2012)은 한국 사회의 불만이 내향적 체념보다는 외향적 분노로 표출될 가능성이 크다고 진단하면서 그 이유를 사회에 대한 불신과 불공정성에 대한 불만으로 보았다. 자신이 살고 있는 나라를 '부모에 의해 성공이 결정되는 국가'라고 생각하는 데에서 오는 한국인의 사회적 좌절감이 곧 불안과 분노로 연결되는 것이다.

우리 사회에서는 분노가 갑자기 폭발한 사건들이 자주 발생한다. 분노의 대상은 가족, 헤어진 연인, 층간소음으로 인한 폭력과 살인을 부르는 아파트 이웃이 되기도 하지만, 전혀 낯선 타인이 되기도 한다. 이러한 일들이 과거에 없었던 일은 아니지만 최근 관찰되는 '묻지마 폭력' '묻지마 살인'에 관한 사건은 보다 잔인하다. 우리 사회가 그만큼 불안하다는 것을 의미하며, 동시에 사람들의 분노의 조절이 갈수록 어려워져 보인다. 분노 관련 장애와 불안장애로 병원을 찾는 환자 수는 해마가 증가 추세라고 하며, 이 숫자는 병원 진료를 받은 사람들인 만큼 실제 규모는 더 많을 것이라는 추측이다. 분노 조절장애는 의학적인 진단명이 아니기에 우리 사회에서 칭하는 '분노조절장애'라는 말은 오히려 사회적인 병명처럼 들린다. 부당함을 느끼고 격분, 울분, 좌절감을 느끼고 이에 보복하고자 하는 소망으로 개인의 감정을 통제하기 어려운 상태가 분노가 폭발하는 이유가 되기 때문이다. 실제로 순간적 분노를 참지 못해 벌어지는 '우발형 범죄'와 현실불만형 '묻지마 범죄'의 비율이 1997년 외환위기 이후 시작된 사회적 양극화 이후 지속적으로 증가하고 있다는 것은 소득불평등과 범죄율 간의 상관관계를 보여 준다(최석현, 2013).

우리 사회의 지나친 경쟁구조는 사람들로 하여금 분노를 유발할 수 있다. 어릴 적부터 능력에 따라 줄을 세우는 경쟁사회의 구조와 문화는 결국 많은 사람들을 좌절시킬 수밖에 없고, 이 좌절은 그 에너지가 자신에게 향하든, 남에게 향하든 어떤 형태로든지 공격적 분노로 표출된다. 갈수록 견고해지는 부의 세습이 상대적 박탈감을 증대시킨다. 그 결과, 소수의 '가진 자들'와 다수의 '잉여세력'으로 양분화되어 다수의 '가지지 못한 자들'의 좌절과 박탈감을 심화시키고 분노를 강화시킨다.

개인적 차원에서 분노를 유발하는 가장 중요한 요인은 불공정함, 즉 부당한 대우에 대한 인식에 있다. 자신이 노력한 만큼 정당한 대접을 받지 못하고 있다는 느낌은 자기가 속한 공동체나 조직에 대한 불만을 낳고, 이 억울함과 불만이 쌓여 결국 분노로 폭발한다. 한국 사회의 분노에 대해 최석현(2013)은 경제성장시기에 체화된 한국인의 결과주의적 성향과 '열심히 해도 성공할 수 없다.'는 불평등한 사회구조에서 기인하는 좌절감에서 분노가 비롯되었다고 분석하였다. 이때 분노의 대상은 가까운 지인들이 될 수도 있고, 불특정 다수가 될 수도 있다. 주목할 것은 분노의 원인을 정의롭지 못한 불공정한 현실 탓으로 돌리기 때문에 분노 폭발에 대한 개인적인 책임감을 크게 느끼지 않을 수도 있다는 점이다.

현재 우리 사회에 대한 진단이 '불평등과 경쟁이라는 사회구조가 가져온 불안과 분노'라면, 불안과 분노를 품고 찾아온 내담자들에게 기독(목회)상담가는 어떠한 돌봄을 제공할 수 있는가? 경쟁에 몰린 사람들은 스스로를 더욱 착취하며 피로를 경험할 수밖에 없는 상황으로 스스로를 몰아가며 그 과정에서 더 많은 소외를 경험할 수밖에 없다. 정연득(2016)은 우리 사회의 소위 힐링 열풍은 지독한 경쟁구도에서 사람들이 경험할 수밖에 없는 마음의 상처를 드러내 주는 현상이라고 진단한다. 사회구조가 불평등하다고 느끼고 그 안의 과다한 경쟁 속에서 느끼는 피로의 감정들이 불안, 분노, 무기력 혹은 우울이건 또 다른 무엇이건 결국 불평등한 사회를 살아가는 한국인은 그 복합적인 감정 때문에 고통스럽다. 이러한 고통에 응답하는 것이 기독(목회)상담가의 할 일이라고 필자는 생각한다. 다양한 상황과 모습의 고통을 끌어안고 상담가를 찾아온 실존들, 그들을 마주한 기독(목회)상담가가 제공할 수 있는 고유한 기능과 역할에 대해 제시하는 것이 이 장의 과제이다.

3. 기독(목회)상담가의 역할

1) 신학적 성찰의 '전문가'로서의 기독(목회)상담가

오랫동안 목회상담은 안수를 받은 목회자의 돌봄사역으로 인식되었지만 현재 '목회상담사' 전문자격에는 그런 기준을 두지 않는다. 그럼에도 불구하고 아직까지 많은 경우 '목회상담사'는 목회자의 교인 상담사역으로, '기독교상담사'는 평신도 임상교육을 통해 배출된 전문상담가처럼 보이기 쉽다. 언뜻, 구별되어 보이지만 임상실천에서의 방법론적인 차이는 없으며, 둘 다 '목회적인' 혹은 '기독교적' 관점에서 임상을 실천하는 상담가라는 것을 뜻하기 때문에(강철희, 권수영, 2007; 안석모 외, 2009) '기독(목회)상담가'라는 명칭으로 통합하여 사용하고자 한다.

이 절의 목적은 한국 사회에 대한 다각적 진단과 그에 따른 기독(목회)상담가의 역할을 제시하고자 하는 것이다. 기독(목회)상담가가 제공해야 할 역할이 무엇인지에 대한 분석에 앞서 먼저 일반대중이 기독(목회)상담가에 대해 어떠한 인식을 가지고 있고, 보완되어야 할 점이 있다면 무엇인지에 대해 알아보는 것이 필요하다고 여겨진다.

타 분야 원조 전문직들과 기독(목회)상담가의 대중 이미지 비교를 목적으로 기독(목회)상담사를 포함한 다른 원조전문직들(사회복지사, 상담심리사, 정신과 의사, 간호사)에 대한 인식을 '유용성' '친숙성' '신뢰성' '전문성'의 네 가지 범주로 비교한 연구조사(강철희, 권수영, 2007)를 통해 나타난 결과는 다음과 같다. 참여자들은 정신과 의사가 전문직 이미지가 가장 강한 직종이라는 인식, 그리고 사회복지사에 대해서는 실질적이고 활발한 전문가의 이미지를 가지고 있다고 응답하였다. 기독(목회)상담가는 '정직하고' '따뜻한' 원조전문인의 이미지를 가지고 있으나, 전문성 면에서는 다른 전문직들에 비해 가장 미약한 이미지가 형성되어 있었다. 기독(목회)상담가의 전문성 확보를 위해서 필요한 것은 자신이 하는 일에 대한 전문적인 정체성을 확보하려는 노력과 더불어 대중적 인식을 확보하는 것이라는 분석이다. 이에 대한 방법을 제안하면 다음과 같다. 첫째, 다른 원조전문직들과의 적극적인 협력과 연계활동을 통해 비기독교인을 포함한 일반인의 치유와 회복을 지향하는 전문적인 사역을 강화한다. 둘째, 기독(목회)상담만의 고유한 정체성을 토대로 한 전문성을 강화할 수 있도록 노력한다. 즉, 기독(목회)상담가의 전문성은 다른 원조전문직들과의 협력과 연계, 그리고 기독교상담가로서의 고유한 정체성 확립을 통해 더욱 발전할 수 있다.

그렇다면 전문직으로서의 기독(목회)상담가만의 고유한 독특성은 무엇인가? 일반심리학과 상담전문지식 외에 기독(목회)상담가에게 요구되는 것은 종교적 자원과 유산, 상징에 대한 지식이다. 기독(목회)상담가는 현 사회에 대한 균형 잡힌 이해를 기반으로, 내담자의 내면세계에 대한 '심리학적'이면서, '신학적'이고 '신앙적'인 탐색을 해야 한다. 내담자가 도움을 얻고자 하는 문제에 대해서 기독(목회)상담가는 그 문제와 관련된 종교적 · 영적 차원을 볼 수 있어야 하며, 적절한 신학적 해석과 진단을 통해 내담자에게 필요한 도움을 제공해 줄 수 있어야 한다. 이런 면에서 목회상담가는 '진단자'이다(Pruyser, 1976).

기독(목회)상담가만의 특별한 역할은 우리나라의 불평등한 사회구조 속에서 느끼는 내담자의 좌절감, 불안, 분노에 대한 감정을 돌보며 내담자와 신학적 작업을 함께 하는 것이다. 신학을 돌봄에 적용할 때 목회적 돌봄은 특별해진다. 내담자와의 상담 속에서 기독(목회)상담가는 한 사람의 종교적인 믿음과 실천이 그 사람에게 새로운 삶을 주는지 아니면 현재의 고통스러운 상황을 더 악화시키는지에 대해 질문함으로써 내담자의 종교적 가치를 함께 탐색할 수 있다. 한 사람의 내적 세계에서 종교는 긍정적으로도 부정적으로도 기능할 수 있기 때문이다(김희선 2016b; Doehring, 2012).

기독(목회)상담은 목회상담가가 내담자와 신뢰관계를 형성해 나가면서 내담자가 자신의 영적·종교적 훈련과 함께 자신의 신앙 체계를 다시 탐색할 수 있도록 도와주는 과정이다. 상담이라는 심리적으로 안전한 공간 속에서 내담자는 자신에게 적절한 종교적 의미와 영적 방법을 상담가와 함께 구축해 나가며 자신의 삶을 책임질 수 있는 능력을 천천히 기를 수 있다. 그러므로 상담가와 내담자의 관계는 매우 중요하다. 신뢰감이 형성되지 않는다면 고통에 대한 종교적이고 영적인 의미를 깨닫는 장기작업을 함께 하기가 어렵기 때문이다. 기독(목회)상담가들은 일반상담 분야에서 잘 다루기 어려운 종교적인 질문에 관련된 주제들을 다룰 수 있다. "도대체 왜 나에게 이런 일이 일어나나요?" 혹은 "언제까지 이런 고통을 당해야 하나요?"와 같은 질문들에 대해서 내담자의 종교적 자원과 상징을 진단하고 함께 신학적 작업을 하면서 의미를 찾아가는 과정, 바로 이 지점이 사람들이 정신과 의사나 다른 상담가가 아닌 기독교상담자를 찾아오는 이유이면서 전문가로서의 기독(목회)상담가의 고유한 정체성이 성립되는 자리이다. 전문가로서의 기독(목회)상담가는 사람들의 불안과 분노의 감정을 돌보고 함께 종교적 의미를 탐색하는 조력자이다.

2) 불안과 분노를 담아 주는 '공감적 자기대상'으로의 기독(목회)상담가

상처를 치유하는 기독(목회)상담의 장은 내담자, 상담가 그리고 하나님이 만나는 장이 된다. '하나님을 만난다.'는 종교적인 언어는 여러 가지 형태로 경험될 수 있는 데, 그중 하나가 상담 속에서 내담자가 공감적 자기대상 경험을 하는 것이다. 내담자는 공감적 자기대상 경험을 하나님 임재의 체험으로, 교회공동체를 통해서, 그리고 상담가와의 만남을 통해서도 할 수 있다. 강조하자면, 기독(목회)상담가는 내담자에게 공감적 자기대상 경험을 제공하는 사람이다.

자기심리학은 정신병리의 원인이 자기구조의 결함과 취약함에 기초해 있고 이것이 결국에는 어린 시절 자기와 자기대상 관계에서 생긴 공감적 조율 실패로 인한 것임을 설명한다. 치료 또는 회복은 내담자와 상담가 사이에서 자기대상 전이를 통해서 내담자의 어린 시절에 좌절되었던 자기대상 욕구를 재활성화하는 것이다. 그 관계에서 상담가는 공감적인 반응을 해 주는 자기대상의 역할을 하면서 적절한 좌절과 공감을 통해 내담자가 적절한 자기를 회복할 수 있도록 도와준다. 자기심리학에 따르면, 치료의 본질은 내담자가 자신에게 필요하고 적절한 자기대상을 삶에서 선별하고 추구하는 능력을 새롭게 획득하는 것에 있다(Kohut, 1977, 1984).

자기대상(selfobject)이라는 용어는 처음에는 자기-대상(self-object)이라는 용어로 쓰이다가, 그 대상이 자기와 분리된 존재로 경험되지 않는다는 생각을 나타내기 위해 하이픈(-)을 떼고 사용한다. 타인이 자기감각을 불러일으키고, 유지하고, 긍정적으로 영향을 준다고 심리내적으로 경험될 때 이 사람은 자기대상이 된다(Kohut, 1978). Kohut은 자기대상의 기능과 그 기능에 대한 내적 경험이라는 중요한 두 가지 측면에 초점을 맞추었다. 아동의 초기 양육자는 아동의 자기대상 욕구를 충족시켜 주는 기능을 수행한다. Kohut이 제시하고 있는 자기대상의 개념은 어떤 기능을 제공하는 대상 혹은 그 대상과의 관계에 초점이 있는 것이 아니라, 그 제공된 기능을 경험하는 자기의 주체적 경험에 그 초점이 있다(홍이화, 2010).

"대리적 내성" "한 사람이 다른 사람의 내적인 삶 안에서 생각하고 느끼는 능력" "타인이 경험하는 것을 경험하는 능력"(Kohut, 1984)이라고 공감을 정의했던 Kohut은 후에 그 이해를 더 넓히면서 분석가가 환자에게 신뢰할 만한 분석환경을 제공한다면, 환자의 정신병리를 평가하고 치료과정을 이해하도록 돕는 분석가의 이론에 오류가 있다고 해도 최적의 결과는 아닐지라도, 좋은 치료적 결과를 기대할 수 있다고 말하며 공감 그 자체로 치유가 가능함을 시사하였다. 다시 말하면, 공감받은 경험만으로도 치유를 가져올 수 있다는 것이다. Kohut은 인간에게서 공감받는 경험은 마치 산소처럼 필수적인 요소라고 보았다. 인간이 산소 없이 살 수 없듯이, 이 공감 없이 살 수 없다는 것이다. Kohut의 견해에서 볼 때, 치료자의 주된 기능은 '자기대상' 기능이다. 자기대상이 제공하는 공감이 치유와 회복을 가져온다는 점은 기독(목회)상담가에게도 마찬가지로 적용된다. 기독(목회)상담가는 과열경쟁 구도의 현재 한국 사회에서 고통받는 사람들이 느끼는 불안과 분노의 감정에 공감해 줌으로써 위로와 힘과 용기를 제공하는 사람이다.

치유에 있어서 '공감적 관계의 장(matrix of empathic relationship)' 역시 매우 중요하다. 인간은 관계 속에서 태어나 성장하고, 상처를 입고 또 상처를 입히면서 살아간다. 그 상처의 치유 역시 '관계' 속에서 일어난다는 것이 삶의 역설이다. 기독(목회)상담은 치유가 일어나는 공감적 관계의 장을 교회공동체로 설정할 수 있다(홍이화, 2009). 교회라는 장은 하나님의 사랑과 신앙공동체 구성원의 관계들을 토대로 하는 곳이다. 신앙공동체 안에서 사람들은 하나뿐인 자신을 창조하며 나를 바라보며 무척 기뻐하셨다는 하나님에 대한 이야기를 듣고, 궁극적 존재를 신앙하고 이상화함으로써 하나님 자녀로 속하는 경험을 하고, 주위 사람들과 함께 공동의 신조와 교리, 찬송을 부르며 자신들과 비슷한 사람들의 공동체에 속한 경험을 한다. 지금까지의 신앙의 언어를 Kohut의 언어로 재구성하면, 신앙인은 교회공동체 속에서 거울, 이상화, 쌍둥이와 같은 자기대상 경험을 하게 된다는 것이다.

신앙공동체를 통해서 이루어지는 자기대상 경험은 삼위일체 하나님을 통해서도 이루어진다. 다시 말해서 '삼위일체 하나님은 신앙인의 공감적 자기대상이다.'라는 것이 필자의 주장이다. 인간을 창조하시고 찬탄의 눈으로 피조물을 보신 하나님, 우리를 사랑하시되 독생자를 주시기까지 사랑하신다는 하나님의 사랑, 그리고 인간을 위하여 성육신하여 인간의 삶의 희로애락과 고통을 직접 경험하신 예수님(권수영, 2005), 그리고 우리 안에 임재하여 인간과 함께 웃고 울고 아파하며 우리를 위로해 주신다는 성령 하나님에 대한 신앙고백은 인간을 위한 자기대상으로서의 삼위일체 하나님의 속성을 말해 준다. 삼위일체 하나님은 고통 속에서 신음하고 울부짖는 사람들의 부르짖음에 응답하시고, 나아가 불평등한 우리 사회에 정의와 치유를 가져오기 위한 하나님의 계획에 인간이 함께 동참할 것을 초대한다. 공감의 경험은 인간을 그 고통 속에 무기력하게 내버려 두는 것이 아니라 고통을 견디고 이겨 내고, 저항할 수 있는 힘을 불러올 수도 있다. "불의로 인한 고통의 상황을 이겨 내면서 다른 이들이 이러한 고통을 또 경험하지 않도록 함께 행동하는 것, 즉 삼위일체 하나님과 협력하여 함께 실천하는 것이다."(김희선, 2016a, pp. 251-252)

하나님이 인간에게 해 주는 자기대상 기능이라는 말은 신앙의 언어이기 때문에 고통에 짓눌린 사람들에게 이것은 매우 모호하고 추상적으로 다가올 수도 있다. 하나님과 인간관계에서 일어나는 공감적 자기대상의 경험을 상담관계에서 구체적으로 경험하도록 도와주는 것이 기독(목회)상담가이다. '하나님이 내 고통을 아신다.'라는 추상적 표현에 '이 세상에 나의 고통, 나의 불안과 분노에 공감해 주는 존재가 있다.'라는 실제적 경험을 제공하는 것이 기독(목회)상담가의 역할이다. 이런 측면에서 기독(목회)상담가는 내담자와의 상담관계 속에서 하나님의 자기대상 기능을 대신하여 표상하는 대리자이기도 하다.

이렇듯, 상담자의 공감적 자기대상 기능이 내담자에게 치유와 회복을 가져올 수 있다는 것은 일반적으로 알려진 이론이다. 그 중 특별히 이 글에서 초점을 맞추는 것은 일반적인 상담의 기능으로서 공감적 자기대상이 아니라 불안과 분노라는 특별한 감정을 담아 주는 공감적 자기대상으로서의 상담자이다. 사람들이 가지고 있는 많은 정서 중 부정적이라고 여겨지는 감정들(불안, 분노, 우울, 좌절 등)은 기독교전통에서 억압하거나 추방해야 할 위험한 감정 혹은 신앙의 부족한 결과로 종종 인식되었다. 정연득은 성서에 나오는 가인의 이야기를 통제되지 않은 분노 폭발로 인한 비극적 결말보다, 안아주는 환경(위니컷)의 결핍으로 인한 비극으로 이해하는 새로운 관점을 제공한다. 분노라는 감정이 유발되는 것은 자연스럽지만, 어떻게 표출되고, 타인에 의해 어떤 반응을 받느냐에 따라 발생되는 결과가 다르다는 것이다. 정연득은 앤드류 레스터의 분노에 대한 정의, 즉 '자기에게 가해진다고 지각되는 위협에 대한 반응으로 인한 신체적, 심리적, 정서적 환기의 패턴'을 소개하면서 자신의 제사가 받아들여지지 않은 데에 대한 가인의 분노가 만약 정당하게 수용되고 담아 주는 환경을 만났다면 살인이라는 비극적 결말로 도달하지 않을 수도 있지 않았을까 가정한다. 분노의 표출이 비신앙적인 것으로 여겨 억압했던, 분노를 품은 기독교인들에게 정작 필요한 것은 분노를 표출하는 안전한 공간을 제공하는 것이라는 점이다(정연득, 2013, pp. 197-198). 분노를 수용하고 담아 주는 방법론으로 정연득은 위니컷의 안아 주는 환경을, 필자는 코헛의 공감적 자기대상의 개념을 제시한다. 기독(목회)상담가는 사회적 좌절감에게 기인한 불안감과 분노를 수용하고 안아 줌으로써 개인의 회복을 돕고 힘을 부여하는 공감적 자기대상이다.

인간은 평생 자기대상을 필요로 한다. 사람은 모두 자신의 가치를 인정받고, 누군가를 이상화함으로써, 자기와 비슷한 사람들과의 교류를 통해서 힘을 얻는 자기대상 경험을 필요로 한다. 불안과 분노, 두려움과 절망 앞에서 갈 길을 모르는 사람들이 기독(목회)상담가를 자기대상으로 사용하고 공감과 위로받은 경험을 자신의 심리적 구조로 내면화하는 것, 그리고 상담 이 후에도 자기대상을 사용할 수 있는 개인의 능력을 증가시키고, 필요한 자원들을 사용하여 자기대상의 선택의 가능성을 확장시킬 수 있도록 지지하고 돕는 것이 기독(목회)상담가의 할 일이다. 이러한 과정을 통해 내담자는 자신과 타인들과의 관계, 자신과 하나님과의 관계를 회복할 수 있을 것이다.

3) 불안과 분노에 대해 다양한 돌봄의 이미지를 제공하는 기독(목회)상담가

사회가 빠른 속도로 변하고 그에 따라 상담을 찾는 내담자들이 상담전문가에게 기대하는 돌봄의 내용도 달라질 수 있다. 역사적으로 '목회적 돌봄'에 대한 이미지는 시대상황에 따라 다양하게 발전·수정되고, 새롭게 확장되었다. Boisen의 '살아있는 인간문서(Living human document)'가 고통받는 개인의 내적·심리적 경험을 이해하려는 돌봄의 과정에 초점을 맞추었다면, Gerkin은 목회상담을 '살아있는 인간문서들이 교류하는 대화의 해석학적 과정'으로 이해했다. 또한 Miller-McLemore는 '살아있는 인간망(Living human web)'이라는 이미지를 통해 살아있는 인간문서들이 살고 있는 사회체계에 초점을 맞추어 복잡하게 얽혀 있는 관계, 보다 넓은 망 속에서의 인간이해와 돌봄을 강조하였다. Miller-McLemore는 2017년 우리나라에서 열린 학술대회 초청강연에서 자신이 25년 전 제안한 '인간망'이라는 상징 역시 인종, 계급, 문화 등의 다양한 사회정치적 상황에 따라 진화해 왔으며, 목회적 돌봄의 의미는 계속해서 그 시대의 상황과 요구에 응답할 수 있도록 성찰되어야 한다고 강조했다. 목회상담에 대한 이미지뿐만 아니라 상담가의 이미지 또한 현재 우리 사회에 맞게 수정 또는 확장되어야 한다는 것이 필자의 생각이다.

미국 내에서 1950년대부터 20년간 목회상담가 하면 흔히 떠올리는 주요한 이미지는 힐트너가 제시한 '목자' 이미지였다. 그 이후 1970년대부터 자신의 상처를 치유의 원천으로 삼아 다른 사람의 상처를 돌보는 Nouwen의 '상처 입은 치유자', Pruyser의 '영적 진단자'를 비롯해 성, 인종, 계급, 사회문화적 차이에서 비롯한 다양한 상황 속에서 새로운 돌봄의 이미지들이 소개되었다. Dykstra(2005)의 편저 『Images of Pastoral Care: Classic Reading』에는 목회상담의 의미와 정의에 대한 고전적인 짧은 글 19편이 소개되어 있는데, 이 책에 소개된 돌봄(care)을 표현하는 여러 이미지들 가운데, 최근 우리 한국 사회에 존재하는 불안과 분노, 슬픔과 좌절 등의 감정에 대한 적절한 돌봄의 이미지를 담을 수 있다고 생각되는 두 가지 대안적 이미지—산파(midwife)와 정원사(gardener)—를 구체적으로 살펴보도록 하겠다.

(1) 고통에서 생명의 삶으로 이끌어 주는 산파

CPE 임상훈련과 외상센터의 원목으로 일한 경험을 통해 Hanson(1996)은 환자들을 돌보는 원목으로서의 자신의 일과 산모를 돌보는 산파의 역할과의 유사성에 주목하였다. '산파'는 산고를 치르는 산모와 출생의 모든 과정에 함께 참여하면서 세상 밖으로 나오는 태아를 받기까지 산모를 돕는 조력자이다. 역사적으로 산파는 오래전부터 치유자의 역할을 담당했지만 계몽주의적 이성과 과학의 시대를 맞아 평가절하되었다. 출산과정에서의 조력자의 상징인 산파는 개인의 삶에서 영적 출산을 옆에서 돕는 기독(목회)상담가와 그 역할이 많이 닮아 있다. 두 전문가는 고통 속에 있는 사람들이 새로운 생명으로 나아가는 길을 함께 돕는다.

출애굽기 1장에 등장하는 산파인 십브라와 부아는 이집트 왕의 명령에 의해 출생하자마자 살해당할 운명에 처한 히브리 남자 아이들을 목숨을 걸고 살렸다. 그 행위로 인해 이 둘은 하나님으로부터 축복을 받았고 성서에 그 이름이 기억된다. 또한, 이스라엘 민족에 대한 돌봄은 이는 종종 산파가 산모와 아이를 돌보는 것에 비유되었다. 에스겔 16장에는 "네가 태어나던 날, 아무도 네 탯줄을 잘라 주지 않았고, 네 몸을 물로 깨끗하게 씻어 주지 않았고, 네 몸을 소금으로 문질러 주지 않았고, 네 몸을 포대기로 감싸 주지도 않았다."(겔 16:4)라고 하며 제대로 된 돌봄을 받지 못한 것에 대한 비유가 전통적인 산파의 돌봄을 의미하는 것을 볼 수 있다.

성서에는 종종 인간의 고통이 해산을 앞둔 여인의 고통으로 비유된다. 이사야서에는 울부짖는 이스라엘 민족의 고통을 해산을 앞둔 여인으로(사 26:17), 로마서 8장에서 바울은 인간의 고통을 해산의 고통으로 비유한다. 모든 피조물이 함께 신음하며, 해산의 고통을 함께 겪는 현실 속에서 바울은 "고통 중에 있는 우리를 돕는 분은 말할 수 없는 탄식으로 우리를 위하여 친히 간구하여 주시는 성령 하나님"(롬 8:26)이라고 고백한다. 출애굽 과정에서 고통당하는 이스라엘 민족을 젖과 꿀이 흐르는 새로운 희망의 세계로 이끌어 주는 하나님, 신음하는 민족을 위해 간구하는 성령 하나님은 고통에 처한 창조세계와 백성들을 생명의 길로 이끈다는 점에서 진통 중인 산모를 생명의 출산으로 인도하는 산파와 같다.

산파와 기독(목회)상담가의 또 다른 유사성은 고통에 있는 사람이 표현하는 생생한 아픔을 목격하면서 그 과정 내내 함께 옆에 있어 주며 고통의 과정에 함께 참여한다는 것이다. 이때 돌봄의 중심이 되는 것은 무엇을 해 주는 것(on doing)보다는 사람들 옆에 있어 주는 것(on being with people)이다. 즉, 불안과 분노로 인해 고통받는 사람들의 생생한 감정을 들어주고, 안아 주면서 함께 버티어 주는 것이 기독(목회)상담가이다. Hanson은 원목으로서의 자신의 일을 산파에 비유하면서 "하나님이 괴로워하는 사람들을 새로운 생명으로 인도하는 것처럼, 나(원목)는 고통이 겪는 사람들과 함께 있어 주며 그 과정에 참여한다."(Dykstra, 2005, p. 201)라고 말한다.

그러나 이 돌보는 자들의 역할이 단지 '함께 있어 주는 것'만은 아니다. 필요할 때 이들은 자신의 전문지식을 사용하여 고통 속에 있는 사람들을 돕는다. Hanson은 자신의 글 안에 Don Benjamin이 소개한 산파의 전문적 기술인 '태아 부르기(calling the fetus)'를 인용하면서 산파가 수행했던 영적 · 종교적 역할에 주목한다. 태아가 나오지 않아 분만이 지연되는 경우에 산파는 산모에게 아기의 이름을 부르도록 요청했다. 그때 사용한 형식이 요한복음 11장 43절의 예수님이 죽은 나사로를 살리는 대목인 '나사로야 나오너라(Lazarus, come forth)'라는 구절이다. '○○야, 나오너라.'와 동일한 형식으로 아기의 이름을 계속해서 부르면 태아가 자신의 이름을 듣고 저항을 멈추고 출산과정에 참여했다고 한다. "나사로야 나오너라." 하고 예수님이 이름을 부르니 죽은 나사로가 다시 생명을 얻어 나온 것처럼 산파가 같은 방식으로 태아의 이름을 불러 태아와 산모를 새 생명으로 이끈 것이 흥미롭다. 기독(목회)상담사 역시 필요한 경우 자신의 전문지식을 사용한다. 내담자가 충분히 힘을 얻기까지 지지해 주고 함께 버텨 주면서 내담자가 자신의 나아갈 방향을 찾을 때까지 돕는다. 그 과정이 정체될 경우 태중의 아기를 부르는 것처럼 내담자의 현재 상황에 대한 적절한 이름을 붙이고(naming), 치유를 위해 주변의 지지 자원들을 적절히 활용할 수 있도록 안내해 주는 것이 전문가로서의 상담가의 역할이다.

여성이 겪는 해산의 고통을 함께하고 새 생명이 탄생하는 과정의 증인이 되어 주는 전문가 여성으로서의 산파 이미지는 기존에 존재하는 목자, 예언자와 같은 소위 '남성적'인 돌봄의 이미지에 대한 대안적 상징이 될 수 있다. 산파로서의 기독(목회)상담가는 사회로부터 받는 좌절감, 무력감, 불안과 분노로 인해 고통받는 사람 옆에 함께 있어 주며 지지해 주는 과정을 통해 내담자가 그 불안을 견디고 생명의 삶으로 조금씩 걸어 나올 수 있도록 도와주는 돌봄의 전문가이다.

(2) 불안과 분노의 토양 속에서 꽃을 피워 내는 정원사

Kornfeld(1998)는 돌보는 자의 역할을 '정원을 가꾸고 돌보는 정원사'의 이미지로 표현하였다. 아름답고 건강한 정원을 가꾸는 데 있어서 식물과 그 식물이 자라는 토양 간의 상호관계성을 중요성을 강조함으로써 한 개인의 돌봄이 그가 속한 공동체와 개인이 처한 상황(context)과 밀접하게 연관되어 있음을 드러낸다. Kornfeld의 글을 토대로 필자는 정원사와 기독(목회)상담가의 주요한 과제들을 다음과 같이 요약한다.

첫째, 이들은 돌봄의 전문가이다. 정원사의 일은 식물의 돌보고 자라게 하는 것이고, 기독(목회)상담가는 고통 속에서 길을 찾는 이들의 아픔을 바라보면서 인간 영혼을 섬세하게 돌보는 사람이다. 이러한 과정 속에서 정원사가 전문지식과 경험을 가지고 식물이 제대로 성장할 수 있도록 가지를 쳐내고 썩은 부분은 잘라 내고 연약한 부분을 지지목을 대어 받쳐 주고 적절한 물과 양분을 주는 것처럼, 기독(목회)상담가 역시 개인의 영혼을 돌보는 법과 통찰을 키울 수 있는 전문적인 상담 이론과 훈련된 기술이 필요하다. 정원사가 식물이 그들 본연의 모습대로 성장할 수 있도록 곁에 있는 것처럼, 기독(목회)상담가 역시 상한 영혼을 보고 탄식하시는 하나님의 치유를 믿으며, 개인이 하나님의 창조 고유의 모습으로 피어나는 것을 돕는 사람이다.

둘째, 정원사는 그 식물이 성장하는 토양 역시 가꾸는 사람이다. 건강한 정원을 만들기 위해 정원사가 토양의 구성요소, 필요 요건 등을 이해하고 그에 맞는 적절한 영양을 주는 것은 매우 중요하다. 정원사 비유에서 토양에 상징하는 것이 기독(목회)상담에서는 우리가 살고 있는 사회와 기독교 신앙공동체를 의미한다. 땅이 살아 숨 쉬는 유기체인 것처럼 공동체도 그러하다. 기독교 신앙공동체는 그리스도 안에서 서로 하나가 된 지체로서 상호 연결된 공동체이다. 신앙의 지체 어느 한 곳이라도 병들었다는 것은 전체적인 영향을 미친다. 신앙공동체에 속한 구성원을 지지하고 양성하는 기반으로의 공동체는 서로에게 상처를 줄 수도 있고 또한 치유가 이루어지는 곳이 될 수 있다. 그렇기 때문에 이 장에서 앞서 살펴본 각 세대에 미치는 우리 사회의 불평등함에 대한 인식과 더불어 내담자가 처한 상황, 가족관계, 경제상황, 중요한 지지자원들, 내담자가 속한 신앙 공동체에 대하여 다각적인 정보를 얻는 것은 내담자에게 필요한 적절한 돌봄의 형태가 무엇인지 파악하는 데 있어서 매우 중요한 과제가 된다. 정원사와 상담가는 식물이 속한 토양과 공동체를 살피고 그에 맞는 적절한 돌봄을 제공한다. 토양에 대한 이해와 지식이 필요한 정원사처럼, 현재 우리 사회에 대한 적절한 이해는 기독(목회)상담가에게 꼭 필요한 과제가 된다.

마지막으로, 정원사와 상담사의 돌봄의 작업은 인내심이 필요하며 자기 한계를 수용해야 한다. 씨앗이 단번에 자라지 않듯, 내담자와의 회복 작업은 지난하고 때로는 끝이 보이지 않는다. 모든 조건을 잘 맞추어 돌보았다고 생각해도 씨앗이 더디게 자라고 갑자기 죽어 버리기도 하듯이, 상담이 원활하지 진행되지 않기도 하고, 때로는 실패로 귀결되기도 한다. 풍성한 정원이 정원사 개인의 특출한 실력만으로 이루어지는 것이 아닌 정원사, 식물, 토양, 기후 등의 다양한 요인의 공동작업이듯, 치유 역시 개인의 상담 실력만으로 이루어지는 것이 아니라 내담자의 의지, 상황, 시기, 공동체 내의 역동, 가장 중요하게는 하나님의 은혜가 합해져 일어나는 일이다. 온전한 치유를 하나님께 맡기고 인내심을 가지고 자기한계를 수용하면서 돌봄의 일을 계속하는 것이 상담가가 걸어가야 할 길이다.

Kornfeld는 아름다운 정원은 정원사 혼자의 능력이 아닌 토양, 식물, 주위 환경과의 상호작용을 통해 일어나는 공동의 작업임을 강조한다. 실제로 필자도 종종 내담자와의 상담과정에서 가끔 치유의 은혜가 임재하는 순간들을 '꽃이 피었다.' '씨앗이 싹을 틔웠다.' '토양이 조금 더 건강해지고 단단해졌다.'와 같은 이미지로 떠올릴 때가 있다. 그렇기에 정원사의 이미지는 기독(목회)상담가들이 친숙하게 이해하기 쉬운 이미지가 될 수 있다. 상호관계성 속에서 존재하는 정원사 이미지는 기존의 양들을 인도하는 (주로 남성이고 권위와 연결되기 쉬운) 목자 이미지에 대한 대안적 이미지로 제시될 수 있다. 더불어, 불안과 분노라는 감정이 일어나는 토양, 즉 주위 환경과 사회구조를 살피고 분석하는 작업을 통해 기독(목회)상담가는 더욱 입체적이고 효과적인 돌봄을 제공할 수 있다고 제안한다.

4. 나오는 말

이 장에서는 오늘의 한국 사회가 처한 현실을 전 세대적으로 다양한 측면에서 살핀 후 그에 따른 적절한 돌봄을 제공하는 기독(목회)상담가의 역할을 제시하고자 했다. 우리 사회에 대한 진단을 위해서 N포세대의 청년들, 1인 가구, 노령화 세대의 노인빈곤과 자살, 기혼여성의 경력단절과 가사노동 현실 등 각 세대별로 직면한 삶의 문제들을 짚어 보았다. 대다수의 우리나라 사람들은 자신이 살고 있는 이 사회를 불평등하고 불공정한 사회라고 생각한다. 극도의 경쟁 사회구조 속에서 우리 한국인들이 느끼는 공통의 감정을 필자는 '불안'과 '분노'라고 진단하였다. 불안과 분노라는 감정에 대한 효과적인 돌봄을 제공하기 위해 요구되는 기독(목회)상담가의 역할은 무엇인가? 이 질문에 대한 대안으로 ① 한국사회의 현실을 분석하고 그에 따른 적절한 돌봄을 제시할 수 있는 진단가이자 신학적 성찰에 대한 전문가로서의 상담자, ② 분노와 불안의 감정들을 수용하고 담아 주는 공감적 자기대상으로서의 상담자, 그리고 ③ 내담자의 상황에 따라 적절하고 다양한 돌봄의 이미지를 적절히 제공하는 상담자와 같은 대안적 역할들을 제안하였다. 앞에 제시된 신학적 성찰을 돕는 전문가, 공감적 자기대상, 산파와 정원사라는 기독(목회)상담가의 기능과 역할은 특별히 '불안과 분노'의 두 가지 감정으로 제한하고 초점을 맞추어 재구성하였다는 것을 강조한다.

몇 년 전, 마지막 집세와 공과금과 함께 '정말 죄송합니다.'라는 편지를 집주인에게 남기고 생활고로 삶을 마감해 사회에 파장을 던진 송파구 세 모녀 자살 사건과 함께 기억나는 일이 있다. 같은 해 69세의 노인 역시 빳빳한 신권이 든 두 개의 봉투를 남기고 세상을 떠났다. 100만 원이 든 봉투 하나는 밀린 공과금과 본인의 장례비 용도, 10만 원이 들어 있는 다른 하나의 봉투에는 이렇게 쓰여 있었다. "고맙습니다. 국밥이나 한 그릇 하시죠. 개의치 마시고." 우리 사회의 불평등과 빈곤이라는 거대담론보다 필자의 마음속에 오랫동안 무겁게 남았던 것은 죽음 이후에 자신들을 돌보러 오는 사람들에 대한 그들의 배려였다. 본인들의 삶이 비극적인 선택에 내몰린 마지막 순간, 뭐가 고맙고 누구에게 미안한가.

이 장을 통해 살펴본 우리 사회의 여러 단면들처럼 한국인의 정서도 하나로 모으기 어려운 다양한 얼굴들을 가지고 있다. 앞의 일화처럼 남에게 폐를 끼치지 않으려 하고 특유의 정(情)으로 서로를 돌보고 살아왔던 한국인의 모습이 한 단면이다. 반면, 뉴스를 통해 매일 쉴 새 없이 터져 나오는 흉악한 범죄와 분노로 가득 찬 약자에 대한 학대와 살인 기사들을 통해 듣는 이야기들 역시 우리의 또 다른 얼굴이다. 모두가 기독(목회)상담가들의 돌봄의 대상이다.

유행처럼 변하는 현 사회의 트렌드를 반영하는 단어들이 있다. 신체적 건강과 삶의 질에 초점이 맞추어져 있었던 '웰빙' 열풍, 마음의 치유와 돌봄에 관심을 기울이는 '힐링' 열풍에 이어 최근 불고 있는 '욜로'라는 유행어는 '한 번뿐인 인생 후회 없이 살자.'라는 말로 내일이 오늘보다 나아질 것이라는 희망이 열어진 시대에 미래를 걱정하기보다는 현재를 즐기겠다는 것을 의미한다. 어차피 모아 봤자 적은 돈, 소소하게 낭비하는 재미라는 '탕진잼'이라는 말이 표현하듯, 일상의 소소한 행복을 추구하기로 한 이들의 선택과 미래를 위해 현재의 결핍을 견뎌 내야 할 이유를 찾을 수가 없다는 사람들의 사고 역시 서글프지만 나름 시사하는 바가 있다.

'현재를 희생해도 미래가 빛날 것 같지 않다.'는 많은 이들에게 기독(목회)상담가가 할 수 있는 일은 무엇인가? 가장 먼저, 그들의 '현재'에 함께 머물러 주는 일이라고 말하고 싶다. 암울함, 억울한 분노, 무력감, 절망감, 우울함, 의미 없음, 피로감, 불안 등 그들이 처한 다양한 상황에서 쏟아내는 '현재'의 감정을 충실히 담아 주고 함께 느껴 주는 공감적 자기대상으로서의 상담가가 필요하다. 다음으로, 이 사회의 현실과 내담자의 특수한 상황에 대해 섬세한 인식을 하는 전문가적 진단을 하는 작업이다. 사람들은 그들의 삶의 위기 속에서 돌봄을 필요로 해서 상담가를 찾는다. 앞서 살펴본 각 세대가 처한 다각적인 삶의 모습에 대한 예민한 인식이 부족할 경우, 상담가는 '그래도 희망을 가져라.' '지금보다 나아질 거다.' '아프니까 청춘이다.' '이것 또한 지나가리라.' '하나님은 견딜 수 있는 짐만 주신다.'라는 적절치 못한 응답으로 내담자의 분노를 가중시킬 수도 있다. 마지막으로, 내담자의 상황을 살피고 어떠한 형태의 돌봄이 필요한지를 판단하는 전문가로서의 상담가는 자신의 진단에 따른 적절하고 다양한 돌봄의 이미지를 내담자에게 제공한다. 그 예로 ① 사람들을 해산의 고통에서 새 생명의 탄생으로 이루도록 돕는 '산파', ② 식물과 토양의 아름다운 조화로 꽃을 피우도록 돕는 '정원사'의 이미지를 소개하였다. 즉, 내담자가 처한 상황과 필요에 따라 그들에게 적절한 이미지로 돌봄을 제공하는 것이 기독(목회)상담가에게 요구되는 역할이라고 생각한다.

이 장의 시작은 '삶의 질이 낮은 나라, 불평등한 사회'라는 우리 사회에 대한 사람들의 인식에서 시작하였다. 결론적으로 삶의 질, 한 개인이 생각하는 주관적인 '좋은 삶'의 의미는 개인이 살아가는 사회구조와 밀접한 관련이 있다고 여겨진다. 왜 결혼을 하지 않고 출산하지 않으며, 스스로 생을 마감하는 노인이 많은가? 그것은 가정을 꾸릴 자신, 애를 낳고 기를 자신, 노년 앞에서 자기 위엄을 지킬 수 있는 자신이 없는 사회라는 사람들의 인식의 결과이다. 어려운 일이지만, 기독(목회)상담이 해야 하는 일은 이 사회가 불공평해서 불안하고 억울해서 화가 난다고 말하는 사람들의 감정을 충분히 돌보아 주고, 이에 머물지 않고 나아가 불공평한 우리 사회 구조의 변화를 위한 일에 참여할 수 있도록 격려하는 일이다.

미래에 대한 계획을 세우는 것이 무의미하다고 말하기에는 아직도 살아 내야 할 '내일'들이 어김없이 우리를 찾아온다. 그렇기 때문에, 보이지 않는 희미한 미래로 조심스럽게 인도하는 자, 산고의 고통 속에서 새 생명의 희망을 품게 하고, 메마른 토양을 일구어 씨앗에서 싹을 틔우도록 돕는 우리 기독(목회)상담가들의 어깨가 무겁다. 시대의 변화와 요구에 따라 다양한 역할과 기능을 제공해야 하는 동료 기독(목회)상담가들에게 다음의 말을 전한다.

"주님께서 당신들을 밝은 얼굴로 대하시고, 당신들에게 은혜를 베푸시며, 당신들을 고이 보시어서 당신들에게 평화를 주시기를 빕니다."(민 6:25-26)

참고문헌

강철희, 권수영 (2007). 한국 사회의 목회상담사 인식에 관한 연구: 타 분야 원조전문직과의 대중이미지 비교. 한국기독상담학회지, 13, 44-74.

권수영 (2005). 기독(목회)상담에서의 공감 (Empathy): 성육신의 목회신학적 성찰. 한국기독상담학회지, 10, 107-140.

글로벌 정보분석기업 닐슨코리아 왓츠넥스트(What's Next). 한국 사회의 공정성에 대한 인식도 조사. http://www.nielsen.com/kr/ko/press-room/2017/press-release-20170309.html

김문조, 박형준 (2012). 불확실성의 시대, 불안한 한국인. 사회와 이론, 21, 611-643.

김희선 (2016a). 21세기 한국 사회와 폭력: '인간 고통에 응답하는 하나님'에 대한 여성신학적 고찰. 위험사회와 여성신학 (한국여성신학회 편). 서울: 도서출판 동연.

김희선 (2016b). 힘의 악용으로서의 가정폭력과 종교: 기독교신앙의 역할. 목회와 상담, 27, 71-98.

세계경제포럼(WEF). 2017년 세계성격차지수(GGI) 보고서. http://www.mogef.go.kr/nw/rpd/nw_rpd_s001d.do?mid=news406&bbtSn=704119.

위용성 (2017. 9. 9.). OECD 노인자살 세계최고…고령화 사회 '슬픈 자화상'. 중앙일보. http://news.joins.com/article/21921123.

이소아 (2015. 4. 30.). 2030세대 80% "5포가 아니라 7포세대예요". 중앙일보. http://news.joins.com/article/17708129.

이여봉 (2017). 1인 가구의 현황과 정책과제. 보건복지포럼, 252, 64-77.

임재희 (2017. 7. 3.). '하루 45분' …한국남성 가사분담률 OECD 최하위. 중앙일보. http://news.joins.com/article/21722217.

정경희 (2017). 노인학대 현황 및 정책과제. 보건복지포럼, 247, 39-49.

정연득 (2013). 분노하는 기독교인을 위한 변명. 장신논단, 45, 175-200.

최석현 (2013). 분노사회 진단과 관리전략. 이슈&진단, 89, 1-24.

통계청(2016). 인구총조사: 장래가구추계. http://kosis.kr/statisticsList/statisticsList_01List.jsp?vwcd=MT_ZTITLE&parentId=A.

통계청 (2016). 지역별 고용조사: 경력단절여성 현황. http://kostat.go.kr/portal/korea/

kor_nw/2/1/index.board?bmode=read&aSeq=357915.

홍이화 (2009). 한국문화 안에서 목회상담가의 자기대상(selfobject)기능: 하인즈 코헛의 자기심리학 이론의 한국적 적용. 한국기독교신학논총, 62, 315-335.

홍이화 (2010). 자기심리학 이야기 (3): 자기의 자기대상(Selfobject). 기독교사상, 620, 275-287.

Doehring, C. (2012). 목회적 돌봄의 실제: 탈근대적 접근법 (오오현, 정호영 역). 서울: 학지사. (원저 2006년 출판).

Hanson, K. (1996). The Midwife. In R. Dykstra (Ed.), *Images of pastoral care: Classic reading.* ST. Louis, Missouri: Chalice Press.

Kohut, H. (1971). *The analysis of the self: A systematic approach to the psychoanalytic treatment of narcissistic personality disorders.* New York: International Universities Press.

Kohut, H. (1977). *The restoration of the self.* Chicago: University of Chicago Press.

Kohut, H. (1981). On empathy. In P. H. Ornstein (Ed.), *The search for the self: Selected writings of Heinz Kohut: 1978-1981* (Vol. 2). Madison: International Universities Press.

Kohut, H. (1984). *How does analysis cure?* In A. Goldberg (Ed.). University of Chicago Press.

Kornfeld, M. (1998). The Gardener. In R. Dykstra (Ed.), *Images of pastoral care: Classic reading.* ST. Louis, Missouri: Chalice Press.

Miller-McLemore, B. (2017). 살아있는 인간망: 25년의 회고. 한국기독교상담심리학회 · 목회상담학회 37회 가을 정기공동학술대회 자료집, 11-40.

Pruyser, P. (1976). *The minister as diagnostician: Personal problems in pastoral perspective.* Philadelphia: Westminster Press.

찾아보기

인명

내용

저자 소개(가나다순)

권수영
연세대학교 신과대학/연합신학대학원 목회신학 교수

김희선
이화여자대학교 기독교학과 강사

신명숙
전주대학교 신학과경배찬양학과 교수

오화철
서울기독대학교 상담심리학과 교수

유상희
치유상담대학원대학교 교수

유재성
침례신학대학교 상담심리학과 교수

이명진
다움상담코칭센터 대표

이재현
장로회신학대학교 목회상담학 교수

정연득
서울여자대학교 기독교상담학 교수

정희성
이화여자대학교 기독교학과 교수

채유경
치유상담대학원대학교 가족상담학과 교수

하재성
고려신학대학원 실천신학 교수

기독(목회)상담총서 ①

기독(목회)상담의 이해

2019년 5월 15일 1판 1쇄 인쇄
2019년 5월 20일 1판 1쇄 발행

지은이 • 한국기독교상담심리학회
펴낸이 • 김진환
펴낸곳 • (주)학지사
04031 서울특별시 마포구 양화로 15길 20 마인드월드빌딩
대표전화 • 02-330-5114 팩스 • 02-324-2345
등록번호 • 제313-2006-000265호

홈페이지 • http://www.hakjisa.co.kr
페이스북 • https://www.facebook.com/hakjisa

ISBN 978-89-997-1833-5 93180

정가 19,000원

이 도서의 국립중앙도서관 출판시도서목록(CIP)은 서지정보유통지원시스템 홈페이지(http://seoji.nl.go.kr)와 국가자료공동목록시스템(http://www.nl.go.kr/kolisnet)에서 이용하실 수 있습니다.
(CIP 제어번호: CIP2019018774)